Stella Goldschlag

Peter Wyden

Stella Goldschlag
Eine wahre Geschichte

Aus dem Amerikanischen
von Ilse Strasmann

Mit einem Vorwort
von Christoph Heubner

Steidl

Peter Wyden wurde 1923 als Peter Weidenreich und Sohn jüdischer Eltern in Berlin geboren. 1937 floh die Familie in die USA, wo Wyden an der City University of New York studierte. Anschließend verpflichtete er sich bei den US-Streitkräften und ging mit der Psychological Warfare Division der US-Armee gegen Ende des Zweiten Weltkrieges nach Europa. Als Sergeant leitete Wyden 1945 die Lokalredaktion der *Allgemeinen Zeitung* in Berlin. Zu seinen Reportern gehörten Egon Bahr und Peter Boenisch. Nach Kriegsende arbeitete er weiter als Reporter in den USA für u.a. *The Wichita Eagle, The St. Louis Post-Dispatch, Newsweek* und *Saturday Evening Post*. Bis zu seinem Tod 1998 lebte Wyden in Ridgefield, Connecticut.

Ilse Strasmann arbeitete nach dem Abitur ein halbes Jahr als Au-Pair in Manchester und absolvierte anschließend eine Buchhändlerlehre. Sie studierte außerdem Publizistik und Germanistik. Strasmann war 13 Jahre lang Lektorin und Redakteurin bei den Kinderbuchverlagen Carlsen und Ravensburger. Verheiratet war sie mit dem Germanisten und Verlagslektor Gilbert Strasmann. Sie übersetzt seit über dreißig Jahren literarische Werke aus dem Englischen, mit den Schwerpunkten Geschichte und Zeitgeschichte.

INHALT

Vorwort

In der Erinnerung bleibt die schamhaft stockende Stimme Raphaëls, des französisch-jüdischen Auschwitz-Überlebenden, der vor wenigen Jahren erstmals begann, davon zu erzählen, dass in Auschwitz auch der eigene Charakter wölfischen Herausforderungen und Veränderungen ausgesetzt war: Es gab Häftlinge, die von der Auschwitz-Hölle und vom Hunger aufgefressen wurden, ihre Gier nach irgendetwas Essbarem machte auch vor dem Kanten trockenen Brotes nicht Halt, den der Nachbar und Leidensgenosse unter seiner Pritsche versteckt hatte. »Wir haben gestohlen und wir wollten leben: Wenn du keine Schuhe hattest, warst du schon auf dem Weg in die Gaskammer: Barfuß über die steinigen Wege zur Arbeit gejagt zu werden, immer im Laufschritt, das machten die Füße und der Mensch nicht lange mit. Und wenn du nicht mehr arbeiten konntest, warst du nutzlos und wurdest bei der nächsten Gelegenheit ins Gas geschickt. Darum hat man demjenigen, der in völliger Erschöpfung nachts in einen abgrundtiefen Schlaf gefallen war, die Schuhe gestohlen. Viele schliefen mit den Schuhen unter ihrem Kopf, damit niemand sie stehlen konnte. Der Mensch ist bereit, vieles zu tun, wenn er leben will. Es war schlimm.«

Und ebenso schonungslos berichtet der polnische Überlebende A. G., wie er und andere Häftlinge – emotional und körperlich bewegungsunfähig – einen zum Skelett abgemagerten Mithäftling beobachten, der vor lauter Schwäche vom Latrinenbalken stürzt und langsam in der schlammigen Brühe menschlicher Ausscheidungen versinkt: So als hätte es ihn nie gegeben.

Es brauchte Jahrzehnte, bis Auschwitz-Überlebende, die ihre Erinnerungen überhaupt in Worte zu fassen vermochten, in der Lage waren, Bilder wie die oben geschilderten zu übermitteln: Zu tief saßen Trauer und Scham, zu verlockend war der Gedanke, einer Welt, die nach langen Jahren der Verdrängung, der Geschäftigkeit und des Desinteresses endlich bereit war zuzuhören, das sauber zurechtgestutzte Bild einer solidarischen Gemeinschaft von Verfolgten zu präsentieren, in der man einander vor der Mörderwelt der deutschen SS beschützt und verteidigt hatte und in der es niemanden gab, der seine Mithäftlinge bestahl, sie bei der SS denunzierte oder in der Lagerwelt auf Befehl der SS Aufgaben übernahm und sich so dem »Pakt mit dem Teufel« auslieferte: »Der Mensch ist bereit, vieles zu tun, wenn er leben will.«

Die Untergegangenen und die Geretteten nannte der italienische Jude und Auschwitz-Überlebende Primo Levi sein letztes Buch, das 1986 – ein halbes Jahr vor seinem Freitod – erschienen war. Mit diesem Titel setzte er auch jenem namenlosen Menschen ein Denkmal, dessen elendiges Sterben in der Latrinengrube seine Mithäftlinge regungslos beobachtet hatten.

Peter Wyden hat sehr bewusst seinem Buch *Stella* ein Zitat aus diesem letztem Werk Primo Levis vorangestellt, das deutlich werden lässt, vor welche Herausforderungen er sich bei der Recherche und dem Schreiben des Buches gestellt sah und dass ihm angesichts dieser Herausforderungen seine eigene »andere« Geschichte besonders bewusst gewesen ist: Denn auch Peter Wyden ist ja ein Geretteter, gerettet vor den Mördern und vor jenen entsetzlichen Herausforderungen, mit denen sich seine ehemaligen Klassenkameradinnen und Klassenkameraden in Berlin und in Deutschland konfrontiert sahen. Davongekommen und gerettet dank der Hellsichtigkeit seiner Mutter Helen, die 1937 darauf drang, dass sich die Familie Weidenreich vor Hitler in Sicherheit brachte und aus Nazi-Deutschland flüchtete. Viele der Jungen und Mädchen aus seiner Schulklasse hatten dieses Glück nicht. Peter, damals 15 Jahre alt, konnte seinen Lebensweg in den USA fortsetzen und anglisierte später seinen Namen: Peter Wyden. Und weil er seiner Mutter auch sein zweites Leben verdankt, ist ihm ihre Erwähnung im »Vorspann« seines Buches – noch vor dem Zitat von Primo Levi – ein wichtiges Anliegen.

1945 kehrt Peter Wyden mit amerikanischen Truppen nach Deutschland zurück und sieht Berlin wieder: Nach der Ermordung der Juden und der kriegerischen Verheerung Europas war der Krieg, der von Deutschland begonnen wurde, nach Deutschland zurückgekommen: Berlin lag in Trümmern, bis zur Unkenntlichkeit zerstört. Von der Familie, den Freunden, den Bekannten waren die meisten in den Lagern der Nazis ermordet worden, nachdem man sie vorher aus der deutschen Gesellschaft ausgegrenzt und für vogelfrei erklärt hatte. Immer wieder konfrontiert mit dieser entsetzlichen Realität beginnt Peter Wyden seine Suche nach den Jugend- und Schulgefährten. Diese Suche ist auch geprägt von den Erinnerungen an die Faszination des Heranwachsens, den Verlockungen und Wirrungen, die dieses Heranwachsen damals in Berlin mit sich gebracht hatte. Ein Gesicht, ein Mensch, eine junge Frau leuchtet vor allem anderen aus diesen Erinnerungen hervor: Stella Goldschlag, die den jungen Peter Weidenreich und alle seine männlichen Klassenkameraden mit ihrer Ausstrahlung und ihrer Schönheit in ihren Bann geschlagen hatte. So wie in der jüdischen Privatschule, die der junge Peter besuchen musste, die Direktorin Frau Dr. Goldschmidt für alle Schülerinnen und Schüler Mut, Phantasie und Widerstandskraft verkörperte, so wussten alle, dass der Mitschülerin Stella Goldschlag, die mit ihrer Persönlichkeit und ihrer Anmut verzauberte, eine große Zukunft bevorstehen würde. Dessen waren sich alle sicher: »Zu einer anderen Zeit, in einem anderen Land wäre sie wohl eine gefeierte Sängerin oder eine bekannte Journalistin geworden.«

In ihrer aller Zeit und in ihrer Stadt jedoch zerbrach die Welt, in der sie sich bisher zu Hause gefühlt hatten: Das einzige Terrain, auf dem sich alle noch einigermaßen beheimatet fühlten, war das Gelände der Goldschmidt-Schule, und vor der Hässlichkeit des braunen Alltags und ihrem brüllenden Hass stand die begabte und schöne Stella Goldschlag, der die Zukunft hätte gehören müssen.

Peter Wyden hat nach seiner Rückkehr nach Deutschland nach diesem Mikrokosmos seiner Jugend gesucht, der einzigen verlässlichen und integren Welt, die ihm von Berlin, von Deutschland geblieben war und er hoffte bei seiner Suche von Anbeginn an, dass Spuren und Menschen dieser Welt, die ihm so viel bedeutete, bestehen geblieben und auffindbar sein würden. Der Gedanke, dass Menschen aus dieser Welt ihrerseits schuldig geworden waren und im »Pakt mit dem Teufel« andere Verfolgte ans Messer geliefert haben könnten – diese Überlegung lag zu Anfang seiner Spurensuche wohl außerhalb seiner Vorstellungskraft.

Am 17. März 1946 zerbricht für Wyden auch diese Gewissheit. In einer Berliner Zeitung stößt er auf die Schlagzeile: »Hunderte von Juden dem Henker ausgeliefert.« Der Artikel, den er mit wachsendem Entsetzen liest, bezieht sich auf die 24-jährige jüdische Gestapo-Agentin Stella Kübler, die früher Stella Goldschlag geheißen hatte.

Mit diesem Tag beginnt der Versuch Peter Wydens – jenseits aller Verstörung und aller Verachtung – zu verstehen. Ihn treibt kein Voyeurismus, keine Sensationslust, keine Gier nach öffentlicher Aufmerksamkeit oder das Kalkül, einer Sensation auf der Spur zu sein, die sich literarisch verwerten lässt: Ihn treibt nichts als die brennende Frage eines Beteiligten, der davongekommen und dennoch gezeichnet ist: Warum?

Die Suche nach den Antworten auf diese Frage nimmt Jahre in Anspruch: Er nähert sich der für ihn so entscheidenden Frage in konzentrischen Kreisen, beschreibt wieder und wieder die Gesamtsituation, analysiert, fragt, lässt offen: Peter Wyden verurteilt nicht, gibt schließlich der Angeklagten, deren Taten längst bewiesen sind, die Chance, sich selbst zu erklären. Sein Buch wird 1992 in New York bei Simon & Schuster veröffentlicht, 1993 erscheint es erstmals im Steidl Verlag.

25 Jahre sind seit dem Erscheinen des Buches in Deutschland vergangen. Bald wird es keine Zeitzeugen mehr geben. Peter Wyden und den anderen Überlebenden des Holocaust war es immer besonders wichtig, beim verstörenden und unbequemen Blick in die Geschichte auch den Blick in die Gegenwart nicht zu vergessen. Ihre Beschreibung der Zerstörung der Demokratie, des antisemitischen Hasses, des Horrors der Verfolgung und der Deformation des menschlichen Charakters machte für sie vor allem Sinn als Beschreibung dessen, was sein kann: »Es ist geschehen und folglich kann es wieder geschehen: darin liegt der Kern dessen, was wir zu sagen haben.« (Primo Levi)

Und so erschließt sich diese Neuauflage vor allem aus dem Tatbestand, den der oben zitierte Primo Levi mit Blick auf seine Erinnerungen als »Abgrund von Niedertracht« beschrieben hat, den es immer wieder auszuloten gälte. Der Blick in diesen Abgrund birgt in sich zuallererst die Frage an uns selbst: Was würden wir tun, wenn es so weit ist? Und was tun wir, dass es nicht so weit kommt?

Christoph Heubner
Exekutiv-Vizepräsident des Internationalen Auschwitz-Komitees

Für Helen

Wenn sie Hitler nicht richtig eingeschätzt hätte, wäre ich nicht hier.

»Es ist weder leicht noch angenehm, diesen Abgrund von Niedertracht auszuloten, aber dennoch bin ich der Meinung, dass man es tun muss; denn was gestern verübt werden konnte, könnte morgen noch einmal versucht werden und uns selber oder unsere Kinder betreffen.«

Primo Levi
Die Untergegangenen und die Geretteten, 1986

BUCH EINS

Heranwachsen mit Hitler

---

1. Die Erinnerung

Stellas Tochter lebt als Krankenschwester in Israel, ist fast fünfzig, drahtig, angespannt, immer auf der Hut vor lauernden Gefahren, wie ein Reh. Ihre Bewegungen sind fahrig. Als Kettenraucherin ist sie chronisch heiser. Sie lebt von einer Mahlzeit am Tag und Strömen von Kaffee, schläft höchstens vier Stunden pro Nacht und manchmal nur zwei, und sie gibt zu, dass sie eine Perfektionistin ist. Sie wünschte, sie könnte aufhören, nach Vollkommenheit zu streben, und ist sich darüber im Klaren, dass sie Stellas schändliche Taten gutzumachen versucht.

Ihr Verlangen, den Schatten ihrer Mutter abzuschütteln, ist sehr intensiv. Sie wird ihn nicht los. Noch nach fast fünfunddreißig Jahren der physischen Trennung träumt sie immer wieder davon, ein Gewehr zu nehmen, Stella in Deutschland aufzuspüren und sie zu erschießen, um die Erinnerung auszulöschen. Damit sie aufhören kann zu büßen.

Stella stirbt nicht – obwohl Yvonne so ziemlich alles versucht hat, bis auf die tatsächliche Ausführung des gedachten Mordes. Sie weiß, dass ihre »biologische Erzeugerin« ihren Sex-Appeal ausnutzte, deshalb tut die Tochter alles, um bei sich die entgegengesetzten Merkmale zu kultivieren. Ihr grau werdendes Haar ist kurz geschnitten, ihre Haut wettergegerbt. Sie trägt Jeans, meidet Makeup und behauptet – ungeachtet der hohen Stirn und der blauen Augen, die sie von Stella geerbt hat –, sie sähe wie »die andere Seite« aus, wie der Vater, den sie nicht kennt, »wahrscheinlich einer wie Stella«, ein Mann für eine Nacht.

Emotional funktioniert die Trennung nicht. Der Makel bleibt. »Nichts kann mir helfen«, davon ist Yvonne überzeugt. »Ich muss damit leben und sterben. Ich bin Yvonne, die besser nie geboren wäre.«

Es lag nahe, dass Stella Goldschlag und Lieselotte Streszak, die so vieles verband, in jenem Jahr des großen Blutvergießens Freundschaft schlossen. Stella war siebzehn, Lilo sechzehn. Beide waren hübsch, von den Jungen umschwärmt, jüdisch und wurden von ihren bürgerlichen Eltern abgöttisch geliebt. Beide wuchsen im behaglichen Berliner Mittelstandsbezirk Wilmersdorf auf.

Die Zeiten waren jedoch alles andere als behaglich. Es war der Herbst des Jahres 1939, und Hitler hatte soeben den Zweiten Weltkrieg entfesselt. Auf seiner Liste der Feinde standen die Juden ganz oben, und für jüdische Jugendliche gab es gesellschaftliches Leben nur in ihren letzten Refugien, den Wohnungen ihrer Eltern.

So traf sich an Sonntagnachmittagen eine Gruppe von jungen Leuten in der Wilmersdorfer Wohnung des jüdischen Kaufmanns Kurt Kübler in der Mommsenstraße, wo sie tanzten, flirteten und sich unterhielten. Der Sohn des Hauses, Manfred Kübler, wurde Stellas fester Freund. Dort begegneten sich Lilo und Stella und fühlten sich schnell zueinander hingezogen.

Als sich das Kriegsglück gegen Hitler zu wenden begann und seine Obsession, alle Juden zu vernichten, im Wahnsinn der Todeslager gipfelte, besorgten sich beide Mädchen falsche Papiere und lebten heimlich und illegal im Verborgenen; sie verloren sich aus den Augen, bis sie sich im Februar 1944 zufällig trafen, als sie beide vor einem Milchladen in ihrem alten Viertel um Milch anstanden.

Lilo schrak zusammen. Die Berliner »U-Boote« – im Untergrund lebende Juden – standen über den *Mundfunk* immer noch untereinander in Verbindung und übermittelten sich lebenswichtige Nachrichten, und Lilo hatte ein haarsträubendes Gerücht gehört. Von ihrer alten Freundin Stella wurde behauptet, sie sei von der Gestapo »umgedreht« worden. Es hieß, sie habe eingewilligt, Juden zu verraten, sie aufzuspüren und sogar festzunehmen.

Lilo konnte sich das einfach nicht vorstellen, so beruhigte sie sich in dem Milchladen schnell, als Stella lächelte und sich über das Treffen mit der Freundin nur zu freuen schien. Die beiden jungen Frauen plauderten eine Weile und verabredeten dann, in Kontakt zu bleiben, und Lilo schob die ungeheuerliche Möglichkeit von sich, dass ihre Busenfreundin fahnenflüchtig und eine Verräterin geworden sein könnte.

Zehn Tage später erschien Stella an Lilos Wohnungstür. Jetzt lächelte sie nicht mehr. Ein junger Mann in Zivil stand drohend hinter ihr, aber es war Stella, die sprach.

»Es tut mir leid, Lilo«, sagte sie. »Ich muss dich auf Befehl der Gestapo verhaften. Mach keine Geschichten, keinen Fluchtversuch, sonst muss ich von der Schusswaffe Gebrauch machen.«

Ich war in jenen Hitler-Jahren ebenfalls mit Stella befreundet gewesen. Und wie ein immer wiederkehrender Traum ging mir eine Erinnerung an sie durch den Kopf, gleich nachdem ich in der *New York Times* die Überschrift entdeckt hatte: »Ehemaligentreffen erinnert an Schule für Juden in Nazi-Deutschland.« Ich sah sie vor mir, als ich den fünften Absatz überflog. Zu meiner Überraschung entdeckte ich, dass in New York ein Treffen meiner Schulkameraden stattgefunden hatte, der Schüler der Goldschmidt-Schule in Berlin, die ich von Herbst 1935 bis Anfang 1937 besucht hatte, bis meine Eltern und ich in die Vereinigten Staaten emigrierten.

Erstaunlich! Ich hatte jeden Kontakt zu diesem Intermezzo meiner Vergangenheit verloren. Ich war dreizehn gewesen, als ich Dr. Leonore Goldschmidts Oase inmitten des Hitler'schen Wahnsinns verlassen hatte. Es war eine turbulente Zeit gewesen, und ich erinnerte mich vor allem an den Übergang von meinem Berliner zu meinem neuen Leben in New York. Die deutschen Lehrer und Mitschüler hatte ich nur noch undeutlich im Gedächtnis.

Stella war etwas anderes. Zwar habe ich kein fotografisches Gedächtnis, aber manche Menschen und Ereignisse meiner Jugend haben einen bleibenden Eindruck bei mir hinterlassen. Dazu gehört Stella Goldschlag mit vierzehn Jahren in bauschigen schwarzen Turnhosen auf dem Weg in die Turnhalle der Goldschmidt-Schule.

Stella war die Marilyn Monroe unserer Schule: groß, schlank, langbeinig, kühl, mit hellblauen Augen, Zähnen wie aus der Zahnpastawerbung und blasser, seidiger Haut. Ihr kurz geschnittenes, leuchtend blondes Haar schien zu tanzen, wenn sie sich bewegte. Ihre Haltung war so vollkommen, dass nicht viel dazu gehörte, sie sich als Denkmal der Schönheit auf einem Sockel vorzustellen, fern, schweigend, abgeschieden in ihren höheren Gefilden – ein Meisterwerk, unberührbar, ein Traum für einen pubertierenden Jungen und ein Wunschbild, das ich nicht vergessen konnte.

Ich sprach häufig mit meinem Idol während unserer Zeit in der Goldschmidt-Schule: Oder ich versuchte es zumindest. Eigentlich hätte es mir leichtfallen müssen, weil wir eine ganze Menge gemein hatten: zum einen unseren tyrannischen Klassenlehrer, vor allem aber auch Dr. Bandmanns Auswahlchor, in dem wir beim Singen nebeneinanderstanden. Dafür hatte ich gesorgt.

Durch das Singen hätten wir uns näherkommen können. Der nervöse Dr. Bandmann war unser aller Lieblingslehrer (er unterrichtete außerdem Mathematik), und Stella und ich gehörten zu einer Handvoll von Kindern mit guten Stimmen, die für die Chorauswahl der besten Sänger ausgesucht worden waren. Ich hatte etwas vom musikalischen Talent meiner Mutter geerbt, und da ich noch nicht im Stimmbruch war, war ich der einzige Junge, der im Sopran bei den Mädchen mitsang – ein berauschendes Privileg.

Auch Stella hatte ihre musikalische Begabung geerbt: Ihr Vater komponierte, und ihre Mutter war Konzertsängerin.

Schließlich hätte der tiefere Sinn unseres Musizierens Stella und mich einander näherbringen sollen. Der Lehrplan bei Goldschmidt war darauf zugeschnitten, potenzielle Flüchtlinge auf ein entwurzeltes Leben im Ausland vorzubereiten. Dauernd verließen uns Mitschüler, um nach Shanghai oder nach Cochabamba in Bolivien zu gehen, und Dr. Bandmann ließ uns zum Abschied singen. Es waren schmerzliche Anlässe, und wir Sänger sorgten für die angemessene Begleitung. Ich weiß noch, dass mir jedes Mal ein Kloß im Hals saß, wenn Stella und ich sangen:

Wenn du bist im Glück
denk an uns zurück…

Aber meine Zunge war immer wie gelähmt, wenn ich Stella nicht als Sängerin sah. Einmal verbrachte ich eine paradiesische halbe Stunde allein mit ihr – im dichtesten Berliner Verkehr. Ich durfte sie nach Hause begleiten, zu dem Mietshaus in der Xantener Straße in Wilmersdorf.

Sie fuhr auf ihrem Fahrrad, ich auf meinem (das leuchtend blau war und die begehrte Ballonbereifung hatte). Ich war von ihr hingerissen, blieb aber in belanglosem Schulgeschwätz stecken. Da ich nun wusste, wo sie wohnte, fuhr ich später oft an ihrem Haus vorbei, wurde davor langsamer oder hielt sogar an und hoffte auf eine »zufällige« Begegnung mit meiner Angebeteten. Nie kam Romeo dieser Julia nahe.

Inzwischen hatten wir das Jahr 1988, und es war Zeit für das nächste Ehemaligentreffen der Goldschmidt-Schüler. An einem nasskalten Abend stand ich im überheizten Tagungsraum des *German Club* der New York University in der Nähe des Washington Square in Greenwich Village, knabberte Häppchen und balancierte ein Glas Weißwein. Um mich herum drängten sich meine Schulkameraden, ebenfalls Flüchtlinge mit deutschem Akzent, ergraute Überlebende des »Dritten Reiches«. Die Bindung an die Schule hatte ein halbes Jahrhundert gehalten und uns wieder zusammengeführt, aber die eigentliche Bezugsperson war nicht die charismatische und überlastete Dr. Leonore Goldschmidt. Das war Hitler. Einen verrückten Augenblick lang dachte ich daran, dass im Grunde eines seiner alten Porträts – mit dem finsteren Blick und im braunen SA-Hemd – an der Wand des *German Club* der NYU hängen müsste.

Erinnerungen hingen schwer im Raum. Ich sprach mit dem Präsidenten einer Maschinenbaufirma im Bezirk Westchester, NY, und plötzlich holte er aus den Tiefen seiner Tasche ein zerknülltes gelbes Stück Stoff mit einem schwarzen Davidstern. Da war mir klar, dass er den Krieg in Berlin versteckt überlebt haben musste, denn der »Judenstern« wurde erst im September 1941 eingeführt und musste getragen werden, und zu der Zeit hatten die Nationalsozialisten die Auswanderung bereits verboten. Es gab keinen legalen Fluchtweg mehr, wie einige Jahre zuvor für meine Eltern und mich.

Ich hatte Stella in Turnhosen aus den Augen verloren, aber nicht aus dem Sinn. Ich wusste, dass sie in Berlin in der Falle gesessen hatte, wie der Maschinenbau-Geschäftsführer aus Westchester. Was war aus ihr geworden? In der Schule hatten wir viel über die sensationelle Stella geredet. Wir taten es noch. Die Frauen beneideten sie um ihren Charme, ihr Aussehen, ihre Fähigkeit, Menschen für sich einzunehmen. Die Männer tauschten bedeutsame Blicke.

Ob sie noch lebte? Wenn ja, wo? Gerüchte schwirrten durch den Raum. Niemand hatte sie seit dem Krieg, unserem Krieg, dem Zweiten Weltkrieg, gesehen. Dennoch schienen die anderen zu wissen, dass mit dieser Mitschülerin etwas Ungewöhnliches geschehen war. Jemand hatte gehört, dass sie Spionin geworden sei. Jemand anderes sagte, sie sei von den Russen umgebracht worden. Mehrere behaupteten, sie hätten gehört, dass Stella, obwohl selbst jüdisch wie wir alle, für die Nazis gearbeitet hätte. Unglaublich!

Durch einen Zufall – die US-Army stationierte mich gleich nach dem Krieg in Berlin – war ich der einzige Ehemalige, der das Geheimnis kannte: die unbeschreiblichen Verbrechen, die Stella begangen hatte, um zu überleben. In drei Prozessen war sie der mehrfachen Beihilfe zum Mord für schuldig befunden worden. Wie viele Morde? Das konnte niemand sagen, weil fast alle potenziellen Kläger in den Vernichtungslagern zum Schweigen gebracht worden waren, aber sie war offensichtlich verantwortlich für den Tod mehrerer Dutzend Juden, wahrscheinlich sogar mehrerer hundert, nach einer der Polizeischätzungen sogar bis zu 2300! Und es waren keine Serienmorde herkömmlicher Art, keine aus Leidenschaft, Wahnsinn oder Habgier begangenen Morde.

Stella hatte sich an andere Juden in ganz Berlin herangepirscht und sie an die Gestapo verraten, die sie zum Sterben in die Konzentrationslager deportierte. Sie arbeitete gewissermaßen als Vollstreckerin der vom »Führer« geplanten »Endlösung der Judenfrage«. Wie war das möglich – wo sie doch jüdisch war wie wir alle? Es war ein teuflischer Rollentausch – die Gejagte wurde zur Jägerin, das Opfer verwandelte sich in eine Täterin.

Vieles wusste ich noch nicht. Was war aus Stella geworden? Und warum, warum nur war sie bereit gewesen, in diesen faustischen Pakt mit Hitler einzuwilligen? Immer schon hatte ich für das Geheimnis dieser Schönheit, die ich einmal angebetet hatte, eine Erklärung finden wollen. Es war Zeit, dieser Frage ernsthaft nachzugehen.

Warum erst zu diesem späten Zeitpunkt? Vielleicht hatte mich die emotionale Überbelastung gelähmt: Es waren zu viele Beschreibungen der Gräuel, Bilder von den Verbrennungsöfen, den ausgemergelten Leichen, zu viele Dinge, denen man ins Auge blicken musste. Jahrzehntelang konnte ich keinen Film über den Holocaust ansehen. Erst der zeitliche Abstand verlieh meinem Wissensdurst die notwendige Energie.

Außerdem hatte ich begonnen, vielleicht weil ich älter werde, mich mehr für die Kunst des Überlebens zu interessieren, vor allem des Überlebens unter Bedingungen, die Stress-Experten als »Erfahrung von Extremsituationen« bezeichnen. Es war nur logisch, dass jemand meiner Generation und meiner Herkunft sich der extremsten Erfahrung meiner Zeit zuwandte, dem, was wir Holocaust nennen. Warum hatte ich überlebt? Warum konnten manche meiner Verwandten und Freunde sich retten und andere nicht? Was hatten die Opfer, die in der Falle saßen, tun müssen, um zu überleben? Stella zum Beispiel? Das musste ich wissen.

Ich begann mit Sophie aus William Styrons Buch *Sophies Entscheidung.*

»Du kannst eines deiner Kinder behalten«, hatte der betrunkene, nasebohrende SS-Arzt bei der Selektion in dem fiktiven Auschwitz zu ihr gesagt. »Das andere muss weg. Welches willst du behalten?«

Sophie begann zu schreien: »Ich kann nicht wählen! Ich kann nicht wählen!«

»Maul halten!«, befahl der Arzt ungeduldig. »Jetzt beeil dich und triff deine Wahl. Wähl eins aus, verdammt noch mal, oder ich schicke sie beide hinüber. Los!«

Sophie wählte eins ihrer Kinder und wurde ihr Leben lang von ihrem Gewissen gequält.

Ich wusste, dass auch im wirklichen Leben Menschen zu solchen Entscheidungen gezwungen worden waren. 1964 berichtete ein schwedischer Psychiater, Dr. Snorre Wohlfahrt, von einer damals zweiunddreißigjährigen jüdischen Mutter aus Polen, die vom SS-Arzt in einem Konzentrationslager vor die Wahl gestellt wurde: Sie könne entscheiden, ob sie oder ihre siebenjährige Tochter in die Gaskammer gehen solle. Die Mutter war überzeugt, dass sie selbst in jedem Fall vergast werden würde, und überließ dem Arzt ihre Tochter, damit das Kind nicht allein bliebe. Jahrzehnte später musste die Mutter in psychiatrische Behandlung, sie konnte es nicht ertragen, ein Kind zu sehen oder allein zu sein, und glaubte, dass unbekannte Menschen in der Straßenbahn sie »anklagend anstarrten«.

Ich wusste auch von Überlebenden, die jahrzehntelang schwiegen, weil es zu schmerzhaft war, die Narben ihrer Erinnerung zu berühren – Überlebende wie meine Cousine Lottchen in Amsterdam, die zehn Jahre alt gewesen war, als sie das Lager Bergen-Belsen verließ, in dem kurz zuvor ihre Freundin Anne Frank an Typhus gestorben war.

Ich las *Das Tagebuch der Anne Frank* wieder, diesen erschütternden Bericht einer Jugendlichen aus Frankfurt, die mit ihrer Familie in Amsterdam in einem Versteck unter dem Dach gefasst worden war, für das sie merkwürdigerweise keinen zweiten Ausgang geschaffen hatten. Anne wäre am 12. Juni 1989 sechzig Jahre alt geworden, und die Erinnerung an sie war immer noch lebendig. Man sah sich immer noch das Bühnenstück an, für das ihr Tagebuch die Vorlage war. Es wurden immer noch Bücher über Anne veröffentlicht. Immer noch meldeten sich Zeugen mit Aussagen über ihre letzten Tage, als sie, fast verhungert, nackt, in eine Decke gehüllt, »zum Weinen keine Tränen mehr« hatte.

Man hat nie herausgefunden, wer Anne an die holländische Polizei verraten hat. Warum hat er oder sie das getan? Warum spürte Stella Juden auf, damit sie auch getötet werden konnten? War sie das Gegenstück zur liebenswürdigen Anne Frank, ihr Negativ, der böse Mr. Hyde, die dunkle Seite des freundlichen Dr. Jekyll? Als ich an jenem Abend 1988 unter den anderen Überlebenden meiner Berliner Schule stand, beschloss ich, in Erfahrung zu bringen, was mit meiner Klassenkameradin, der Verräterin von der Goldschmidt-Schule, geschehen war. Vielleicht lebte sie noch. Wenn ja, dann glaubte sie vielleicht mit quälend schlechtem Gewissen, dass Fremde in der Straßenbahn sie anstarrten.

Selbst wenn Stella tot war, gab es vielleicht eine Erklärung, einen Schlüssel, der ihre Verbrechen und ähnliche Taten anderer verständlich machte. Es war unwahrscheinlich, dass sie die einzige Jüdin war, die andere Juden verraten hatte. Ich musste es herausbekommen. Ich musste endlich alles über Stella und diese blutschänderischen Morde wissen, dieses letzte Tabu meines Krieges.

2. Stella

In Stellas Kinderjahren war Berlin die hektische Metropole der *Dreigroschenoper* und des *Blauen Engels* mit Marlene Dietrich; es war die Stadt der exhibitionistischen Homosexuellen und der grell geschminkten Transvestiten in Christopher Isherwoods *Berlin Stories* und dem Musical *Cabaret;* die Stadt des Triumphs für die schwarze Josephine Baker, die in einem Kostüm aus Bananenschalen Shimmy tanzte; die Stadt der hemmungslosen Nacktheit und des Kokainschnupfens, der Horden bettelnder Strichjungen, die Stadt der aufblühenden Psychoanalyse, dieser neuen, modischen Kunst Sigmund Freuds aus dem provinziellen Wien, und die Stadt des strengen Funktionalismus der Bauhaus-Architektur.

In Stellas Elternhaus nahm man an diesem turbulenten Leben nicht teil. Wie eine kleine Prinzessin wuchs Stella auf, ein verhätscheltes, beschütztes Einzelkind in der gesetzten Förmlichkeit und dem Wohlstand des Westends. Sie selbst ärgerte sich, dass andere Kinder kleine Freiheiten hatten, die ihr versagt wurden, vermutlich, weil sie so besitzergreifend geliebt wurde. Ihre Eltern nannten sie Pünktchen, weil sie ihnen so klein und zart erschien.

»Tatsächlich wurde sie *behandelt* wie eine Prinzessin«, sagte Jutta Feig, die ganz in der Nähe aufwuchs und mit ihren Eltern oft bei den Goldschlags zu Besuch war. »Ihre Kleider waren vom neuesten Schick, und die Mutter erzählte nur ›meine Tochter hier‹ und ›meine Tochter da‹ und kämmte diese blonden Locken stundenlang. Ja, ja, sie war eine Prinzessin, und das wusste sie ganz genau.«

Außerdem war Stella ein Produkt der Assimilation – fast schon Absorption – der Juden in das Gewebe nichtjüdischen Lebens in der Reichshauptstadt. 173 000 Juden lebten in Berlin, 500 000 in ganz Deutschland. Sie war eine Prinzessin aus jener snobistischen Gruppe, die sich »Deutsche Staatsbürger jüdischen Glaubens« nannte. Ihre Integration wäre noch vollkommener gewesen, wenn nicht so viele von ihnen auffällig wie Leuchtreklamen gewesen wären.

Sie waren zu erfolgreich, zu erkennbar mit ihren eindeutig jüdischen Namen, dem Neid der Nichtjuden zu sehr ausgesetzt. Sie nahmen zu häufig Positionen im Mittelpunkt des öffentlichen Interesses ein. Alle großen Berliner Warenhäuser – Wertheim, Hermann Tietz, N. Israel, KaDeWe – gehörten Juden. Alle wichtigen Zeitungsverleger und dreizehn der Theaterkritiker waren Juden. Die Bekleidungsindustrie, eine bedeutende Branche, war, wie allgemein bekannt, in jüdischer Hand.

Ebenso, in erstaunlichem Ausmaß, das gärende intellektuelle Leben. Außerhalb Berlins hatten nur wenige Juden in Deutschland Einfluss. In Hamburg gab es noch die mächtige Bankiersfamilie der Warburgs, aber sonst waren Juden überwiegend anonyme kleine Ladeninhaber. Berlin war völlig anders. Auch das kürzeste Verzeichnis der intellektuellen Elite der Stadt klang wie eine Namensliste vom Olymp der Kultur, der deutsch-jüdischen Kultur. Es war eine verblüffende Liste.

Arnold Schönberg, Kurt Weill und Bruno Walter gehörten zu den Musikern. Max Liebermann war ein verehrter Impressionist unter den Berliner Malern. Fritz Lang drehte *M*, und Ernst Lubitsch machte Dutzende von Filmen für die Ufa, bevor er nach Hollywood ging und mit Filmen wie *Ninotschka* mit Greta Garbo Erfolge errang. Max Reinhardt inszenierte schauspielerische Glanzstücke, und im berühmten Kaiser-Wilhelm-Institut wurde Albert Einstein zum »Schöpfer von Welten« und beherrschte das Reich der Physik.

Der zerknitterte, typische zerstreute Professor mit dem einprägsamen Gesicht unter den ewig unordentlichen Haaren, der Autofahren »zu kompliziert« fand, wohnte von 1914 bis 1933 in Berlin. Hier vervollkommnete er seine Relativitätstheorie, bekam den Nobelpreis, genoss seine geliebten Zigarren (von denen ihm seine Frau nur eine täglich zuteilte), hier segelte er auf der Havel und unterhielt Freunde damit, dass er auf der Geige kratzte. Und hier bewies 1932, im Jahr vor der Machtübernahme Hitlers, der angeblich so weltfremde Akademiker politische Weitsicht.

Er liebte, was er seine »Berlinisierung« nannte, aber er war Pazifist, und er war zum Teil in der Schweiz aufgewachsen und Schweizer Staatsbürger. Er hielt Hitler für einen barbarischen Diktator, mit dem er nichts zu tun haben wollte, nahm eine Stelle am *Institute for Advanced Study* an und ging nach Princeton, New Jersey.

Stellas Vater Gerhard Goldschlag war kein Einstein. Weit gefehlt. Für Juden wie ihn und seine Familie, die sich als Deutsche verstanden, schien der Antisemitismus vor allem – und in ihren Augen auch zu Recht – gegen Berlins äußerlich viel auffälligere Minderheit von 40000 »Ostjuden« gerichtet zu sein. Diese ganz anderen Juden, die von Nichtjuden wie von Leuten wie den Goldschlags verachtet wurden, eigneten sich vorzüglich als Sündenböcke.

Die Ostjuden waren um die Jahrhundertwende vor den Pogromen der Zaren und dem Terror der Kosaken geflüchtet. Sie führten in freiwilliger Abgeschlossenheit ein Ghettoleben hinter dem Alexanderplatz, in den Elendsquartieren des Scheunenviertels, einem ursprünglich ländlichen Gebiet. Ihre großen, breitkrempigen schwarzen Hüte, die wallenden Bärte, die langen Schläfenlocken und ihr Jiddisch, das uns wie schlechtes Deutsch vorkam, erregten Aufmerksamkeit. Die Armut machte sie habgierig und oft skrupellos. Sie waren Außenseiter gewesen, bevor sie nach Deutschland kamen. Sie waren Außenseiter geblieben.

Beinahe-Gojim wie die Goldschlags bekannten sich zu ihrem jüdischen Erbe insofern, als sie Pessach, Chanukka und die höchsten Festtage Rosch Ha-Schana und Jom Kippur feierten – aber das war auch alles. Sie dachten nicht daran, sich dem Scheunenviertel auch nur zu nähern. Doch Hitler machte keinen Unterschied. Zunächst einmal hasste er, wie die meisten Österreicher, alle Berliner. Sie waren Saupreußen, arrogant, zynisch, zu schlagfertig und damit nur sehr mühsam der NS-Herrschaft zu unterwerfen. Und natürlich hasste er seit seiner Jugend alle Juden als Wucherer, Bolschewiken, Ausländer, Unberührbare und, wie er sich ausdrückte, »Parasiten«, die man »ausrotten« musste.

Trotz der jahrhundertelangen, mehr oder weniger starken Diskriminierung fühlten sich Juden wie die Goldschlags unter den 67 Millionen Deutschen sicher. Sie lasen *Mein Kampf* nicht – wer tat das schon. Hitler war eine vorübergehende Verirrung, das sagten alle. Eines Tages würde er sich ausgetobt haben, die Parolen würden ihm ausgehen und er die Macht verlieren, die er mit seinem Geschrei errungen hatte. *Er* war der Fremde, nicht die Juden, denn er hatte nichts gemein mit Goethe, Beethoven und den anderen unsterblichen Deutschen.

»Die Juden waren geradezu pathologisch in ihrem Patriotismus«, erinnerte sich Rabbi Joachim Prinz.[1] »Mein Vater diente auch im

Ersten Weltkrieg, und mein Großvater wurde 1866 im Krieg gegen Österreich verwundet. Er war darauf enorm stolz.« Der Rabbi, der später Präsident des *American Jewish Congress* und Vorsteher einer großen Synagoge in Newark, New Jersey, werden sollte, war besonders qualifiziert, die Berliner Juden zu beurteilen. Er liebte die Stadt, und ihre Juden liebten ihn. Er war ein kluger und ausgesprochen schöner Mann und ein eindrucksvoller Redner, der schon Berühmtheit erlangte, als er noch in den Zwanzigern war. Wer ihn predigen hörte, war unweigerlich berührt. Aber er kannte die Achillesferse seiner Gemeinde, zu der auch Stella und ihre Eltern gehörten.

»Juden sind politische Idioten«, sagte Rabbi Prinz. »Sie sind zu optimistisch, zu hoffnungsfroh. Was ein Feind ist, werden sie nie begreifen.«

Obwohl er kaum einen Namen hatte, konnte sich Vater Goldschlag in der damals heißesten Arena des Journalismus in Deutschland und überall in der Welt als erfolgreich betrachten: bei der Wochenschau. Als Französisch sprechender Chefredakteur des Berliner Büros von Gaumont, dessen Zentrale in Paris war, jonglierte er kühl mit der Berichterstattung über Katastrophen, Wahlen, Krönungen und andere Meldungen für die Schlagzeilen; er besänftigte die erregbaren, tollkühnen Kameramänner und hielt rund um die Uhr die äußerst knappen Fristen für Filmtheater auf der ganzen Welt ein.

Es war eine angesehene Tätigkeit, die ihn oft bis in die Nacht in seinem Büro festhielt, denn Wochenschauen, das Fernsehen jener Tage, informierten die Öffentlichkeit direkt über aktuelle Tagesereignisse.

Gaumont war einer der ersten, größten und schnellsten Filmproduzenten. Die Firma war 1908 gegründet worden, beschäftigte vor dem Ersten Weltkrieg 21 000 Angestellte und betrieb das größte Filmtheater der Welt (6 000 Sitzplätze), den Gaumont-Palace in Paris. Für den Bericht über die Amtseinsetzung des Prinzen von Wales im Jahr 1911 hängten sich Gaumonts Kamerateams mit zwei Milchwagen, die in fahrbare Dunkelkammern verwandelt worden waren, an das königliche Gefolge, und noch am gleichen Abend wurden gut 300 Meter Film über das Ereignis in London gezeigt.

Als ausländisches Unternehmen konnte Gaumont die Nationalsozialisten bis 1935 daran hindern, Goldschlag von seinem Posten zu entfernen, aber dann duldete das Propagandaministerium Juden nicht mehr in Positionen, wo sie das wirkungsvollste Agitationsmedium beeinflussen konnten. Joseph Goebbels selbst sah sich jeden Abend wichtige Ausschnitte an und genehmigte den fertigen Film für die Woche. Kein Geringerer als Hitler war letzter Zensor und überprüfte ebenfalls jede Folge.

Als Goldschlag seine hektische Arbeit aufgeben musste, beschloss er, einen tiefen Abgrund zu überwinden, und startete eine ganz neue Karriere in seiner zweiten Leidenschaft, der Musik, der *deutschen* Musik. Stella hörte einmal, dass ihn der *Jüdische Kulturbund* aufforderte, jüdische Musik zu schreiben, aber mit hebräischem Gesang wollte er nichts zu tun haben. Er hatte sich ein höheres Ziel gesetzt. Sein größter Wunsch war, als Komponist von Liedern zu Ruhm zu gelangen, den lyrischen Gesängen des großen romantischen Genres, die ihn zum rechtmäßigen Erben seiner Meister Schubert und Schumann machen würden.

Es blieb eine Wunschvorstellung. Als der Krieg begann, war Goldschlag ein rundlicher, bescheidener, stiller kleiner Mann, fünfzig Jahre alt und oft depressiv. Die Fliege, die er immer trug, und sein widerspenstiges dunkles Haar ließen ihn wie einen Maler wirken. Sein Fleiß, der an Besessenheit grenzte, trieb ihn dazu, mehr als 200 Lieder zu komponieren, eine gigantische Menge. Fast alle ruhten in seinem Schreibtisch, wurden nie aufgeführt, und wenn er sie selbst gelegentlich bei einem Konzert vortrug, wurden sie meistens nicht besonders freundlich aufgenommen.

»Bloße Kopie berühmter Vorbilder«, urteilte eine typische Rezension in einer jüdischen Wochenzeitung. Stella gab den Juden die Schuld an seiner Erfolglosigkeit. »Sie wollten ihn ausstechen«, sagte sie. Ihr Vater schob sein Scheitern auf die Schnelllebigkeit und die Voreingenommenheit der neuen Zeit; er wollte glauben, dass sich die Kritiker über das Genre des Kunstlieds als Ganzes lustig machten, nicht über seine Arbeit.

»Vielleicht bin ich achtzig Jahre zu spät geboren«, sagte er traurig zu einem Journalisten.

So sah er sich mit seiner Familie zu Armut und Bedeutungslosigkeit verdammt, die diese schließlich das Leben kosten sollten. Goldschlag gab Klavierstunden. Er schleppte sich von Konzert zu Konzert und begleitete Solisten. Er schrieb gelehrte Kritiken für jüdische Zeitschriften, die ihm so gut wie nichts einbrachten, aber immerhin ein Betätigungsfeld darstellten. Sein Einkommen reichte kaum für Lebensmittel und die Miete für die winzige Wohnung in der Xantener Straße 2 in Wilmersdorf, ganz in der Nähe des Ku'damms. Manchmal lebten sie von der Fürsorge.

Nur selten fand er Ermunterung, belebte etwas sein Verlangen nach Anerkennung als zukünftiger Schubert. Etwa wenn er eingeladen wurde, seine Lieder bei einem Konzert mehrerer jüdischer Komponisten vorzutragen. Noch im März 1941, nicht sehr lange bevor Auschwitz Vernichtungsfabrik wurde, reiste er nach Breslau, um sechs seiner Lieder bei einem Konzert des dortigen *Kulturbunds* zu spielen.

Das Programm jenes Abends enthielt Kompositionen von Goldschlag, deren Titel seine fortbestehende Hoffnung auf ein Überleben als *deutscher* Komponist und als *deutscher* Jude verraten. Ein Lied hieß »Gott war guter Laune«, ein anderes »Werdet nur nicht ungeduldig«.

Obwohl es nationalsozialistische Gesetze waren, die sein Publikum und seine Förderer auf Glaubensgenossen beschränkten, empfand Goldschlag diese Eingrenzung als entwürdigend. Vor der Hitlerzeit hatte er Einladungen von jüdischen Organisationen nicht angenommen. Schließlich war er Frontkämpfer im Ersten Weltkrieg gewesen und stolz auf seine Mitgliedschaft im Reichsbund jüdischer Frontsoldaten. Jüdisch zu sein war in Ordnung, solange diese Bezeichnung mit dem Dienst fürs Vaterland verbunden war.

Solche Versuche, sich mit den Verfolgern zu identifizieren, waren nicht ungewöhnlich und wurden nicht als lächerlich angesehen. In der Nachbarschaft der Goldschlags wohnten die Fröhlichs. Ihr Sohn Peter[2], ein leidenschaftlicher Fußballfan, war ein Jahr jünger als Stella und kam fast täglich an ihrem Mietshaus vorbei. Auch sein Vater war Frontkämpfer gewesen, und wie so viele deutsche Juden erzählte er gern antisemitische Witze. Die Fröhlichs nannten sich lächelnd »Drei-Tage-Juden«, weil sie die Synagoge (kein deutscher Jude von Rang und Namen benutzte das jiddische Wort *Schul*) nur an den höchsten Feiertagen besuchten: Rosch Ha-Schana und Jom Kippur. Wenn er in späteren Jahren über seine Identität nachdachte, nannte Peter Fröhlich-Gay seine Jugend »schizophren«. Es sei Hitler gewesen, sagte er, der ihn zum Juden gemacht habe.

Das traf auch auf Stella zu, deren Verwandlung auf jenen Tag im Jahr 1935 zurückging, als die Verordnungen der Nationalsozialisten sie zwangen, die staatliche höhere Schule zu verlassen und in die jüdische Privatschule von Dr. Goldschmidt am Roseneck im exklusiven Stadtteil Grunewald einzutreten. Damit wurde sie erstmals und offiziell mit den überwiegend dunkelhaarigen und manchmal großnasigen Kindern der gehassten Minderheit auf eine Stufe gestellt, den Verfolgten, den Aussätzigen. Auch ihre Armut wurde offenbar. Die Goldschmidt-Schule war teuer. Stella konnte sie nur mit einem Stipendium besuchen. Das wurmte sie zusätzlich.

Das Grübchenlächeln ihrer Kindheit, die auffallend blonden Locken, die jetzt glatt gehalten wurden, die reizenden Kleidchen, die ihre sie vergötternde Mutter Toni in Ordnung gehalten hatte, die süße Ausstrahlung einer Shirley Temple – all das war inzwischen verschwunden. Zur Kühle der jugendlichen Prinzessin kamen die guten – oder außerordentlich guten – Zensuren und eine sprachliche Ausdrucksfähigkeit, die selbst die Jungen und Mädchen in der Goldschmidt-Schule beeindruckten, an der Wortgewandtheit nicht ungewöhnlich war.

»Wir waren alle neidisch«, erinnerte sich Ursula Tarnowski, die später College-Präsidentin auf Long Island, New York, war.

Die Männer hatten Stella als hinreißend und unnahbar im Gedächtnis, als Objekt erotischer Phantasien und vermutlich falscher Gerüchte über verbotenen Sex mit älteren Jungen. Mit der Zurückhaltung einer geborenen Schauspielerin erweckte Stella den Eindruck, unerreichbar und erreichbar zugleich zu sein. Diese Fähigkeit sollte sie ihr ganzes Leben mit fünf Ehemännern, dem Vater einer unehelichen Tochter und zahllosen Liebhabern nicht verlieren.

Ihre Schulfreundinnen kannten eine weniger anziehende Stella. Für sie war sie auch eine Angeberin, eine Lügnerin und überhaupt anders. Sie kicherten, als ein Lehrer in der Klasse fragte, welchen Beruf die Väter ausübten, und Stella erklärte: »Mein Vater ist ein Kommunist!« Sie wussten, dass Gerhard Goldschlag weder Jurist noch Arzt noch Kaufmann war wie die Väter der anderen. Kommunist war er auch nicht. 1935 saßen Kommunisten entweder im Gefängnis oder lebten im Untergrund. Stellas Vater war dieser Pantoffelheld und Klavierspieler, ein unbekannter Komponist, ohne Sinn für Politik und völlig mittellos.

Stella fand die Ärmlichkeit ihrer Familie unerträglich. Sie hasste die kleine Wohnung und ihre billigen, wenn auch modischen Kleider. Einige der Mädchen wussten, dass sie die Schule mit einem Stipendium besuchte, das Dr. Goldschmidt besorgt hatte. Stella wusste, dass sie es wussten, und das erbitterte sie. Sie war sich ihres sensationellen Aussehens deutlich bewusst und gierig nach der Aufmerksamkeit, die sie erregte. Sie wollte ein Star sein, kein Fall für die Armenhilfe, und versuchte ihre Blondheit gezielt einzusetzen, um ihrer Erblast zu entrinnen.

Stella fand es abscheulich, Jüdin zu sein. Ihr »arisches Aussehen« hatte ihre alte Schule nicht daran gehindert, sie aufgrund ihrer Religionszugehörigkeit auszuschließen. Die anderen jüdischen Jugendlichen wussten, dass das ein Bestandteil des Hitler'schen Maßnahmenkatalogs war. Stella betrachtete es als eine Ungerechtigkeit und persönliche Kränkung. Sie wollte mehr sein als nur eine Jüdin. Juden waren Verlierer. Deshalb log sie und hoffte, ihre jüdische Identität abstreifen zu können. Ihre Freundinnen wussten, dass ihre Mutter, eine kalte, herrische Brünhild, im Chor der Synagoge sang, und sie kicherten hinter Stellas Rücken, wenn sie behauptete, ihre Mutter sei Christin.

Stella wollte auch gern weltklug scheinen, über ihre Jahre hinaus erfahren. Die Aufmerksamkeit, die ihr Aussehen bei den Jungen erregte, hatte ihr früh ein Bewusstsein von Sexualität vermittelt. Sie wollte verführerisch wirken, vor allem, weil sie damit ihresgleichen schockieren konnte. Stella fand es aufregend, zu schockieren. Wer schockiert, zieht die Aufmerksamkeit anderer auf sich.

Nach den Normen späterer Jahrzehnte waren Stellas Vorstöße in die Welt der Erwachsenen noch sehr zahm. Für die Zeit ihrer Jugend und die harmlose Welt unserer Schule waren sie ziemlich gewagt. Stella glänzte als inoffizielle Sexualkundelehrerin, denn Sexualkunde als Fach war noch nicht erfunden. Stella informierte andere Mädchen über anatomische Fakten, vernachlässigte aber auch die romantische Liebe nicht. Sie brachte Romane wie *Im Westen nichts Neues* mit in die Schule und erregte ihr privates Publikum mit dem Verlesen erotischer Passagen. Das machte sie interessant.

»Wir alle waren Evas, und sie war die Schlange«, erinnerte sich Lili Baumann, ihre beste Freundin.

Das war keine Übertreibung, wenn man die damals an der Schule herrschenden Sitten bedenkt. Einige der Mädchen waren abgestoßen von Stellas Frühreife. Ihre Neigung zu Wörtern aus dem sexuellen Bereich erschreckte sie. Ein paar Mädchen mieden die Nachwuchsschlange, als hätte sie Typhus. Die Eltern eines besonders scheuen Mädchens wurden von Frau Dr. Goldschmidt aufgefordert, ihre Tochter von Stella fernzuhalten. Aber um ihre Freundin Lili machte sich niemand Sorgen. Lili war stark und auf alles neugierig, Stella eingeschlossen. Sie bewunderte Stellas frühreife Art und war begeistert, dass sie an ihrem verbotenen Wissen teilhaben durfte.

Obwohl Lilis Lebenslust nie unter übertriebener Ängstlichkeit litt, hatten die Nationalsozialisten ihren Glauben an Freundschaft erschüttert. Bevor sie an die Goldschmidt-Schule kam, hatte sie in einem Klassenraum mit Zweierbänken gesessen, und Lili und ihre nichtjüdische Banknachbarin waren unzertrennlich gewesen. Eines Morgens stellte sie fest, dass ihre Freundin sie verlassen hatte und ihr Pult mit einem Mädchen teilte, das oft BDM-Uniform trug. Verwirrt fragte Lili ihre abtrünnige Freundin in der Pause, warum sie ihr untreu geworden sei.

»Jüdisches Blut stinkt«, erklärte die Elfjährige und wandte sich ab. Lili war tief verstört und lief den ganzen Weg weinend nach Hause. Am nächsten Tag meldete ihre Mutter sie in der Goldschmidt-Schule an.

Trotz ihres »arischen« Aussehens wankte Stellas Freundschaft zu Lili während der gemeinsamen Jahre in drei Schulen niemals: in der Volksschule an der Joachim-Friedrich-Straße, dem Hohenzollern-Lyzeum und schließlich der Goldschmidt-Schule. Sie waren sehr gegensätzlich, und gerade diese Gegensätzlichkeit faszinierte Lili.

Lili war wohlerzogen; sie stammte aus einer herkömmlichen, wohlhabenden Familie und hatte liebevolle Eltern. Ihr Vater war ein bedeutender Anwalt. Stella dagegen war eine Rebellin, eine gute Schülerin, aber ständig verstrickt in kleine Flunkereien und Proteste. Die Lehrer behielten Stella immer im Auge und waren auf der Hut vor Unannehmlichkeiten. Ihre Eltern schienen nicht zueinander zu passen. Lili stellte fest, dass Stella ihre laute, herrische Mutter fürchtete, und von dem erfolglosen kleinen Vater ihrer Freundin hatte sie selbst eine geringe Meinung. Sie war sicher, dass Stellas Mutter ihre und Stellas Haare färbte, noch eine herrlich gewagte Gepflogenheit, wenn das stimmte. Falsche und richtige Unterstellungen verfolgten Stella ihr Leben lang wie finstere und nicht abzuschüttelnde Schatten.

Mit der Zeit lernte Lili Stella auch als Person kennen, die sich anklammerte, als soziale Aufsteigerin. Lilis Eltern hatten eine riesige, schön eingerichtete Wohnung, in der Stella sich lieber aufhielt als in ihrem eigenen schäbigen Zuhause. Nicht immer war sie willkommen. Eines Nachmittags, als sie allein auf Lili wartete, schlich sie sich in das elterliche Schlafzimmer, nahm ein wertvolles Gemälde mit einem weiblichen Akt von der Wand und kopierte die Umrisse der nackten Figur mit Bleistift auf Pauspapier. Lilis Mutter entdeckte das Kunstwerk und warf Stella aus dem Haus.

»Das war Lili!«, schrie Stella – eine leicht durchschaubare Lüge.

Der Vorfall entzweite die Freundinnen nicht. Wie es bei Kindern so ist, wurde Stella in Lilis Augen zur Heldin. Ihr Bund wurde zu einer Mini-Verschwörung von kleinen Voyeurinnen, die sich gegen eine fade Erwachsenenwelt auflehnten.

Fade, aber nicht geschützt vor den bösen Leidenschaften, die Hitler entfacht hatte. In Stellas und Lilis Viertel, Wilmersdorf, wohnten viele jüdische Familien der Mittel- und Oberklasse. In den gediegenen, geräumigen Etagenwohnungen des relativ wohlhabenden Westends hatten sich mehr Juden niedergelassen als sonst wo, nämlich 26 000; das waren 13,5 Prozent der Bevölkerung (im Durchschnitt lebten in Berlin 4,3 Prozent Juden). Hier fanden dauernd blutige Straßenschlachten zwischen Hitlers SA-Abteilungen und den Kommunisten statt, weil die Nationalsozialisten sich schon früh, in den zwanziger Jahren, in diesem Viertel eingenistet hatten. Die Braunhemden der SA hatten, planmäßig im Bezirk verteilt, Kneipen zu Sturmlokalen erklärt.

Am 15. März 1933 führten die Wilmersdorfer Nationalsozialisten die erste richtige Bücherverbrennung seit dem Mittelalter durch.[3] Ziel war die Künstlerkolonie am Laubenheimer Platz, drei große Wohnblocks, die der Schriftstellerverband und die Theater-Kooperative gemeinsam für dreihundert ihrer Mitglieder gebaut hatten. Zu den Bewohnern gehörten Autoren späterer Erfolgsbücher, wie Arthur Koestler. Andere, wie etwa Heinrich Mann, Lion Feuchtwanger sowie der Maler und Graphiker George Grosz, wohnten in der Nähe.

Wie die militanten Kommunisten des Viertels hatten sich die Wilmersdorfer Intellektuellen an die improvisierten Schlägereien und Schießereien der Braunhemden auf den Straßen gewöhnt. Der Überfall vom 15. März war etwas anderes. Er war offiziell, regierungsamtlich. Er wurde von Polizeibeamten ausgeführt, verstärkt durch Feuerwehrleute und SA-Männer. Nachdem sie die Kolonie umstellt hatten, damit niemand entkommen konnte, durchsuchten sie die Wohnungen nach »marxistischer« Literatur und nahmen »Verdächtige« fest, deren Namen auf ihren Listen standen. Einige wurden geschlagen.

»Ich werd durch sieben schwer bewaffnete Jungen misshandelt und mit blutendem Gesicht die Treppe hinuntergestoßen«, erinnerte sich ein Autor. »Unten werde ich auf einen Polizeiwagen hinaufgestoßen. Das ist ja eine Literatenversammlung! Vor mir sitzt der Schriftsteller Manès Sperber. Einer der Posten höhnte: ›Hast wohl Neesebluten jehabt, wa?‹«

Die Täter hatten Schwierigkeiten zu entscheiden, welche Bücher »marxistisch« waren. Sie nahmen alle Bände, die ihnen verdächtig schienen, und trugen sie in Waschkörben zu einem großen Feuer mitten auf dem Platz. Ein paar SA-Leute schleuderten die Bücher in die Flammen. Der Pöbel tanzte um das Feuer und brüllte Zustimmung. Hitler war erst seit sechs Wochen an der Macht, aber in Berlin war der Wahnwitz seit Jahren an der Tagesordnung.

Als später die Erinnerungen verblassten, wurden sie auch vereinfacht. Nur wenige Menschen wussten noch, wie unerbittlich die Mitte des zwanzigsten Jahrhunderts von einem einzigen Menschen, von Adolf Hitler, bestimmt war, angefangen damit, dass er die Weltwirtschaftskrise für seine politischen Ziele nutzte, bis hin zur Spaltung der Welt in Ost und West, die in den späten vierziger Jahren begann und ebenfalls wesentlich sein Werk war.

Nicht viele Menschen unterschieden im Rückblick zwischen dem Kriegsherrn Hitler, der zeitweise den Zweiten Weltkrieg zu gewinnen drohte, und dem ulkigen Irren, den Charlie Chaplin in dem Klassiker *Der große Diktator* gespielt hatte – als es außerhalb Deutschlands noch möglich war, sich über den »Führer« lustig zu machen. Natürlich war Hitler beides; er entwickelte sich langsam von dem lächerlichen Comic-Typen, den nur ein paar fanatische Mitmarschierer ernst nahmen, zum Schrecken der ganzen Welt.

Stella erlebte in ihrer Jugend, von den zwanziger Jahren bis in die frühen vierziger Jahre, die unsichere und stürmische Freiheit der Weimarer Republik, dann die bedrückende Diktatur, dann den Völkermord. Endlich erlebte sie auch die Entstehung einer demokratischen Gesellschaft mit, die sich, genährt vom Nachkriegs-Wirtschaftswunder, schnell entwickelte.

Als sie heranwuchs, war das Gemetzel des Grabenkriegs von 1914–18 noch allgemein frisch im Gedächtnis, wie die Großen des deutschen Journalismus zu ihrer Verblüffung entdeckten. Ganz in Stellas Nähe, in Wilmersdorf, Wittelsbacher Straße 5, wohnte ein mittelloser neunundzwanzigjähriger Sportredakteur, der seinen Namen von Erich Paul Remark in Erich Maria Remarque geändert hatte. Er befürchtete, dass es nur Zeitvergeudung sei, seinen autobiografischen Roman eines verängstigten jugendlichen Infanteristen im »Krieg zur Beendigung aller Kriege« zu Papier zu bringen. Er nannte seine Erinnerungen *Im Westen nichts Neues*.

Der sonst so treffsichere Verleger Samuel Fischer lehnte das Manuskript angewidert ab mit einer Bemerkung, die ihn verfolgen sollte: »Wer will denn so was lesen?«, fragte er.

Millionen lasen es. Remarque überredete die Herausgeber seiner Zeitung, sein Werk in Fortsetzungen zu veröffentlichen, und es wurde ein phänomenaler Erfolg. Der Verkauf der Buchausgabe wurde nur von dem der Bibel übertroffen, und das nicht wegen der paar erotischen Stellen, für die sich Stella interessierte.

Der Erste Weltkrieg steckte den Leuten in den Knochen, und der verrückte, frustrierte »Absolvent des Blutvergießens«, der Gefreite Hitler, hatte es im Gegensatz zum Verleger Fischer längst gespürt. Jahrelang hämmerte er mit pathetischen Tiraden auf das wehrlose Vaterland ein, mit Erinnerungen an das »Schanddiktat von Versailles«, den rächenden Friedensvertrag, der nicht nur des Kaisers Heer, sondern auch die Wirtschaft verstümmelt hätte.

Stellas Vater war nicht der einzige deutsche Jude, der immer wieder auf seine Verdienste als Kriegsteilnehmer hinwies, um seine Loyalität zu dokumentieren und vielleicht – hoffentlich – sogar dem Antisemitismus entgegenzuwirken. Goldschlags Veteranenverein setzte landesweit Anzeigen in die Zeitungen, in denen »deutsche Mütter« an die 12000 Juden erinnert wurden, die für ihr geliebtes Land gefallen waren. Ein jüdisches Jagdflieger-Ass schmückte die Titelblätter von Zeitschriften, und gemäß der wahnwitzigen Logik der Nationalsozialisten wurde jüdischen Trägern des EK I noch fast bis zum Ende eine Art Respekt erwiesen. Sie wurden nicht sofort in Auschwitz vergast, sondern für eine Weile »zurückgestellt«; sie kamen ins Lager Theresienstadt, wo die Insassen nur verhungerten, und manche wurden erst in den letzten Kriegsmonaten nach Auschwitz deportiert.

Stellas Vater wurde zwar von Propagandaminister Dr. Joseph Goebbels, wie andere »verräterische« Unverbesserliche der Intelligenzija, aus seiner Stellung im öffentlichen Leben vertrieben, aber nicht automatisch in eines der neuen Konzentrationslager gebracht, wie Kommunisten, Sozialisten, Gewerkschafter und andere aktive Oppositionelle. Er verlor nur sein Einkommen und verarmte. Trotzdem dachte er nicht einen Augenblick daran, das Land zu verlassen. Wie mein eigener Vater. Wir interessierten uns nicht für Politik, und wir waren schließlich Deutsche.

3. Ein Berliner Junge

Ich wusste früh, dass ich nicht in eine geruhsame Zeit hineingeboren war. Meine Kindheitserinnerungen beginnen mit Schüssen. Wir lebten damals in einer teuren Wohnung in der Bismarckstraße in Charlottenburg; sie war riesig und höhlenartig wie ein alter Bahnhof. Es war das Jahr 1928; ich war fünf Jahre alt und lag mit Mandelentzündung im Bett.

Es wurde in unserer Straße geschossen, einer jener breiten, baumbestandenen Prachtstraßen, für die Berlin bekannt war, und die Gewalttätigkeit überraschte mich nicht. In den zwanziger Jahren, bevor Hitler jede Art von Opposition unterdrückte, trugen Kommunisten und Nationalsozialisten ihre Kämpfe auf den Straßen aus; »Rote und Braune« kämpften mit Knüppeln und Messern; es hagelte quadratische Berliner Pflastersteine, und oft wurde auch geschossen. Damals hielt jeder diese Straßenschlachten für so normal wie heute Verkehrsstaus.

Normal oder nicht, das Krachen der Schüsse auf der Bismarckstraße erschreckte mich sehr. Ich hatte Gesprächen über den Krieg gelauscht, und nach Krieg klang das hier. Ich hätte nicht sagen können, worum es draußen ging, aber ich wusste, dass ich oder meine Familie nichts damit zu tun hatten. Jedenfalls glaubten wir das zu der Zeit. Ich war nie jemandem begegnet, der an diesen Scharmützeln beteiligt war. Sie wurden von den Arbeitern der »Unterschicht« ausgefochten. Ich zog mir meine Daunendecke über die Ohren. Auf der Straße kehrte bald wieder Ruhe ein. So war es immer. Die Schießerei war nicht mehr als eine ärgerliche Unterbrechung meiner bemerkenswert ruhigen Kindheit.

Ich war ein Einzelkind. Ein sehr deutsches Kind. Mein Geburtstag, der 2. Oktober, war auch der Geburtstag von Hitlers Vorgänger, Reichspräsident Paul von Hindenburg, dem ehemaligen Feldmarschall und Sieger von Tannenberg (einer noch immer gefeierten Schlacht des Ersten Weltkriegs). Wir verehrten ihn alle. Am 2. Oktober wurden überall Flaggen aufgezogen. Als ich noch klein war, glaubte ich, sie wären mir zugedacht.

Meine Eltern waren nicht arm wie die Goldschlags, aber auch nicht reich wie meine Großeltern mütterlicherseits, die Haupteigner des Textilunternehmens der Familie. Es ging uns sehr gut. Für mich war ein Kindermädchen im Haus; meine Mutter hatte eine Köchin und eine Putzfrau. Meine Kleider wurden sehr sorgfältig ausgewählt; im Winter trug ich einen breitkrempigen weißen Hut und einen weichen weißen Pelzmantel, was damals nicht als unmännlich galt. Meine kleine, aber durchsetzungsfähige und temperamentvolle Mutter Helen, genannt Leni, war ihrer Zeit immer voraus und hatte sogar eine Schönheitsoperation machen lassen – es war eine dubiose Kunst, die noch in den Kinderschuhen steckte. Der Chirurg hatte ihre Nase und ihre Brüste verkleinert, die sie für unfein groß befunden hatte. Meinem Vater verschlug es die Sprache, als er die Rechnung sah.

Meine Mutter hatte eine ausgeprägte Neigung zu Späßen und Streichen, und ich spielte mit Begeisterung ihren Partner dabei. Für eine Hochzeit staffierte sie mich als Pagen aus einer Mozart-Oper aus. Ich war eine kleine Symphonie in Schneeweiß: mit gepuderter Perücke, Frack mit Schwalbenschwanz, langen Strümpfen und Schnallenschuhen. Und ein großer Erfolg bei den Hochzeitsgästen. Ich schwelgte darin.

Zur Hochzeit meiner Cousine Martha übertraf sich meine Mutter mit ihrem Sinn für Bühnenwirksamkeit selbst. Martha, nur wenige Jahre jünger als sie selbst, war ihre Lieblingsnichte. Ihr Vater, mein Onkel, war zweiter Geschäftsführer im Unternehmen meines Großvaters. Marthas Hochzeit mit einem leitenden Angestellten der Firma war die Familiengala meiner Kindheit.

Überraschung: Meine Mutter und ich waren nicht da. Dies wurde mit Befremden vermerkt; jeder wusste, dass Leni und Martha Busenfreundinnen waren. Je länger wir ausblieben, desto mehr flüsterten die Gäste untereinander. Meine Mutter hatte es schon immer verstanden, den geeigneten Zeitpunkt zu wählen, und wusste, wie man sich einen großen Auftritt verschaffte. In dem Augenblick, als die Zeremonie ohne uns beginnen sollte, schleiften Arbeiter eine große Holzkiste herein und brachen sie auf. Unter allgemeinem Beifall sprangen meine Mutter und ich heraus. Es war eine ihrer erfolgreichsten Inszenierungen.

Nicht alle waren frivol. Leni Stein – so ihr Künstlername, mit Mädchennamen hieß sie Silberstein – war eine erfolgreiche berufstätige Frau, als noch keine Frau in ihren Kreisen solchen Ehrgeiz hegte. Sie hatte ihr eigenes Einkommen und war finanziell unabhängig – unglaublich! Mit einem recht hübschen Mezzosopran gesegnet, unternahm sie Tourneen durch die Provinz und wurde mit freundlichen Kritiken bedacht, wenn sie die Lieder Schuberts, Schumanns und der anderen Meister sang, die auch Gerhard Goldschlags Vorbilder waren.

Meine Mutter zuckelte gern so durch die Landschaft, meistens in ihrem kleinen cremefarbenen Opel mit schwarzem Dach, den sie von ihren eigenen Einnahmen gekauft hatte. Das war revolutionär: Nur wenige Leute besaßen ein Auto, und selbst fahren konnten Frauen selten. Meine Mutter nahm mich oft zur Gesellschaft mit auf Reisen, aber einen der Ausflüge, der ungefähr eine Woche dauerte, unternahm sie mir zuliebe. Ich sollte den Geburtsort meines Vaters kennenlernen, auch wenn dieser zu viel zu tun hatte, um selbst mitzukommen.

Niemand wäre übrigens auf die Idee gekommen, mich in die Heimat meiner Vorfahren mütterlicherseits zu führen. Sie waren in

Myslowitz (poln. Mysłowice) in Oberschlesien vergessen, in dem Kohlerevier, das später polnisch werden sollte. Die Verwandten meines Großvaters galten zwar aus irgendeinem Grunde nicht direkt als Ostjuden und damit zweitklassige Menschen, aber Myslowitz hatte einen undeutschen Klang. Es war nicht das geeignete Mekka für eine Pilgerfahrt.

Der Geburtsort meines Vaters Erich, Edenkoben an der Südlichen Weinstraße in der Rheinpfalz, war unzweifelhaft deutsch – zivilisiert, voller Leben, weniger als eine Stunde von Straßburg entfernt. Straßburg war uns unter dem »Schanddiktat« von Versailles weggenommen worden, bei dem sie uns sogar unsere Kolonien geraubt hatten, Länder wie Deutsch-Ostafrika mit seinen fabelhaften Briefmarken, die bei Sammlern wie mir sehr begehrt waren.

Mein Onkel Franz Weidenreich, Doktor der Medizin und der Physiologie, war Professor der Anthropologie an der Universität Straßburg gewesen. Er war die bei weitem berühmteste Persönlichkeit, die Edenkoben oder meine Familie je hervorgebracht hatten, und in allen Nachschlagewerken aufgeführt. Dieser freundliche, aber unnahbare Mann (mit einem eiförmigen Kopf wie die meisten Männer in der Familie meines Vaters) lebte schon seit mehreren Jahren nicht mehr in der Gegend, als meine Mutter und ich Edenkoben mit seinen winzigen Weingärten hinter den Häusern erreichten. Wir fuhren in dem cremefarbenen Opel, was bei den Einheimischen Aufregung verursachte. Sie hatten noch nicht viele cremefarbene Opels gesehen, weder mit noch ohne Dame am Volant.

Mein Onkel Franz war nicht da, weil ihn die *Rockefeller Foundation* ins chinesische Hinterland geschickt hatte, wo er zehn Jahre blieb und weltberühmt wurde, als er den Schädel des Pekingmenschen und anderer Vorfahren ausbuddelte. Für die näher verwandten Ahnen hatte er sich auch schon interessiert. Man hatte mir einen Stammbaum gezeigt, der bis ins fünfzehnte Jahrhundert zurückreichte, in die kleinen Marktflecken Südwestdeutschlands. Damals hatte der Familienname Weil gelautet. Er wurde wohl verändert, weil oft Familien nach ihrem Gewerbe benannt wurden, und einer der frühesten bekannten Vorfahren war Korbflechter gewesen. Er stellte Körbe aus Weidenruten her und hatte vermutlich einen großen Vorrat davon: daher der Name Weidenreich.

Es war alles hochachtbar deutsch, was ich mit Vergnügen wahrnahm, sogar noch mehr als bei den Errungenschaften meiner Verwandtschaft mit dem Familiennamen Brahn. Mein Onkel Max Brahn hatte Schopenhauer herausgegeben und kommentiert, im Ersten Weltkrieg Kampfpiloten ausgebildet und war in seinem letzten Beruf als Fachmann für Arbeitsfragen bei einer Behörde, die ihn noch zwei Jahre nach Hitlers Machtergreifung für unersetzlich hielt, zum Oberregierungsrat aufgestiegen. Wir waren alle stolz auf seinen Ausnahmestatus – wer konnte deutscher sein als Onkel Max? Trotzdem fand ich, dass streikende Bergleute es mit Fossilien im ländlichen China nicht aufnehmen konnten.

Nach dem Krieg stellte ich einen Antrag auf Änderung meines ehrlichen deutschen Namens in Wyden, weil er in den USA in der Aussprache dauernd entstellt und verstümmelt wurde und es mir zu mühsam schien, eine solche Last mit mir herumzuschleppen. Wenn ich wieder vor dieser Frage stünde, würde ich es nicht tun. Ich war damals zu ängstlich, zu konformistisch.

Mein Vater Erich Weidenreich war der Unterhaltungskünstler der Familie. Er war ein rosiger, kahler, lächelnder Mensch, dessen ungezwungener Charme und Esprit ihn den Coup seines Lebens hatten landen lassen: die Tochter des Chefs zu heiraten, meine Mutter. Es war ein Triumph der sozialen Durchlässigkeit, denn der Vater meines Vaters hatte es nur zum Oberaufseher des jüdischen Friedhofs in Weißensee gebracht. Diesen Posten hatte ihm die Berliner jüdische Gemeinde überlassen, nachdem er mit einem Herrenbekleidungsgeschäft in Köln Pleite gemacht hatte.

Es war ein Makel auf dem Familienregister geschäftlicher Erfolge, zu denen vor allem der Edenkobener Kurzwarenladen gehört hatte, dessen ehemaligen Standort man meiner Mutter und mir bei unserem Besuch zeigte. Aber Großvater Max (eigentlich Maximilian) machte das wett, indem er sich beim Militär einen Namen machte. Bei seinem üblichen Jähzorn trat er sicher barsch genug auf, und in seiner babyblauen Uniform der Königlich-Bayerischen Armee mit dem Leutnantssäbel sah er prächtig aus wie ein Eroberer, sodass ich auch auf ihn stolz war.

Mein Vater rebellierte gegen die väterlichen Grundsätze, wurde ein Komiker und hielt sich von bewaffneten Konflikten und allem, was dazugehörte, fern. Wegen eines leichten Asthmas gelang es ihm, im Ersten Weltkrieg kein Held zu werden, ein Mangel, der ihn nie beunruhigte. Er blieb in Staaken zurück, einem ruhigen Militärflugplatz in den Wäldern außerhalb Berlins, wo er im Dienste des Kaisers in der Offiziersmesse Zauberkunststücke vorführte.

Erich war in dem kleinen gelben Backsteinhäuschen des Oberaufsehers auf dem riesigen Friedhof aufgewachsen, wo es unter den mächtigen Bäumen immer dunkel war. In dieser trüben Atmosphäre hielt es ihn nicht. Schon als Junge begann er mit Vorstellungen in den Weißenseer Arbeiterkneipen; er zeigte Kartenkunststücke, erzählte Witze in verschiedenen deutschen Dialekten und sang endlose Couplets, satirische Liedchen über aktuelle Ereignisse und Entwicklungen, die er in späteren Jahren mir beibrachte. Mein Vater war immer von lachenden Menschen umgeben. Noch ein halbes Jahrhundert später konnte er eine Leinenserviette so falten und knoten, dass sie wie eine Maus aussah, die er dann unter dem begeisterten Quietschen meiner Söhne seinen Arm von der Hand zur Schulter hinaufhuschen ließ.

Fröhlichkeit und Charme machten meinen Vater zu einem unerhört beliebten Vertreter. Er reiste für das vornehme Textilunternehmen meines Großvaters mütterlicherseits durch ganz Deutschland und wurde von den Kunden wie der Märchenprinz seiner Branche willkommen geheißen. Ich habe nie jemanden kennengelernt, der Erichs liebenswürdiger Anziehungskraft nicht erlegen wäre. Meine Mutter hatte ihm schon gar nicht widerstehen können, und ihr Vater auch nicht; er machte ihn zu seinem Partner in dem Unternehmen, das zu seiner besten Zeit 350 Leute beschäftigte.

Dieser Großvater Carl Silberstein, zu dem ich Opi sagte, wurde von erwachsenen Familienmitgliedern Carlchen genannt – eine irreführende Verkleinerungsform. An diesem Paterfamilias schien nichts klein zu sein. Er war kräftig gebaut und voller Würde, und seine stahlblauen Augen schauten durchbohrend. Sein großer Kopf mit dem dichten, nach hinten gekämmten weißen Haar überragte alle anderen und zog die Blicke auf sich wie ein schneebedeckter Gipfel.

Wenn mein Opi einen zweiten Vornamen gehabt hätte, hätte er Redlichkeit lauten müssen. Redlichkeit strahlte er aus, und sie hatte sich bezahlt gemacht, seit er in dem kleinen Textilgeschäft R. (für Rafael) Zernick, das mein Urgroßvater in der Kaiser-Wilhelm-Straße aufgemacht hatte, seine Karriere begonnen hatte. Für mich war Opi keine einschüchternde Persönlichkeit. Ich juchzte vor Vergnügen, wenn er mich auf den Arm nahm, denn das war ein Zeichen, dass ich ihm mit beiden Händen durch die Haare fahren und sie zausen durfte, was dann wiederum ihn juchzen ließ.

Opi war auch der Bewahrer unserer jüdischen Identität. Mein Vater und ich gehörten, wie die Fröhlichs, zu den vielen sogenannten Drei-Tage-Juden in Berlin; wir besuchten den Wilmersdorfer *Friedenstempel* von Rabbi Joachim Prinz nur zu Rosch Ha-Schana und Jom Kippur. Opi war dort Ältester; wahrscheinlich kannte er Stella und ihre Eltern als Gemeindemitglieder.

Ich hielt ständig Ausschau nach meiner Stella; im Wilmersdorfer Tempel hätte ich durchaus auf sie stoßen und das Treffen zufällig aussehen lassen können. Aber ich hatte kein Glück. Die Synagoge bot Platz für 1500 Menschen, und Rabbi Prinz besaß ein derartiges Charisma, dass an hohen Feiertagen die Polizei manchmal eine Absperrung gegen den Andrang errichten musste. Nie konnte ich Stella unter den vielen Menschen in ihren besten schwarzen Kleidern und Hüten entdecken. Vielleicht kam sie selbst zu so hohen Feiertagen nicht, um nicht zu den Juden gezählt zu werden. Dass sie so erpicht darauf war, ihrem Judesein zu entkommen – der »Schmach«, anders zu sein als die »Arier«, die »dazugehörten«, eine Außenseiterin, die von der herrschenden Mehrheit gemieden wurde –, mochte der Grund für sie sein, nicht hinzugehen.

Meine Mutter war eine »Keintags-Jüdin«, die den Tempel nie besuchte, aber nicht, weil sie verleugnen wollte, dass sie Jüdin war. Ihr schien jede Religion allzu weit von der Realität entfernt. Religion widerstrebte ihrem Pragmatismus, ihrem Bewusstsein vom »heute ist heut«. Sie verehrte jedoch ihren Vater. Deshalb bekam ich meine Bar-Mizwa, vor allem, um ihn zu erfreuen, und mir war es recht, überwiegend aus dem gleichen Grund. Weder meines Großvaters Werte noch seine Person sollten verletzt werden.

Und dann die Feiern in seinem Haus, die Seder- und vor allem Chanukka-Feste (Weihnachten feierten wir außerdem)! Bei Opis Einladungen wurden wir alle begeisterte Juden. Opi lud immer eine Menge Kinder ein. Viele von ihnen sah ich nur einmal im Jahr, in seinem Haus, aber wir hatten – mit Papierhüten und Rasseln – immer unheimlich viel Spaß. Ich erinnere mich, dass ich mich mit einer entfernten Cousine anfreundete, Ursula Finke, einem stillen, angenehmen, pummeligen Mädchen meines Alters. Sie wohnte sehr ungünstig irgendwo in der Stadtmitte, das hieß, dass sie unerreichbar war und dass es ihrer Familie, wie der Stellas, finanziell nicht gut ging.

Ja, ich wusste, dass es Juden gab, die nicht so wohlhabend waren wie wir. Ich sah das an meinem Onkel Richard, der im Geschäft meines Vaters als einfacher Buchhalter arbeitete und einen grünen Augenschirm und Manschetten aus Zelluloid trug. Er wohnte mit seiner nichtjüdischen Frau, meiner Tante Marie, und meinen Vettern Siegfried und Walter, die rund zehn Jahre älter waren als ich, in der Nähe des Friedhofs in Weißensee, dem Stadtteil, in dem mein Vater aufgewachsen war – eindeutig einem Arbeiterviertel.

Einmal im Jahr besuchten wir Onkel Richard im Firmenwagen, einem Buick, den mein Vater gelegentlich am Wochenende benutzen durfte. Auf der Karte war es keine Entfernung, aber uns schien es wie eine Reise nach Sibirien. Unseren weniger gutgestellten Verwandten müssen wir vorgekommen sein wie eine Abordnung vom Hofe Marie Antoinettes.

Jahrzehnte später erinnerte ich mich an diese Fahrten nach Sibirien, als ein Ausflug nach Weißensee durch die Berliner Mauer mit ihren Sicherheits- und Zollkontrollen eine beschwerliche Reise in den Osten war.

Mein Vater stand, als ich jung war, immer auf einer Bühne, selbst in den Ferien. Unsere gemeinsamen Sommerferien waren etwas Außerordentliches. Sie sollten meine schönsten Kindheitserinnerungen bleiben. Als ich noch klein war, kam auch mein Kindermädchen mit.

Meist fuhren wir mehrere Wochen in eines der besseren Hotels in einem der hübscheren Ferienorte in der Schweiz – Wengen, Kandersteg oder Grindelwald. Später machten wir dann Wanderungen mit Picknick auf einige der leichteren Berge, oft zusammen mit Freunden aus Berlin, vor allem den Nomburgs, und wir sangen uns dabei die Lunge aus dem Hals.

Einmal erreichten wir an einem Augustnachmittag mit Georg und Lotte Nomburg und ihren Söhnen Fredi und Harry eine schlichte Hütte auf einem der kleineren Berge – sie gehörte zu den wenigen Gebäuden in der Schweiz, wo kein Fondue, keine Würstchen, keine heiße Schokolade angeboten wurden –, als es zu schneien begann. Die Frauen wurden unruhig. Sie malten sich Katastrophen aus. Wir würden frieren und tagelang von der Welt abgeschnitten sein, ohne Schweizer Federbetten und Schweizer Küche. Wir konnten von einer Lawine zermalmt werden, ein gar nicht so ungewöhnliches Schicksal. Mein Vater zog ruhig ein Kartenspiel heraus und begann seine Kunststücke vorzuführen. Natürlich klappte es: Wie immer löste sich die Spannung in Gelächter auf. Bald hörte es auf zu schneien, und wir marschierten singend zurück ins Hotel.

Viele Tricks meines Vaters beruhten auf Fingerfertigkeit, aber wie beim Verkaufen war alles überzeugend. »Keine Mechanik, kein doppelter Boden!«, rief er strahlend und mit gerötetem Gesicht, wenn er behände eines der Kunststücke zum Besten gab. Es war vorgetäuschte Wirklichkeit.

Anfangs, nach dem 30. Januar 1933, schien es Hitler vor allem auf die Kommunisten abgesehen zu haben. Wir kannten keine Kommunisten, aber ich fühlte mich dennoch beklommen, als ich in der milden Nacht vom 27. auf den 28. Februar mit meinen Eltern auf der großen Terrasse unseres neuen Hauses im Stadtteil Grunewald stand und sah, wie sich der Himmel über der Innenstadt blutrot färbte. »Der Reichstag« brannte, das Gebäude des von Hitler bereits entmachteten Parlaments, wie wir im Rundfunk hörten. Die Brandstiftung wurde einem wandernden Kommunisten angelastet, der dann durch einen Prozess gehetzt und hingerichtet wurde. Alle fanden diese Geschichte faul, und da der Reichstag ein solches Mahnmal der Demokratie war, war es ein übles Vorzeichen, als die Flammen dieses Symbol in Schutt und Asche legten.[4]

1935 wurde der besonders gegen uns Juden gerichtete Druck deutlich. Schilder mit »Juden unerwünscht« erschienen häufiger in den Schaufenstern. Nichtjüdische Unternehmen wurden bedrängt, bis sie ihre jüdischen Mitarbeiter entließen, aber jüdische Unternehmen in Berlin, wie das meines Vaters und Herrn Nomburgs, waren bis 1938 kaum beeinträchtigt. Mit der Einführung neuer Gesetze, die die »rassische« Diskriminierung obligatorisch machten, steigerte sich der Wahnsinn von Hitlers Rhetorik gegen uns, seine »jüdisch-bolschewistischen« Feinde.

Immer heftiger diskutierten meine Eltern mit ihren Freunden, besonders den Nomburgs, über die Zukunft der deutschen Juden.

Die Meinungen blieben geteilt. Viele der Freunde glaubten noch immer, dass Hitler nur ein Psychotiker sei, der bald entlarvt und schmachvoll gestürzt werden würde. Die Nationalsozialisten wurden als übergeschnappte Bande abgetan, die in Kürze keinen Zulauf mehr haben würde, denn die meisten Nichtjuden, die wir kannten, schienen ihren gesunden Menschenverstand noch bewahrt zu haben. Vielleicht würde sich die Partei sogar selbst zerstören – Wunschdenken, das genährt wurde durch die Gerüchte, die aufkamen, nachdem hochrangige SA-Führer als Homosexuelle von ihren heterosexuellen Kameraden ermordet worden waren.

»Es ist absurd!«, rief Georg Nomburg, der im gleichen Alter war wie mein Vater und irgendwo in der Innenstadt Herrenmäntel herstellte. Die Nationalsozialisten blieben ihm unverständlich. Er war sicher: »Die halten sich nicht!« Seine Frau Lotte, still und unauffällig, flüsterte Zustimmung wie immer. Wieso waren die Nomburgs so sicher? Das erstaunte mich, denn ich wusste, dass sie aus Coburg nach Berlin geflüchtet waren, weil die Braunhemden Herrn Nomburgs Unternehmen dort niedergebrannt hatten. Aber das war Coburg, finsterste Provinz, nicht unser Berlin. Tatsächlich hatte Hitler die Lehenstreue der kleinen Stadt gewürdigt, als er schon 1922 dort gesprochen hatte, ein Jahr vor der eigentlichen Geburt der Partei im Münchener Putsch und lange vor der allgemeinen Misere, die ihn an die Macht brachte, nachdem die Zahl der Arbeitslosen drei Millionen erreicht hatte.

Ich mochte die Nomburgs. Die Söhne Fredi und Harry waren meine besten Freunde seit den gemeinsamen glücklichen Tagen in der Volksschule 21 in der Witzlebenstraße. Die beiden Familien – sieben Personen insgesamt – taten sich oft zu gemeinsamen Ferien oder Sonntagsausflügen zusammen und schwammen, wanderten und picknickten, bis wir gehörig erledigt waren von all den gesunden Aktivitäten, denen die Deutschen so leidenschaftlich frönen.

Die Nomburgs hatten eine liebenswürdige Art, die ich besonders zu schätzen wusste. Sie waren ganz entspannt, im Gegensatz zu meiner Mutter, der Mini-Walküre. Es gab keine verschiedeneren Menschen als Herrn Nomburg und meine Mutter. Er war ein kleiner Mann, der sich leicht ängstigte und regelmäßig wegen der Fahrweise meiner Mutter die Fassung verlor – sie war, wie sie selbst, souverän, aber ziemlich forsch. Wenn sie eine Kurve mit besonderem Schwung nahm, duckte sich Georg Nomburg und murmelte flehentlich »Aber Frau Leni, aber Frau Leni!«, wobei er ein entsetztes Zischen ausstieß.

Meine Mutter schien diese akustischen Signale nie zu hören. Sie wusste, wohin sie wollte, und nichts würde sie davon abhalten, ihr Ziel zu erreichen. »Basta«, wie sie oft sagte, denn sie sprach auch Italienisch.

Mitte der dreißiger Jahre war meine Mutter entschlossen, eine wirklich weite Reise anzutreten. Die Formel dafür hatte mein Vater unbewusst schon oft gebraucht. Wenn uns ein anderer Wagen mit gefährlicher Geschwindigkeit überholte, stieß er hervor: »Der will wohl heut' noch nach Amerika!« Nach und nach dämmerte es ihm, dass meine Mutti genau das vorhatte.

4. Eine Schule für Flüchtlinge

Wieder hörte ich die Stimme. Das kehlige, hypnotisierende Schreien Adolf Hitlers strömte aus dem Radio, bedrückend, kreischend, schmeichelnd, knurrend, schnurrend, ansteigend in heißer Wut oder Ekstase. Oft wurde die Stimme unterbrochen vom rasenden Gebrüll der Menge: »Heil! Heil! Heil!«

Dann wurde die Stimme sanfter und flehend. Hitler beschwor, er klagte über sein Martyrium, die Agonie des deutschen Volkes, das von äußeren Feinden eingeschlossen war und von jüdisch-bolschewistischen Parasiten untergraben wurde, die das Vaterland von innen zerstören wollten.

Es war der Ton der neuen Zeit in meinem Leben, und ich erstarrte. Es geschah 1934, und ich besuchte die staatliche Oberschule in einem der westlichen Vororte Berlins. Ich war elf Jahre alt, einer von zwei jüdischen Jungen unter rund 800 Schülern dieser Schule. Hitlers Präsenz über Lautsprecher war nichts Ungewöhnliches. Führerreden unterbrachen unsere Stunden häufig, und immer folgte die gleiche Pflichtübung: Wenn Hitler geendet hatte, standen alle auf, reckten den rechten Arm zum Hitlergruß und brüllten »Heil Hitler!«.

Das war Vorschrift. Und es geschah automatisch, selbstverständlich, wie das Treuegelöbnis beim Fahnenappell in den USA. Nur dass wir Hitler den lieben langen Tag so grüßen mussten. Ich hatte immer mitgemacht und war mir nur albern vorgekommen, dass ich diesem Verrückten diesen Gruß entbot. Albern, aber nicht schuldbewusst. In meiner Familie und bei unseren Freunden wurde Hitler mit einem gewissen Befremden toleriert. Wir hielten ihn für einen Irren, der nur aus Versehen und vorübergehend an die Macht gelangt war. Psychotiker bildeten sich ja oft ein, sie seien mächtig. Am besten gab man einfach nach. Schließlich wurden sie immer durchschaut. Auch Hitler würde bald durchschaut werden. Er war erst seit gut einem Jahr »Der Führer«.

An jenem Morgen 1934 regte sich ungewohnter Widerstand in mir. Ich wollte mich wehren. Ohne lange darüber nachzudenken, stützte ich mich mit beiden Armen auf mein Pult, als müsste ich mich festhalten. Ich wollte den Eindruck erwecken, als sei ich nicht in der Lage, mich zum Hitlergruß aufzurichten. Es funktionierte. Ich grüßte Hitler nicht und frohlockte. Es war ganz leicht gewesen.

Mittags flogen ein paar Steine hinter mir her, als ich die Schule verließ. Sie trafen mich nicht. Aus den Fahrradreifen war die Luft herausgelassen worden, aber die Reifen waren in Ordnung, ich brauchte sie nur aufzupumpen. Trotzdem erschrak ich sehr. Ich dachte an eine Klassenreise ins Zeltlager, die wir kurz zuvor gemacht hatten. Wir wanderten im Riesengebirge, und ich war der einzige jüdische Schüler. Eine Gruppe Hitlerjungen in Uniform sammelte sich direkt hinter mir und sang bedeutungsvoll einen bei den Nationalsozialisten beliebten Marsch: »Und wenn das Judenblut vom Messer spritzt, dann geht's nochmal so gut!«

Ich hatte nichts gesagt oder unternommen. Es wäre sinnlos gewesen, sich bei unserem Klassenlehrer, Dr. Volk, zu beschweren. Er trug ein rotes Parteiabzeichen, das mir besonders groß vorkam, und brachte meiner Klasse bei, dass Juden direkte Abkömmlinge des Teufels seien. Alle schauten sich nach mir um, wahrscheinlich um mich auf Hörner hin zu überprüfen. Es wirkte ziemlich dumm, selbst damals. Aber Hitlerjungen trugen große Dolche, und der Gedanke, sie könnten sie benutzen, um ein bisschen Judenblut, mein Blut, zu zapfen, war nicht besonders abwegig.

Also dachte ich an die Dolche und an meine Reifen und entzog mich dem Hitlergruß in der staatlichen Schule nicht wieder. Ich fand, mein »Widerstand« sei kindisch und sinnlos gewesen, nicht mutig. Später habe ich mich gefragt, ob ich mich habe anpassen wollen, ob ich den Hitlergruß wieder aufnahm, weil ich sein wollte wie die anderen, die akzeptierten, gewöhnlichen Jungen, an deren Fahrrädern niemand herumfummelte. Es wäre sicher möglich, dass ich mich unbewusst danach sehnte, dazuzugehören. Aber ich glaube, es war nicht so. Ich wusste, dass ich anders war. Ich glaube, ich hatte nur eine Todesangst vor diesen Dolchen und Hitlers pathetischem Geschrei im Klassenradio.

Ich war alt genug zu wissen, dass gewalttätige Psychopathen eine Menge Unheil anrichten können, bevor sie eingesperrt werden. Wir wurden schnell erwachsen in der Morgendämmerung des »Dritten Reichs«.

Mein Gewissen wurde nicht mehr lange belastet. Im Herbst 1935 wollte mich keine staatliche Schule mehr haben. Juden wurden aus dem öffentlichen Leben vertrieben, auch von Schulbänken. Schüler, deren Väter im Ersten Weltkrieg Frontkämpfer gewesen waren, wie der Vater meiner Stella, wurden noch für eine Weile von dieser Verfügung ausgenommen.

Ich war froh, dass das Asthma meinen Vater zu Hause und in Sicherheit gehalten hatte – als »Etappenschwein«, wie solche Soldaten genannt wurden. Ich hätte nicht gewollt, dass er in Flandern gewesen wäre, an der Marne oder vor Verdun, auf den geheiligten Schlachtfeldern, über die ich so viel gelesen hatte und auf denen unsere tapferen Helden so würdig verblutet waren. Nein, ganz bestimmt nicht. Aber musste er als Etappenschwein herumhängen? Hätte er nicht einen sicheren und trotzdem heroischen Ort finden können?

Die Frage war rein theoretisch. Im November meldete mich meine Mutter in der Jüdischen Privatschule Dr. Goldschmidt an. Sie existierte erst seit wenigen Monaten, die letzte von fünf solchen Einrichtungen, die alle von Lehrerinnen gegründet worden waren. Für mich war es eine Erleichterung.

Frau Dr. Goldschmidt, die mich persönlich aufnahm, war anders als alle Lehrer, denen ich bis dahin begegnet war. Sie gab sich nicht würdevoll. Sie war im April 1933 aus ihrer Lehrertätigkeit an einer staatlichen Schule vertrieben worden, und als Mutter von zwei Kindern und Patentante von zwei anderen Kindern hatte sie beschlossen, für deren Unterricht zu sorgen und dabei auch selbst ins Geschäft zu kommen. Hier sah sie ihre Chance. Viele jüdische Kinder brauchten Unterricht, viele entlassene jüdische Lehrer suchten Arbeit.

Leonore Goldschmidt, achtunddreißig Jahre alt, schien mir meiner eigenen Mutter nicht unähnlich zu sein: Sie war wie eine Dampfwalze, redegewandt, flink, gescheit, immer in Eile; sie platzte vor Energie und war nie um eine Antwort oder improvisierte Problemlösungen verlegen. Sie ging nicht, sie stürmte; sie sprach nicht, sie sprudelte, und immer gab es bei ihr etwas Neues. Als sie 1983 in London in ihren Achtzigern starb, lernte sie gerade Russisch.

Die Schule war ein Familienunternehmen. Frau Dr. Goldschmidts Ehemann Ernst, ein Jurist, leitete die Verwaltung. Die Disziplin in der Schule richtete sich nach den strengen deutschen Normen, und sie wurde unparteiisch auch von den Goldschmidt-Kindern erwartet, obwohl die Lehrer lächelten, wenn ihre Konferenzen unterbrochen wurden, weil die Kinder hereinplatzten, »Mama!« riefen und erwarteten, dass die Chefin einen Streit in der Familie unverzüglich schlichtete.

Für mich war Frau Dr. Goldschmidts Institut keine einschüchternde geheiligte Stätte zum Pauken, wie meine bisherigen preußischen Anstalten. Sie sah ihre Aufgabe darin, unreife potenzielle Emigranten wie mich schnell zu gefestigten Erwachsenen zu machen – als Vorbereitung für ein Leben im Ausland.

Es war eine Schule für Jungen und Mädchen; das war zwar nicht umwerfend neu, aber doch noch eher ungewöhnlich. Religion spielte keine große Rolle, doch wurde die Außenwelt nicht vergessen. Von unseren Abiturienten wurde erwartet, dass sie eine Hochschule im

Ausland besuchten. Frau Dr. Goldschmidt sprach fließend Englisch und setzte sich sehr für den Fremdsprachenunterricht ein. Ihre Qualitätsmaßstäbe waren streng. Die Schülerzahl stieg schnell auf 300, dann auf über 500, und sechs der vierundzwanzig Lehrer waren in England angeworben worden. Die Blicke unserer Direktorin waren auf die Zukunft gerichtet, und die von ihr entwickelte Bildungsmaschinerie schnurrte.

Glücklicherweise fühlten wir uns in der Schule sicher. Im Wald und auf den Wiesen des Grunewalds blühten wir auf. Unsere Klassenräume lagen in eleganten, luftigen alten Villen mit geräumigen Empfangshallen und hohen Fenstern.[5] Hier warf niemand mit Steinen. Wir waren unter uns, vielleicht stärker abgeschottet, als für uns gut war. Es gab nur wenige glühende Zionisten oder orthodoxe Juden unter uns und auch kaum Schüler, deren Eltern aus Polen oder anderen östlichen Ländern gekommen waren und die von deutschen Juden (einschließlich meiner Eltern) mit beschämender Geringschätzung angesehen wurden. Wir waren die gutbürgerlichen Söhne und Töchter gutbürgerlicher Freiberufler oder Kaufleute der oberen Mittelklasse oder Oberklasse. Wir gehörten zum großen Teil Familien an, die sich schon unzählige Generationen zuvor in Deutschland niedergelassen hatten, wie die, die mein Onkel Franz, der Anthropologe, ausfindig gemacht hatte.

So wie wir bisher durch die Assimilierung unserer Familien an die deutsche Gesellschaft geschützt gewesen waren, fühlten ich und meinesgleichen uns wieder behütet von Frau Dr. Goldschmidts rechtzeitig gegründeter Einrichtung. Die Schule war eine Oase der Fröhlichkeit. Wir verfassten satirische Gedichte auf die Klasse. Das Lehrerkollegium gab musikalische Geburtstagsgesellschaften zu Ehren von Leonore Goldschmidt. Wir sonnten uns in den Siegen unserer Sportler (die sich natürlich nur mit den anderen jüdischen Instituten messen konnten). Unter den älteren Schülern blühten zaghaft erste Romanzen auf. Die Kameradschaftlichkeit war fühlbar und verstärkte sich noch durch böse Vorahnungen. Fast Monat für Monat verkündete die verrückte Hitlerstimme im Rundfunk weitere bedrückende antisemitische Vorschriften. Die Außenwelt drang auf uns ein. Wir spürten, dass unser Versuch der Isolierung mit Gleichgesinnten nicht von Dauer sein konnte.

Wir bekamen Übung im Abschiednehmen, und für mich waren diese traurigen Anlässe durch melancholische Musik und Tränen gekennzeichnet. So nahe an Stella herangerückt, wie ich mich traute, sang ich in Dr. Bandmanns Auswahlchor Sopran und beobachtete sie hingebungsvoll. Wobei mir einfällt, dass ihre Augen immer trocken blieben. Dr. Bandmann – dessen Vornamen niemand je herausbekam – war verträumt und nie in Eile; eine rötliche Locke fiel ihm in die Stirn und tanzte, wenn er über die Tasten des Klaviers gebeugt saß und sich wiegte. Er war der Musik verfallen und brauchte in der Straßenbahn nur ein Notenblatt zu lesen, schon leuchteten seine Augen verzückt hinter der schwarzen Hornbrille auf.[6]

Für ihn sangen wir Beethovens »Die Himmel rühmen des Ewigen Ehre« sowie Händel und Mendelssohn, aber vor allem sangen wir traurige Lieder zu Abiturfeiern und immer häufiger dann, wenn Mitschüler uns verließen, um nach New York oder London zu gehen oder oft auch an Orte, von denen wir noch nie gehört hatten.

Später verglichen einige meiner Mitschüler den Frieden in der Goldschmidt-Schule mit dem in Bassanis *Gärten der Finzi-Contini*, den Vittorio de Sica in seinem Film 1970 so bewegend eingefangen hat. Einige Ähnlichkeiten gibt es. Tatsächlich bewahrte der Filmgarten die Familie vornehmer italienischer Juden vor den Unruhen des sich ausbreitenden Faschismus Mussolinis. Aber die Schlussszenen, wo der Finzi-Contini-Clan still in die Schule geht und gefasst die Deportation erwartet, passten nicht zu den Leuten, die ich kannte. Fast alle von uns handelten, wenn auch manchmal zu spät. Fast alle entkamen – mit tragischen Ausnahmen. Niemand von denen, die ich kannte, wartete einfach auf die Katastrophe, als die Gefahr deutlich wurde. Wir waren keine Schafe. Wir waren auf die eine oder andere Weise Überlebende, im Gegensatz zu den anderen, den Millionen, die untergingen, den Gefassten, die nicht die psychischen und finanziellen Mittel hatten.

Nicht dass wir alle gleich gewesen wären – weit gefehlt! Die unvergesslichste Persönlichkeit der Schule war mein Klassenlehrer, der große, stets kerzengerade aufgerichtete Dr. Kurt Lewent, grimmig, erschreckend, abweisend, gefürchtet. Noch fünfzig Jahre danach ziehe ich den Kopf ein, weil ich ihn drohend über mir aufragen sehe – bleich, dunkel, sein kräftiger schwarzer Schnurrbart zittert, er ist zornig über irgendeine belanglose Dummheit von mir oder einem meiner eingeschüchterten Mitschüler, Stella eingeschlossen.

Dr. Lewent brach in seine Lieblingslitanei aus, wenn er auf menschliche Schwäche stieß. »Aha!«, donnerte er. »Das soll also die sogenannte jüdische Intelligenz sein? Ich merke nichts davon!«

Dr. Lewent, selbst Jude, wurde von der gleichen Identitätskrise gequält wie so viele seiner Schüler; Stella war ein eindrucksvolles Beispiel dafür. Lewent war vor allem Deutscher, das bewiesen sichtbar die körperlichen Schäden: Er hatte eine verkrüppelte Hand und humpelte stark, Andenken an den Ersten Weltkrieg, in dem er für das Kaiserreich gekämpft hatte.

Es muss diese arme Seele tief getroffen und verstört haben, als seine deutschen Kollegen (Deutsche!) ihn wie eine ungehörige Fußnote aus der Liste der Professoren an der hervorragenden Pädagogischen Hochschule strichen, ihm Rang und Stellung nahmen und ihn zwangen, kleinen Dummköpfen wie uns Wissen einzupauken. Deshalb hasste er uns und alle Juden, und vor allem hasste er sich selbst, weil er im Leben versagt hatte.

Wir hassten ihn ebenfalls: seinen Sarkasmus, die schnelle Strafe für jede Verletzung seiner eisernen Regeln, die finstere Wolke, die er über die Klasse senkte, die Angst, die er hervorrief, als ob wir nicht schon genug Angst in unserem Leben erfahren hätten, eine so tiefreichende Angst, dass sogar ältere Jungen manchmal in Tränen ausbrachen.

Disziplin und Angst beherrschten auch die lichteren Momente in Lewents Leben. Ganz selten einmal gestattete er sich eine witzige Bemerkung, und die Klasse brach in Gelächter aus. Nicht lange. Innerhalb von Sekunden befahl Lewent: »Genug gelacht!« Sofort waren alle wieder mucksmäuschenstill.

Lewent war ein guter Lehrer, auch wenn sich seine Methoden von denen der humaneren Kollegen an der Goldschmidt-Schule unterschieden. Viele von uns erinnerten sich später, dass die Angst vor ihm uns die Konjugation der französischen Verben eingehämmert hatte; aber er konnte auch mit Phantasie arbeiten. Er brachte uns die Aussprache des englischen *r* bei, indem er uns »gdeen« statt »green« für grün sagen ließ. Lewent lehrte fürs Leben.

Versuche, sich bei diesem strengen Herrn einzuschmeicheln, brachten uns nicht weit. Einmal sammelte eine Gruppe Geld und schenkte ihm zum Geburtstag ein sehr schön gebundenes Buch. Er wollte es umgetauscht haben in Louis Fischers Biografie des asketischen Mahatma Gandhi. Eine Delegation brachte ihm den gewünschten Band nach Hause. Er bedankte sich kaum und bat die Schüler nicht herein. Vielleicht war er gerührt und wollte das nicht zeigen.

Lewent hat auch überlebt. Ich habe nie erfahren, wann und wie der Diktator von der Goldschmidt-Schule Hitler entkam. Aber 1946 bot eine unserer Mitschülerinnen, Eva Isaac-Krieger, auf ihrem Weg zum Unterricht im Hunter-College in New York ihren Sitzplatz in der U-Bahn einem würdigen alten Herrn mit Stock an und wurde dafür mit einem Wunder belohnt.

Der alte Mann sah sie dankbar an und sagte: »Eva Isaac-Krieger?«

»Dr. Lewent?«

Das Wiedersehen dauerte zwei U-Bahn-Stationen. Nur in Resten seines einst so stolzen Äußeren war der alte Lehrer erkennbar. Sein Hass war Sanftheit gewichen. Er hatte Tränen in den Augen, und seine ehemalige Schülerin konnte es kaum glauben, dass diese zerbrechliche Gestalt sie vor noch gar nicht langer Zeit im Englischunterricht angebrüllt hatte. Sein Akzent war plötzlich schauderhaft. Aber er lebte und war ein anderer Mensch geworden. Die Zeit hatte Lewent zu einem weichherzigen Juden geschmiedet.

Stella, meine Stella, war eine Überlebende anderer Art. Wegen der frustrierenden Reserviertheit »anständiger« Mädchen in meiner behüteten Berliner Jugend konnte ich nicht einmal abschätzen, ob sie zugänglich war, als wir jung waren. Petting gab es nicht, nicht einmal Händchenhalten! Das Wort »Sex« war ein absolutes Tabu. Das machte Stellas sexualkundliche Unterweisungen so gewagt. Selbst meine emanzipierte Mutter sprach nie über Sexualität. Sie machte mich mit den sogenannten Tatsachen des Lebens bekannt, indem sie einen Band Krafft-Ebing in unserem Bücherregal zu Hause an auffälliger Stelle platzierte. Ich hatte Augen im Kopf, und als diese Stella in kurzen Turnhosen und einem dünnen, engen Turnhemd erspähten, brauchte ich weder Krafft-Ebing noch andere Vermittler, um die Verbindung zu meinem eigenen Körper herzustellen.

Obwohl ich viele Gelegenheiten hatte, mich mit der Angebeteten anzufreunden, hielt mich meine Unerfahrenheit davon ab, das Glück der Nähe zu ihr erzwingen zu wollen. An den meisten Tagen fuhr ich mit der Straßenbahn 76 oder 176 den Kurfürstendamm hinauf zur Schule, wobei ich den Augenblick meines Aufbruchs sorgfältig plante. Mein Ziel war, genau in die Bahn zu steigen, in der »meine« Mädchen saßen. Wenn ich sie nicht sah, wartete ich, bis ihre Bahn kam.

Meine Mädchen waren Stellas beste Freundin Lili Baumann, die Leichtathletin, groß, gesprächig, mit glatten kohlschwarzen Haaren; ihre Cousine Renate Baumann, blond und fröhlich; Edith Latte, klein, dunkel und sehr, sehr still, und meine Stella. Sie bildeten eine Clique und gehörten zu den hübschesten Mädchen der Schule. Ich hoffte, dass ein bisschen von ihrem Glanz auf mich abfärbte, wenn ich mich auf der langen Straßenbahnfahrt in ihre Nähe schmuggelte. Das unvermeidliche Gedränge ließ ihnen wenig Möglichkeit, zurückzuweichen oder mich zu ignorieren. Ach, selbst auf engstem Raum hatte ich nicht die Nerven, die überwältigende Stella in ein richtiges Gespräch zu verwickeln.

In späteren Jahren habe ich mir manchmal ausgemalt, wie sich Stellas und mein Überleben anders entwickelt haben könnte, wenn es mir gelungen wäre, eine Romanze zwischen uns einzufädeln. Was, wenn wir unzertrennlich geworden wären? Was, wenn ich an einem der Elternabende in der Goldschmidt-Schule, an denen ich alle Goldschlags sah, ihre und meine Eltern bekanntgemacht hätte? Wenn sich daraus eine Freundschaft entwickelt hätte? Was, wenn meine Mutter und Stellas Vater Gemeinsamkeiten entdeckt und tiefe Gedanken über ihre Lieblingslieder ausgetauscht hätten? Was, wenn meine Mutti, die große Überredungskünstlerin, rechtzeitig Druck auf die Goldschlags ausgeübt hätte, ebenfalls zu emigrieren, und wir uns alle in New York wiederbegegnet wären?

Lächerlich – absurd aus einer ganzen Reihe von durch die Umstände und die bizarren Zeiten bestimmten Gründen. Das Spielchen des »Wenn… – wenn… – wenn…« war sinnlos, und mein Vater hatte eine alte Berliner Redewendung dafür. »Wenn meine Tante Räder hätte, wär sie ’n Omnibus«, spottete er. Unter Druck gesetzt, konnte er auch realistisch sein.

5. Ausreise

Es war ganz normal, dass meine Mutter, der Mini-Dynamo, die treibende Kraft war, die beschloss, wir sollten emigrieren. Darüber gab es keine Debatten in der Familie. Sie ahnte nichts von den bevorstehenden Massenmorden, aber ihr Realitätssinn duldete keine Unschlüssigkeit. Selbst wenn Hitler den Juden keine Gewalt antun würde – er machte es uns immer schwerer, unseren Lebensunterhalt zu verdienen, und genießen konnten wir das Leben sowieso nicht mehr. Schon drohte Unternehmen in jüdischem Besitz Enteignung. Jedes Jahr gab es neue Schikanen. Es war nur eine Frage der Zeit, bis das geregelte Leben mit seinen Annehmlichkeiten, die für meine Mutter so sehr Teil ihres Daseins geworden waren, unmöglich sein würde. Nein danke. Sie wollte weg, obwohl ihr Vater, mein ehrwürdiger Opi, sonst die Autorität der Familie, sich nachdrücklich dagegen aussprach.

Es war gar nicht ungewöhnlich in diesen Familien, die über Gehen oder Bleiben entscheiden mussten, dass die Frauen mehr Energie und Unternehmungsgeist aufbrachten als die Männer. Das hatte mit »Frauenemanzipation« (die in jenen Tagen vor allem bedeutete, dass Frauen das Stimmrecht hatten) wenig zu tun. Kaum eine Frau hatte ein Unternehmen, eine Anwaltskanzlei oder eine Arztpraxis zu verlieren. Frauen waren weniger standesbewusst, weniger finanziell orientiert als Männer. Sie schienen weniger unflexibel, weniger vorsichtig zu sein und sicherer, dass sie auch auf neuem Boden gedeihen und notfalls (das traf jedenfalls auf meine kecke Mutter zu) auch einen neuen Mann finden könnten, der sie unterstützen und einen brauchbaren Partner abgeben würde.

Nachdem mein Vater einmal in die Christoph-Kolumbus-Pläne meiner Mutter eingewilligt hatte – er seufzte, runzelte die Stirn und schüttelte traurig den Kopf –, ging er mit preußischer Effizienz ans Werk. Hinter seinem charmanten, kindlichen Lächeln lauerte ein unnachgiebiger Verwaltungsbeamter, beherrscht, mit perfekt geordneten Akten und Karteien, beharrlich wie eine Ameise. Wir gingen nach Amerika. Das stand fest. Auch darüber hatte es keine Debatten gegeben. Das war doch *die* Sache. Eine Frau wie meine Mutter würde ein unbedeutenderes Refugium gar nicht in Erwägung ziehen.

1935 war die Auswanderung in die Vereinigten Staaten schon ein quälend langsames Unternehmen, aber immerhin möglich, sofern man bei guter Gesundheit war, mindestens einen relativ wohlhabenden Verwandten dort hatte und genug Geld, um die Nazis auszuzahlen. Mein Vater stand mit der unendlichen Geduld des Handlungsreisenden Tag für Tag vor dem amerikanischen Konsulat an. Oft war die Schlange so lang und rückte so langsam vor, dass er nicht einmal mehr jemanden zu sehen bekam, bevor das Konsulat schloss (immer am frühen Nachmittag). Manchmal machten die Konsulatsbeamten für ein paar Tage zu, um ihre Aktenberge aufarbeiten zu können. Aber während wir zwei Jahre lang Schlange standen, brachte uns mein Vater New York zentimeterweise näher.

Unsere Sprache veränderte sich. Unsere Zukunft hing von drei neuen Wegweisern ab. Sie hießen »die Quote« – das war die magere Gesamtzahl deutscher Flüchtlinge, die nach den Einwanderungsgesetzen hereingelassen wurden; »das Affidavit« – die eidesstattliche Erklärung eines obskuren Vetters soundsovielten Grades (den mein Vater bei einer Erkundungsreise in der Bronx ausfindig gemacht hatte), der sich verbürgte, uns zu unterstützen, wenn wir mittellos würden; und »die Visa« – unsere gestempelten Eintrittskarten ins Gelobte Land.

Die Nationalsozialisten hatten den jüdischen Exodus zu einem lukrativen Geschäft gemacht. Es wurde intensiv verhandelt über den Betrag, den wir als »Reichsfluchtsteuer« – die von den deutschen Behörden geforderte Lösegeldsumme – zu zahlen hätten. Bis zum Ende war Hitlers Regierung gierig darauf aus, Geld und Besitz der Juden an sich zu bringen. In späteren Jahren nahmen ihre Vertreter einfach, was sie haben wollten: Kleidung, Brillen, Goldfüllungen, was auch immer. Zur Zeit unserer Auswanderung war die Beschlagnahme raffinierter, wenn auch nicht minder habgierig. Juden wurden unter Druck gesetzt, damit sie das Land verließen, aber das Privileg der Ausreise war teuer.

Der Geschäftssinn meines Vaters rettete uns. Als ich 1923 geboren wurde, auf dem Höhepunkt der Inflation in Deutschland – ein Brot kostete Millionen von Mark –, hatte mein Vater beschlossen, eine anständige Lebensversicherung abzuschließen. Er fand eine Gesellschaft, die Nordstern, die ihm eine Versicherung verkaufte, deren Prämien er in Mark bezahlen konnte, deren Leistungen dereinst jedoch in Dollar gezahlt werden sollten. Der Wert war im Lauf der Jahre beachtlich gewachsen. Die Nationalsozialisten brauchten dringend Devisen – wirklich umtauschbares Geld –, wagten aber damals noch nicht, Guthaben einfach zu beschlagnahmen. Die Versicherungspolice wurde unsere Fahrkarte in die Freiheit.

Meine Mutter hatte die Strategie umrissen, mein Vater verhandelte. Gleichzeitig gingen meine Eltern daran, unseren Haushalt zu verkleinern, um uns für unseren Umzug nach Übersee beweglich zu machen. Wir konnten zwar einen kleinen Container voll Sachen mitnehmen – zu einem horrenden Preis –, aber der größte Teil unserer sperrigen Möbel und der Haushaltswäsche, Vorhänge und Erinnerungsstücke musste zurückbleiben. Ich vermute, dass meine Eltern, ohne es auch nur sich selbst gegenüber einzugestehen, sich damals schon auf einen künftig viel bescheideneren Lebensstil einstellten.

So zogen wir uns in eine winzige Wohnung in Charlottenburg, Roscherstraße 16, Hinterhaus, vierte Etage, zurück. Ich war begeistert, weil nebenan Erich Kästner wohnte. Wie so viele Kinder in aller Welt hatte ich kichernd *Emil und die Detektive* verschlungen. Aber das war nicht der Hauptgrund für meine Freude über Kästners Nähe. Mich beeindruckte auch nicht unbedingt die traurige Tatsache, dass die Nationalsozialisten die Bücher dieses deprimierten, abgemagerten, berühmten Mannes verbannt und verbrannt hatten und dass er immer wieder von der Gestapo zu Verhören abgeholt wurde, weil er in seiner untertreibenden, boshaften Weise durchblicken ließ, dass er die Nazis für Verrückte hielt.

Ich war aus ganz selbstsüchtigen Gründen mit diesem Nachbarn zufrieden. Kästner korrespondierte mit Verlegern und Lesern in vielen Ländern und bekam eine Menge Post aus dem Ausland.[7] Auf einigen der Umschläge klebten wertvolle Marken, und Briefmarken waren meine Leidenschaft. Ich war bereits aus dem Heer der Amateure aufgestiegen und Händler geworden. Meine Transaktionen waren bescheiden, aber ernsthaft. Sie verschafften mir ein ordentliches Taschengeld und erlaubten es mir, mich an meinen Lieblingsplätzen herumzutreiben: in Briefmarkenläden. Nach Briefmarken fahndete ich in der Firma meines Vaters und wo immer ich Zugang zu Post hatte. Erich Kästner, finster und ein Nachtmensch, war eine ergiebige Quelle.

Kästner blieb ganz bewusst in Deutschland, es war eine Geste der Verachtung. Er betrachtete sich als zivilisierten und, wie er hoffte, nicht untypischen Deutschen und hatte nicht vor, sich von Rowdys aus seinem Vaterland vertreiben zu lassen. Aber warum nur blieben die Goldschlags und die Nomburgs da, bis es zu spät war, fügsam, nicht bereit, etwas zu unternehmen? Warum verharrten sie in Untätigkeit, bis Millionen »zusammengetrieben« wurden wie die sprichwörtlichen Schafe?

Noch ein halbes Jahrhundert später streiten sich Psychologen und Soziologen über die Gründe und stellen Diagnosen wie »Blindheit«, »Massenwahn«, »Ghettomentalität« und »Realitätsverlust«. Sie konnten die Frage bis heute nicht beantworten. Mir war eigentlich immer klar, weshalb unsere Freunde und die übrige passive Mehrheit ihre Zelte nicht abbrachen.

Zunächst einmal ist die Trennung von zu Hause schmerzlich, egal, was dort schiefläuft. Man braucht eine stabile innere Sicherheit, um den Planwagen anzuspannen. Nur Abenteurer schaffen das.

Außerdem glaubten wir deutschen Juden, in einem sicheren Hafen vertäut zu sein. Die meisten von uns hatten in der im Allgemeinen ziemlich toleranten Umgebung nicht das Gefühl, anders zu sein. Wir waren Patrioten, mit Schmissen von den Mensuren in der Studentenverbindung und Eisernen Kreuzen aus dem Ersten Weltkrieg. Die Vorfahren meines Vaters waren schon ewig kleine Kaufleute in ländlichen Regionen Deutschlands gewesen; sollte er sich ausgestoßen fühlen, weil Rowdys unverschämte Parolen an Schaufenster schmierten? Lächerlich!

Die meisten der zurückgebliebenen Juden rechtfertigten ihre Untätigkeit mit dem Mangel an Geld und Beziehungen. Oft war das keine Ausrede. Auch mit dreizehn wusste ich, dass nicht jeder eine Lebensversicherung in Dollar hatte oder ein Schulgeld von 35 Mark monatlich für die Goldschmidt-Schule aufbringen konnte. Und wie fast alle wohlhabenderen Juden hatten wir einen Zweig in der Familie – meinen Onkel Richard in Weißensee –, der nach unseren Begriffen arm war und schon deshalb nicht aus Hitlers Reich entkam.

Wie Stella und ihre Familie, die Goldschlags.

Meine Eltern standen wegen unserer eigenen Visa unter höchster Anspannung. Von den medizinischen Untersuchungen im amerikanischen Konsulat wurde gemunkelt, es seien Fallen eingebaut. Amerika schien nur exemplarische Körper zu wollen, und meine Mutter machte sich vor allem meinetwegen Sorgen. Ich hatte mit sieben eine Sepsis, eine Blutvergiftung, nur mit Mühe und Not überlebt. Sie hatte eine Mastoidektomie notwendig gemacht, die wiederum eine Gehörschädigung am rechten Ohr zurückgelassen hatte. Würde Amerika jemanden hereinlassen, der nicht alle Dezibel seines Lärmens aufnehmen konnte?

Während diese Schwäche irreparabel war, verhinderten meine Eltern, dass wir wegen »moral turpitude« abgelehnt wurden. Diesen englischen Ausdruck hatte meine Mutter irgendwo aufgeschnappt, und »sittliche Verworfenheit« war eine weitere Hürde. Die Ehe meiner Eltern war praktisch gescheitert. Beide wünschten die Scheidung, aber halt! Einem *Ondit* zufolge (wie meine Mutter das nannte) sahen die frommen Pilger Amerikas Scheidungen gar nicht gern. Geschiedene galten als »verworfen«, und das war ein ausgezeichneter Grund für die Ablehnung eines Visums. Also verschoben meine Eltern ihre offizielle Trennung. Sie wollten sogar in den Vereinigten Staaten so lange zusammenbleiben, bis ihre Anträge auf die amerikanische Staatsbürgerschaft die erste Hürde genommen hätten. Sittliche Verworfenheit!

Unsere Verwandten, Cousine Martha und ihr Mann mit Tochter Lottchen, konnten schließlich Deutschland noch verlassen, kamen aber nicht weit genug. Sie hatten gleichzeitig mit uns amerikanische Visa beantragt, aber Marthas Mann war das Opfer eines Gebrechens, das ebenso harmlos war wie meines. Viele Jahre früher hatte eine Akne-Behandlung durch einen inkompetenten Radiologen Narben in seinem Gesicht hinterlassen, die ausgeheilt waren, aber rot. Die amerikanischen Ärzte behaupteten, er sei ein Krebsrisiko, und verweigerten der Familie die Visa.

Sie flohen nach Holland und mussten später viele Monate im Lager Bergen-Belsen verbringen. Es war eine so schreckliche Zeit, dass sie meinem Vater die Schuld an ihrem Schicksal gaben. Wir hatten mit ihrem Visaverfahren überhaupt nichts zu tun gehabt. Ihre unerklärliche Reaktion führte zu einer lebenslangen Fehde. Marthas Mann sprach nie wieder mit einem von uns. Es war, als verlangte er, dass wir unsere amerikanischen Visa zurückgäben, weil er seine nicht bekam.

Wir schafften es, herauszukommen, aber unsere Koffer waren durch den Vorwurf schwerer geworden.

Es war der Februar des Jahres 1937, kalt, zugig, stürmisch, und ich lag einen großen Teil der Überfahrt seekrank und stöhnend in unserer Kabine. Wir reisten zweiter Klasse, aber, wie ich fand, ungeheuer stilvoll, auf der *SS Washington*. Zu meiner Genesung brachte mir ein Steward im gestärkten weißen Jackett *Chicken sandwiches* ans Bett. Weißbrot mit Huhn! Wer hatte je von solchen Leckerbissen gehört? Es hatte bei uns zu Hause natürlich Huhn gegeben, aber das war dann ein Sonntagsessen. Niemand belegte Brote mit Huhn, schon gar nicht Toast mit Mayonnaise – Mayonnaise! –, denn damit hatten sie auf unserem Ozeandampfer das Hühnerfleisch garniert. Na gut, in Amerika lag das Gold nicht auf der Straße. Aber dafür lag in diesem Land Huhn auf dem Brot – es musste das Paradies sein.

Die Ankunft in New York war dann enttäuschend. Unsere Verwandten hatten in Manhattans Westside eine möblierte Wohnung für uns gemietet, ohne sie je gesehen zu haben – das nahmen wir jedenfalls an, denn sie war unbewohnbar, selbst für das Ungeziefer, das sich dort aufhielt. Als wir am ersten Morgen im Land der Freien aufwachten, waren wir mit unerklärlichen Stichen übersät. Wir hatten Wanzen, wie uns später freundliche Einheimische erklärten. Das war neu. Mit Wanzen waren wir nicht vertraut.

Es dauerte eine Weile, bis ich zum Amerikaner wurde. Ich verbeugte mich noch, wenn ich jemandem die Hand gab. Der nervenzerfetzende Lärm der U-Bahn in Manhattan versetzte mich in Panik. Coca-Cola schmeckte wie Gift. An der *DeWitt Clinton High School* in der Bronx erschien ich in grünen Knickerbockers und mit der New Yorker *Staatszeitung und Herold* unter dem Arm; mein Wortschatz beschränkte sich auf ein Dutzend Wörter. Aber Lehrer und Mitschüler lächelten freundlich, und ich merkte, wie nach und nach mein Akzent verschwand. Jeder Flüchtling wollte seinen Akzent loswerden. Niemand wollte ein Greenhorn sein.

Meine Mutter schien mit ihrer Persönlichkeit wie geschaffen für das flotte New Yorker Tempo. Sie erinnerte sich sofort an ihr Schulenglisch und bekam bald Gesangsschüler. Mein Vater ging zugrunde, obwohl er erst fünfzig war. Er lernte nie Englisch, bekam nie wieder richtige Arbeit. Zu sehen, wie er verfiel, war erst beunruhigend und erschreckend, dann wurde ich darüber wütend und schließlich traurig. Er war nicht verpflanzbar. Wie kostbarer Wein hätte er nicht reisen dürfen. Immerhin waren wir alle in Sicherheit. Und während ich mich mit den Nachrichten aus Europa herumschlug, die ich inzwischen der *New York Times* entnahm – meiner besten Englischlehrerin, die nur drei Cent täglich kostete –, fühlte ich mich wie in einer Achterbahn, in dieser Mischung aus Schuldgefühl, Hochstimmung, Zorn auf Hitler und Niedergeschlagenheit über das Schicksal der Goldschlags und all der anderen, die wir zurückgelassen hatten.

Was erfuhren wir, die wir sicher in New York saßen, über den Holocaust, und wann erfuhren wir es?

Das letzte Zeichen, das wir selbst aus Berlin bekamen, trug das Datum 22. November 1941, das war zwei Wochen, bevor Pearl Harbor die Postbeförderung für dreieinhalb Jahre unterbrach. Der engzeilig getippte Brief an meine Eltern muss so ziemlich mit dem letzten Schiff herübergekommen sein. Er kam von unserem geliebten Hausarzt, dem gnomenhaften, glatzköpfigen und bärtigen Dr. Carl Joseph, neunundsechzig Jahre alt. Er war bei meiner Geburt dabei gewesen, wir nannten ihn »Onkel Doktor«, und er war ein Ehrenmitglied der Familie.

Ich erinnerte mich mit Zärtlichkeit an ihn als den Wundertäter, der mich von eingewachsenen Zehennägeln und einer Halsentzündung nach der anderen befreit hatte. In seinem Brief erinnerte er sich an »meinen alten jungen Freund Peter« und meine Wehwehchen: »Wie gern möchte ich ihm wieder in den Hals sehen, der ihm immer so viel Verdruss machte.«

Die Nachricht des Arztes ließ vieles ungesagt, das nicht schwer zu ergänzen war. Er sei dabei, aufzuräumen, berichtete er, Bilder und Papiere wegzuwerfen, und mache sich bereit zum Umzug an einen nicht genannten fernen Ort. Er erwähnte keine Lager im Osten, weil er offensichtlich Ärger mit der Zensur vermeiden wollte, aber er machte sich durchaus verständlich mit einer Anspielung auf unsere schon deportierten Freunde Georg und Lotte Nomburg, deren Abtransport kurz zuvor ihm bekannt gewesen sein muss.

»Über die Nomburgs, nach denen Sie sich erkundigten, kann ich Ihnen nichts Erfreuliches berichten«, wie er sich ausdrückte. »Ich kann ihnen Ihre Grüße nicht bestellen, weil sie zu weit weg und telefonisch nicht erreichbar sind.« Damit blieben die Einzelheiten unserer Vorstellungskraft überlassen, auch wesentliche Einzelheiten, die Dr. Joseph wahrscheinlich selbst nicht bekannt waren. Noch nicht.

So blickte er in seinem Brief auf unsere gemeinsame Vergangenheit zurück, auf das Berlin, an das ich mich erinnerte; er gedachte der großen Feste und des Weinkonsums in unserem Haus (»Wie viele leere Flaschen landeten da im Abfalleimer!«), und er erlaubte sich einen einzigen Seufzer: »Man weiß nie, wie gut es einem geht, bis es einem schlechter geht.«

Es war ganz offensichtlich ein Abschiedsgruß, in dem er eine schlimmere Zukunft vorausahnte. »Diesmal wünschen wir einander nicht einen guten Rutsch ins neue Jahr, sondern einen guten Rutsch heraus«, schloss unser »Onkel Doktor«. »Ihnen sagen wir ›Auf Wiedersehen‹ – nicht als Gruß, sondern als buchstäblichen Ausdruck der Hoffnung.«

Wir waren natürlich außerordentlich beunruhigt, aber noch nicht ohne Hoffnung. Die Nachricht des alten Arztes ließ uns Entbehrungen und vielleicht irgendeine einfache medizinische Arbeit in einem Lager für ihn befürchten, aber nicht Völkermord. Wir haben nie erfahren, was ihm und seiner Frau widerfahren ist.

Plötzlich machte sich jeder in der Welt der Flüchtlinge Sorgen über vermisste Verwandte und Freunde. Was war mit Onkel Max Brahn, mit Vetter Siegfried und seiner Familie in Weißensee, meinen Kumpels von der Goldschmidt-Schule, die dageblieben waren? Und Stella? Was war mit Stella auf dem Sockel, die durch den Sturm der Ereignisse noch unerreichbarer geworden war?

6. 1938: Das Jahr, das den Anfang vom Ende brachte

William Shirer, vierunddreißig, eben von Edward R. Murrow als einer der ersten Radio-Auslandskorrespondenten für CBS (das Columbia-Broadcasting-System) angeworben, war Augenzeuge bei der Errichtung der »Zentralstelle«.

Wie so viele durchschlagende Neuerungen funktionierten Untersturmführer Adolf Eichmanns neue Ideen – Shirer berichtete darüber aus erster Hand – mit verblüffender Geradlinigkeit und Einfachheit. Eichmann verplante das Leben von Millionen. Nur eine Handvoll überlebte, darunter Stella Goldschlag, nachdem sie ihren Frieden mit Eichmanns Erfindungsgabe gemacht hatte.

Eichmann war zweiunddreißig Jahre alt und sah bescheiden aus wie irgendein namenloser und unschuldiger Angestellter. Der gescheiterte Handelsvertreter war in Linz in Österreich, wo Hitler die Realschule besucht hatte, aufgewachsen und stieg jetzt Stufe um Stufe die bürokratische Leiter in der SS hinauf; langsam wurde er der oberste Experte des »Führers« für eine Aufgabe, die er selbst als administrative Herausforderung ansah: die Vernichtung der europäischen Juden.

Er hat selbst nie einen Menschen getötet. Er war der höchste Leiter, der »Schreibtischtäter«, der fast ausschließlich in seinem ruhigen Büro arbeitete. Er *organisierte* den Tod von sechs Millionen Menschen nur.

»Tod« gehörte gar nicht zu seinem beruflichen Vokabular. Er »evakuierte«. Er »transportierte«. Er »siedelte um«. Er »verarbeitete«, er »säuberte Gebiete«, er »verlegte Wohnsitze«. Und führte so die Juden zur »Endlösung«. Der Ausdruck stammte von ihm selbst.

Eichmann führte auch bei der Verwaltung Neuerungen ein. Er schuf ein System, das sich sozusagen selbst vollstreckte, ein System, das Stella und andere Juden zwang, viele der schmutzigen Arbeiten bei der Selbstvernichtung für ihn zu erledigen.

Die Generalprobe fand nicht in Berlin statt, sondern in der Walzerstadt Wien. Das war in der Woche nach dem »Anschluss« Österreichs im März 1938. Eichmann richtete sich im Palais Rothschild an der Prinz-Eugen-Straße ein, das dem geflüchteten Baron Louis de Rothschild gehörte, und machte es zum Hauptquartier der »Zentralstelle für jüdische Auswanderung«.

Bill Shirer, der im Haus nebenan wohnte, sah SS-Männer Gemälde, Silber und anderes Raubgut aus dem Haus tragen.

Eichmann, bestrebt schnelle Resultate nach Berlin melden zu können, ließ den verhafteten Leiter der jüdischen Gemeinde, Dr. Josef Löwenherz, kommen. Er begann damit, dass er seine Macht demonstrierte: Er schlug dem alten Mann ins Gesicht. Dann ließ er ihn weit über eine Stunde stehen, während er seinen Rat für eine »Säuberung« Wiens einholte, um die Stadt entsprechend Hitlers Befehl »judenrein« zu machen.

Es war ganz leicht, die Vision eines Organisators, ein Durchbruch. Bei seinem Verhör 1961 in Jerusalem sagte Eichmann aus: »Dr. Löwenherz gab ich Papier und Bleistift und sagte ihm: ›Bitte, gehen Sie noch eine Nacht zurück und schreiben Sie sich mal auf, wie Sie das Ganze zu organisieren gedenken…‹«

Löwenherz fügte sich. Hätte er sich geweigert, hätte ihm Fürchterliches geblüht: Deportation in eines der großen Konzentrationslager, die Eichmann in Polen und anderswo im Osten errichtete – das widerfuhr etwa der Hälfte der 180 000 Wiener Juden. Vielleicht hätte Löwenherz sich auch in die Emigration freikaufen können wie die andere, wohlhabendere Hälfte, vorausgesetzt, er hätte genug Geld gehabt. Oder vielleicht hätte man ihn öffentlich gedemütigt, zusammen mit anderen Juden gezwungen, auf Händen und Knien rutschend Straßen und Toiletten zu putzen, manchmal mit Zahnbürsten – auch Szenen, die Bill Shirer beobachtet hat.

Es lief auf eine Menge Arbeit für Eichmann hinaus. Er brauchte Hilfe, und sein »bester Mann« war ein alter Bekannter, Alois Brunner[8], der sich aus einer bescheidenen Stellung als Eichmanns Sekretär zu seinem Stellvertreter und schließlich seinem Nachfolger in der Wiener »Zentralstelle« hocharbeitete, bis dieser ihn später nach Berlin rief; Brunner sollte ihm bei größeren Aufgaben behilflich sein.

Brunner, sechsundzwanzig, stammte ebenfalls aus einer österreichischen Kleinstadt, war aber aus gröberem Material. Wie Eichmann war er im zivilen Leben gescheitert; aus einem Warenhaus in jüdischem Besitz war er hinausgeflogen. Er war auch äußerlich nicht anziehend, und seine wenig vorteilhaften Gene machten ihn unter Österreichern – dem Volk, in dem der Antisemitismus vielleicht am ausgeprägtesten war – besonders lächerlich.

»Nach seinen Gesichtszügen zu urteilen, könnte er jüdisch sein«, erinnerte sich ein Kollege. Er wog 57 Kilo und wurde von anderen Mitarbeitern als »klein, dunkel, nervös, mit langer, spitzer Nase, leicht o-beinig und leicht bucklig« beschrieben. Seine Augen waren »böse«, seine Miene »ausdruckslos«, seine Stimme »monoton«.

Die SS-Männer machten sich über ihn lustig und nannten ihn »Jud Süß« nach dem in schmutzigster Weise antisemitischen Film, und sie hassten Brunner als »Petzer«, weil er gewohnheitsmäßig jede Verletzung bürokratischer Vorschriften an die Bonzen in Berlin meldete.

Im Gegensatz zu Eichmann war Brunner ein fanatischer Judenhasser und legte gern selbst Hand an. Als sich Wiener Juden zur Deportation nach Litauen anstellen mussten, sah Elliot Welles, damals ein jüdischer Jugendlicher und später einer der wichtigsten Verfolger von Kriegsverbrechern für die *Anti-Defamation League* der jüdischen Bruderschaft B'nai B'rith, wie Brunner um die Schreibtische der Angestellten schlich und den Exodus zu beschleunigen versuchte.

Einige der Züge nach Osten führte Brunner selbst, und seine eiskalte Brutalität wurde nicht vergessen. Ein Überlebender eines der Transporte berichtete, wie er gleichgültig den Bankier Siegmund Bosel erschoss; es hatte ihn verdrossen, dass der leidende alte Mann um Erbarmen flehte. Brunner hatte ihn zu Boden gestoßen und einen Schieber genannt.

Was Schieberei wirklich war, wusste Brunner. Er zog in eine geräumige Villa im vornehmen Wiener Bezirk Hietzing, nachdem er die jüdischen Besitzer daraus vertrieben hatte, und stattete sie mit Kunstwerken und Antiquitäten aus den Wohnungen anderer Juden aus, die er deportiert hatte. Weitere gestohlene Kunstwerke wurden hochrangigen Nationalsozialisten im Reich zum Geschenk gemacht.

Eichmanns Vertrauen zu Brunner war gerechtfertigt. Der rührige Assistent erweiterte das Prinzip, das Eichmann bei Löwenherz angewandt hatte: Juden mussten bei der Durchführung ihrer eigenen Vernichtung mitwirken. »Brunner erfand die jüdische Kollaboration«, schrieb Simon Wiesenthal. Während des Prozesses, der zu seiner Hinrichtung führte, sagte Eichmann aus, die Nationalsozialisten hätten die jüdische Kooperation als »Fundament« ihrer Judenpolitik angesehen.

Brunner entwickelte scharfsinnig neue Verwendungsmöglichkeiten und Umsetzungen für seine Erfindung. Er unterzeichnete eine Anweisung zur Schaffung eines »Jüdischen Ordnungsdienstes«, angeblich, damit er für Ruhe und Ordnung sorgte. Seine Söldner waren die Vorläufer der gefürchteten »Kapos«, von denen sich viele als zuverlässige Helfer der nationalsozialistischen Lagerverwaltungen in den Konzentrationslagern betrachteten (die Eichmann scherzend als »Konzertlager« verharmloste).

Diese Kollaborateure waren so etwas wie Staatsdiener; aus ihren Reihen wurde dann Stellas Elitetrupp gebildet, in Berliner Gestapo-Akten geführt unter dem noch nie veröffentlichten Namen »Jüdischer Fahndungsdienst«. Ihm gehörten wahrscheinlich nur zwanzig junge Männer und Frauen an, obwohl eine Nachkriegs-Schätzung von sechzig sprach. Seine Häscher waren offiziell als »Fahnder« oder »Spitzel« bekannt. Aber die Juden nannten sie »Greifer«. Diese Abtrünnigen hatten eine gewisse Ähnlichkeit mit zumindest einem Teil der oft schwer geplagten jüdischen »Ältestenräte« oder »Judenräte«, die bei der Verwaltung der abgeschlossenen Ghettos helfen mussten, in die die hungernden Juden in den Städten Osteuropas bald gepfercht wurden.[9]

Die Wiener »Ordner«, die auch als »Ausheber« oder als »Jupo« (Judenpolizei) bezeichnet wurden, waren meist Schurken, die vergebens auf eine Vorzugsbehandlung hofften. Gewöhnlich war ihre Deportation nur aufgeschoben. Bis dahin sorgten diese Söldner für Ordnung in den vielen langen, langsamen Schlangen; sie verhinderten die Flucht an Sammelstellen; sie folgten den SS-Offizieren in die Wohnungen der zur Deportation bestimmten Juden und blieben dann dort zurück, um die detaillierte »Vermögensoffenbarung« zu überwachen.

Vom ersten Augenblick des Systems der Selbstzerstörung in Wien an waren viele »Ordner« und jüdische Führer lange Jahre hindurch zur Kooperation bereit, weil ihnen ihre NS-Wächter erklärten, dass SS-Männer viel härtere Zuchtmeister sein würden, wenn sich die Juden weigerten, sich sozusagen selbst zu vernichten. Schließlich wurden fast alle, die Hitlers Schergen halfen, vergast (oder von anderen Häftlingen in den Lagern totgeschlagen). Nur die Stärksten, Klügsten und Glücklichsten überlebten – wenn es ihnen gelang, sich selbst zu betäuben.[10]

Ein paar blieben am Leben, weil sich in ihnen eine starke Persönlichkeit mit Listigkeit verband. »Am besten verstand ich mich mit dem Rabbiner Dr. Murmelstein«, sagte Eichmann in Jerusalem, und seine Anerkennung beruhte auf tragischen Fakten. Rabbi Benjamin Murmelstein hatte man die Verantwortung für die »Ordner« übertragen, und er sorgte dafür, dass diese Dienste reibungslos funktionierten.

Der Rabbi, der mehrere gemeinverständliche Bücher über die jüdische Geschichte und den Talmud geschrieben hatte, war außerordentlich intelligent und resolut, und er war sichtlich ein Mann von Format – er wog um die 110 Kilo. Seine intellektuelle Meisterschaft im Verein mit seinem Jähzorn und seiner Rücksichtslosigkeit ließen ihn kaum als potenzielles Opfer erscheinen.

Murmelstein war »klug, klar, überlegen, zynisch und verschlagen, an Intelligenz, vor allem aber an Gerissenheit seinen Kollegen weit überlegen. Sein Auftreten war eisig kalt und selbstsicher«, urteilte H. G. Adler, ein Mitgefangener, der das wichtigste Buch zur Geschichte Theresienstadts schrieb. »Bitten der Gefangenen hat er nicht erhört, sondern kalt und zynisch oder in cholerischen Ausbrüchen von sich gewiesen.«

Eichmanns Liebling Murmelstein, stark und intrigant, hatte alles, dessen es bedurfte, Glück eingeschlossen. Von den bekannteren Männern der jüdischen Führung in Theresienstadt war er der einzige, der überlebte.[11]

Das von Eichmann, Brunner und Co. eingeführte Förderband-System beseitigte die Wiener Juden effizient durch die erste »Selektion« um Leben und Tod im Holocaust. Die Maschinerie funktionierte zweigleisig: Sie plünderte diejenigen aus, deren Wohlstand es ihnen erlaubte, für das Privileg der Emigration zu bezahlen, und deportierte die Mehrheit, die nicht vermögend genug war, um ihre Flucht zu finanzieren. Baron de Rothschild aus der Prinz-Eugen-Straße erkaufte sich die Freiheit, indem er seine Stahlwerke an die Hermann-Göring-Werke abtrat.[12] Gewöhnliche Sterbliche bestiegen Brunners Züge nach Osten.

Es gab noch einen dritten Ausweg, den immer mehr Menschen wählten. Ed Murrow von CBS war einmal Augenzeuge. Als er seinen Mann in Wien, Bill Shirer, besuchte, setzten sie sich in eine ruhige Bar in der Nähe der Kärntnerstraße, aber Murrow war ein wenig nervös. Es schlug vor, das Lokal zu wechseln. Shirer fragte nach dem Grund.

»Ich war gestern Abend etwa zur gleichen Zeit hier«, sagte Murrow. »Ein Mann mit jüdischem Aussehen stand an der Theke. Nach einer Weile zog er ein altmodisches Rasiermesser aus der Tasche und schnitt sich die Kehle durch.«

Im Juli 1938 genoss Shirer die sommerliche Wärme bei einem Auftrag, der sich zu einem Ferienaufenthalt in den französischen Alpen entwickelte. Der Himmel war wolkenlos und die Landschaft atemberaubend in Evian-les-Bains, dem Badeort der internationalen Superreichen. Man genoss die unbewegte Weite des Genfer Sees mit seinen Ausflugsdampfern und Segelbooten, die Postkartenansicht der Küste auf der nördlichen, Schweizer Seite, die kohlensäurefreie Neutralität des berühmten Mineralwassers von Evian, das riesige weiße Hotel im Zuckerbäckerstil, das sechsstöckige Royal mit seinem exklusiven Kasino, das 1909 oben am Hang erbaut worden war.

Auf die Hotelgäste in ihren dunklen Anzügen – würdevolle Abgesandte aus 32 Nationen, die hier versammelt waren, um über das Schicksal der Juden Europas zu entscheiden – wirkte die heitere Stimmung ansteckend.

»Alle Delegierten haben diese Tage genossen«, erinnerte sich der alte Portier des Hotel Royal. »Sie unternahmen Vergnügungsfahrten auf dem See. Sie spielten abends im Kasino. Sie nahmen Mineralbäder im *Etablissement Thermal* und ließen sich massieren. Einige machten einen Ausflug nach Chamonix zum Sommerski mit. Einige ritten. Einige spielten Golf. Wir haben einen wunderschönen Golfplatz mit Blick auf den See.«

Was war mit den Sitzungen?

»Ja«, meinte der alte Mann, »einige gingen auch zu den Sitzungen. Aber es fällt natürlich schwer, drinnen zu sitzen und Reden anzuhören, wenn all die Lustbarkeiten, die Evian bietet, vor der Tür warten.«

Über die Flüchtlingskonferenz von Evian gibt es kein Theaterstück, keinen Film, und in den Geschichtsbüchern wird sie nur am Rande erwähnt – ein eigenartiges Versäumnis, vermutlich aus Verlegenheit. Die Konferenz bewirkte eine Tragödie, weil nichts geschah. Sie stürzte Stella Goldschlag und ihresgleichen ins Verderben.

»Wir berichten so gut wie gar nicht«, schrieb Bill Shirer in seinem *Berliner Tagebuch*. Meistens hing er mit seinem alten Freund Vincent »Jimmy« Sheehan herum, der bald darauf seinen autobiografischen Bestseller *Not Peace but the Sword* schrieb. Shirers Tagebuch berichtete: »Jimmy hat beim Baccarat die Bank gesprengt, während ich am Roulette-Tisch eher mühsam einige tausend Francs gewann.«

Sheehan besuchte zwei der Sitzungen. »Beide erreichten einen hohen Grad an dummer, scheinheiliger, herzloser Schwülstigkeit und Langeweile«, schrieb er und machte so seinem Abscheu Luft. »Ein Delegierter nach dem anderen stand auf und verlas eine lange Rede, dass sein Land tiefes Mitgefühl mit den Leiden der Juden habe, aber nichts tun könne, ihnen ihr Los zu erleichtern. Die Stimmen waren so hart wie die Stühle. Ich bin zu keiner weiteren Sitzung gegangen.«

Sheehans Kommentar war noch relativ freundlich. Nicht alle anwesenden Nationen zeigten Mitgefühl. Der Delegierte aus dem dünn besiedelten Australien erklärte: »Da wir kein Rassenproblem haben, sind wir nicht begierig, eins zu importieren.« Der Schweizer Delegierte, Dr. H. Rothmund, sprach von der Tradition seines Landes, Flüchtlinge aufzunehmen, vergaß aber zu erwähnen, dass er gerade eine Einreisesperre für österreichische Juden mit den Nationalsozialisten ausgehandelt hatte. Wenn der »ungeheure Zustrom von Juden« nicht aufhöre, hatte er Hitlers Unterhändler erklärt, sei »die Schweiz, die diese Juden ebenso wenig gebrauchen könne wie Deutschland«, gezwungen, »von sich aus Maßnahmen zu ergreifen«.

Obwohl die Konferenz zwölf Tage dauerte, wurden die Beiträge von fast vierzig jüdischen Organisationen aus aller Welt in einen einzigen Nachmittag gequetscht. Der *World Jewish Congress*, der sieben Millionen Juden vertrat, bekam fünf Minuten zugestanden. All die Gruppen aus Deutschland und Österreich – jüdische Älteste, die auf eine Ausnahmegenehmigung Eichmanns hin kurz herausgelassen worden waren, weil sie seinen Zielen dienen konnten – schlichen durch das Hotel Royal wie Gespenster aus *Hamlet*. Sie wurden gar nicht erst gehört in der Flut von Worten, die ihr Schicksal besiegelten.

Die ganze Unternehmung war die Idee des höflichen, immer hochelegant gekleideten Unterstaatssekretärs Sumner Welles gewesen, Präsident Franklin D. Roosevelts mächtiger zweiter Mann im US-Außenministerium. Es war die werbewirksame Antwort auf den Druck der amerikanischen Liberalen und der Juden, die nach fünf Jahren Hitler'scher Unterdrückung und nach den scheußlichen Ausschreitungen der letzten Monate in Österreich tief verstört waren. Welles riet dem Präsidenten, die Flucht nach vorn anzutreten, »sich an die Spitze zu setzen und zu versuchen, den Druck in die richtige Richtung zu lenken, hauptsächlich im Hinblick darauf, dass Versuche verhindert werden müssten, die Einwanderungsgesetze zu liberalisieren«.

Es lief alles auf das eine böse Wort hinaus: das Wort »Quoten«. Die Einwanderungsquoten entschieden ganz willkürlich, wie viele überleben und wie viele sterben würden. Sie waren das unabänderliche Symbol, der »Vorhang aus Papier«, der nicht angerührt werden durfte – so sahen es jedenfalls die amerikanischen Politiker. Jedes Jahr sollten höchstens 27 730 Menschen aus Deutschland und Österreich eine Einreiseerlaubnis für die Vereinigten Staaten erhalten, aber selbst von diesen knappen Plätzen in den Rettungsbooten blieben jahrelang absichtlich viele frei.

Es war, als habe man der Freiheitsstatue die Augen verbunden mit dem Spruch, der an so vielen Berliner Schaufenstern erschien: »Juden unerwünscht.«

Washingtons Unbeweglichkeit ging vom Präsidenten persönlich aus. Kurz vor der Konferenz von Evian hatte ein vertrauliches Regierungspapier seine Position zusammengefasst: »Es wäre nicht klug, irgendeinen Vorschlag zu machen, der öffentliche Auseinandersetzungen und Kontroversen hervorrufen könnte, wie etwa eine Änderung der Einwanderungsquoten oder öffentliche Anleihen.«

Selbst wenn Roosevelt ein echter Menschenfreund gewesen wäre, hätte er sich in seinem Amt nicht halten können, wenn er nicht vor allem anderen ein Politiker gewesen wäre, ein Realist, ein manchmal rücksichtsloser Praktiker der Kunst des Möglichen. Idealistische Präsidenten wurden nicht wiedergewählt, schon gar nicht, wenn sie für eine noch nie dagewesene dritte Amtszeit kandidieren wollten.

FDR musste sich hauptsächlich mit innenpolitischen Schwierigkeiten auseinandersetzen, und Großzügigkeit gegenüber jüdischen Ausländern zu erwarten, war, selbst im Rückblick, vermutlich unrealistisch. Die große Wirtschaftskrise war noch nicht vorbei. Die Arbeitslosigkeit blieb ein Problem. Die Kongressabgeordneten heimsten mit empörend antisemitischen Reden Stimmen ein. Ihre Giftigkeit hatte allerdings weniger ideologische als wirtschaftliche Gründe. Mehr Juden hieß mehr hungrige Mäuler, und diese Aussicht war für die Mehrheit der Steuerzahler unannehmbar. Juden wurden als »unlauterer Wettbewerb« betrachtet. In dem Monat, in dem die Konferenz von Evian stattfand, stimmten bei einer *Fortune*-Umfrage mehr als zwei Drittel (67,4 Prozent) der Befragten der Aussage zu: »Bei den gegenwärtigen Bedingungen sollten wir versuchen, sie nicht hereinzulassen.«

Herzlos? Natürlich. Aber – wiederum in der Rückschau – nicht so barbarisch, wie die Geschichte die Beschränkung auf Quoten gebrandmarkt hat. Bis zum eigentlichen Beginn des Holocaust, bis zu den Vergasungen, sollten noch dreieinhalb Jahre vergehen. Absolut niemand hielt zu diesem Zeitpunkt solche Dinge für möglich. Kein Präsident und kein Jude hätte auch nur im Entferntesten so grausige Ereignisse voraussagen können, als der amerikanische Chefdelegierte in Evian, Myron C. Taylor, aufstand, um im Namen Roosevelts zu sprechen.

Auf den Primus inter pares und ersten Sprecher waren die Versammelten höchst gespannt. Sie erwarteten eine großzügige amerikanische Geste, die letztlich ihre eigenen Länder gefordert und ihnen Härten zugemutet hätte, mit teuren Projekten, die den Bedrängten umfassende Erleichterung bringen und die Arbeitslosigkeit daheim steigern würden.

Taylor hatte eine ungeheure Rolle übertragen bekommen; seine Erscheinung war beeindruckend, als sei er in der Lage, sie auszufüllen: groß, stattlich, breitschultrig, mit blitzender randloser Brille, das weiße Haar straff zurückgekämmt. Er war ein angesehener Sprecher der katholischen Laien und wurde bald darauf der erste Botschafter der Vereinigten Staaten beim Heiligen Stuhl. Außerdem war er ein anerkannter Großindustrieller, ehemals Vorstandsvorsitzender der

United States Steel Corporation. Und dieser Löwe verblüffte die Delegierten mit einem Flüstern.

Die Vereinigten Staaten, so teilte Taylor mit, hätten beschlossen, jetzt alle Plätze der geltenden Quotierung zu nutzen – nicht weniger, aber auch nicht mehr. Die Erleichterung im Sitzungssaal war fast hörbar. Und selbst Taylors knickrige Zusage wurde nie eingehalten.

Hinter den Kulissen, in den Räumen des bescheidenen Hotels Splendide, fand ein Treffen persönlicherer Art statt, an dem in seinem gewohnten farbenprächtigen Stil der Genfer Korrespondent des *Prager Tagblatts*, Hans Habe, beteiligt war.

Habe war als János Békessy in Budapest geboren, jüdisch, und, welche offizielle Färbung er auch im Laufe der Jahre annehmen sollte – schweizerische, bolivianische, französische, amerikanische und schließlich, kaum zu glauben, deutsche – im Grunde blieb er immer der ungarische Überlebende. Obwohl er alle wichtigen westeuropäischen Sprachen fließend sprach, blieb auch seine Redeweise ungarisch. Ebenso sein immer gebräuntes Gesicht mit den Knopfaugen, seine in jeder Lebenslage straffe Gestalt im perfekt geschneiderten und gebügelten Anzug und sein Haar von zweifelhafter Farbe: meistens war es rot gefärbt.

Im Alter von achtundzwanzig Jahren hatte er neben seiner Zeitungsarbeit bereits drei lesbare Romane heruntergeschrieben und den größten Teil des beträchtlichen Erbes seiner Frau ausgegeben – der ersten von fünf Ehefrauen, von den zahllosen Geliebten ganz zu schweigen. Das Geld anderer Leute auszugeben, war eine von Habes Leidenschaften. Die andere war der Journalismus, den er mit großem Schwung und Können betrieb. Sein Unternehmungsgeist hatte ihm die Ausbürgerung aus Österreich eingebracht: Er hatte die Welt mit der Sensationsmeldung überrascht, dass Hitlers Familienname eigentlich Schicklgruber sei.

In Evian traf Habe zu seiner freudigen Überraschung Professor Dr. Heinrich von Neumann auf der Hotelterrasse. Sie hatten sich zuletzt gesehen, als Habe vierzehn war und der Wiener Laryngologe ihm die Mandeln herausgenommen hatte. Von Neumann genoss internationalen Ruhm, denn er hatte auch den Prinzen von Wales und den König von Spanien operiert.

Der Professor, der einst den Namen Herschel getragen hatte, war 65 Jahre alt, ganz Würde in Schwarz, und nahm einen hohen Rang in der Wiener Gesellschaft ein. Die Gestapo hatte ihn aus dem Gefängnis entlassen und nach Evian geschickt, um zu versuchen, bei den Verhandlungen abzukassieren.

»Wissen Sie, ich bin hier, um die Juden Österreichs zu verkaufen«, erzählte der Professor Habe in der Ungestörtheit seines Hotelzimmerbalkons, nachdem er ihn zum Stillschweigen verpflichtet hatte. Die Band auf der Terrasse darunter übertönte die Worte.

Seine Auftraggeber hatten von Neumann aufgefordert, sich in dem schäbigen Geschäft zu üben, dessen die Nazis die Juden so gern bezichtigten: im Feilschen. Eichmanns Männer feilschten jedoch nicht um den Preis lebloser Ware. Sie forderten »Kopfgeld« für alle Juden – harte Währung, die die demokratischen Regierungen für die Freilassung jedes Juden aus der Gefangenschaft blechen sollten.

Von Neumann sagte, er habe Anweisung bekommen, je 400 Dollar Lösegeld zu fordern. Falls es notwendig werden sollte, dürfe er seinen Preis bis auf 200 Dollar senken, weiter nicht. Er übernahm diese zweifelhafte Aufgabe gern. Vielleicht konnte er seinem Volk helfen. Als er Habe sein Geheimnis anvertraute, klang er jedoch sehr verzagt.[13] Er hatte festgestellt, dass die Demokratien keine Lust hatten, Baisse-Dollar für Juden auszugeben. Der Professor hatte nur ein privates Gespräch mit Myron Taylor erreicht, der ihm keine Hoffnung auf ein Geschäft machte.

Die Evian-Konferenz war zum Scheitern verurteilt: von der amerikanischen Politik, dem Isolationismus, den schlechten Zeiten, der in der ganzen Welt verbreiteten Angst vor jüdischer Intelligenz und jüdischem Fleiß als wirtschaftlicher Konkurrenz und dem traditionellen, reflexartigen Antisemitismus. Theodore C. Achilles, ein junger Beamter des State Department und mitfühlendes Mitglied der amerikanischen Delegation, drückte es lakonisch so aus: »Niemand will noch mehr Juden.«

Jenseits von Evian war Schweigen. Es wurde ein neues internationales Komitee ernannt, aber kein Land steigerte seine Quoten, kein Land lockerte die Einwanderungsbeschränkungen, kein Land protestierte auch nur offiziell bei den Nationalsozialisten. Die Juden in Berlin, deren schnell gestiegene Hoffnungen ebenso schnell in sich zusammengebrochen waren, konnten ihrem Oberrabbiner Leo Baeck nur zustimmen: »Nichts ist so schlimm wie das Schweigen«, sagte er.

Nur die Deutschen reagierten. Eine Berliner Zeitung druckte die schadenfrohe Schlagzeile: »Juden zu verkaufen – Wer will sie? Niemand.«

Die abscheuliche Wahrheit war heraus. Keine Regierung, kein Mächtiger war gewillt, die Juden aus Deutschland zu retten. Sie waren zu Freiwild erklärt worden, alle, Stella und ihre Familie eingeschlossen. Jetzt gab es nur noch eine Rettung. Wie Benjamin Franklin, der Drucker und Philosoph, 200 Jahre zuvor gesagt hatte: »Gott hilft denen, die sich selbst helfen.«

Professor von Neumann kehrte nach Wien zurück und durfte Ende des Jahres 1938 mit Frau und Sohn »Burschi« ausreisen; ihnen war die Einwanderung nach New York mit einem der sehr selten gewährten *Nonquota-Visa* gestattet worden. Dieses Privileg verdankte er, genau wie die Einladung zu dem Gespräch mit Myron Taylor in Evian, seiner Bekanntschaft mit dem Präsidentenberater Bernard Baruch, der von Neumann ärztlichen Rat eingeholt hatte. In Evian wurde der Professor auch eingeladen, Vorlesungen an der Columbia University zu halten.

Diese Günstlingswirtschaft entstand aus einer anderen Praxis, die die lebensrettende Befreiung einer kleinen Handvoll Juden zur Folge hatte. Die Protektion, die »Beziehungen« der Prominenten. Doch gewöhnliche Sterbliche wie die Familie Goldschlag und die meisten anderen waren davon ausgeschlossen.

Wichtige Leute im Ausland mussten noch wichtigere beeinflussen und hart verhandeln, um prominente Freunde zu retten. Weniger hochrangige Retter reichten nicht. Der englische Psychoanalytiker und Biograf Dr. Ernest Jones setzte sich im gleichen Jahr bei den Mächtigen in London für einen anderen Wiener Flüchtling ein, der seit dreißig Jahren sein Freund und Kollege war, Dr. Sigmund Freud. Freud war nicht einfach ein Jude, sondern der Begründer der »jüdischen Wissenschaft«, die die Nationalsozialisten so verabscheuten, der Psychoanalyse.

Gleich nach dem »Anschluss« hatten SA-Männer Freuds Wohnung und Büro in der Berggasse durchsucht. Seine Tochter Anna, schon einmal festgenommen und unerwartet wieder entlassen, sollte abermals von der Gestapo vorgeladen werden. Die Festnahme des zweiundachtzigjährigen und seit langem kranken Freud (er starb im Jahr darauf in London) schien bevorzustehen.

»Wäre es nicht besser, wenn wir uns alle umbrächten?«, fragte ihn Anna.

Der alte Analytiker antwortete mit einer Gegenfrage: »Warum? Weil die es gern hätten?«

Freuds trotzige Verachtung blieb ungebrochen, aber das Netz einflussreicher Freunde im Ausland musste sich, der Panik nahe, in immer höheren Regionen um Protektion bemühen. Dr. Jones spannte Sir Samuel Hoare ein, den britischen Innenminister. William C. Bullitt, Freuds ehemaliger Patient, inzwischen amerikanischer Botschafter in Paris, zog in Washington Fäden: Außenminister Cordell Hull (der mit einer jüdischen Frau verheiratet war) alarmierte Roosevelt persönlich. Am nächsten Tag schon bekam der US-Botschafter in Berlin »in Übereinstimmung mit den Weisungen des Präsidenten« den Auftrag, »die Angelegenheit persönlich und informell mit den deutschen Behörden zu besprechen«.

Die Rettung war nahe, aber Freud sträubte sich. »Er wollte sein Heimatland nicht verlassen«, erinnerte sich Ernest Jones. »Es wäre, als verließe ein Soldat seinen Posten.« Dr. Jones hatte die Antwort parat. Er erinnerte Freud an die *Titanic*, schiffbrüchig wie Österreich.

Der Zweite Offizier war durch eine Kesselexplosion an die Oberfläche geschleudert worden, als das Schiff sank. Als er gefragt wurde, wann er das Schiff verlassen hätte, antwortete der alte Seebär: »Ich habe das Schiff nicht verlassen, Sir. Es hat mich verlassen.«

Murrend erkannte Freud diese Logik an, aber nicht ohne seinen Peinigern noch eins auszuwischen. Er sollte ein Ausreisepapier mit einer Erklärung unterzeichnen, dass er nicht misshandelt worden sei; schlau setzte er unter seinen Namen: »Ich kann die Gestapo jedermann auf das Beste empfehlen.«[14]

Entweder erkannten die Nazis den Sarkasmus nicht, oder sie beschlossen, ihn zu ignorieren, oder sie waren zu tief beeindruckt von Freuds Protektion, um noch etwas gegen diesen unverbesserlichen alten Juden zu unternehmen.

»Schwer zu glauben, dass es Krieg geben wird«, schrieb Bill Shirer von CBS in sein Tagebuch. Aber an dem letzten warmen und sonnigen Wochenende im September 1938, als die Hälfte der Bürger der Reichshauptstadt zum Baden und Bootfahren an Wannsee und Havel unterwegs waren und die andere Hälfte überwiegend der anderen deutschen Leidenschaft frönte, dem ausgedehnten Sonntagsspaziergang, schien es, als sei der Größenwahnsinnige, der das zwanzigste Jahrhundert in Brand stecken sollte, dabei, die Lunte anzuzünden.

Am Montag berichtete Shirer, dass Hitler vor 15 000 »Parteibonzen« an dem üblichen Versammlungsort, dem prunkvollen Sportpalast mit feinem Wald von blutroten Fahnen, »schrecklich brüllend und kreischend«, »sein« Sudetenland gefordert habe. Einstweilen schienen jedoch die Westmächte noch bereit, Widerstand zu leisten.

Hitler konnte oft ein nervöses Zucken nicht unterdrücken, und an diesem Abend wirkte er ganz außer Fassung, jedenfalls kam es Shirer so vor. »Zum ersten Mal in all den Jahren, die ich ihn beobachtet habe, schien er mir heute Abend völlig die Kontrolle über sich verloren zu haben«, notierte der CBS-Mann. Die Erregung des »Führers« war unübersehbar. »Er hat immer noch dieses nervöse Zucken«, notierte Shirer. »Während seiner gesamten Rede ruckte immer wieder die Schulter nach oben, zugleich schwang das linke Bein unterhalb des Knies nach vorn. Dem Publikum blieb das durch das Rednerpult verborgen, doch ich sah es genau.«

Drei Tage später schrieb Shirer: »Alles ist entschieden.« Das *Appeasement* war geboren. Unter der Führung von Neville Chamberlain, dem etwas aufgeblasenen britischen Premierminister mit dem Schirm als Markenzeichen, hatten die Westmächte die niederträchtige Münchener Kapitulation unterzeichnet. Chamberlain tönte: »Das ist der Frieden für unsere Zeit!«

Shirer verfolgte die Vorgänge. »Wie anders Hitler heute um zwei Uhr morgens«, notierte er im Tagebuch. »Nachdem das ›Führerhaus‹ den ganzen Abend hermetisch abgeriegelt war, gelang es mir endlich hineinzukommen, als er es gerade verließ.« Eine dramatische Veränderung war sichtbar: »Ich beobachtete sein Gehabe. Das Zucken war verschwunden.«

7. Das dritte Feuer

Am 10. November 1938 wurde Stella vorzeitig aus der Schule nach Hause geschickt. Es fände ein »Pogrom« statt, hieß es, aber sie wusste nicht genau, was das war. Als sie mit dem Rad nach Hause fuhr, kam sie an einer Schlachterei vorbei, deren Schaufenster zerschmettert und deren Auslage geplündert war. Sie wusste, dass der Laden Juden gehörte – es war wie vorgeschrieben in weißer Farbe auf die Scheibe gemalt gewesen –, trotzdem begriff sie noch nicht, dass ein systematischer Angriff auf Juden begonnen hatte. Das dämmerte ihr etwas später, als sie eine Qualmwolke sah, Brandgeruch roch und einen Umweg machte. An der Fasanenstraße quoll Rauch aus der Synagoge mit den drei mächtigen Kuppeln. Feuerwehrleute standen untätig daneben.

Als sie heimkam, war ihr Vater fort, und ihre Mutter flüsterte, dass sie jetzt so still wie möglich sein müssten. Der Vater hatte sich bei Freunden versteckt, die als amerikanische Staatsbürger nicht gefährdet waren. Überall in der Stadt wurden jüdische Männer abgeholt. Für Frauen schien die Gefahr weniger groß zu sein, aber niemand konnte sicher sein. Ohne zu ahnen, dass sie für kommende Jahre trainierten, übten sich Stella und ihre Mutter in der Kunst des geräuschlosen Lebens. Niemand sollte wissen, dass sie in ihrer Wilmersdorfer Wohnung waren, deshalb liefen sie auf Strümpfen herum, machten kein Licht, zogen die Toilette nicht ab und bereiteten keine warmen Mahlzeiten. Selbst das Klappern der Teller war eine Gefahr für ihr Leben als Schatten geworden. Es war ein unheimliches, erschreckendes Dasein.

Die »Aktion« war nicht auf Berlin beschränkt. Aus ganz Deutschland wurden rund 30000 Männer in Kolonnen in Konzentrationslager getrieben, wo einige von ihnen erschlagen wurden. Mehr als 8000 jüdische Läden wurden zerstört oder geplündert. Klaviere wurden aus Fenstern gehievt. Vor einem jüdischen Modegeschäft sah Richard Hottelet von CBS Männer, die mit schicken Hüten Fußball spielten. Andere tänzelten die vornehme Budapester Straße entlang und schwenkten gestohlene Hüftgürtel und Büstenhalter.

Die Brände waren das beunruhigendste Zeichen dafür, dass die Zivilisation Amok lief; das Feuer, das Stella in der Synagoge an der

Fasanenstraße gesehen hatte, einem von 197 Gotteshäusern, die in jener Nacht angezündet wurden, war das dritte in dem Meer von Bränden, die Aufstieg und Fall des Hitler'schen Reiches begleiten sollten. Der Reichstagsbrand war der Anfang gewesen. Dann kamen die Bücherverbrennungen. Und nun die Synagogenbrände. Bis sieben Jahre später Hitlers Leiche verbrannte, sollte Berlin noch häufig in Flammen stehen, ein Feuer verheerender als das andere. Hitler und sein Traum vom »Tausendjährigen Reich« lebten vom Feuer und starben darin, begraben zunächst unter alliierten Luftangriffen und dann sowjetischer Artillerie.

Peter Prager brach an jenem sonnigen, frischen Morgen wie gewöhnlich kurz nach sieben mit dem Rad zur Goldschmidt-Schule auf, ohne etwas von den ungewöhnlichen Ereignissen der Nacht zu ahnen. Unterwegs sah er Feuerwehren durch die Straßen rasen, achtete aber nicht weiter darauf. Feuerwehren rasten immer.

Prager dachte nur an die Deutschstunde und den gefürchteten Lehrer Dr. Lewent. Für die erste Stunde war eine Arbeit angekündigt, und Peter war nervös. Er hasste Druck und war kein Prüfungsmensch.

Wie Stella Goldschlag hatte Prager ein Stipendium für die Goldschmidt-Schule. Und wie alle Schüler war er aus der staatlichen Schule ausgeschlossen worden. Auch er hatte gezittert, als er das Lied vom Judenblut hören musste, das vom Messer spritzt; übrigens hatte sein Musiklehrer der Klasse den Text beigebracht. Sein Biologielehrer hatte im »Rassenunterricht« verkündet, dass die jüdische Minderwertigkeit mit den Genen vererbt werde. Zum »Beweis« maß er vor der Klasse Peters Stirn und befand sie für zu niedrig.

»Keine Angst«, tröstete er den zitternden Peter. »Du kannst nichts dafür, dass du minderwertig bist.«

Prager, zwölf Jahre alt, wäre gern arisch gewesen wie seine sorgenfreien nichtjüdischen Klassenkameraden, und selbst die liberale Atmosphäre in der Goldschmidt-Schule beruhigte ihn nicht. Seine Geschichtslehrerin, Frau Dr. Goldschmidt persönlich, erzählte, wie der britische Staatsmann Disraeli versucht hatte, die Form seiner Nase zu ändern, indem er die Nasenspitze hochschob. Jeden Abend im Bett schob Prager seine Nasenspitze hoch und war sehr enttäuscht, dass er im Spiegel keine Veränderung entdecken konnte.

Als er eine ganze Weile vor der ersten, der Deutschstunde in der Schule ankam, erfuhr Prager, warum er all die Feuerwehren gesehen hatte. Viele Plätze in der Klasse blieben leer. Einige Mädchen weinten und berichteten, dass ihre Väter festgenommen und nach Sachsenhausen bei Oranienburg gebracht worden seien. Das war eines der ersten Konzentrationslager und lag Berlin am nächsten. Auch mehrere Lehrer waren dorthin verschleppt worden.

Nicht Dr. Lewent. Er sah nicht finsterer als gewöhnlich aus, als er in die Klasse humpelte und, ohne einen Grund anzugeben, mitteilte, dass die Schule schließen würde, aber erst nach der ersten Stunde. Die Arbeit sollte noch geschrieben werden, und Lewent begann kühl, die Aufgabe zu stellen. Peter Prager und seine Klassenkameraden machten sich ans Werk. Zehn Minuten später stürzte Frau Dr. Goldschmidt herein.

»Hört auf!«, rief sie. »Draußen sammeln sich die Hitlerjungen. Vielleicht versuchen sie die Schule niederzubrennen. Ich möchte, dass ihr alle sofort durch die Hintertür fortgeht nach Hause!« Erst später erfuhren die Schüler, dass ihr Mann und Partner, der Jurist Ernst Goldschmidt, in der Nacht nach Dänemark geflüchtet war. Von dort aus wollte er nach England.

Mit der gewohnten Erfindungsgabe bemühte sie sich, eine schützende Hülle über ihr Reich zu breiten. Sie teilte einem ihrer importierten britischen Lehrer, Philip Woolley, 25 und in seiner ersten Anstellung, rundheraus mit, dass sie das Eigentumsrecht an der Schule auf ihn übertragen hätte. Dann befahl sie, den Union Jack oben auf dem Gebäude zu hissen. Woolley, verdutzt über seine Beförderung, bewunderte die Goldschmidts und machte mit. Die britische Übernahme, obwohl zweifellos illegal, hielt die Nationalsozialisten für kurze Zeit auf. Formalitäten, die die Rechte von Ausländern betrafen, beeindruckten sie noch.

Trotz des offensichtlichen Ernstes der Situation wollte Frau Dr. Goldschmidt noch nicht zugeben, dass die »Kristallnacht« der Anfang vom Ende der Schule war, jedenfalls nicht vor den Schülern. »Kommt in drei Tagen wieder, bis dahin hat sich hoffentlich alles beruhigt«, sagte sie zu Peter Pragers Klasse. Und Dr. Lewent, seinem Ruf getreu, weigerte sich, die Deutscharbeit zu verschieben.

Ruhig und ohne Panik verließen die Kinder die Schule in Gruppen. Peter war überglücklich, als er sah, dass die Hitlerjungen ihre Parolen an der Vorderseite der Gebäude brüllten, während seine Gruppe durch den Hinterausgang verschwand. Die jüngeren Schüler wurden von älteren begleitet, die starr geradeaus blickten. Ein paar johlende Hitlerjungen entdeckten sie und schwangen Steine, warfen sie aber nicht.

Gerd Ehrlich, vierzehn, stämmig und ungestüm, gehörte zu den älteren Jungen, die die jüngeren begleiteten. Als er heimkam, erfuhr er, dass sein Vater, ein Rechtsanwalt, in der »Aktion Juden« nach Sachsenhausen gebracht worden war; er zog sich dort ein Herzleiden zu, von dem er sich nie wieder erholte.

Klaus Scheye machte sich Sorgen um seinen Bruder, der an diesem Morgen mit der Straßenbahn zur Schule gefahren war. »Ich erinnere mich deutlich an mein Dilemma«, schrieb er. »Sollte ich mein kostbares Fahrrad retten oder meinen kleinen Bruder?«

Er schaffte beides. Ein paar Stunden später wurde auch sein Vater nach Sachsenhausen gebracht. Als er nach sechs Wochen zurückkam, war er ein gebrochener Mann.

Die Schule machte tatsächlich wieder auf, aber sie war kein ruhiger Zufluchtsort mehr. Pfeifende Hitlerjungen lauerten dauernd am Roseneck. Wolfgang Edelstein wurde nach der Schule regelmäßig verprügelt, und die Worte der Lieder, die die Hitlerjungen dabei johlten, blieben ihm immer im Ohr. Ein Spottvers ging so: »Jude Itzig Lebertran, hat im Darm 'ne Rodelbahn...« Wolfgang begriff diese Worte nicht – weder damals, im Alter von zehn Jahren, noch später. Es war Wortsalat, andere Beschimpfungen brachten die geistlosen HJ-ler nicht zustande.

Ruth Nußbaum empfand die brennenden Synagogen wie einen tätlichen Angriff auf sich und ihren Mann. Nachdem der gefeierte Joachim Prinz 1937 in die Vereinigten Staaten ausgewandert war, hatte Rabbi Max Nußbaum im Alter von achtundzwanzig Jahren den Friedenstempel in Ku'dammnähe in Wilmersdorf übernommen. Am 10. November um fünf Uhr morgens rief der Synagogendiener in ihrer Wohnung an der Lietzenburger Straße an, die ganz in der Nähe war, und flüsterte atemlos ins Telefon: »Kommen Sie schnell, Rabbi, unser Tempel brennt!«

Die Nußbaums stürzten sofort los und sahen, wie »rotgesäumte schwarze Wolken von Rauch aus zerbrochenen Fenstern und zwischen Dachsparren aufstiegen«. Polizisten und Feuerwehrleute hatten das Gebäude abgesperrt, aber auch hier sorgten die Hüter der öffentlichen Ordnung nur dafür, dass die angrenzenden Häuser nicht Feuer fingen. Ruth sah den Zuschauern ins Gesicht; es waren meistens Frauen, in Schals gehüllt, viele mit Kindern auf dem Arm, die sich trotz der frühen Stunde versammelt hatten.

»Sie waren alle schlicht und ehrlich entzückt, voller Schadenfreude, erregt von der sensationellen Unterhaltung«, erinnerte sie sich. »Sie strahlten in einer Art rachedurstigem Triumph, zustimmend, klatschend, und sie hoben ihre Kinder hoch, damit sie sich dieses historische Ereignis nicht entgehen ließen: ›Kuck mal, Karle, kuck, sie brennen die Judenkirche nieder... Wach auf, Frieda, kuck doch, sieh dir das an!‹«

Rabbi Nußbaum war in die brennende Synagoge gerannt, um die Thorarollen zu retten, konnte aber nur eine, die kleinste, bergen. Dann gingen Max und Ruth den Kurfüstendamm entlang nach Hause; es nieselte, unter ihren Schuhen knirschte zerbrochenes Glas, und sie ließen eine Szene hinter sich, »für die Rembrandt die Farben aus Feuer und Nacht hätte gemischt haben können, während die Gesichter von der Palette des Hieronymus Bosch stammen mochten«.

Durchaus nicht alle Nichtjuden applaudierten. Kurz nach Mitternacht wurde Polizeioberleutnant Wilhelm Krützfeld, 58, der hagere und einsilbige Reviervorsteher in Berlin 16 (Berlin-Mitte), einem Arbeiterviertel, von einem Anruf in seiner Wohnung geweckt. Er rief sofort eine Abteilung seiner Polizeibeamten zusammen, steckte ein Papier ein, von dem er annahm, dass er es brauchen würde, und eilte in die Oranienburger Straße. Angrenzend an die Nr. 28, in der die wichtigsten Büros der jüdischen Gemeinde untergebracht waren, stand die eindrucksvollste Berliner Synagoge mit 3000 Sitzplätzen. Obwohl sie 1866 fertiggestellt worden war, wurde sie noch immer die Neue Synagoge genannt.[15]

SA-Männer hatten bereits an mehreren Stellen Brände gelegt, und von der Hochzeitskapelle aus breiteten sich die Flammen schnell aus. Krützfeld schwenkte das Papier, in dem stand, dass der Tempel Jahrzehnte zuvor unter Denkmalschutz gestellt worden war, und befahl den SA-Leuten aufzuhören. Sie gehorchten. Dann rief er die Feuerwehr an und rührte sich nicht von der Stelle, bis das Feuer gelöscht war.

Am folgenden Nachmittag wurde der oberste Rabbiner des Tempels, der neunundsechzigjährige Malwin Warschauer, zu Hause angerufen.

»Hier ist Ihr Polizeirevier«, sagte eine unbekannte Stimme. »Herr Doktor, die Gestapo ist auf dem Weg zu Ihnen, um Sie festzunehmen. Verlassen Sie sofort das Haus!«

Nachdem er sich sechs Wochen lang unter falschem Namen im jüdischen Krankenhaus versteckt hatte, konnte der Rabbi nach England fliehen. Krützfeld, von den antisemitischen Brutalitäten angeekelt, ließ sich früh pensionieren.

Karola Ruth Siegel, zehn Jahre alt und immer die Kleinste in ihrer Klasse, sah in Frankfurt vom Fenster ihrer Wohnung in der Brahmsstraße aus zu, wie ihr Vater den Lastwagen der Männer in schwarzen Uniformen und Schaftstiefeln bestieg. Julius Siegel, einst Besitzer einer Textilgroßhandlung, hatte sich mühsam als Gärtner auf dem jüdischen Friedhof durchgeschlagen. Auf dem Gehweg drehte er sich noch einmal um und sah oben seine Tochter am Fenster stehen.

»Er versuchte mir zuzulächeln«, erinnerte sie sich, »und er winkte, als wollte er sagen, ›Es ist alles in Ordnung‹. Ich sah meinen Vater nie wieder.«

Ihre Mutter und ihre Großmutter sah sie zum letzten Mal, als sie heftig winkend den Bahnsteig entlangliefen: »Rola« und hundert andere jüdische Kinder wurden mit einem Rettungstransport in die Schweiz verschickt. Das war am 5. Januar 1939. Ihr Vater war im Lager. Ihre Synagoge war abgebrannt, ihre Schule geschlossen.

Aus Rola Siegel wurde Ruth Westheimer, bekannt geworden als »Dr. Ruth«, New Yorker Sexologin und TV-Star – noch immer überall die Kleinste. Ihre Eltern wurden nach Łódź (von den Deutschen »Litzmannstadt« genannt) deportiert, und sie glaubt, sie seien später in Auschwitz umgekommen. Sicher wird sie jedoch nie sein können. Sie verschwanden spurlos, als hätten sie nie existiert.

In Edenkoben an der Südlichen Weinstraße, in dem hübschen Heimatdorf meines Vaters, wurde Heinz Mayer, ebenfalls zehn Jahre alt, durch einen Schauer von Glas geweckt, der in sein Schlafzimmerfenster prasselte. Draußen hörte er »Schreie, lautes Gejohle, Gelächter, Schimpfworte und dazwischen das harte Klirren von Fensterscheiben«. Im Morgengrauen drangen dann mehrere SA-Männer – Heinz kannte sie alle – ins Haus und brachten seinen Vater ins Gefängnis.

Die Verantwortlichen beschlossen, die 1827 erbaute Synagoge nicht niederzubrennen: zu viele Häuser befanden sich in ihrer Nähe. Dafür wurde sie von Parteigenossen geplündert, die die Thorarollen und alles bewegliche Gut abtransportierten. Kräftige junge Männer aus dem Reichsarbeitsdienstlager bei Edesheim kamen und begannen das Gebäude Stein für Stein abzubrechen. Lehrer führten ihre Klassen zu dem Schauspiel, damit sie einmal »lebendige Geschichte« sähen. Die Musikkapelle der Stadt spielte patriotische Weisen.

Auf dem Marktplatz wurde die herausgerissene Innenausstattung der Synagoge in einem Freudenfeuer verbrannt. Junge Leute tanzten darum herum. Am nahen Denkmal für die Gefallenen des Ersten Weltkriegs löschten Parteigenossen mit Meißeln alle jüdisch klingenden Namen.

Am Nachmittag befahlen SA-Männer Heinz und seiner Mutter, zu packen – nicht mehr als fünf Kilo pro Person – und die Hausschlüssel abzuliefern. Dann wurden sie zum Marktplatz geführt, wo sich auch alle anderen jüdischen Frauen und Kinder sammelten.[16] Busse warteten, mit Plakaten beklebt, auf denen »Juden raus!« und »Freifahrt nach Palästina« und dergleichen stand. Heinz überlegte, ob sie wirklich nach Palästina führen.

Ein Bus mit den jüdischen Männern aus dem Gefängnis schloss sich an, und unter dem zustimmenden Gejohle der Menge fuhr die kleine Kolonne mit allen einundvierzig Juden Edenkobens und ihren Wachen in Richtung Süden ab. Ihr Ziel war jedoch nicht Palästina. Sie fuhren rund fünfzig Kilometer, überquerten den Rhein und hielten auf freiem Gelände in der Nähe von Karlsruhe. Männer, Frauen und Kinder mussten aussteigen.

Heinz Mayer hörte eine Trillerpfeife und entdeckte eine vertraute Gestalt in Uniform: Dr. Leibrock, den Notar und Ortsgruppenleiter von Edenkoben. »Judenpack, mal herhören!«, brüllte er. »Edenkoben ist ab jetzt judenrein! Unterstehe sich niemals mehr einer von euch, Edenkoben wieder zu betreten. Wenn einer es trotzdem wagt, nach Edenkoben zu kommen, wird er auf der Stelle umgelegt. Habt ihr mich verstanden?«

Wieder hörte Heinz die Trillerpfeife. Die fast leeren Busse fuhren ab. Einige Frauen und Kinder begannen zu weinen.

Am nächsten Tag bekamen die Stadtväter eine Rechnung über die »Kosten für Judentransport« in Höhe von 39,52 Mark vorgelegt, einschließlich 4,39 Mark für dreizehn Bier und zwei Glas Wein. Die Rechnung wurde aus Mitteln der jüdischen Wohlfahrtskasse bezahlt.

Zwei Tage nach der »Kristallnacht« stand Ernst Cramer, nach Atem ringend, zwischen verstörten Männern auf einem Lastwagen eingezwängt, der vom Bahnhof Weimar ins Konzentrationslager Buchenwald fuhr. Auf der Ladefläche war Platz für 28 Personen. An diesem Morgen waren mehr als sechzig Juden zwischen achtzehn und siebzig Jahren von SS-Männern mit Knüppeln, Stahlruten oder Gewehrkolben auf das Fahrzeug getrieben worden.

Cramer, dreiundzwanzig Jahre alt, groß und kräftig, stammte aus Augsburg, wo sein Vater einen Zigarrenladen gehabt hatte. Die Familie seiner Mutter hatte seit dem fünfzehnten Jahrhundert in Augsburg gelebt und war entfernt verwandt mit meinem »Onkel« Max, dem zweiten Ehemann meiner Mutter.[17]

Den ganzen 12. November hindurch mussten Ernst Cramer, sein Vater und die anderen Neuankömmlinge in Buchenwald regungslos wie Statuen auf dem schlammigen Appellplatz stehen. Wer sich bewegte, wurde mit dem Gummiknüppel geschlagen oder an den im Rücken gefesselten Händen aufgehängt. Als die Schwachen zusammenbrachen, schleppten andere Gefangene sie ins Waschhaus, das an diesem Tag zur Leichenhalle wurde. Bei Anbruch der Nacht wurden die neuen Gefangenen, mehr als 10000 Menschen, in fünf Behelfsunterkünfte gepfercht. Sie schliefen zum Teil aufeinanderliegend.

»In der Nacht drehten viele durch und erlitten Tobsuchtsanfälle«, erinnerte sich Cramer. Zwei Gefangene wurden von den Wärtern in der Latrine ertränkt. Am nächsten Morgen wurde Ernst einem Kommando zugeteilt, das die Toten in das ehemalige Waschhaus tragen musste. Das blieb seine Aufgabe während des Monats, den er im Lager verbrachte: hungernd, durstig, mit kahlgeschorenem Schädel.

Als Gefangene mit Auswanderungspapieren entlassen wurden, konnte Cramer ein Affidavit von amerikanischen Verwandten vorweisen, in dem sie sich verbürgten, dass er der Öffentlichkeit nicht zur Last fallen würde. Er musste ein Papier unterschreiben, dass er »korrekt behandelt« worden sei, und wurde in einen überfüllten Zug gesetzt. Sein geschorener Kopf, die eingefallenen Wangen und die verdreckte Kleidung verrieten ihn. Die Leute wussten, woher er kam. Ein Fremder stand auf und überließ ihm seinen Sitzplatz. Später stellte Ernst fest, dass ihm jemand ein Butterbrot und ein glänzendes Markstück in die Manteltasche gesteckt hatte.

Seine Mutter bemühte sich um die Freilassung seines Vaters und suchte den Justizrat auf, der bis dahin Freund und Anwalt der Familie gewesen war.

»Frechheit!«, schrie er sie an. »Unverschämtheit! Wie können Sie es wagen, in mein Büro zu kommen!« Endlich wurde Vater Cramer doch freigelassen.

Im April 1942 holte die Gestapo Ernsts Eltern und seinen jüngeren Bruder Erwin ab. Clothilde, die lange Zeit Dienstmädchen bei ihnen gewesen war, blieb zurück und gab Erwins Abschiedsgruß weiter: »Bete für uns!«

Übrigens führte die »Kristallnacht« zu einem Imageverlust der Nationalsozialisten, denn es stellte sich heraus, dass die Brutalitäten bei der Mehrheit des Parteivolks Abscheu hervorgerufen hatten. Dokumente über diesen Bumerangeffekt reichen von Augenzeugenberichten bis zu den Pariser *Deutschland-Berichten* des Exekutivkomitees der Sozialdemokratischen Partei Deutschlands im Exil; dazu kamen, noch bedeutsamer, die umfassenden Untersuchungen durch Meinungsumfragen von Goebbels' Propagandaministerium.

Aber das kam alles erst viel später heraus und hatte keinen Einfluss auf die Ereignisse, denn die öffentliche Meinung hatte 1938 in Deutschland kein Gewicht und war nicht von Belang.

Für Stella und ihre Eltern und jeden anderen Juden, der noch gehofft hatte, einer schmerzlichen Entwurzelung entgehen und sich mit Hitlers Regime arrangieren zu können, machte die »Kristallnacht« abrupt und unmissverständlich klar, dass diese Hoffnung eine Illusion war. Da die Zerstörung so viele Deutsche empört hatte, kehrte für eine Weile so etwas wie Normalität zurück. Stellas Vater kam aus seinem Versteck, und es wurden wieder warme Mahlzeiten in der Wilmersdorfer Wohnung zubereitet. Doch der Rauchgeruch hielt sich; die Erinnerung an splitterndes Glas und an die Raserei des Plünderns verhieß Gewalttätigkeit, Lebensbedrohung.[18]

Sie mussten raus – schnell, sofort! Und rund 160000 Juden gelang es noch nach dem November 1938, aus Deutschland und Österreich zu fliehen, fast allen während des folgenden Jahres.

Auch Stellas Vater sah sich zum Handeln genötigt, um seine Familie und sich zu retten. Er schrieb an seinen Vetter Leo (genauer: Leopold Arnolfus) Ellenburg in der Maple Avenue in St. Louis, Missouri, und bat ihn um ein Affidavit, das er für seinen Visumsantrag benötigte. Er hätte sich keine Sorgen zu machen brauchen. Leo, ein sehr vielseitiger und energischer Mann, antwortete sofort. Er war

Zahnarzt gewesen, dann hatte er Versicherungen verkauft, dann mit Aktien gehandelt, und er reiste oft nach Europa, was in jenen Tagen noch ungewöhnlich war. Er sprach sehr gut Deutsch und hatte vor Hitlers Herrschaft auch Deutschland häufig besucht; also machte er sich jetzt mit dem gewohnten Schwung zugunsten der Goldschlags an die Arbeit, besorgte Unterlagen, rief bei Behörden an, die von Nutzen sein konnten, holte von Freunden in St. Louis, die ihrerseits Verwandte retten wollten, Rat ein.

Es wurde spät für Stella, reichlich spät, und Todesangst setzte sich als ständiger Begleiter in ihr fest.

1 Ich habe Rabbi Prinz in Berlin predigen hören, als ich ein Junge war, aber ich habe ihn nie persönlich kennengelernt. Für das hier zitierte Interview danke ich meinem alten Freund Otto Friedrich, der in den siebziger Jahren in New Jersey mit dem Rabbi sprach, für sein wunderbares Buch über Berlin in den zwanziger Jahren, *Weltstadt Berlin. Größe und Untergang 1918–1933.*

2 Aus Peter Fröhlich wurde später Peter Gay, bekannter Historiker an der Yale University und Autor eines maßgeblichen Werks über die zwanziger Jahre und die Weimarer Republik.

3 Die große Bücherverbrennung fand erst am 10. Mai statt; bis dahin hatte die Regierung eine schwarze Liste mit mehr als 125 Autoren gebilligt, auf der u. a. Namen wie Sigmund Freud, Emil Ludwig und Erich Maria Remarque standen. Um 21 Uhr zogen Studenten bei heftigem Regen in einem Fackelzug zum Opernplatz gegenüber der Universität. Ein Scheiterhaufen wurde in Brand gesetzt. Eine Militärkapelle spielte Marschmusik, während 20000 »Schmutz- und-Schund-Bücher« zu Asche verbrannten.

Propagandaminister Joseph Goebbels sprach zu der begeisterten Menge und sagte, es sei Zeit, die Rechnung mit den »jüdischen Volksverführern« zu begleichen.

Jüdische Autoren waren die Prügelknaben, deren Vertreibung laut angekündigt wurde, aber sie waren nicht allein. Unter den Schriftstellern, die die Vernichtung ihrer Werke am Opernplatz selbst miterlebten, war – bis er erkannt wurde und flüchtete – Erich Kästner, der die Nazis verspottet und verhöhnt hatte. Er galt als Nichtjude. Viele seiner herrlichen Bücher waren unpolitisch, wie das berühmte *Emil und die Detektive*. Das rettete aber seine Bücher nicht. Der Mann war zu respektlos.

4 Nach dem Krieg hieß es, das Feuer sei von einer terroristischen Gruppe der NSDAP gelegt worden. Das hat die Forschung inzwischen widerlegt.

5 Grund und Boden in dieser Gegend wurde nach dem Krieg zu wertvoll für so verschwenderischen Umgang mit Platz. Meine Schule wurde durch ein sechzehnstöckiges Mietshaus ersetzt; es wurde eine kleine Gedenktafel angebracht.

6 Erst 1992 erfuhr ich von seinem Schicksal. Er wurde 1943 deportiert, zusammen mit seiner Freundin, einer jüdischen Krankenschwester. Unterwegs hatten sie beschlossen zu heiraten.

7 Ich halte es für möglich, dass dieser brillante und geradlinige Künstler sein Überleben seinen einflussreichen Freunden im Ausland und seinem beträchtlichen Einkommen in fremden Währungen verdankt. Kästner hat sich gehalten. *Emil und die Detektive* wird im Deutschunterricht amerikanischer Schulen noch heute gelesen. Mein jetziges Exemplar (1985) ist aus der 131. Auflage.

8 Intern wurde er »Brunner I« genannt, zum Unterschied von Anton Brunner, der nicht mit ihm verwandt und als »Brunner II« bekannt war, auch ein SS-Mörder, aber von geringerem Rang. Brunner II wurde nach dem Krieg gehängt. Brunner I lebte 1992 noch als »Herr Fischer« in Damaskus in Syrien, wo er gelegentlich deutschen Zeitschriften Interviews gewährte und dabei antisemitische Obszönitäten von sich gab.

9 Die noch immer heiß umstrittenen Judenräte, die manchmal Retter und manchmal Kollaborateure waren, wurden am 21. September 1939 durch einen Befehl des Sicherheitspolizeichefs Reinhard Heydrich eingerichtet, der verlangte: »1. In jeder jüdischen Gemeinde ist ein jüdischer Ältestenrat aufzustellen... Er ist im Sinne des Wortes vollverantwortlich zu machen für die exakte und termingemäße Durchführung aller ergangenen oder zu ergehenden Weisungen. 2. Im Falle der Sabotage solcher Weisungen sind den Räten die schärfsten Maßnahmen anzukündigen.«

10 Fast völlig vernichtet wurden die »Raben des Krematoriums«, die jüdischen »Sonderkommandos« in den Lagern. In Auschwitz zählten sie zwischen 700 und 1000. Bis sie nach ein paar Monaten selbst vergast und ersetzt wurden, erfüllten sie die unsäglichsten Aufgaben in dem riesenhaften Verwaltungsapparat. Sie mussten für die typisch deutsche, »ordnungsgemäße« Wirtschaftsführung in seiner Endphase sorgen. »Ihnen fiel die Aufgabe zu, die Ordnung unter den Neuzugängen aufrechtzuerhalten, die in die Gaskammern gebracht werden mussten«, erinnerte sich Primo Levi, in Auschwitz eingesperrtes Mitglied des italienischen antifaschistischen Widerstands. Die »Sonderkommandos« hatten außerdem »die Leichen aus den Gaskammern zu entfernen, die Goldzähne aus den Kieferknochen herauszubrechen, den Frauen die Haare zu scheren, die Kleidungsstücke, Schuhe und Kofferinhalte auszusortieren und zu klassifizieren; die Leichen zum Krematorium zu bringen und die Öfen zu warten; die Asche herauszuholen und zu entfernen«. Nur ganz wenige Mitglieder der »Sonderkommandos« entgingen dem Tod, den sie selbst täglich ermöglichten. Und sie überlebten nur »durch ein unvorhersehbares Spiel des Schicksals«. Das berichtete Primo Levi kurz vor seinem eigenen Tod durch Selbstmord oder einen nie aufgeklärten Unfall 1987.

11 Die Glückssträhne des Rabbis hielt auch nach dem Krieg an. Er wurde vom tschechoslowakischen Amt zur Verfolgung von Kriegsverbrechen angeklagt, aber wieder freigelassen. Auch in Rom, wo er von der *Organisation of Jewish Displaced Persons* 1948 vor ein Zivilgericht gebracht worden war, ließ man ihn laufen. Niemand machte einen Murmelstein zum Verlierer.

12 Rothschild war am Wiener Flughafen Aspern festgenommen worden, als er zu fliehen versuchte. Sein Pass wurde zerrissen, die Fetzen ihm ins Gesicht geschleudert. Im Gefängnis zwang man den Milliardär in die finanzielle Kapitulation, indem man ihm einfach so gut wie nichts zu essen gab.

13 Habe hütete die vertrauliche Mitteilung des Professors bis 1966. Dann veröffentlichte er einen phantasievoll erfundenen Bericht, *Die Mission*. Dabei trat der seltene Fall ein, dass ein Roman als wichtige historische Quelle in Sachbuch-Bibliografien Eingang fand. Obwohl verspätet, war es doch wieder eine von Habes Erfolgsstorys. – Der zuverlässigste Bericht über die Farce von Evian, *The Evian Conference on the Refugee Question* von A. Adler-Rudel, einem Teilnehmer, erschien erst 1968 (*Year Book 13* des *Leo Baeck Institute*, New York).

14 Dieses Zitat wurde Freud vermutlich fälschlich zugewiesen (Anm. des Verlags)

15 Sie wurde im November 1943 bei einem britischen Luftangriff teilweise zerstört. Sie soll 1995 für fürstliche 50 Millionen Dollar wiederaufgebaut sein, einschließlich der drei blauen Kuppeln mit den Goldverzierungen, die die Nachbarschaft überragen. (Anm. des Verlags: die Neue Synagoge in der Oranienburger Straße wurde 1995 wieder eröffnet)

16 Die Misshandlung der Juden begann in Kleinstädten vielfach früher und entwickelte sich gewalttätiger als in Großstädten. Bei den Festnahmen in der »Kristallnacht« wurden in den Bevölkerungszentren wenige Frauen einbezogen, weil die Kapazitäten in den Konzentrationslagern noch nicht ausreichten.

17 Ernst Cramer kehrte 1945 als US-Soldat und amerikanischer Staatsbürger nach Deutschland zurück. Er arbeitete als Journalist, saß im Aufsichtsrat des Axel-Springer-Verlags und war von 1981 bis 1993 Herausgeber der *Welt am Sonntag*.

18 Obwohl ich im Jahr davor schon ausgewandert war, hat das Geräusch von knirschendem Glas auf Gehwegen auch bei mir eine Narbe hinterlassen. Bei einem Forschungsaufenthalt in Berlin 1988 ging ich zum Büro von *American Express* in der Nähe der Gedächtniskirche, um einen Scheck einzulösen, als der Ton von klirrendem Glas auf mein Ohr traf. Ich blieb entsetzt stehen. Die Erinnerung war geweckt: Kristallnacht! Es waren nur Arbeiter, die ein Schaufenster ersetzen wollten.

BUCH ZWEI

Die Entscheidung: Herauskommen oder festsitzen

---

8. 1939: Fluchtversuch

Es war das Jahr 1939. Hitler hatte den Zweiten Weltkrieg begonnen, und Stella sang Cole Porter und Hoagy Carmichael. Sie war die Sängerin in einer Sechs-Mann-Band jüdischer Jugendlicher und gab ihr Glamour und Pfiff. Leiter der Gruppe war ihr Freund Manfred Kübler, der bald ihr erster Ehemann werden sollte, ein hübscher, blonder, manierlicher jüdischer Junge aus ihrer Nachbarschaft, dessen wohlhabende Eltern mit Stellas Eltern befreundet waren. Die Kinder gaben ja so ein nettes Paar ab.

Manfred war ein Meister auf dem Akkordeon und außerdem gar nicht schlecht auf der Gitarre und dem Saxophon. Die Gruppe nahm ihre Musik ernst. In der Woche trafen sie sich oft abends zum Üben in der Wohnung von Hans Sonntag, einem der Band-Mitglieder, in der Wilmersdorfer Straße. An den Wochenenden spielten sie auf Gesellschaften in jüdischen Häusern zum Tanz auf. Das war riskant. Goebbels' Propaganda prangerte die amerikanische Musik als »dekadent« an. Die jüdischen Partygäste liebten sie umso mehr.

Sie mochten auch Stellas nicht sehr großen, aber angenehmen Sopran und bewunderten ihre phantastische Figur. Mit siebzehn war sie ein Star. Ob sie nun drangsaliert wurden, Krieg herrschte oder Goebbels fanatische Reden hielt – noch tanzten die gestrandeten Juden.

Stella, Manfred und ihre Musiker lernten Melodien und Texte von Schallplatten, die sie zu Hause gesammelt hatten, und ihr Repertoire war ehrgeizig. Sie kannten *Stardust, In the Still of the Night, St. Louis Blues, Me and My Shadow, Jeepers Creepers, September in the Rain, Toot-toot-Tootsie, Goodbye* und eine Menge anderer Schlager.

Kenner konnten verbotene Schallplatten noch immer im abgeschlossenen Keller des Musikgeschäfts Alberti bekommen, bei einem nichtjüdischen Jazzfan namens Hans Buthner, der unter dem Namen »Herr Hitman« bekannt war, weil er jeden Hit zu kennen schien. Rund dreißig Jazzliebhaber hatten seit 1934 ehrfürchtig im Hinterzimmer eines Cafés Aufnahmen gelauscht. Sie nannten ihren schäbigen Treffpunkt *Blue Room* und sich selbst den *Berlin Hot Club*. Francis Wolff, ein jüdischer Jugendlicher, kannte bereits Jelly Roll Morton, Benny Moten und McKinney's Cotton Pickers und sollte wenig später Mitbegründer der Firma *Blue Note Records* in New York werden.

Die Leidenschaft für diese Musik war bei jüdischen wie bei nichtjüdischen Jazzfans ein Ausdruck des Protests und des Widerstands gegen das nationalsozialistische Establishment. »Wir haben immer gesagt, dass einer, der Jazz mochte, kein Nazi sein könnte«, meinte Hans Buthner. Wobei sie alle das Wort deutsch aussprachen, wie »Jatz«.

Für Stella war »Jatz« mehr als nur politischer Nonkonformismus. Sie erhoffte sich von dieser Musik einen beschleunigten Übergang ins Erwachsenenalter und betrachtete sie als karrierefördernde Maßnahme. Noch immer sah es so aus, als würde sie in die Vereinigten Staaten auswandern können. Sie wollte Manfred mitnehmen – Onkel Leo in St. Louis war darüber informiert. Und dann wollten sie »drüben« eine neue Band gründen, genau wie zu Hause. Stella würde umwerfend sein als »Jatzsängerin«, genau wie in Berlin, aber in Dollars bezahlt. Die Sprache der Musik war universal, und sie waren über Herrn Hitmans neueste Melodien *au courant*. Selbst ihre englische Aussprache, von den 78er-Schallplatten übernommen, war annehmbar.

Stella hatte ein besonderes Vorbild: Josephine Baker, die Größte im »Jatz« und der Hit im Berlin der zwanziger Jahre – die Baker mit dem Bananenschalenkostüm, wegen ihrer phantastischen Stimme und des raffinierten Kostüms noch überall in Erinnerung. Dass sie eine Schwarze war, tat nichts zur Sache. In Deutschland lebten nur sehr wenige Farbige, deshalb hatte kaum jemand Vorurteile gegen sie. Farbige waren interessant, wurden sogar bewundert. Nur Hitler schien Jesse Owens den Rücken zuzukehren, als er 1936 bei der Olympiade den 100-Meter-Lauf gewonnen hatte – es wurde ein berühmter Sieg und Hitlers Abgang eine berühmte Peinlichkeit, die selbst bei Deutschen unpopulär war. Ich war dabei und beobachtete alles durch den Feldstecher meines Vaters.

Die Baker war auch deshalb das perfekte Vorbild, weil sie aus Amerika kam, Stellas zukünftiger Heimat. In den zwanziger und dreißiger Jahren betrachteten Deutsche, besonders gebildete Leute wie die Goldschlags, Amerika mit ehrfurchtsvoller Scheu. Amerika! Es war das Gelobte Land, über das jedermann sprach, das jedermann das »Land der unbegrenzten Möglichkeiten« nannte.

Sicher, die Straßen waren nicht wirklich mit Gold gepflastert, aber es kam einem so vor. Jedenfalls waren die Leute alle toll, das wusste man aus Filmen mit Fred Astaire und Ginger Rogers. Wo sonst hatten gewöhnliche Sterbliche Zugang zu Wolkenkratzern und Hollywood? Warum war eine so gescheite und unerhört erfolgreiche Berlinerin wie Marlene Dietrich noch vor der Hitlerzeit »desertiert« und in ein fremdes Land gezogen? Weil es das Land der Zukunft war. Und das Land des Jazz, angefangen mit Al Jolson in *Der Jazzsänger* – noch einem amerikanischen Star, der von den Deutschen gefeiert wurde.

Die Anziehungskraft Amerikas überwand sogar Gerhard Goldschlags generelle Ablehnung des Jazz. Stellas Vater hasste diese Musik. Ihr Rhythmus stand im Widerspruch zu den elegischen Liedern, die er komponierte. Vater und Tochter stritten über diesen Geschmacksunterschied. Hier trat der alte Generationskonflikt zutage; Stella wagte sich zum ersten Mal aus dem Schutz der elterlichen Fittiche hervor und vertrat eine eigene Meinung. Es war außerdem das letzte Mal, dass sie optimistisch, ja, übermütig war, was ihre Zukunft und ihre scheinbar unbegrenzten Möglichkeiten anging.

Ihr Vater förderte ihr Talent für das Showbusiness, und dazu gehörte das Tanzen. Mein Grundschulfreund Harry Nomburg erinnerte sich, dass er sie bei einem Unterhaltungsabend im *Jüdischen Kulturbund* sah, kurz bevor er die Stadt im Alter von sechzehn Jahren mit einem Jugendtransport in Richtung England verließ. Da stand der kleine Herr Goldschlag, dirigierte die Kapelle und strahlte seine Stella in der ersten Reihe an; sie trat zusammen mit einem Dutzend hübscher junger Mädchen in Trikots auf. An die Musik konnte sich Harry nicht erinnern, nur an Stellas Namen und Person.[1]

Auch bei Feige und Strassburger, einer plötzlich aufblühenden Kunstschule, die von zwei jüdischen Partnern an der Nürnberger Straße, hinter dem KaDeWe, betrieben wurde, machte Stellas Figur sie zur Attraktion. Nicht, dass Berlin noch mehr Maler gebraucht hätte. Das Institut unterrichtete tatsächlich Schüler, die ernsthaft an Kunst interessiert waren, aber den meisten der neu Eingeschriebenen diente es nur als Tarnung oder Zeitvertreib bis zur bevorstehenden Emigration.

Da den Juden so viele Tätigkeiten versperrt waren, lernten die meisten der jüngeren irgendein Gewerbe. Es war eine sinnvolle Vorbereitung auf ihr zukünftiges Leben als Flüchtlinge im Ausland – denn diesen Status hofften Stella und viele andere immer noch zu erreichen. In Montevideo oder Chicago warteten keine Arbeitsstellen auf in Deutschland ausgebildete Bankiers oder Rechtsanwälte.

Stella hatte immer einen Sinn für elegante Kleidung gehabt und beschloss, einen zweijährigen Kursus in Modezeichnen an der Schule mitzumachen. Ihre Begabung erwies sich als begrenzt, ihr Interesse daran, einen Beruf zu erlernen, als nahe null, und sie hat auch nie in der Modebranche gearbeitet. Trotzdem nannte sie sich dreißig Jahre lang »Modezeichnerin«. Zu Beginn des Krieges ersparte ihr diese Deckung die Zwangsarbeit in der Fabrik. Das Schulgeld bezahlte eine Tante.

Tatsächlich brachten ihre Studien Stella ein Taschengeld ein – neun Mark pro Stunde dafür, dass sie als Aktmodell saß. Ihre Mitstudentin Regina Gutermann, deren Figur sie für diese Arbeit nicht geeignet machte, mochte und bewunderte Stella. Regina gehörte zu denen, die die Schule nur pro forma besuchten. Sie vertrieb sich damit die Zeit, während sie auf ein Visum für Chile oder Bolivien hoffte.

»Ich fand sie ja so schön«, erinnerte sich Regina, »eine Rubens-Gestalt! Ihr Gang war sexy und wirkte nicht gestellt. Sie hatte auch eine liebenswürdige Art zu sprechen... Sie hatte Klasse!«

Es waren weniger Liebenswürdigkeit und Klasse, die Stella für ihren gleichaltrigen Mitstudenten Günther Rogoff besonders anziehend machten, der ein ernsthafter Künstler werden wollte. Rogoff hoffte vielmehr, Stella überreden zu können, als erste mit ihm zu schlafen.

Er war nicht der einzige junge Mann bei Feige und Strassburger, der diesen Wunsch hegte, deshalb gelang es Rogoff nicht einmal, eine private Unterhaltung mit dem Objekt seines Begehrens anzuknüpfen. Stella schien ständig von einem undurchdringlichen Dickicht von Bewunderern blockiert zu sein. Rogoff nahm zusätzlich zu diesem Unterricht noch Privatstunden bei einem älteren Maler, und einmal überredete er Stella, im Atelier seines Meisters für ihn zu sitzen. Aber ach, ausziehen wollte sie sich nicht, und sie ließ sich auch nicht in ein Gespräch über persönliche Dinge verwickeln.

Zu Beginn des Jahres 1940 erfasste die noch in Berlin lebenden Juden – es waren immer noch 80000 – nackte Panik. Hitlers Panzerdivisionen und Sturzkampfbomber hatten Polen gestürmt. Frankreich würde wahrscheinlich als nächstes fallen. Die Juden standen auf des »Führers« Liste unerledigter Programmpunkte ganz oben, und sein Vasall Eichmann machte sich bereit, alle Ausgänge zu verschließen. Juden in bescheidenen Verhältnissen waren am stärksten gefährdet, und zu denen gehörten Stella und ihre Eltern in der kleinen Wohnung an der Xantener Straße.

Geldmangel war nicht das einzige Hindernis für eine Ausreise. Schlauheit, Beziehungen, Glück und unendliche Beharrlichkeit waren ebenfalls vonnöten, obwohl es noch offene Tore gab. Mehr als 75000 Juden[2] waren 1939 aus Deutschland geflohen, so viele wie nie zuvor, und die Goldschlags hatten sich endlich mit dem Gedanken angefreundet, sich dem Exodus anzuschließen. Trotzdem waren sie noch immer hin und her gerissen, besonders Vater Gerhard, und das hatte die Entscheidung zu lange hinausgezögert, viel zu lange.

Für junge Menschen wie Stella gab es 1939 noch Schlupflöcher. Unsere Direktorin, Lore Goldschmidt, war früher einmal als Austauschlehrerin in England gewesen. Sie hatte in weiser Voraussicht ihre gewinnende Art und ihr vorzügliches Englisch genutzt, um genügend Gönner und Förderer in der schwerfälligen britischen Bildungslandschaft zu gewinnen, sodass Absolventen ihres kleinen Berliner Instituts die Zulassung zur Universität Cambridge bekamen.

Stella fand übrigens, dass das auch ihren eigenen Status durchaus bereicherte, und erzählte jedem, dass die Goldschmidt-Schule eine »englische Schule« sei. Es klang so aristokratisch.

Die »Kristallnacht« veranlasste Frau Dr. Goldschmidt, ihre Beziehungen nach England weiter auszubauen; sie überredete Londons *Chief Education Officer* sowie dessen Schwager, einen Geistlichen in Folkestone, Kent, zwei Villen auf dem Land für die Goldschmidts zu mieten. Kurz vor Kriegsbeginn gelang es Lore Goldschmidt schließlich, achtzig ihrer Berliner Schüler auf den neuen Campus in Kent zu bringen.[3]

Als die Schule Stella einlud, mit nach England zu gehen, brach eine neue Serie stürmischer Auseinandersetzungen im Hause Goldschlag aus. Wie in vielen jüdischen Familien war es die Frau und Mutter gewesen, Toni, die längst auf Emigration gedrängt hatte. Sie sah eine Katastrophe voraus, wenn sie blieben. Der Vater weigerte sich jedoch, die kleine Familie auseinanderzureißen und sich von seinem einzigen Kind, seiner schönen Tochter, zu trennen – auch als Stella wütend wurde, weil er ihr nicht erlaubte, mit nach England zu gehen.

Affenliebe – blinde, mechanische, reaktionäre, klettenhafte Affenliebe nannte Stella den Besitzanspruch ihres Vaters, wenn auch nur hinter seinem Rücken. Sie fühlte sich einerseits in der Liebe ihrer Eltern geborgen, war aber andererseits gleichzeitig auch gereizt; das Paradox war ihr gar nicht bewusst.

Obwohl ihn die Erfahrung der »Kristallnacht« und die Bitten seiner Frauen überzeugt hatten, dass das »Vaterland« kein sicherer Ort mehr war, hatte Herr Goldschlag einer »Desertion« nur unter der Bedingung zugestimmt, dass sie alle zusammen gingen und nur dann, wenn sie mit Vetter Leos Hilfe Aufnahme in den Vereinigten Staaten fänden, bei den bewunderten Amerikanern.

»Die Amerikaner waren schlimmer als die gottverdammten Nazis«, sagte Stella viele Jahre später, und ihr Urteil entbehrte nicht ganz der Logik.

Der Geist von Evian, die internationale Strategie, die den auswanderungswilligen Juden die Türen vor der Nase zuschlug, traf mehr und mehr Familien wie die Goldschlags, als das Fieber sie endlich packte und sie den besonderen Jargon der Auswanderungstaktik lernten.

»Quoten« war für Stella kein unpersönlicher bürokratischer Begriff mehr. Und »Visum« nicht nur ein Stück Papier. Sie waren Rettungsanker. Auf ihre Versprechungen, vor allem auf das Visum, die Einreiseerlaubnis, konzentrierte sich das tägliche Leben. Und der Zugang zum Zugang war ein weiterer Zauberstab, auch ein früher nie gehörtes Wort – »Affidavit«, die beglaubigte Bürgschaft eines

Amerikaners mit nachgewiesenem Vermögen, möglichst eines nahen Blutsverwandten, dass der zukünftige Einwanderer nie, aber auch absolut niemals der Regierung der Vereinigten Staaten zur Last fallen würde. Einkommen und sämtliche Vermögenswerte des Bürgen mussten als Sicherheit eingebracht werden.

Stellas wohlhabender Onkel in St. Louis hatte noch mehr getan. Er war nach Washington gereist, um zu versuchen, den bürokratischen Prozess zu beschleunigen. Und er hatte Geld für drei Schiffspassagen geschickt – ein Onkel, der des großen Uncle Sam würdig war.

Aber es reichte nicht, es reichte bei weitem nicht. Das Schicksal schlug Anfang 1940 zu. Gerhard Goldschlag hatte den größten Teil eines Tages angestanden und sich schließlich seinen Weg durch die Menge von Bittstellern ins amerikanische Konsulat an der Hermann-Göring-Str. 21, nahe Unter den Linden, gebahnt, um das Urteil zu erfahren. Sein Antrag hatte eine Nummer um 52 000 in der Warteschlange. Die Nummer, die augenblicklich an der Reihe war, lag bei etwa 38 000. Er und seine Familie würden in ungefähr zwei Jahren an der Reihe sein.[4]

Goldschlag war niedergeschmettert, aber der freundliche, Deutsch sprechende amerikanische Beamte nahm sich die Zeit, ihn zu trösten. »Ach«, sagte er mitfühlend, »Sie werden sehen, zwei Jahre vergehen schnell!«

Das war das Gesicht des lieben Uncle Sam. Seine andere, finstere Seite kam mit der Post. Es war ein Formular, das die Antragsnummer jeder Familie von Bittstellern enthielt, und es schloss mit der folgenden Warnung in Deutsch: »Keine Reisepläne machen! Untersuchung erst nach vielen Jahren! Vorschriften sehr streng. Aussichten äußerst gering! Anfragen können mittlerweile leider nicht berücksichtigt werden.«

Das Wort »viele« in Zusammenhang mit den zukünftigen Jahren des Wartens war fett gedruckt.

Natürlich machten die Goldschlags trotzdem weitere Reisepläne. Nachdem sie noch in vielen Schlangen angestanden und unerhörtes Glück gehabt hatten, konnte Stellas Vater für den 14. Oktober 1940 drei Überfahrten auf der *USS Escambion* buchen. Das Schiff sollte vom letzten unbesetzten Hafen Westeuropas auslaufen, dem letzten Eckchen von Freiheit und Hoffnung: Lissabon im neutralen Portugal.

Gerhard Goldschlag erkannte, dass sich die Warnungen des amerikanischen Konsulats als nur zu berechtigt herausstellen konnten, deshalb kümmerte er sich auch um andere Auswege. Er gab einem Rechtsanwalt – »einem jüdischen Rechtsanwalt«, wie Stella bemerkte – 400 Mark Anzahlung für ein Visum für die Dominikanische Republik, aber der Rechtsanwalt lieferte nicht. Und abermals stand Goldschlag stundenlang an, bis er es schließlich schaffte, ins Palästina-Amt in der Meinekestraße 10 vorzudringen, wo er sich einer Belegschaft von glühenden Zionisten gegenübersah.

Diese unbeugsamen Ideologen übten ihren eigenen internen Antisemitismus. Die Kluft zwischen Zionisten und Nicht-Zionisten war in Berlin immer tief und offensichtlich gewesen, und der Überlebensdruck hatte die Feindseligkeit noch gesteigert. Der bürokratische Verein in der Meinekestraße (von dessen Funktionären nur zwei den Holocaust überlebten) betrachtete national gesinnte deutsche Juden wie Gerhard Goldschlag mit Vorbehalten, die mit seinen eigenen konkurrieren konnten.

Er war mit bösen Vorahnungen in die Meinekestraße gegangen und wurde dort im gleichen Geiste empfangen. Wie er Stella über das Gespräch berichtete, war er direkt gefragt worden, ob er Zionist sei, und hatte »Nein!« gefaucht. Die Leute im Palästina-Amt wunderten sich zu Recht, wieso dieser Mann versuchte, ihnen knappe Schiffsplätze abzuschwatzen, damit seine Familie ins Gelobte Land konnte. Mit Todesangst allein qualifizierte man sich nicht dafür: die hatten alle. Und Plätze auf einem Schiff nach Palästina waren rar.

Die Zionisten in der Meinekestraße hatten ihre eigenen Sorgen. Sie wollten einen Staat gründen und ihn mit energischen Pionieren bevölkern, die gern im Freien arbeiteten. Zu diesem Zweck unterhielten sie landwirtschaftliche Ausbildungslager, einfache, von den Nationalsozialisten bis 1942 genehmigte Vorbereitungsschulen für die Jüngeren; die Einrichtung und die Gerätschaften waren hebräisch beschriftet, damit die zukünftigen Kibbuznikim nebenbei die Sprache erlernen konnten.

Die illegalen Reisen für Menschen ohne »Zertifikate« (die zur Einwanderung nach Palästina berechtigten) waren Hindernisrennen voller Unglücksfälle. Dem Wiener Rechtsanwalt William R. Perl, dem Hauptorganisator von 62 solcher Unternehmungen, gelang es trotzdem, an die 40000 Juden zu retten, meist mit Hilfe des Mossad, des Geheimdienstes in Palästina.

Bei einem solchen Transport, der im Juli 1939 von Holland auslief, waren 500 deutsche Juden an Bord der kaum seetüchtigen kleinen *Dora*, aber meist fuhren mit dieser höchst unsicheren Flotte Flüchtlinge aus Osteuropa. Eine Auflistung ihrer Schicksale würde sich lesen wie eine Odyssee Hiobs: Versenken, Schiffbruch, Aufbringen durch die *Royal Navy*, Explosionen, Torpedobeschuss und MG-Feuer sowie spurloses Verschwinden. Es war ein Wunder, dass überhaupt ein Flüchtling diesen Spießrutenlauf lebend überstand, ganz zu schweigen von 40000.

Von diesem Wettlauf ins Heilige Land ausgeschlossen, blieben die Goldschlags im Grunde abhängig von der Gnade dieses angeblichen Messias, des Politikers Franklin D. Roosevelt. Von ihm ganz persönlich ging die zweideutige amerikanische Politik betreffend der Juden

Europas aus. Mit dem einen Gesicht strahlte er sein berühmtes Lächeln und drückte besorgten Delegationen jüdischer Führungspersönlichkeiten, die ihn um Hilfe baten, sein Mitgefühl aus; mit diesem Gesicht prangerte er solche Hitler-Gräuel wie die »Kristallnacht« als beispiellos barbarisch und unerträglich an. Aber fünf Tage nachdem er diese frommen Gedanken, die umfassend bekanntgemacht wurden, geäußert hatte, wandte er sich mit seinem anderen Gesicht dem Kongress und der schwachen amerikanischen Wirtschaft zu und lehnte es abermals ab, die Einwanderungsquoten zu erhöhen.

Bei seiner Einwanderungspolitik verließ sich der Präsident auf seinen eigenen Informationskanal, das State Department. Von dort, aus dem *Foggy Bottom*, erreichten ihn die Unterlagen des Stellvertretenden Außenministers Samuel Breckinridge Long. Long war nicht irgendwer. Er war ein wohlhabender Gentleman aus Kentucky, ein guter alter Freund des Präsidenten, ein mächtiger politischer Parteigänger, der ihn im Wahlkampf sehr unterstützt hatte.

Die Frau des Präsidenten, die rastlose und einflussreiche Eleanor, sagte dem Präsidenten ins Gesicht, Long sei »antisemitisch«. FDR reagierte zornig und verbat sich solche Äußerungen, was sie aber nicht zum Schweigen brachte, denn sie war tatsächlich mitfühlend. Long war kein gewöhnlicher Antisemit. Er verabscheute Juden und intrigierte gegen sie vor allem deshalb, weil er überzeugt war, dass die Juden gegen Amerika und alles, was den Breckinridges und den Longs seit Jahrhunderten heilig war, konspirierten.

Wie die Nationalsozialisten verband Long den »jüdischen Internationalismus« mit dem Kommunismus, und vor beiden hatte er übertriebene Angst. In seinem Tagebuch zog er über die verhasste, nur in seiner Phantasie existierende Verschwörung von Saboteuren her: »Kommunisten, Extremisten, jüdische Berufsagitatoren, Flüchtlingsfreunde.« Und so weiter. Long machte sich Luft gegen die Leute mit dem »Herzbluten«, die Amerika mit Emigranten überschwemmen wollten. Diese »Radikalen« verdammte er als *Frankfurter's boys*, als Anhänger des jüdischen Richters am Obersten Bundesgericht, Felix Frankfurter; sie seien »repräsentativ für seine rassische Gruppe und Philosophie«.

Wenn das so ähnlich klang wie das, was Hitler von sich gab, dann war das kein Zufall. So wie Breckinridge Long die Juden sah, war Hitler in *Mein Kampf* auf der richtigen Spur gewesen. Long nannte das Werk des Führers »in überzeugender Weise gegen das Judentum und die Juden als Exponenten des Kommunismus und des Chaos gerichtet«. Nach seiner Ansicht war die Einwanderung eine Einladung zu weiterem Chaos: »Sie wäre die perfekte Bresche, durch die Deutschland die Vereinigten Staaten mit Agenten vollstopfen könnte.«

So informierte am 29. Juni 1940 das State Department alle Botschaften und Konsulate in einem telegrafischen Rundschreiben, sie sollten Ausländern die Visa verweigern, sofern sie »auch nur irgendeinen Zweifel« an ihnen hätten, selbst wenn »trotz der großen Nachfrage die Quoten nicht erfüllt werden«. In seinem Tagebuch vermerkte Breckinridge Long: »Die Telegramme, die die Einwanderung praktisch stoppen, sind raus.«

Die Wirkung zeigte sich schnell. Am 16. Juli meldete *Associated Press* aus Berlin, dass etliche Flüchtlinge, die in Kürze ihre Visa hätten erhalten sollen, plötzlich abgelehnt worden waren; sie seien auf eine neue Art von Befragungen gestoßen, die offensichtlich auf der Furcht Amerikas vor Aktionen der »fünften Kolonne« beruhten.

Den jungen Rabbi Nußbaum vom Friedenstempel und seine Frau Ruth, die täglich mit ihren Visa rechneten, packte Entsetzen, nicht nur ihretwegen, sondern auch wegen der vielen anderen, die immer noch anstanden, unter ihnen die Goldschlags, Mitglieder ihrer Gemeinde. Die Nußbaums erfuhren, dass Antragsteller plötzlich schriftliche Prüfungen ablegen mussten. Eine neue Hürde. Und einige der Fragen waren so »esoterisch«, dass die Leute in großer Zahl »durchfielen«.

Rabbi Nußbaum machte einen Mann in Berlin verantwortlich, zu Unrecht. Er glaubte, der Schuldige sei ein örtlicher amerikanischer Beamter, der »die ganze Emigration sabotiert« habe und »das größte Unglück für die Juden Berlins« gewesen sei.

Was der Rabbi nicht wissen konnte: Der Amerikaner, der die neuen Vorschriften festlegte, war ein aus Washington von seinem Chef Breckinridge Long ausgeschickter Bote, Avra M. Warren, noch so ein finsterer und furchterregender Funktionär. Er war Direktor der Visa-Abteilung im State Department, und Berlin stellte nur eine Etappe auf seiner viermonatigen außerordentlichen Rundreise durch Europa als Longs Vollstrecker dar.

Warren, mit breiten Schultern, breitem Gesicht und dünnen Lippen, trat sehr förmlich auf. Er war zwanzig Jahre lang Konsul in allen möglichen Ecken der Welt gewesen und später Inspektor des gesamten auswärtigen Dienstes, der perfekte Vertreter des State Department. Ein jüdischer Kongressabgeordneter meinte, bei ihm sei »der Herzschlag vom Protokoll gedämpft«. Sein Amt hatte schließlich das Land der Freiheitsstatue außer Reichweite der »herandrängenden Massen, die sich nach Freiheit sehnen«, gerückt.

Bei seinem Aufenthalt in Wien ließ Warren an einem Nachmittag Mitte August 1940 eine Flüchtlingshelferin der amerikanischen Quäker zu sich kommen, Margaret E. Jones, um sie mit der neuen Politik vertraut zu machen.

»Miss Jones, Sie und Ihre ›Gesellschaft der Freunde‹ werden ab sofort ausschließlich Fürsorge leisten für die Nichtarier«, sagte der Diplomat aus Washington.

»Es sollen also keine Nichtarier mehr nach Amerika gehen?«, fragte Miss Jones.

Ja, ganz richtig. Stand der Kongress dahinter? Nein. Es sei eine Entscheidung des Präsidenten, sagte Warren. Er wolle »einfach keine weiteren Ausländer mehr in Amerika haben und würde es am liebsten schließen, vor allem für Leute, die aus Deutschland kommen«.

Der Präsident hatte sich schon lange gegen den Druck der jüdischen Flüchtlinge gewehrt und nahm die ungünstige Presse in Kauf. Einzelheiten über Avra Warrens Mission sickerten nicht durch, aber das tragische Schicksal der *St. Louis* entwickelte sich zu einem weltweit beachteten Spektakel mit fast zwei Wochen verheerender, sensationeller Schlagzeilen.

Das luxuriöse Kreuzfahrtschiff der Hamburg-Amerika-Linie (»Sie reisen gut mit Hamburg-Amerika«, lautete der Werbeslogan) war mit mehr als 1100 Flüchtlingen an Bord am 13. Mai 1939 mit Ziel Havanna aus Hamburg ausgelaufen. Die Kubaner ließen sie jedoch nicht an Land. Nach Tagen immer wieder unterbrochener Verhandlungen jüdischer Hilfsorganisationen in Havanna, Washington und New York lag die *St. Louis* östlich der Bermudas, während die jüdischen Führer alle politischen Fäden zu ziehen versuchten, die sie in der amerikanischen Hauptstadt erreichen konnten, in der Hoffnung, dass das Schiff in den Vereinigten Staaten würde anlegen dürfen.

Das Urteil erreichte das Schiff über Funk am 9. Juni. Der Hilferuf war bis hinauf zu Roosevelt gegangen. Er hatte mit der Bemerkung abgelehnt, dass der Fall der *St. Louis* wie jeder andere Routinefall an die Immigrationsbehörde weitergeleitet werden müsse. Die Immigrationsbehörde berief sich darauf, keine Instruktionen zu haben. Zwei Telegramme von einem Bordkomitee der *St. Louis* nahm der Präsident nicht zur Kenntnis. Weitere Telegramme an FDR wurden routinemäßig ans State Department geleitet, das antwortete, das Schicksal des umherirrenden Schiffes ginge nur die kubanische Regierung an. Ein letzter Versuch des Außenministers Cordell Hull zur Intervention beim Präsidenten schlug ebenfalls fehl.

Auch auf Stellas Zukunft wirkte sich die Geschichte aus. Wenig später traf sie bei einer Party in Berlin den fünf Wochen älteren Manfred Kübler wieder. Manfred war zusammen mit seiner Mutter Nanette (Netty) und seinem Vater Kurt an Bord der *St. Louis* gewesen. Kurt Kübler, ein Ingenieur, war Inhaber einer Vermessungsfirma und Teilhaber eines Warenhauses in Familienbesitz gewesen.

Als die *St. Louis* mit ihren verzweifelten Passagieren nach Europa zurückdampfte, hatten jüdische Hilfsorganisationen weitere Verhandlungen mit verschiedenen anderen Regierungen aufgenommen, die möglicherweise überredet werden konnten, das von Kuba und den

Vereinigten Staaten abgelehnte Treibgut aufzunehmen. Es geschah alles unter Zeitdruck; nach der 37-tägigen »Reise der Verdammten«, wie amerikanische Filmemacher sie nannten, als sie schließlich eine Seifenoper mit Faye Dunaway in der Hauptrolle danach drehten, wollte die Hamburg-Amerika-Linie ihr Schiff zurückhaben.

Schließlich erklärte sich Holland bereit, 181 Passagiere aufzunehmen; Belgien nahm 215 auf, Frankreich 227, und im allerletzten Moment gewährte nach Bittgesuchen in Nr. 10 Downing Street Großbritannien 284 Menschen Zuflucht. Damit waren 907 Menschen untergebracht. Die restlichen gut 200, die den verschiedenen Regierungen aus irgendwelchen bürokratischen Gründen nicht genehm gewesen waren, wurden nach Hamburg – zu den Nazis – zurückgeschickt.

Zu diesen letzten Verdammten gehörte die Familie Kübler. Sie kehrte in ihre wie durch ein Wunder noch freie Wohnung zurück. (Die Küblers sollten nur noch einmal reisen: 1943 wurde Manfred nach Auschwitz deportiert, wo er innerhalb von zwei Wochen starb. Sein Vater kam ins Konzentrationslager Mauthausen und wurde dort »auf der Flucht erschossen«; die Mutter kam nach Theresienstadt und von da nach Auschwitz, wo sie 1944 vergast wurde.)

Nachdem die *St. Louis* zurückgekommen war, brodelten unter den Juden Berlins Gerüchte über andere Zufluchtsorte. Angeblich wollte sich Paraguay öffnen. Von Mexiko aus konnte man sich illegal über die Grenze in die USA schmuggeln lassen. Neuseeland sollte einen Versuch lohnen. Und dann gab es immer noch Shanghai, die letzte Freistätte. Dort wurden keine Visa verlangt, aber man lebte wie in einem Armenhaus auf dem Mond.

Geld war manchmal hilfreich. Ein kubanischer Diplomat bot dem jüdischen *Hilfsverein* tausend Pässe für je 1000 Dollar. Der Hilfsverein lehnte ab, vor allem, weil er das Geld nicht hatte. Der Generalkonsul von Uruguay wurde so reich bei dem Handel mit Papieren, dass seine Regierung ihn abberief: Seine Habgier war überall bekannt geworden. Die Preise stiegen. Jemand hörte, dass jemand für 10000 Mark ein panamaisches Visum gekauft hätte, und das war wahrscheinlich kein bloßes Geschwätz: Im September 1939 kam der Schriftsteller Erich Maria Remarque an Bord der *Queen Mary* mit einem panamaischen Pass in New York an.

Der Schwindel mit falschen Versprechungen nahm weiter zu. Immer mehr frustrierte Reisewillige zahlten mehr und mehr Geld für nicht existierende Papiere, deren Verkäufer dann verschwanden.

Flüchtlinge mit besonderen Fähigkeiten waren im Ausland noch gefragt. Die Suchanzeigen im Mitteilungsblatt eines Beratungsdienstes waren jedoch so selektiv, dass sie wie Hohn klangen. Auf den Fidschiinseln war ein jüdischer Konditor willkommen, ebenso ein unverheirateter Uhrmacher, der nicht unter fünfundzwanzig, aber auch nicht über dreißig Jahre alt sein sollte. Paraguay suchte einen Konfekthersteller. Britisch-Betschuanaland hatte Platz für einen Pelznäher. In Zentralafrika brauchte man einen unverheirateten Schlachter, der auf die Herstellung von Zervelatwurst spezialisiert war. Und in Mandschukuo suchte ein Kabarett einen jüdischen Direktor, der nebenbei auch als Balletttänzer und Ballettmeister fungieren sollte.

Stella Goldschlags Vokabular erweiterte sich ständig. Nach Quoten, Visa und Affidavits lernten jetzt alle etwas über »Zertifikate« der britischen Verwaltung zur Einreise nach Palästina, über die »Reichsfluchtsteuer«, die als Ausreisegebühr an die Nationalsozialisten gezahlt werden musste und oft die gesamten Ersparnisse einer Familie verschlang, und über das »Führungszeugnis«, das verlangt wurde, wenn man eine Grenze passieren wollte.

Man sprach kenntnisreich über die »Buchstabensuppe«, die für die immer länger werdende Liste von Feinden und Freunden stand. Himmlers RSHA (Reichssicherheitshauptamt), das Hauptquartier von SS und SD, stand für das Allerschlimmste. HIAS (*Hebrew Immigrant Aid Society*) konnte zeitweilig bei der Beseitigung von Hindernissen behilflich sein, ebenso »der Joint« (*Joint Jewish Distribution Committee*). Diese beiden Organisationen hatten ihre Zentrale in New York und unterhielten Büros mit amerikanischen Angestellten in Berlin, bis im Dezember 1941 nach Pearl Harbor die Vereinigten Staaten in den Krieg eintraten.

Am erfreulichsten war in mancher Hinsicht »der Lift«. Im Transportwesen wurde der Lift »Judenkiste« genannt, und mit einem Aufzug hatte er nichts zu tun. 1939 durften Flüchtlinge noch einen Teil ihres Hausstands und ihrer Möbel mitnehmen; sie wurden in riesige versiegelte Container verpackt, die oft rot gestrichen waren.

»Sie sahen aus wie ein Zimmer ohne Fenster«, berichtete Bella Fromm, ehemals Korrespondentin der *Vossischen Zeitung*, die »gesäubert« worden war. Sie musste für einen Lift nach New York vorab die schwindelerregende Summe von 2500 Mark bezahlen, leer, aber inklusive Bestechungsgelder.

»Drei Beamte prüfen jeden Gegenstand, der da verpackt wird, bis zum letzten Topf«, schrieb Bella Fromm. Und alles musste mit 200 Prozent Lösegeld freigekauft werden.

Als sie nach den üblichen Wartezeiten ihr wertvolles Visum abholen wollte, stellte sich Bella Fromm um sieben Uhr morgens vor dem amerikanischen Konsulat an. Um neun Uhr wurde geöffnet, Bella war um zehn vor eins an der Reihe. Als alte Journalistin war sie keine Unbekannte.

»Ich wurde zu meinen alten Freunden DeWitt Warner und Cybe Follmer gebracht, die mich erstaunt ansahen. ›Lieber Himmel, Bella!

Warum hast du dich nicht melden lassen?‹«

»Ich wollte keine Sonderrechte«, sagte die Fromm.

Die Spannung löste sich in Begeisterung auf.

»Es gab einen Wirbel von guten Wünschen, Umarmungen, Abschiedsküssen und Schulterklopfen«, schrieb Bella Fromm. »Als ich wieder draußen war, das amerikanische Visum in der Hand, musste ich mich auf die steinernen Treppenstufen setzen und in meiner Dankbarkeit und meinem Glück ein bisschen weinen. Wieder und wieder schaute ich mir das Dokument an. Ich streichelte die rote Seidenkordel, die die Seiten festhielt. Tatsächlich küsste ich das goldene Siegel.«

Bella Fromm war ein höchst ungewöhnlicher Flüchtling. Sie hätte »Sonderrechte« geltend machen können und wusste es, unterließ es aber. Das war besonders bemerkenswert, weil Privilegien immer mehr zum entscheidenden Schlüssel für das Überleben wurden, je näher die Zeit rückte, wo auch die letzten legalen Auswege geschlossen werden würden. Ein anderes wesentliches Element war Glück, der glückliche Zufall.

Stella und ihre Familie hatten beides nicht. In der Emigrantenlotterie für Gewinner und Verlierer zogen sie nur Nieten.

Für diejenigen, die Glück hatten, zog sich das Abschiednehmen quälend lange hin, von Ungewissheit und jüdischer Bewusstheit belastet.

Zum Pessachfest am 22. April 1940 hatte Rabbi Nußbaum zum Seder in seine Wohnung eingeladen. »Wir waren sicher, dass es der letzte Sederabend dort sein würde, aber nicht sicher, wo der nächste stattfinden würde – und ob es einen nächsten geben würde«, schrieb er später.

Den Gästen gelang ein Lächeln, als sie den »Eintrittspreis« abgaben, ein Ei vom schwarzen Markt, um die normalerweise fröhliche Zeremonie mit den hartgekochten Eiern zu feiern. Dieses Jahr waren die Herzen schwer, und die symbolische Bedeutung der Feier hätte nicht klarer sein können.

»Es war ein authentischer Sederabend, dem ersten, originalen Seder unserer Vorfahren in Ägypten eng verwandt«, fand Rabbi Nußbaum. »Wenn es jemals leicht gewesen war, das Gebot der Haggada zu befolgen und sich vorzustellen, wir nähmen an dem Exodus teil, dann war es diesmal. Jeder von uns hatte ein unsichtbares ›Bündel auf dem Rücken‹ und einen ›Stab in der Hand‹, gar nicht zu reden von der Angst im Herzen und der Nervenanspannung – den Kennzeichen eines Juden, der für den Exodus ausersehen ist, diese tragischerweise immer wiederkehrende Plage für ein heimatloses Volk.«

Hanneli, die Tochter des Rabbis und die Jüngste am Tisch, sang das *Ma-nischtana*, das Gebet der vier Fragen.

Rabbi Nußbaum war sehr bewegt: »Ich war in Versuchung, bei der ersten Frage nicht zu sagen: ›Was unterscheidet diese Nacht?‹, sondern vielmehr: ›Was macht diese Nacht so ähnlich, so unerhört ähnlich früheren Nächten in unserer Geschichte?‹«

Und die Zukunft? Der Rabbi sah von einem Gast zum anderen. »Mein Herz war schwer, als ich das alte Gebet sprach, das mehr ein Seufzer als ein Gebet ist: ›*L'schana habaa be'Jeruschalajim*‹ – ›Nächstes Jahr in Jerusalem‹ – dem sicherlich jeder still sein eigenes Gebet angefügt hat: ... oder in Amerika oder sonst wo in der Welt, nur nicht in Deutschland!«

9. Die letzte Zwischenstation auf dem Weg zur Freiheit

»Papiere! Papiere! Papiere!
... *Beruf: warten, warten, warten...*«
(Gian Carlo Menotti, *Der Konsul*)

Es war eine Zeit des »Lebwohls«, an das man sich lange erinnerte, und des »auf Wiedersehens« – herbeigesehnt, aber nie vollzogen, nicht von verlorenen Familien wie den Goldschlags.

Als am 26. November 1942 in *Warner's Hollywood Theater* in New York der Film *Casablanca* anlief, ließ besonders eine Szene die normalerweise überheblichen Kritiker in Verzückung geraten. Ingrid Bergman und Paul Henreid, ihr Mann, der Widerstandsheld, verließen Casablanca von seinem dunklen, verlassenen Flugplatz aus. Nebel zog auf, die Gestapo näherte sich.

Ingrids Geliebter, Humphrey Bogart, mit straff gegürtetem Trenchcoat, den breitkrempigen weichen Filzhut verwegen schräg ins Gesicht gedrückt, hatte sie zum Flugplatz begleitet. Kaum ein Auge blieb trocken, als er murmelte: »*Here's lookin' at ya, kid*« (»Ich schau dir in die Augen, Kleines«), und das Flugzeug aufstieg in die Nacht, Richtung Lissabon und Freiheit.

Jeder wusste Bescheid über Lissabon und die Schiffe, die von dort nach Amerika ausliefen. Erich Maria Remarque erforschte die Szene aus der Sicht des Durchreisenden, der er war. Es war das Schicksal, das Stellas Vater instinktiv gefürchtet hatte, ebenso wie mein Vater und andere Väter: das entwurzelte Leben eines Flüchtlings, der daran zweifelt, dass er erwünscht ist, und immer bereit sein muss, weiterzuziehen. Remarque war wohlhabend, er war kein Jude, er wohnte später im besten Hotel in Beverly Hills und war mit Marlene Dietrich eng befreundet. Trotzdem blieb er ein Flüchtling, gab sich der Melancholie hin, trank zu viel und bezeichnete sich als heimatlos.

»Ich reise mit leichtem Gepäck«, schrieb er. Niemand verstand die Flüchtlinge besser. Das Auf und Ab ihres Schicksals quälte ihn; es war sein eigenes. Bis zu seinem Tode 1970 drehten sich seine Romane um kaum etwas anderes.

Über die Schiffe, die während des Krieges von Lissabon aus in See stachen, schrieb er, jedes sei so etwas wie eine biblische Arche gewesen, und die Flut sei täglich gestiegen. Der 14. Oktober 1940 hätte der Tag des Abschieds für Stella und ihre Eltern sein sollen. Er kam und ging. Ihre Arche, die *Escambion*, lief ohne sie aus dem Hafen am Tejo aus, und ihre teuren Tickets verfielen.

Ihre Anträge auf die lebensrettenden Papiere waren vom amerikanischen Konsulat an der Hermann-Göring-Straße nicht bearbeitet worden; die Dokumente sollten nie ausgestellt werden – für keinen der Verdammten mit Registrationsnummern um die 52000. Diese Papiere mit den englischen Stempeln, diese von roten Seidenkordeln und Küssen zusammengehaltenen Rettungsringe waren das Monopol einer neuen Aristokratie der in letzter Minute Geretteten geworden.

Eine neue Ungerechtigkeit aus Amerika, Stella Goldschlags Verachtung für amerikanische Politik würdig, hatte die Teilnahme an der Lotterie weiter eingeengt: In Washington war eine neue Liste für Eintrittskarten zur Flüchtlingsarche ausgegeben worden. Sie schloss bestimmte Personen von der Einwanderung aus. Dagegen konnte einem ein geheimnisvolles *Committee of peers* in Amerika einen Platz auf der Liste sichern, wenn man Künstler oder Wissenschaftler oder ein prominenter Intellektueller war. Prominenz war der Schlüssel.

In seinem Bestseller *Die Nacht von Lissabon* brachte Remarque, der Journalist aus Wilmersdorf, seine Empörung durch seinen Protagonisten Schwarz zum Ausdruck.

»Als ob wir nicht alle gefährdet gewesen wären«, sagt Schwarz verbittert, »und als ob Mensch nicht Mensch wäre! Ist der Unterschied zwischen wertvollen und gewöhnlichen Menschen nicht eine ferne Parallele zu den Übermenschen und den Untermenschen?«

Schwarz sagt das zu einem anderen Flüchtling, der in den Bars hinter den Lissabonner Docks die Nacht nach einer menschlichen Seele absucht. Sie haben nur Schiffspassagen für ein Ehepaar. Aber sie finden noch Zeit, die Moral der neuen amerikanischen Zulassungsliste zu diskutieren.

»Sie können nicht alle nehmen«, meint der Erzähler vernünftig.

Schwarz befürwortet edle Standards für die Auswahl.

»Warum dann nicht die Verlassensten?«, fragt er. »Die ohne Namen und ohne Verdienst?«

Die Goldschlags hätten die gleiche Frage für sich selbst stellen können. Aber diese romantischen Spekulationen wurden nachträglich angestellt, und von einem Romancier, der Geschichten erfand. Im tödlichen Wettlauf von 1940 zählten Gerhard Goldschlags Lieder nicht. Er war ein Künstler, das schon, aber nicht prominent, und deshalb nicht wert, gerettet zu werden.

Einige der privilegierten Reisenden brauchten keinen Platz auf einer Liste. Als Bill Shirer von CBS, ein paar Wochen nachdem Stellas Arche ausgelaufen war, ins Lissabonner Büro der amerikanischen Reederei kam, konnte er mit einem Geschäftsführer sprechen, der ihm einen Platz für die nächste Reise des gleichen Schiffs zusagte. Shirer nahm Abschied von seinem europäischen Revier, nachdem er sechzehn Jahre im Ausland verbracht hatte. Das Büro der Schifffahrtsgesellschaft war zum Tollhaus geworden.

»Die Räume waren überfüllt mit einer Masse von Flüchtlingen – zitternden, verzweifelten, tragischen Opfern von Hitlers Raserei, die um einen Platz, irgendeinen Platz auf dem nächsten Schiff kämpften«, schrieb er in seinem *Berliner Tagebuch*. Ein Angestellter erklärte ihm, dass sich 3000 Gestrandete in Lissabon aufhielten. Ein Schiff konnte nur 150 Passagiere befördern, und es fuhr nur eins pro Woche. Shirer bat nicht um eine Vergünstigung. Das hatte er nicht nötig. Er war Amerikaner und prominent, ein Rundfunkstar. Niemand konnte geeigneter sein, Europa zu verlassen.

Hans Habe, der Hitler als Schicklgruber enttarnt und als Korrespondent über Evian berichtet hatte, kam wenig später in einem weißen Talbot-Sportwagen mit einem breiten Lederriemen über der Haube in Lissabon an, mit einem Stapel schweinslederner Koffer auf einem Gepäckträger am Heck. Ein kleiner, knallroter bolivianischer Pass wies ihn als Juan Békessi aus.

Habe klapperte die Unterstützungskomitees und Schmugglerhöhlen ab, wie alle anderen Gestrandeten auch, und machte sich nicht die Mühe, ins amerikanische Konsulat zu gehen. Bis er in seinem Hotel eine hübsche junge Französin kennenlernte, die ein Flüchtlingskomitee der Unitarier leitete und seinen Namen kannte.

»Warum sind Sie noch hier?«, fragte sie. »Im amerikanischen Konsulat wartet ein Visum auf Sie.«

Habe, dem ungläubiger Schock zur Abwechslung die Sprache verschlug, verbrachte eine schlaflose Nacht, raste dann zum Konsulat und fand seinen Namen als Nr. 48 in einem Prominentenverzeichnis. Man erklärte ihm, dass Präsident Roosevelt eine Liste für *Emergency visa* geschaffen habe; in dem Auswahlausschuss hatten Thomas Mann und Albert Einstein mitgewirkt. Erst später erfuhr er, dass Eleanor Roosevelt dem Präsidenten dieses Zugeständnis abgetrotzt hatte und dass die Selektion – den Selektionen um Leben und Tod in den Vernichtungslagern so ähnlich – das Werk von Flüchtlingen war, die Habe noch nie gesehen hatte, die aber offenbar mit seinen Romanen vertraut waren. Es waren leichtgewichtige Texte gewesen, aber doch bedeutsam genug, Habe als »prominent« einzustufen.

Er verließ Lissabon am 20. November 1940 an Bord der *Siboney*. Die Passage hatte das *Joint Jewish Distribution Committee* bezahlt, denn Habe war pleite wie gewöhnlich. Pleite, aber vom Glück begünstigt.

Rabbi Max Nußbaum und seine Frau Ruth, einige Zeit vorher aus Berlin eingetroffen, waren ebenfalls in Panik und brauchten dringend die Hilfe des *Joint*. Nußbaum war in die Reihen der Prominenten aufgenommen worden, weil er Geistlicher war, gute Beziehungen hatte und sich auszudrücken verstand. Die Nußbaums hatten Affidavits, Visa, Schiffspassagen und ein bisschen Bargeld von Verwandten aus der Schweiz. Der Rabbi sah sogar einer neuen Aufgabe in Muskogee in Oklahoma entgegen; die Gemeinde dort erwartete ihn zu den hohen Feiertagen.

Vertreter des *Joint* holten die Nußbaums vom Bahnhof ab. Dann die Katastrophe: Ihre Visa waren nicht mehr gültig. Sie waren am Tag vor ihrer Ankunft abgelaufen. Niemand hatte ihnen gesagt, dass sie nur für vier Monate minus einen Tag galten – eine Anweisung des State Department. Diese neueste Verfügung zwang verspätete Asylsuchende wie die Nußbaums, in Washington wieder eine Verlängerung zu beantragen; das bedeutete Wochen oder auch Monate der Verzögerung und der Ungewissheit.

Es gab nur noch einen Weg. Den Leuten vom *Joint* gelang es, für die Nußbaums ein Treffen mit dem stellvertretenden amerikanischen Konsul zu vereinbaren. Das verzweifelnde Paar konnte an der Menschenmenge vorbei, die die Nacht vor der Tür verbracht zu haben schien, ins Konsulat eintreten.

»Geben Sie mir zehn Minuten«, flehte der jugendlich wirkende Rabbi, als er das Büro des ebenso jungen Diplomaten Taylor Gannett betrat.

Der stellvertretende Konsul bat ihn, sich Zeit zu lassen. Sein Vater sei Prediger gewesen, sagte er, und er selbst sei sehr dafür, mehr religiöse Menschen nach Amerika zu bringen. Er werde die Visa aus eigener Machtbefugnis verlängern. Später stellte sich heraus, dass er nur für zehn Tage Notdienst in Lissabon war.

Während ihrer zwei Wochen in Lissabon waren die Nußbaums von der idyllischen Umgebung tief beeindruckt: dem Duft von Millionen Blumen, dem ständig sonnigen Wetter, dem Strom unbekümmerter Einheimischer, die die Täler und Höhen der 3000 Jahre alten Stadt durchzogen. Das milde mediterrane Leben auf den nicht sieben, wie behauptet wird, sondern zwei Dutzend Hügeln Lissabons schien den Portugiesen nicht zu erlauben, schlafen zu gehen, oder wenn, dann jedenfalls erst lange nach Mitternacht. Nach ihren Berliner Erlebnissen konnten die Nußbaums die entspannte Atmosphäre und die Ernährung – diese Ernährung! – in Portugal fast nicht für wirklich halten.

Glück. Glück brauchte ein Flüchtling.

Mehr als 10000 Flüchtlinge wurden von Hilfsorganisationen durch Lissabon geschleust. Dazu gehörten auch die 1200, die vom New Yorker *Emergency Rescue Committee* und dem einfallsreichen Varian Fry gerettet wurden. Fry, kein Organisationsfachmann, sondern eigentlich Herausgeber wissenschaftlicher Zeitschriften, war mit 3000 Dollar angekommen, die er sich ums Bein geklebt hatte. Unter seiner Leitung wurden Maler wie Marc Chagall und Max Ernst und Schriftsteller wie Franz Werfel und Lion Feuchtwanger mit falschen Papieren ausgestattet und über die Pyrenäen geführt oder auf diversen Untergrundwegen von einem Führer an den nächsten übergeben, Feuchtwanger als alte Frau verkleidet.

Die Philosophin Hannah Arendt, die in ihrem Klassiker *Eichmann in Jerusalem* die »Banalität des Bösen« dargelegt hat, entkam durch das von Deutschen besetzte Frankreich und musste in Lissabon drei Monate warten, bis die HIAS ihr eine Schiffspassage nach New York verschaffen konnte.

William Perl, der für die illegalen Reisen nach Palästina die Schiffe besorgt hatte, war gefasst worden und hatte versucht, im Deportationszug Selbstmord zu begehen. Er war fast verblutet, als man ihn aus dem Zug holte. In Saloniki in Griechenland überredete er einen Priester, ihm ein portugiesisches Visum zu besorgen.

Mit neuen Anweisungen, die der Visa-Bevollmächtigte Avra Warren auf seiner Rundreise überbrachte, war es dem State Department Mitte Juli gelungen, den örtlichen Konsuln die schwere Hand Washingtons auf die Schulter zu legen und die Bürokratie in Lissabon weiter zu verlangsamen. Die Vertreterin des Unitarier-Hilfsdienstes fand, dass es noch schwieriger geworden sei, mit Warrens Beamten auszukommen, obwohl sie mit amerikanischen Nichtjuden freundlicher umgingen als mit Juden.

Bill Shirer und Ed Murrow von CBS besuchten das Kasino in Estoril, fünfundzwanzig Kilometer westlich von Lissabon. Der luxuriöse Badeort mit seinen viktorianischen Villen unter Palmen, Eukalyptus und Pinien war lange Zeit Zufluchtsort für plötzlich arbeitslos gewordene europäische Monarchen gewesen.

»Die Spielsäle waren gefüllt mit einer seltsamen Mischung menschlicher Wesen«, schrieb Shirer ins Tagebuch. »Deutsche und britische Spione, männlich und weiblich; viele Flüchtlinge, die es auf mysteriöse Weise geschafft hatten, Mengen an Geld mitzunehmen, und dieses nun mit vollen Händen ausgaben; andere Flüchtlinge, die offenbar nur über geringe Mittel verfügten und hier versuchten, das Geld für die Überfahrt mit einigen verzweifelten Einsätzen am Roulette-Tisch zu gewinnen...«

Der Krieg verfolgte sie. Murrow bekam ein Telegramm aus London, dass sein neues CBS-Büro dort bei einem deutschen Luftangriff getroffen und völlig zerstört worden sei; das alte Büro war nur wenige Monate zuvor ebenfalls durch deutsche Bomben vernichtet worden. Am 13. Dezember nahmen er und Shirer traurig Abschied voneinander; in den Jahren, in denen sie miteinander die Nationalsozialisten beobachtet hatten, war ein starkes Band zwischen ihnen gewachsen.

Sie liefen am Kai vor der *Escambion* auf und ab, bis die Gangway eingezogen werden sollte. Der Vollmond goss sein Licht über die weite Tejobucht, als Shirer an Bord eilte und Murrow in der Dunkelheit verschwand.

Gegen Mitternacht schrieb Shirer die letzte Eintragung in sein *Berliner Tagebuch*: »Der Vollmond beleuchtete den Tejo, und die Millionen Lichter Lissabons spiegelten sich ebenso in dem breiten Fluss wie die von den jenseits gelegenen Hügeln, während unser Schiff langsam in Richtung offenes Meer auslief. Wie lange werden sie noch leuchten? Beinahe im gesamten übrigen Europa sind die Lichter verloschen. Nur hier, am äußersten Rand des Südwestzipfels des Kontinents, brennen sie noch...«

Berlin und der Kontinent waren wunderbar gewesen, fand Shirer, »bis der Krieg kam, und die Nazipest, und der Hass, und der Betrug, und das politische Gangstertum, und der Mord, und das Massaker, und die unglaubliche Intoleranz, und all das Leid, und der Hunger, und die Kälte, und der Donner einer Bombe, die die Menschen eines Hauses in tausend Stücke reißt, und der Donner aller Bomben, die die Hoffnung und die Würde des Menschen auslöschen.«

Und das war erst Weihnachten 1940, beinahe drei Jahre, bevor Stella in die Enge getrieben und gezwungen wurde, sich zu entscheiden, ihren Überlebenspakt mit dem Teufel zu schließen. Und es war noch länger bis zu ihrem Urteil, dass »die Amerikaner« – Breckinridge Long, Avra Warren und, ja, der geheiligte Franklin D. Roosevelt – schlimmer wären als »die gottverdammten Nazis«.

Stimmte das? Jedenfalls hatten sie die Goldschlags von Lissabon und von ihrem Onkel Leo in St. Louis ferngehalten.

10. Am Rand des Abgrunds

Der 19. September 1941 – Stella und all die anderen, die es erlebten, würden es nie vergessen – war ein Markstein in der Ausgrenzung und der schmachvollen Behandlung, ein Vorläufer der »Selektionen« in den Konzentrationslagern, bei denen wenig später mit einer Bewegung aus dem Handgelenk darüber entschieden wurde, wer leben durfte und wer sterben musste.

Ab dem 19. September durfte sich in Deutschland kein Jude in der Öffentlichkeit oder bei der Arbeit ohne Kennzeichnung sehen lassen, ohne den großen gelben Davidstern zur Identifizierung und

Brandmarkung. Das Symbol der Ächtung musste auf der oberen linken Seite der Brust sichtbar aufgenäht, nicht angesteckt werden. Es mit einer Tasche, einem Paket oder einem anderen Gegenstand zu verdecken, war verboten. Jeder Jude musste mindestens vier Sterne bei der jüdischen Wohlfahrtsstelle kaufen. Niemand konnte sich erinnern, was sie kosteten, nur, dass sie nicht billig waren.

»Also Freiwild, gezeichnet«, sagte Klaus Scheurenberg, der sich, selbst ein guter Turner, von der Schule her an Stella als gute Turnerin erinnerte. »Der Stern war handtellergroß. Er schien viele Zentner zu wiegen.« Er kam sich wie nackt vor – zur Zielscheibe gemacht, verletzbar, in peinlicher Verlegenheit.

Einige seiner nichtjüdischen Mitbürger sahen das weniger unfreundlich. Klaus fuhr jeden Morgen um 5.20 Uhr mit der S-Bahn und musste dann über eine Stunde zur Firma Otto Kolshorn in Niederschönhausen laufen. Er war mit sechzehn Jahren zum Zuschneiden und Imprägnieren von Eisenbahnschwellen verpflichtet worden. (Unter den anderen jüdischen Arbeitern waren ein Rabbiner, zwei Bankdirektoren, zwei Oberstudiendirektoren sowie Ingenieure und Juristen.)

Jeden Morgen fuhr Klaus mit den gleichen nichtjüdischen Fahrgästen, und im Lauf der Zeit gewöhnten sie sich an, sich mit einem verschlafenen Berliner »Morjn« zu grüßen. An seinem ersten Tag mit dem Davidstern stieg Klaus automatisch in denselben Wagen wie gewöhnlich, aber er fühlte sich »wie ein Dieb« und wagte nur zu flüstern, als er »Morjn« sagte. »Überlaut tönte es zurück: ›Morjn!‹«

Klaus blieb stehen. »Wat setzte dir denn nich hin, hier uff dein Platz?«, fragte einer der ständigen Mitfahrer.

»Ich darf doch nich sitzen«, sagte Klaus, »is doch for mia verboten.«

»Ach, Quatsch«, sagte der Mann, »setz dir hin!«

Inge Deutschkron, die später im Versteck überlebte, bekam die gleiche Aufforderung in einer U-Bahn voll fremder Leute. »Ich bitte Sie, sich sofort zu setzen«, sagte ein kleiner Mann sehr laut und energisch zu der sterntragenden Jugendlichen und wies auf seinen Sitzplatz.

Inge machte auch andere Erfahrungen. Einmal im Winter ging sie mit ihrer Mutter zusammen zum Einkaufen. Es war Schnee gefallen. »Plötzlich fasste mich jemand am Ärmel, drückte meiner Mutter und mir einen Besen in die Hand und befahl: ›Fegt die Straße sauber!‹«, berichtete sie. Ein Einfall zur Demütigung von Juden. »Meine Mutter schlug vor zu singen, damit die Arbeit besser voranging... Nach einiger Zeit verlor der Nazi die Geduld, und er riss uns den Besen wieder aus der Hand. ›Macht, dass ihr wegkommt!‹, fuhr er uns an.«

Der spätere amerikanische Botschafter George Kennan, damals am Konsulat in Berlin, schrieb in einem Brief nach Hause entrüstet über den »Judenstern«: »Es ist unglaublich barbarisch. Ich werde nie die Gesichter der Menschen mit dem auf die Mäntel genähten großen gelben Stern in der U-Bahn vergessen; sie standen, wagten sich nicht zu setzen, versuchten, niemanden anzustoßen, und starrten geradeaus, mit Augen wie verängstigte Tiere... Soweit ich sehen konnte, waren die anderen Leute empört und betroffen über diese Maßnahme...«

Für Stella schien es eine besondere, traumatisierende Ungerechtigkeit, von dem Stern gebrandmarkt zu sein. Warum musste sie bloßgestellt sein, als Jüdin gekennzeichnet, wenn sie nicht wie eine Jüdin aussah und sich nicht wie eine Jüdin fühlte? Dabei wurden sie und Manfred, der auch blond und blauäugig war, einmal auf der Straße von Passanten angehalten und gefragt, wieso sie einen »Judenstern« trügen, wo sie doch offensichtlich keine Juden wären.

Manfred und Stella heirateten im Oktober. Sie waren beide neunzehn Jahre alt und zur Fabrikarbeit verpflichtet worden. Sie fühlten sich in jugendlicher Schwärmerei, in ihrem gemeinsamen Ehrgeiz als Musiker und in der Ablehnung ihres Judeseins zueinander hingezogen, und sie wollten ihr Verhältnis legitimieren, um ihre Eltern nicht zu kränken. Es war eine hastige Zeremonie im Rathaus Wilmersdorf. Statt auf Hochzeitsreise fuhren sie mit der U-Bahn nach Moabit, um den Segen von Manfreds Vater einzuholen, der in dem alten Gefängnis saß. Kurt Kübler war unter einem Vorwand verhaftet worden; er sollte auf dem Schwarzmarkt ein Stück Butter gekauft haben.

Obwohl das sehr riskant war, hörte Stella schließlich auf, den Stern zu tragen, außer bei der Arbeit. Damit warf sie wenigstens einen Teil von dem Joch des ihr verhassten Erbes ab. Es war ein Akt der Selbstbefreiung, als habe sie Handschellen abgestreift; es berührte sie tief, dass eine so mühelose Geste des Protestes sie in die Lage versetzte, sich den beneideten anderen anzuschließen, den Geschützten, der Mehrheit, den Dazugehörenden. Und dass sie damit durchkam und Trost in den Reihen derjenigen fand, die im Glück geboren waren – der freiwilligen Sklaven Hitlers, die nicht wie Sklaven aussahen und sich nicht so verhielten.

Für vierzehn Stunden täglich verwandelte sie sich in eine Christin. Die anderen zehn Stunden war sie, sechs Tage in der Woche, ein Roboter, eine »Rüstungsjüdin«, eine sterntragende Zwangsarbeiterin. Einer Zählung der Rüstungs-Inspektion II zufolge mühten sich noch 21 000 Juden für die deutschen Kriegsanstrengungen in großen und kleinen Fabriken in ganz Berlin ab. Sie verdienten zwischen 25 und 90 Pfennig die Stunde, etwa die Hälfte eines normalen Lohns, und mussten oft stundenlang anstehen, um die gesonderten, türlosen Toiletten benutzen zu können. Es ging ihnen schlimmer als den Schwarzen im Süden der USA.

Stella stand über ihre Maschine gebeugt in der Sektion 133, einer der zwei »Judenabteilungen« in den Elmo-Werken bei Siemens, und schliff Teile für Elektromotoren. Elmo war nicht einfach eine Fabrik, es war ein Rädchen, ein Glied in dem 95 Jahre alten Wirtschaftsimperium von Siemens. Der Konzern gehörte zu den größten der Welt und wuchs längst über die Grenzen des eigenen Stadtteils Siemensstadt hinaus; er beschäftigte mehr als 80000 menschliche Ameisen, die rund um die Uhr für den »Endsieg« in Hitlers totalem Krieg arbeiteten.

Die Arbeit war stumpfsinnig, der Hunger nagte wegen der eingeschränkten Rationen für Juden unablässig, das Ziel des Schuftens, Hitlers Sieg, wurde natürlich abgelehnt; so bildeten sich schnell Freundschaften und Cliquen unter den Arbeitssklaven. Aber Stella schloss sich keiner Gruppe an, sie blieb fast zwei Jahre lang für sich. Kollegen wie Ernst Fontheim hielten sie für hochnäsig, auf der Hut vor jeder Ansteckung durch den Pöbel. »Sie gehörte nicht zu uns«, sagte Margot Levy.

Die Sektion 133 barg ein höchst sensibles Geheimnis. Selbst der gesellige Fontheim, Sohn eines wohlhabenden Rechtsanwalts, wurde nie gewahr, dass sich unter den rund 100 Arbeitern der Kern einer Widerstandsgruppe gegen die Nationalsozialisten befand, der legendär gewordenen Herbert-Baum-Gruppe. Die Mitglieder waren überwiegend begeisterte Kommunisten, wie ihr Führer Baum (der auch der »Judensprecher« der Abteilung war), und gehörten zur Arbeiterklasse. Etwa die Hälfte von ihnen waren Frauen. Die Kerngruppe bei Siemens zählte ungefähr dreißig, einschließlich der Mitglieder in anderen Abteilungen. Sie waren durchschnittlich zweiundzwanzig Jahre alt. Im Mai 1942 versuchten sie, eine antisowjetische Propagandaausstellung im Lustgarten zu sprengen. Der Schaden war unerheblich, aber alle Mitglieder der Gruppe wurden gefasst und hingerichtet.

Stella wusste so wenig davon wie Ernst Fontheim. Im Gegensatz zu ihm hätte sie auch nichts davon wissen wollen. »Ich war nie an Politik interessiert«, sagte sie später. Sie hielt sich an ihre Maschine, da war sie sicher, jedenfalls einstweilen. Viele andere waren es nicht.

Georg und Lotte Nomburg, die Eltern meiner alten Freunde Fredi und Harry, die sich so lange nicht hatten entschließen können, ihren Söhnen ins Ausland zu folgen, mussten ihr geliebtes Berlin nun doch verlassen. Sie hatten sich Ende Oktober 1941 in der »Levetzowstraße« zu melden, in der von der SS bewachten Liberalen Synagoge Levetzowstraße 8–9 in Moabit. Herr Nomburg, der Geschäftsmann, der in Panik geraten war, wenn ein Auto für seinen konservativen Geschmack zu schnell fuhr, war von bösen Vorahnungen erfüllt.

Nicht, dass die Nomburgs um ihr Leben fürchteten. Die monumentale Synagoge mit ihren 2000 Sitzplätzen, vom Feuer der »Kristallnacht« nur geschwärzt, war als erstes »Sammellager« für Juden beschlagnahmt worden, die deportiert werden sollten. Noch gab es keine Gerüchte über Vergasungen. Es hieß, die Juden sollten als Zwangsarbeiter irgendwo im Osten eingesetzt werden. Das war alles, allerdings würden die Arbeitsbedingungen sehr hart sein.

Die Kälte im Osten würde schlimm werden, das wussten alle. Die Nomburgs trugen mehrere Schichten der besten und dicksten Wintersachen, die sie noch besaßen – Pelze und Pelzkragen hatten alle Juden schon vor längerer Zeit abliefern müssen –, und es tröstete sie ein bisschen, dass sie sich in einer Synagoge befanden, obwohl sie mit diesem Tempel nicht vertraut waren. Er lag zu weit entfernt. Als wohlhabende Familie hatten sie die ihrer Wohnung näher liegenden Synagogen im eleganten Westend aufgesucht, in der Fasanenstraße, Pestalozzistraße und Prinzregentenstraße.

Im Herbst 1941 bot das Gotteshaus in der Levetzowstraße einen traurigen Anblick. Auf dem eisigen Marmorfußboden oder auf den Bänken der Frauenabteilung im Obergeschoss schliefen dort mehr als 1000 Männer, Frauen und Kinder wie Tiere auf Stroh. Aber immerhin war es ein Haus Gottes.

»Haus Jakobs, wohlan, lasset uns wandeln im Lichte des Herrn.« Diese Worte des Propheten Jesaja waren in hebräischer Schrift über den vier massiven Säulen an der Fassade eingemeißelt.

Doch die Deportierten wandelten in der Dunkelheit. Oft wurden sie in geschlossenen Möbelwagen vor die Tür gefahren, die die Gestapo einsetzte, um ihre Tätigkeit vor der Zivilbevölkerung zu verbergen. Ihre Zurückhaltung war vergeblich. Die Synagoge beherrschte die Ecke Jagowstraße, eine belebte Kreuzung neben dem Postamt NW 87. Dieses Lager war das erste der NS-Holocaust-Geheimnisse, die keine Geheimnisse waren. Wer hätte die schweigend dahinziehenden Kolonnen von Familien mit ihren schweren Rucksäcken oder übervollen Koffern übersehen können?

Von Anfang an wusste jeder Passant, was da geschah. Heino Meissl, zweiunddreißigjähriger Werbeagent einer Filmgesellschaft und ein Don Juan, der bald von Stella Goldschlag-Kübler umgarnt werden sollte, besuchte oft eine seiner Freundinnen, Ingeborg, die in der Nähe wohnte. Er sah die schweigenden Menschen, wenn er gegen Mitternacht nach Hause ging.

»Ich war sicher, dass es Juden waren«, erinnerte er sich. Ingeborg und ihre Mutter erzählten ihm, dass die ganze Nachbarschaft über diese Menschen tuschelte. »Das Verladen ging fast geräuschlos vor sich«, sagte Meissl. »Das ganze Geschehen war regelrecht gespenstisch.«

Drinnen dösten die Nomburgs und ihre Gefährten oder hockten auf ihrem Gepäck oder kauten Butterbrote, die der Frauenhilfsverein der jüdischen Gemeinde gebracht hatte. Die Neuangekommenen stellten sich in Reihen vor den langen Tischen auf, hinter denen Angestellte mit großen Wäschekörben saßen, die sich schnell füllten.

»Arbeitsbuch, Brotmarken, Steuerbelege und Geld mussten abgeliefert werden«, erzählte Dr. Karl Loesten, einer der Deportierten. »Dann fand eine Leibesvisitation statt; hinterher wurden die Koffer durchsucht und schamlos beraubt.«

Schmuckstücke wurden den Juden abgenommen, ebenso alles restliche Geld, Seife, Schokolade oder andere Nahrungsmittel und Alkohol. Dann kam der abschließende bürokratische Dolchstoß.

»Durch einen Gerichtsvollzieher wurde mir eine Zustellung übergeben«, sagte Dr. Loesten, »wonach mein gesamtes Vermögen als das eines Staatsfeindes konfisziert worden sei.«

Die Nomburgs erfuhren, dass sie in zwei oder drei Tagen aufbrechen würden. Ihr Ziel sei »Litzmannstadt« (Łódź) in Polen. Seit einiger Zeit kursierten Gerüchte über massenhafte Todesfälle dort, meist durch Verhungern.

Für die Nationalsozialisten gab es einen praktischen Grund, weshalb sie möglichst viele Juden schnell aus Berlin entfernen wollten. »Volksgenossen« waren ausgebombt, und man brauchte die »Judenwohnungen« für sie. Diese Wohnungen zu übernehmen lag in der Verantwortung von Hitlers »genialem« Architekten Albert Speer, der zu der Zeit Generalbauinspekteur war und bald Reichsminister für Rüstung und Kriegsproduktion werden sollte.[5]

In seinen offiziellen Aufzeichnungen verfolgte Speer die Vertreibungskampagne wie ein eifriger Hypothekenbanker, der sich zufrieden die Hände reibt ob der steigenden Zahl von Verfallserklärungen. Im November 1941, während Züge die Nomburgs und Hunderte andere nach Łódź transportierten, brachte eine dritte Welle von Vertreibungen Speer rund 3000 Wohnungen ein; das wurde als beachtliche Leistung angesehen.

Speer wusste, dass er das Ergebnis dieser »Räumungen« sah, als er auf dem Weg zu seinem Ministerium im Auto am Bahnhof Nikolassee vorbeikam: Menschenmengen drängten sich da unter SS-Bewachung. Während er sonst im Allgemeinen ein gutes Gedächtnis hatte und schließlich zwei Bände mit mehr als 1000 Seiten füllte, war seine Erinnerung an den Bahnhof Nikolassee weniger präzise als etwa Playboy Heino Meissls Eindruck von dem Sammellager in der Synagoge Levetzowstraße.

»Ich wusste, dass es sich um die Evakuierung der Berliner Juden handeln musste«, schrieb Speer. »Sicher überlief mich für diesen Augenblick des Vorbeifahrens ein bedrückendes Gefühl, *vermutlich* hatte ich das Bewusstsein düsterer Vorgänge.« (Hervorhebung von P. W.)

Für Georg und Lotte Nomburg gab es, während sie in der Synagoge in der Levetzowstraße warteten, nur eine einzige Alternative.

»Gab es irgendeine Möglichkeit, sich der Deportation zu entziehen?«, wurde beim Eichmann-Prozess gefragt. Die Augenzeugin Hildegard Henschel, Frau des Vorsitzenden der Berliner Jüdischen Gemeinde, sagte aus: »Nur Selbstmord.«

»Selbstmorde begannen unmittelbar vor dem ersten Transport nach Litzmannstadt, und die Zahl wuchs sehr schnell. Die Menschen nahmen Veronal, manche nahmen Zyankali…« Etwa 1200 töteten sich allein in Berlin zwischen Oktober 1941 und Anfang 1942.

Barbiturate wurden zu phantastischen Preisen gehandelt. Ilse Rewald hatte eine Freundin, die einen Perserteppich für 1000 Mark verkaufte und den gesamten Erlös in Veronal anlegte. Ihr Selbstmordversuch gelang. Viele scheiterten. Das Jüdische Krankenhaus richtete eine eigene Abteilung für die Fehlschläge ein, und Dr. Hermann Pineas, Chef der Neuropsychiatrie, bedauerte die behandelnden Internisten.

»Die Kollegen der Inneren Abteilung waren geteilter Meinung, ob es besser sei, die Kranken dieser Art zu retten oder sie ruhig einschlafen zu lassen«, erinnerte er sich.

Als die Stimmung in der Synagoge Levetzowstraße immer gedrückter wurde, beschlossen einige sonst eher furchtsame Frauen, ihrer Angst auch ohne Tabletten ein Ende zu machen. Sie kletterten auf die Balustrade der Frauenabteilung im Obergeschoss und stürzten sich auf den Marmorboden.

Ob ihnen dieser Ausweg nun zu leicht oder zu schwer erschien, die Nomburgs wählten ihn nicht. Sie wollten »Litzmannstadt« die Stirn bieten. Es war kein ungewöhnlicher Entschluss. Ein Mensch, der nervös wurde, wenn er im Auto gefahren wurde, konnte über seine Angst hinauswachsen und standhaft bleiben bei der Aussicht, im Ghetto von Łódź zu verhungern oder zu erfrieren.

Zuvor mussten aber die Nomburgs den Spießrutenlauf unter ihren nichtjüdischen Mitbürgern, den »Volksgenossen«, über sich ergehen lassen. Die Deportationen waren öffentlich geworden. Nur noch die Alten und die kleinsten Kinder durften jetzt in geschlossenen Lastwagen oder Möbelwagen zu den Bahnhöfen fahren. Die anderen mussten, fünf oder sechs nebeneinander, drei oder vier Stunden in Kolonnen durch die Nacht laufen. Viele Frauen weinten, alle umklammerten die orangefarbenen Papiertüten, die die letzten Butterbrote von den Frauen der Jüdischen Gemeinde enthielten. Städtische Polizei begleitete die Kolonnen.

Hilde Miekley, eine nichtjüdische Sekretärin, beobachtete sie. »Leider muss ich auch berichten, dass viele Menschen in den Haustüren standen und angesichts dieses Elendszuges ihrer Freude Ausdruck gaben«, erinnerte sie sich.

»Guck mal, die frechen Juden!«, rief einer. »Jetzt lachen sie noch, aber ihr letztes Stündlein hat geschlagen!«

Mit einer weißen Armbinde ausgestattet, half Herta Pineas, die Frau des Psychiaters, am Güterbahnhof Putlitzstraße beim Einsteigen. Sie gehörte zu den letzten acht von zuvor vierzig Frauen, die Butterbrote bestrichen und dann noch bei den Transporten geholfen hatten. Die anderen waren bereits deportiert. Inzwischen durften öffentliche Verkehrsmittel von Juden nicht mehr benutzt werden, aber Frau Pineas hatte eine Sondererlaubnis für die U-Bahn, damit sie ihre zeitweilige Arbeitsstelle erreichen konnte.

Am Bahnhof sah sie, wie Kranke auf Tragbahren verladen wurden. Ein gelähmter Mann saß auf den Schultern seines alten Vaters. Gestapo-Offiziere brüllten und stießen die Deportierten von hinten, damit sie schneller liefen. Einer fuchtelte mit einer »stählernen Hand« herum, die auf Knopfdruck aus seinem Spazierstock herausgesprungen war. Einige der Deportierten hatten lediglich leichte Kleidung an, weil sie seit dem Sommer in »Untersuchungshaft« gesessen hatten.

Drohungen der Gestapo hatten Herta Pineas eingeschüchtert, aber sie fühlte sich schuldig, wenn sie es ablehnte, Abschiedsnachrichten an zurückgebliebene Verwandte zu überbringen. Die Gestapo-Männer benahmen sich wie besessene Kleptomanen. Eine Mutter musste ihren Kinderwagen zurücklassen – er wurde als übertriebener Luxus angesehen. Ein großes Daunenkissen wurde aufgeschlitzt, ein paar Goldstücke kamen zum Vorschein, und Wolken von Federn stoben über den Bahnsteig. Sie tanzten noch im Wind, als der Zug den Bahnhof in Richtung Łódź verließ.

11. »Alles ist von SS umstellt!«

Der o-beinige kleine SS-Mann erschien eines Nachmittags im Oktober 1942 im Hof des ehemaligen Jüdischen Altersheims an der Großen Hamburger Straße 26 und teilte den versammelten jüdischen »Ordnern« mit, dass jetzt in diesem Gebäude (das bald Stellas neue Unterkunft werden sollte) ein neues System in Kraft trete. Er habe in Wien den Weg gewiesen; die Stadt sei »judenrein«. Jetzt sei Berlin an der Reihe. Die »Säuberung« gehe zu langsam voran. Er habe seine Befehle. Fest stehe: In Wien habe er seine Aufgabe erledigt.

Es war Adolf Eichmanns rechte Hand, Alois Brunner. Früher einmal hatte der Wiener Dialekt in Berlin als hübsch und amüsant gegolten, ebenso wie die typische österreichische Schlamperei und der Handkuss. Aber an diesem gnomenhaften Würdenträger inmitten von SS-Schergen, die er aus Wien mitgebracht hatte, war nichts Reizvolles.

Ab sofort würden alle »Ordner« rund um die Uhr im Dienst sein, verkündete er. Das Haus in der Großen Hamburger Straße werde in ein Sammellager zur Deportation umgewandelt und solle das Lager in der Synagoge Levetzowstraße ergänzen und später ersetzen; dafür seien die Regeln hier zu lax. Alle Innentüren würden jetzt zugeschlossen. Die Kücheneinrichtung müsse herausgerissen werden, um mehr Platz für Schlafplätze auf dem Boden zu schaffen. Toilettentüren müssten fort. Überhaupt hätten sämtliche Möbel zu verschwinden – und zwar innerhalb von vierundzwanzig Stunden.

Es gab nur eine Möglichkeit, diesen Termin einzuhalten. In Panik arbeiteten Angestellte und »Ordner« die ganze Nacht hindurch, um alles Mobiliar aus den Fenstern zu werfen. Es regnete Betten, Stühle, Schränke, Tische, bis das Haus völlig leer war, Brunner-Stil hatte, geeignet war für »Saujuden« – noch dazu preußische. Die Österreicher hatten diese arroganten Preußen noch nie leiden können, dazu kam jetzt noch die Erinnerung an Wiener »Schlagobers«, das seit Hermann Görings »Kanonen-statt-Butter«-Kampagne verschwunden war.

Die »Ordner«-Truppe war eine Neuerung der »Brunner-Zeit«. Sie war der Hilfstruppe nachgebildet, die Brunner in Wien eingeführt hatte. Die »Ordner« halfen dabei, Häuserblocks abzuriegeln und die Wohnungen nach versteckten Juden abzusuchen. Jüdische Führungspersönlichkeiten mussten übrigens aufstehen und stehenbleiben, wenn eine Person »deutschen Blutes« den Raum betrat, und sie mussten mindestens zwei Schritte Abstand wahren.

Brunner hatte eine Reihe jüdischer »Ordner« aus Wien mitgebracht. Sie kannten seinen Drill. Ordner müssten rote Armbinden tragen. Wenn sie sich weigerten, etwas zu tun, oder jemandem bei der Flucht halfen, würden sie ohne Verfahren erschossen, teilte Brunner mit, und ihre Familien würden in die Deportationszüge nach Osten gesteckt.

Die Brunner-Zeit hatte mit Jom Kippur begonnen. Der Berliner Oberrabbiner, der verehrte Leo Baeck, hielt gerade in der kleinen Synagoge in der Joachimsthaler Straße seine Morgenpredigt, als der Anruf kam. Moritz Henschel, Vorsitzender der Jüdischen Gemeinde, Philipp Kozower, stellvertretender Vorsitzender, und Martha Mosse, Leiterin der Wohnungsberatungsstelle, hätten sich sofort in der Burgstraße zu melden, im gefürchteten örtlichen Hauptquartier der Gestapo.

Brunners »Aussiedlungs«-Plan war reichlich harsch, selbst für den SS-Offizier, der die drei Führer zu informieren hatte. »Es tut mir leid, dass ich Ihnen das am Versöhnungstag mitteilen muss«, sagte er. Und er ließ sie Platz nehmen.

Einige der jüdischen Funktionäre streikten angesichts der Befehle Brunners zur Selbstvernichtung. Sie begingen Selbstmord. So Siegfried Falk und seine Frau, weil sie beim Abholen helfen sollten. Die meisten Führungspersonen und ihre Stellvertreter jedoch befolgten wie betäubt die neuen Befehle der Brunner-Zeit. Noch lange Zeit danach verteidigten einige dieser unfreiwilligen Kollaborateure ihr nachgiebiges Verhalten.

»Im Rückblick... scheint es mir erstaunlich, mit welcher Selbstbeherrschung und stoischen Ruhe sich die höchste jüdische Selbstverwaltungskörperschaft von den nationalsozialistischen Behörden zur Teilnahme an den Deportationsvorbereitungen zwingen ließ«, grübelte einer der fügsamen Teilnehmer. »Ich erinnere mich noch deutlich an den Abend, an dem etwa hundert Angestellte der jüdischen Gemeinde und anderer jüdischer Einrichtungen im Versammlungssaal zusammengerufen wurden und ihnen aufgetragen wurde, eine säuberlich nach Alter und Berufen geordnete Liste aus dem Material zusammenzustellen, das ihnen von den Deutschen ausgehändigt wurde. Ich gehörte zu denen, die diese Listen zu überprüfen hatten. Das waren die Listen für die erste Deportationsgruppe. Die Arbeit an den Listen dauerte bis tief in die Nacht und den ganzen nächsten Tag.«

Eichmann, Brunner und Co. hatten erstklassige Arbeit geleistet bei diesen gequälten, ehrenhaften jüdischen Funktionären, die sie zu Kollaborateuren machten. Die sorgten nun dafür, dass es Listen gab, »ordentliche« Listen, immer mehr Listen von immer mehr Opfern. Sie bewunderten die »Selbstbeherrschung und stoische Ruhe« der dem Untergang Geweihten. Und sie folgten ihren Führern. Genau wie die NS-Bonzen nach dem Krieg entschuldigten sich diese »Ältesten« damit, sie seien hilflose »kleine« Befehlsempfänger gewesen.

»Man kann fragen: Wie konntet ihr euch dazu hergeben?«, sagte einer der jüdischen Funktionäre, als alles vorbei war. »Wir können nicht entscheiden, ob wir es richtig gemacht haben. Aber der Gedanke, der uns geleitet hat, war: Wenn wir diese Dinge machen, werden sie immer noch besser und milder ausgeführt, als wenn sie die anderen machen.«

Und noch dazu so korrekt.

Auch Oberrabbiner Leo Baeck gehorchte, aber er quälte sich mehr damit. »Später, als die Frage aufkam, ob jüdische Hilfskräfte Juden zur Deportation abholen sollten«, erinnerte er sich, »stellte ich mich auf den Standpunkt, dass es besser wäre, wenn sie es täten, weil sie zumindest freundlicher und hilfsbereiter sein würden als die Gestapo und die Schicksalsprüfung erleichtern würden. Es stand kaum in unserer Macht, uns den Befehlen erfolgreich zu widersetzen.«

Das stimmte, denn als Brunner mit Erschießungen drohte, musste man ihn ernst nehmen. Ende Oktober hatte er eine »Gemeindeaktion« befohlen; viele der restlichen Angestellten der Jüdischen Gemeinde sollten sich zur Deportation melden. Als einige nicht erschienen, ließ Brunner acht der Funktionäre festnehmen; am 2. Dezember wurden sie erschossen.

Als Belohnung für seinen neuesten Erfolg wurde Brunner abermals befördert, und Ende Januar 1943 schickte man ihn weiter, damit er seinen Erfolg wiederholte und die Deportationen in Griechenland und Frankreich beschleunigte. Unter seinen Kollegen in Berlin wirkte sein Vorbild weiter.

Aller Bemühungen zum Trotz blieb die Umsetzung der »Endlösung« eine gewaltige Aufgabe für Eichmann und seine Helfer. Es dauerte eine ganze Weile, bis die Verwaltung so effizient arbeitete, dass Massenvergasungen durchgeführt werden konnten.

1940 hatten die Behörden jegliches Interesse an der Emigration verloren. Sie war viel zu langsam; dafür hatte die wenig einladende Haltung der bei der Evian-Konferenz versammelten Nationen gesorgt. Am 26. Oktober 1941 hatte die SS erklärt, ihre Geduld sei erschöpft. Ein Auswanderungsverbot trat in Kraft.

Es war kein Zufall, dass inzwischen eine schnellere Alternative zur Verfügung stand. Im Monat zuvor waren Probevergasungen mit Zyklon B durchgeführt worden, in einem kaum fertiggestellten Vernichtungslager namens Auschwitz, westlich von Krakau, von dem noch nie jemand gehört hatte. Diese Neuerung beseitigte den Engpass.

Im März 1943 war die Zahl der in Berlin lebenden Juden auf 27 250 gesunken, im April auf 18 300, im Juni auf 6 800. Am 19. Juni erklärte Goebbels, die Wahrheit nur leicht verschleiernd, die Reichshauptstadt für »judenrein«.

Der Zugverkehr Berlin–Auschwitz war erst am 12. Januar 1943 richtig in Schwung gekommen, als 1 210 Juden »ausgesiedelt« wurden. Am 29. Januar mussten weitere 1 000 fort, am 3. Februar 952; 1 000 am 19. Februar, 1 100 am 26. Februar, 1 736 am 1. März, 1 758 am 2. März, 1 732 am 3. März, 1 143 am 4. März, 662 am 6. März. So ging es weiter, bis siebenundfünfzig Züge nach Auschwitz abgefahren waren. Inzwischen fuhren andere Züge nach Łódź (»Litzmannstadt«), Riga, Theresienstadt, Bergen-Belsen und in weitere Todeslager. Allein nach Riga gingen rund fünfzig Züge.

Die Todeszüge, auch »Judentransporte« genannt – im Jargon der Bahnbeamten »DA« oder »Pkr« oder »Pj« –, waren die Kapillaren, durch die Menschen zur »Endlösung« gepumpt wurden. Das Herz dieses Netzes war die »Gedob« (Generaldirektion der Ostbahn) in Krakau, wo Fahrdienstleiter über ihre menschliche Fracht als »Seifenlieferung« scherzten.

Für die Deportierten war die qualvolle Abgeschlossenheit ihrer Reise ein Symbol ihrer Hilflosigkeit, ein Spiegelbild ihres Schicksals. »Ich wurde in diesem Zug *geboren*, und ich *starb* in diesem Zug«, sagte ein Überlebender im Rückblick.

Die Züge hatten einen Sonderstatus: Es waren eigene Fahrpläne notwendig, und die Deportationszüge hatten vor allen anderen außer Wehrmachtszügen Vorrang. Dennoch war deutlich, dass die »Fracht« als »minderwertig« angesehen wurde. 1942 steigerte man die »normale« Belegung für bestimmte Fahrtziele von durchschnittlich 1000 auf 2000, manchmal waren 100 Menschen in einem Viehwaggon. Es musste gespart werden, obwohl die Reichsbahn der SS Gruppentarife für diese Reisen ohne Rückfahrt in Rechnung stellte: den halben Fahrpreis vom Grundtarif von vier Pfennig pro Kilometer für jeden Erwachsenen. Kinder unter vier Jahren wurden kostenlos befördert.

Nicht ein einziger Bahnbeamter wurde jemals für seinen Beitrag zum Völkermord verurteilt; sie hatten wenig oder gar keine Informationen über ihre todgeweihte »Fracht«. Bei den vielen Truppenbewegungen und anderen Transporten während des Krieges war dieser Verkehr nicht auffällig. Ausländische Rüstungsarbeiter wurden oft in großer Menge verlegt. Es schien möglich, dass jüdische Familien tatsächlich »umgesiedelt« würden, um für die Kriegsanstrengungen zu arbeiten, und auf den unteren Ebenen wurden die mit der Verlegung der Juden Beschäftigten absichtlich über die Ziele im Unklaren gehalten.

Trotzdem wunderten sie sich über diese Transporte ohne Rückkehr. Auschwitz, so überlegten sie bei Privatgesprächen, musste eine riesige, geschäftige neue Metropole sein, wenn so viele Züge an diesen abgelegenen Ort fuhren und leer wiederkamen.

Die Verkehrsstatistiken wurden von Eichmann und seinen Leuten sorgfältig gesammelt und aufbewahrt, zum Beweis ihrer administrativen Erfolge. Innerhalb dieser Aufzeichnungen über den Abtransport ganzer Bevölkerungsteile – entsprechend dem Tempo der »Brunner-Zeit« – war die sensationellste Leistung die einmalige »Fabrik-Aktion« vom 27. Februar 1943 gegen Berlins »Rüstungsjuden«: Rund 11000 Menschen waren mit einem Schlag betroffen.

Stella war nach mehr als einem Jahr bei Siemens in die Munitionsfabrik Erich und Graetz im Bezirk Treptow versetzt worden, wo sie wieder sechs Tage in der Woche zehn Stunden täglich in der Frühschicht schuftete. Sie arbeitete an einer Ständerbohrmaschine. Ihre Mutter bediente eine Maschine in der gleichen Abteilung. Ihr Vater war zur Nachtschicht eingeteilt. Manfred, ihr Mann, arbeitete bei einem Bauunternehmen in Borsigwalde.

Die als »Mundfunk« bekannte jüdische Gerüchteküche machte Ende Februar 1943 Überstunden. Vater Gerhard Goldschlag berichtete seiner Frau Toni, dass irgendeine »Aktion« in Vorbereitung sein sollte. Erregte Diskussionen begannen das Leben in der Zweieinhalbzimmerwohnung in der Xantener Straße 2 zu beherrschen, in der inzwischen auch Stella und Manfred lebten. Sie bezahlten 60 von den monatlich 130 Mark Miete.

Man könne nichts tun, entschieden die Eltern. Berlin zu verlassen sei unmöglich; für alle Straßen und alle Verkehrsmittel waren Papiere erforderlich, die Juden nicht erhielten. Um illegal im Untergrund zu leben, brauchte man Kennkarten und Lebensmittelmarken, die ebenfalls nicht zu bekommen waren. Aber der entscheidende Punkt war, wie Stella im Rückblick feststellte, dass der Wille fehlte. Es gab Juden, die sich heimlich über die Schweizer Grenze schlichen. Nicht so Gerhard Goldschlag.

»Mein Vater war ein Träumer«, sagte Stella. »Er weigerte sich zu glauben, dass Menschen Menschen töteten.« Besonders Deutsche, die Schubert liebten. Sie würden einem Liederkomponisten, der sich nicht für Politik interessierte und im Ersten Weltkrieg gekämpft hatte, nichts antun. Das war unmöglich. Der Gedanke war absurd.

Stella war nicht mehr so sicher. Im Allgemeinen war sie bei allen wichtigen Dingen außer Jazz noch immer mit ihren Eltern einer Meinung. Aber jetzt, nach dreieinhalb Jahren des totalen Kriegs, fragte sie sich allmählich, ob nicht ihr Vater zu anständig, zu vertrauensvoll war zum Überleben. Sie kundschaftete den Keller bei Erich und Graetz aus und fand ein mögliches Versteck hinter einem Stapel Baumaterialien. Für alle Fälle.

Der 27. Februar 1943, ein Sonnabend, war ein typischer trüber Berliner Wintertag, wenn auch ein bisschen milder als gewöhnlich, eben über dem Gefrierpunkt. Mit betont gleichgültigem Gesicht schlenderte eine nichtjüdische Bekannte gegen neun Uhr morgens in Stellas Arbeitsraum in der Fabrik und flüsterte ihr zu: »Alles wird von SS umstellt!«

Stella spähte aus dem Fenster auf den Hof. Lastwagen fuhren vor. Schwer bewaffnete SS-Männer sprangen heraus. Am Ärmel ihrer Uniformjacken trugen sie Armbinden ihrer Einheit: *Leibstandarte Adolf Hitler*. Eine Eliteeinheit!

Die nichtjüdische Vorarbeiterin befahl Stellas Gruppe, sich unten am Fuß der Treppe zu versammeln, und Stella reagierte sofort. Sie zupfte ihre Mutter am Ärmel und gab ihr zu verstehen, sie sollte langsam gehen, damit sie die Letzten wären. Auf der Treppe blieben sie noch weiter zurück. So gelang es ihnen, in den Keller zu schlüpfen und in Stellas Versteck zu verschwinden. Dort blieben sie bis zum Schichtwechsel. Dann marschierten sie an der schläfrigen Wache vorbei, wobei sie die falsche Seite ihrer Kennkarten zeigten, die nicht mit einem roten »J« für Jude markiert waren. Das hatte von Anfang an zu Stellas Fluchtplan gehört. Aber vor allem rettete sie etwas anderes: ihr Haar.

Sie waren beide blond, und die Nationalsozialisten glaubten immer noch, es gäbe keine blonden Juden.

Es war ein unglaublich gewagtes Unternehmen, denn nun gab es keine Ausnahmen von der »Endlösung« mehr – es gab nur noch ein einziges, krampfhaftes »Raus!«.

Die letzten deutschen Juden waren Opfer einer Verkettung von schrecklichen Absurditäten. Zunächst hatte Hitlers zwanghafter Hass sie hilflos gemacht, indem er alle Bemühungen zur Flucht zunichte machte. Dann hatte ihre Intelligenz sie den Managern in der Industrie, die unter dem Mangel an Arbeitskräften litten und sie hoch schätzten, lieb und wert gemacht. Gleichzeitig wurde ihre erzwungene Anwesenheit dem wutentbrannten »Führer« immer unerträglicher. Sie machten sich wohl über ihn lustig! Immer wieder forderte er, Berlin müsse »judenrein« gemacht werden, und immer noch waren Zehntausende dieser Untermenschen in offener Missachtung seines Willens da. Genug!

Deshalb hatte Hitler am 22. September 1942 einem anderen seiner Vollstrecker, dem Generalbevollmächtigten für den Arbeitseinsatz, Fritz Sauckel, der später in Nürnberg gehängt wurde, einen umfassenden Befehl gegeben. Alle Juden im ganzen Reich sollten aus der Rüstungsindustrie entfernt werden. Wie so oft triumphierte Hitlers fixe Idee über die Vernunft. Propagandaminister Joseph Goebbels freute sich, dass die Äußerungen der Wirtschaftsexperten, sie könnten nicht ohne die sogenannten jüdischen Facharbeiter auskommen, Hitler offenbar nicht beeindruckten.

Die Verwaltung fasste im Dezember nach: Waffenfabriken wurden angewiesen, sich auf die Ersetzung jüdischer Arbeiter durch ausländische Zwangsarbeiter einzustellen. Was mit den Juden geschehen würde, war klar.

Stellas Entkommen war umso bemerkenswerter, als die »Fabrik-Aktion«, peinlich genau geplant, von Tausenden von Soldaten, Polizisten und SS-Männern mit dreihundert Lastwagen durchgeführt wurde, wobei alle Maßnahmen generalstabsmäßig koordiniert waren wie bei einer vorrückenden Armee im Blitzkrieg.

Kein Opfer bekam Zeit, sein Butterbrot oder einen Mantel mitzunehmen. Frauen wurden in dünnen Arbeitskitteln auf Lastwagen getrieben, manchmal buchstäblich geworfen. Männer, die schwitzend an Kesseln gearbeitet hatten, mussten mit nacktem Oberkörper aufbrechen. Innerhalb weniger Stunden waren die vier provisorischen Sammelstellen bis zum Bersten voll.

Übrigens hätte die »Aktion« theoretisch in größerem Maße sabotiert werden können. Die NS-Funktionäre hatten jüdische Helfer angeworben, damit alle Phasen sauber ineinandergreifen konnten, und in Übereinstimmung mit der Eichmann-Brunner-Politik der jüdischen Selbstvernichtung waren die jüdischen Führungspersönlichkeiten rechtzeitig gewarnt gewesen. Sie waren aber inzwischen so in Panik, dass sie nur noch Befehle ausführen konnten.

Am Morgen des 26. Februar war Moritz Henschel, der Vorsitzende der Jüdischen Gemeinde, ins Hauptquartier der örtlichen Gestapo in der Burgstraße 26 bestellt worden, wo er für den nächsten Tag Befehle bekam: Er sollte für fünf Arbeitsgruppen von Schreibkräften mit Schreibmaschinen sorgen, die weitere Listen aufzustellen hätten. Das Jüdische Krankenhaus sollte fünf Erste-Hilfe-Gruppen stellen.

Die jüdischen Helfer wurden zum Schweigen verpflichtet und bekamen gelbe Armbinden, damit sie nicht mit abtransportiert würden, jedenfalls noch nicht gleich. Henschel überschritt seine Anweisungen in einem Punkt. Die Gestapo hatte ihm versichert, dass die Deportierten zu essen bekämen, aber er glaubte ihnen nicht. Deshalb ließ er ein »Heer« von Frauen in den Altersheimen und im Jüdischen Krankenhaus für die Sammelstellen Kartoffeln schälen und Mohrrüben putzen.

Weil sich Polizei und SS in ihrem Eifer nicht auf die Fabriken beschränkten, brach trotzdem Chaos aus. SS-Männer gingen von Haus zu Haus, brüllten: »Wohnen hier noch Juden?« und trieben die Opfer mit vorgehaltenem Bajonett auf Lastwagen. In manchen Wohnungen begannen Kinder und Kleinkinder zu weinen. Ihre Eltern hatten sie einschließen müssen, als sie zur Arbeit in den Rüstungsbetrieben eilten. Jetzt wurden die Mütter und Väter tagelang in Gebäuden wie dem riesigen Vergnügungslokal »Clou« eingesperrt, wo sie warteten, bis Deportationszüge zur Verfügung standen.

Im »Clou« hatte Hitler einst seine erste Berliner Kampfrede gehalten. Als er am Maifeiertag 1927 dort sprechen wollte, hatte die Ankündigung zu so vielen Straßenkämpfen geführt, dass die Polizei mit einem Maulkorb für ihn den Frieden zu bewahren suchte: Er bekam Redeverbot für öffentliche Auftritte. Aber zu seinem Auftritt im »Clou« – formell einer geschlossenen Veranstaltung – waren 5000 begeisterte Anhänger gekommen. Inzwischen hatte Hitler Zugang zu jedem Publikum.

Der Hintereingang des »Clou« ging auf einen Hof, der von den Fenstern der Redaktion der offiziellen SS-Wochenzeitung *Das Schwarze Korps* in der Zimmerstraße 88 zu sehen war. Am Mittwoch, dem 3. März 1943 stürzten mehrere »schreckensbleiche« Sekretärinnen ins Büro des Schriftleiters, SS-Hauptsturmführer Rudolf aus den Ruthen, und baten ihn, sofort zu kommen. Unten auf dem Hof würden Juden »ohne ersichtlichen Grund sinnlos von einem Mann mit der Hundepeitsche verprügelt«.

Ruthen beobachtete den Vorgang mit wachsender Empörung und schrieb am nächsten Tag einen Brief – »Lieber Kamerad« – an seinen Vorgesetzten im Gestapo-Hauptquartier in der Prinz-Albrecht-Straße 8.

»Ein Lastwagen war gerade heraus«, berichtete er. »Es kam ein neuer. Die augenscheinlich abgezählten Juden stürmten beim Ankommen des Wagens im Eilschritt aus dem ›Clou‹ und versuchten so schnell wie möglich über besondere Hocker, die jüdische Ordner aufgestellt hatten, auf den Wagen zu kommen. Als ungefähr die Hälfte der Juden auf dem Wagen war (schneller ging es wirklich nicht), kam ein Zivilist mit der Zigarette im Mund, eine große Hundepeitsche schwingend, ebenfalls aus dem ›Clou‹ gelaufen und schlug wie ein Wildgewordener auf die zum Einsteigen drängenden Juden ein. Ich muss bemerken, dass sich unter diesen Jüdinnen mit kleinen Kindern auf dem Arm befanden. Der Anblick war entwürdigend und beschämend zugleich.«

Und kein Einzelfall. Wie Ruthen seinem Chef mitteilte, berichteten seine Sekretärinnen, dass der Mann mit der Zigarette »beim nächsten Transport wiederum und vor allem auf Frauen eingeschlagen hat und zwar so, dass es ein großes Geschrei gab, worauf der Mann zu den umliegenden Häusern herauf brüllte, die Fenster seien zu schließen«.

Ruthen kritisierte das Vorgehen als »unmöglich«. SS-Männer, die direkt beteiligt waren, genossen jedoch den Anblick.

»Nie werde ich das entsetzliche Bild vergessen, das sich uns bot, als wir den Verschlag eines dieser Autos öffneten«, erinnerte sich eine Schwester vom Jüdischen Krankenhaus, die zu einem Sammellager im Pferdestall der Kaserne an der Rathenower Straße abkommandiert worden war. »Eine ältere Frau fiel uns blutüberströmt, ohnmächtig in die Arme. Hinter ihr taumelte ein vielleicht siebzehnjähriges Mädchen vom Wagen, dem das Blut über das Gesicht lief. Ihm folgte ein Mann, der aus einer Beinwunde blutete. Er stützte seine Frau, deren Kleid völlig zerrissen war. Ein junger Bengel, kaum älter als ich, stand lachend da und machte Fotos.«

In den Ställen herrschte Panikstimmung unter den Deportierten, die von Familienmitgliedern getrennt worden waren, die nicht in der gleichen Fabrik arbeiteten. »Die Menschen waren vor Angst um ihre Angehörigen halb von Sinnen. Sie baten um einen Abtritt, um einen Schluck zu trinken, um ein bisschen Stroh, damit sie sich hinsetzen konnten, denn sie standen schon seit Stunden auf dem schmutzigen, feuchten Lehmboden des Pferdestalles.«

Unter den älteren Leuten, die ins Lager Theresienstadt gebracht werden sollten, war der Oberrabbiner Leo Baeck, mit Kummer im Herzen, weil er ein Gelübde brechen musste. Er hatte früher gesagt: »Ich werde gehen, wenn ich der letzte in Deutschland lebende Jude bin.« Es sollte nicht sein.

In den oberen Rängen der NSDAP war man enttäuscht. »Das Judenproblem ist in Berlin noch immer nicht ganz gelöst«, beklagte sich Dr. Goebbels im März 1943 in seinem Tagebuch. Zu viele Juden waren der »Fabrik-Aktion« schließlich noch entronnen. Wie Stella.

Nicht aber Stellas Mann. Manfred wurde von der Zwangsarbeit

auf einem Schrottplatz am Rande der Stadt weggeholt. Bevor er in einen Zug nach Auschwitz gesperrt wurde, gelang es ihm, Stella durch einen »Abholer« eine Nachricht zukommen zu lassen. Seine Botschaft: Sie wollten sich in der Wohnung von Freunden, den Feilchenfelds in der Roscherstraße, treffen. Man hörte nie wieder von ihm.

Genau in der Woche, in der die »Fabrik-Aktion« stattfand, trat ich in die Armee der Vereinigten Staaten ein. Ich war neunzehn, und meine Gefühle Adolf Hitler gegenüber wurden sehr persönlich. Der »Führer« war für mich immer allgemeiner Feind Nr. 1 gewesen, eine Art Supergangster, schuldig aller Verbrechen gegen ehrenwerte, aber gesichtslose Opfer ohne Verbindung zu meinen eigenen Interessen. Als ich zur Einberufungsstelle in Fort Dix, New Jersey, kam, wurde Hitler über Nacht mein ganz spezieller Feind.

Es war furchtbar kalt in Fort Dix, und es graupelte. Dicht gedrängt wie in einer Sardinenbüchse lagen ungewaschene, schnarchende Männer, die alle Gas abließen, in den Feldbetten der zugigen Kasernen. Meine neue Uniform kratzte. Das Essen war unerträglich fett. Die Impfungen taten weh und machten mich fiebrig. Wenn es diesen Bastard Hitler nicht gegeben hätte, wäre ich friedlich in meinem großen Zimmer in der Wohnung meiner Mutter über dem Pferdestall des weißrussischen Obersten geblieben und hätte Schularbeiten für die Abendschule am *New York City College (Downtown)* gemacht und tagsüber beim *Daily Metal Reporter* gearbeitet.

Aber es geschah ein Wunder: Die Army versetzte mich an den Rand des alten Bürgerkriegs-Schlachtfelds bei Gettysburg, Pennsylvania, und gab mir die Chance, Hitler alles heimzuzahlen. An diesem Ort befanden sich meine blutrünstigen Gefühle in bester Gesellschaft, denn die Vernichtung des »Führers« war Thema Nr. 1 für alle, die im Camp Sharpe versammelt waren. Eine besser motivierte Gruppe von Soldaten hat es vielleicht nie gegeben.

In diesen gammeligen Kasernen, die Präsident Franklin D. Roosevelts *Civilian Conservation Corps* aufgegeben hatte, war das angeblich geheime Ausbildungszentrum für Psychologische Kriegführung der Army untergebracht. Was war das nun wieder? Ich war ebenso verwirrt wie später unsere Truppen in der Normandie. Sie sprachen von uns als »them psycho boys« und hielten uns für Mediziner.[6]

Es stellte sich heraus, dass wir Propaganda-Kampfeinheiten waren. Statt mit Geschossen sollten wir Hitlers Armeen mit Worten angreifen, über Radio oder Lautsprecher und mit Flugblättern. Ich war begeistert, mich wieder mit Sprache beschäftigen zu können, und meine neue Kompanie war großartig. Das waren keine Kulis, mit denen ich meine Zeit beim *Daily Metal Reporter* in New York abgedient hatte. Meine Gefährten waren erfahrene Schriftsteller,

Zeitungs- und Rundfunkredakteure, und dazu kamen Akademiker von so erhabenen Universitäten wie Yale und Stanford. Einige von ihnen hatten schon Bestseller veröffentlicht, liefen meist in Gedanken versunken herum und sahen bedeutend aus. Wenn sie englisch sprachen, kamen viele ins Stocken und hatten einen scheußlichen Akzent, aber wenigstens zweisprachig waren alle.

»I shpeak zix languages«, sagte ein Witzbold, »English da best.«

Wir waren fast alle Flüchtlinge, und da die meisten jüdisch waren, wurde Camp Sharpe bald »Camp Shapiro« genannt. Wir fanden die Army eher lästig, aber mit unserer Hingabe an die Arbeit gegen Hitler war es uns todernst. Die meisten von uns machten sich Sorgen um Verwandte in den von Deutschen beherrschten Gebieten, über deren Schicksal sie nichts wussten, oder über zurückgebliebene Freunde wie Stella.

Mein neuer Held und wohl auch so etwas wie ein geistiger Vater war unser Ausbilder und Chef, Lieutenant (dann Captain, später Major) Hans Habe, geborener Békessy, derselbe Habe, der Adolf Schicklgruber dekuvriert und 1938 über die Flüchtlingskonferenz in Evian berichtet hatte. In den fast fünf Jahren, die seitdem vergangen waren, war Habe zu einem internationalen Star geworden. Er hatte tapfer in der französischen Armee gekämpft, war aus einem Kriegsgefangenenlager ausgebrochen und hatte einen der großen Bestseller des Zweiten Weltkriegs geschrieben, den autobiografischen Roman *Ob Tausend fallen*.

Seine Haltung wirkte aristokratisch. Seine Uniform saß immer wie der Traum eines Londoner Schneiders. Unter seinen vielen Orden waren einige, die wir noch nie gesehen hatten. Wir hofften, dass es französische waren. Habes Budapester Akzent und die durchdringende Tenorstimme ergaben miteinander eine einzigartige Form von Kommunikation. Man hörte die Befehle alter mitteleuropäischer Feldmarschälle darin mitschwingen.

Habe war ein unerwartet geduldiger Lehrer. Pfiffige Schlagzeilen schüttelte er nur so aus dem Ärmel. Er umriss Aufgaben so, dass auch der letzte Idiot sie verstehen musste. Und seine Überarbeitungen von Texten und Artikeln waren mir eine entscheidende Lehre, die ich später, als das meine Aufgabe war, anderen schlappohrigen Schreibern ebenfalls einzuhämmern versuchte.

»Vere iss ze red thread?«, rief Habe gequält, wenn ihm ein unordentliches Manuskript vorlag, bei dem Inhalt und Zusammenhang zu wünschen übrig ließen. »I vant to see ze red thread« – er wollte den roten Faden sehen. Wie oft hörten wir diesen Ausspruch. Er mahnt mich noch jetzt.

Wir sollten zur Desertion auffordern – was ja normalerweise nicht als ehrenhaft gilt. Deshalb mussten wir den Verrat als Selbstverteidigung darstellen. Unsere Flugblätter sagten den Deutschen in phonetischer Umschrift, was sie rufen sollten – »ei ssörrender« –, und forderten sie auf, zu uns zu kommen und dabei unsere von General Eisenhower unterzeichneten, eindrucksvollen »Passierscheine« vorzuzeigen.

Kriegsverbrechen standen nicht auf unserem Lehrplan. Was wussten wir, und wann wussten wir es? Natürlich war uns klar – wie auch den meisten Deutschen –, dass Juden, andere Minderheiten und politische Oppositionelle gefoltert wurden, dass man sie in Konzentrationslagern verhungern ließ und manchmal erschoss. Dass *Millionen* ermordet wurden, war nicht denkbar und nicht glaubhaft.

Wir hätten etwas über die Vernichtung wissen *können*. Die Fakten waren zu offensichtlich, um verborgen zu bleiben. Aber selbst als diese Nachrichten zu den Rundfunkhörern und Zeitungslesern durchsickerten, war das nur in den Wind gesprochen. Weder Juden noch Nichtjuden wollten so schlechte Neuigkeiten hören, nicht einmal die Betroffenen.

»Über BBC hörten wir im November 1942 das erste Mal von Vergasungen und Erschießungen«, berichtete später die jüdische Schriftstellerin Inge Deutschkron, die den Krieg untergetaucht in Berlin überlebte. »Wir konnten und wollten es nicht glauben.«

Ich erfuhr erst im Frühling 1945, als die Konzentrationslager geöffnet wurden, dass meine Tante Marie nach Theresienstadt deportiert worden und dort gestorben war, dass mein Onkel Max Brahn in Auschwitz vergast worden war, dass meine Cousine Martha mit ihrem Mann und ihrer Tochter Bergen-Belsen knapp überlebt hatte. Von all dem anderen, von dem Sterben, von den Launen des Schicksals, den Kompromissen, die Freunde, Nachbarn, zurückgebliebene Klassenkameraden wie Stella hatten schließen müssen, wusste ich noch nichts. Was war aus ihnen geworden?

12. »Zum Bad«

Als Georg und Lotte Nomburg im Oktober 1941 in »Litzmannstadt« (Łódź) ankamen, waren in den vorausgegangenen achtzehn Monaten rund 14 000 Juden in dem abgeriegelten Ghetto gestorben. 163 623 Menschen wohnten noch dort, jedes Zimmer war mit durchschnittlich fast sieben Personen belegt. Die Schlüssel froren in den Schlössern fest, aber viele Wohnungen hatten gar keine Türen. Örtlichen Historikern zufolge lebten die Menschen dort »in Hütten und Löchern« und warteten, dass Krankheit und Hunger ihre Reihen weiter lichteten.

»Alteingesessene« waren verblüfft und aufgebracht beim Anblick der ersten Neuankömmlinge aus Berlin. Diese Juden hätten aus New York oder der Schweiz stammen können. »Wir staunten über ihre elegante Sportkleidung, das hervorragende Schuhwerk, die vielen farbigen Mützen und Hüte der Frauen«, schrieb einer von ihnen. »Sie machten oft den Eindruck, als wären sie auf Urlaub, oder vielmehr im Wintersport, denn die meisten von ihnen trugen Ski-Kleidung... Ihr Fett gab ihnen wunderbar Schutz gegen die Kälte. In ihrer Einstellung gegenüber den außerordentlich ungesunden Bedingungen, unter denen sie untergebracht waren, zeigten sie ungewöhnlichen Abscheu... Sie schimpften, sie waren entrüstet...«

Alles war relativ, und so galten diese verhassten *Jekken*, diese deutschen Juden, als reich. Obwohl ihnen die Gestapo alles abgenommen hatte, was den Funktionären wertvoll erschien, besaßen die Neuangekommenen doch genug, um die gesamte Ghetto-Wirtschaft zu sprengen und die herrschende Not noch zu verschlimmern. Stück für Stück verkauften sie, was sie noch hatten. »Mit den Einnahmen begannen sie buchstäblich alles aufzukaufen, was es noch gab«, berichtete einer der Ghetto-Historiker. »Das verursachte eine Lebensmittelknappheit, und die Preise schnellten in die Höhe.«

Um dieses Tollhaus in Schach zu halten, hatten die Nazis Chaim Rumkowski eingesetzt, einen gescheiterten Geschäftsmann und ehemaligen Leiter der jüdischen Wohlfahrtseinrichtungen in Łódź. Er war wegen seines autoritären Auftretens seit Langem verhasst; jetzt nutzte er seine neue diktatorische Macht kreativ: Er ließ Briefmarken mit seinem Konterfei drucken. Er warb 600 knüppelschwingende Wächter an, angeblich, um die Disziplin aufrechtzuerhalten, aber in Wirklichkeit, um sich selbst zu schützen. Er schuf eine Truppe aus Spionen und Zensoren. Und er hielt eine Rede nach der anderen, in denen er diejenigen beschimpfte, die er für »destruktiv« hielt.

»Vertreter der neuen Einwohnerschaft, ich bitte euch abermals, endlich die Lebensbedingungen des Ghettos zu akzeptieren«, forderte er kurz nach der Ankunft der Nomburgs. »Schämt ihr euch nicht, dass ich Polizisten einsetzen musste, um euch zur Arbeit zu zwingen? Dass ich genötigt war, euch auf eure Arbeitsgruppen zu beschränken?«

Mannhaft verteidigte er die Tyrannen. »Ich bin sicher: Wenn das Ghetto seine Arbeit ernsthaft und gut erledigt, werden die Behörden keine Schritte zur Unterdrückung unternehmen«, versprach er. »Den Menschen guten Willens wird nichts Böses geschehen!«

Unabhängig von ihren Leistungen bei der Zwangsarbeit merkten aber die Nomburgs und andere Deportierte, etwa die Eltern der späteren Dr. Ruth Westheimer, schnell, dass Łódź nur eine Zwischenstation war. Ständig verließen Transporte zu unbekannten Zielorten weiter im Osten den Bahnhof, und Rumkowski sah es als seine Aufgabe an, dafür zu sorgen, dass sich niemand dieser weiteren Deportation entzog.

Am 14. Januar 1942 – die Nomburgs waren bereits »verladen« zur »Umsiedlung« – gab er einen Befehl aus, in dem es hieß: »Sollten sich Personen, die zur Evakuierung vorgesehen sind, in den Wohnungen anderer Familien verstecken, so werden nicht nur diese Personen, sondern auch die Familien, die sie aufgenommen haben, sowie die Wachleute des Hauses, gewaltsam fortgeschickt werden. DIES IST MEINE LETZTE WARNUNG.«

Die Nazis halfen Gerüchte zu verbreiten, dass die Deportierten in Landgewinnungsprojekten in den Pripjetsümpfen und in landwirtschaftlichen Siedlungen bei Kriwoi Rog in der Ukraine eingesetzt würden, und Rumkowski bestätigte diese Märchen in seinen Reden.

»Ich erwarte, gestützt auf maßgebliche Informationen, dass das Geschick der Deportierten weniger tragisch sein wird, als es im Ghetto zu erwarten ist«, sagte er am 17. Januar. »Sie werden nicht hinter Zäunen leben und sie werden auf Bauernhöfen arbeiten.«

Nur das erste dieser Versprechen wurde wahr, denn im Tode waren die Nomburgs nicht mehr hinter Zäunen.[7]

Der einzelne SS-Mann, der in Chełmno (das die Deutschen in Kulmhof umbenannt hatten) die Lastwagen mit den Neuankömmlingen in Empfang nahm, war eine erfreuliche Überraschung. Er war um die sechzig, rauchte eine Pfeife und hätte gar nicht freundlicher sein können. So half er alten Leuten beim Aussteigen oder hielt Kleinkinder, während ihre Mütter abstiegen. Vergnügt wie ein Reiseführer führte er die Neuangekommenen in den großen Tanzsaal des einzigen großen Gebäudes am Ort, des verwahrlosten alten Schlosses. Hier waren weitere SS-Leute zu sehen, aber sie standen ruhig im Hintergrund.

Nichts wies darauf hin, dass diese Juden, die aus »Litzmannstadt«, siebzig Kilometer weiter westlich, gekommen waren, in diesem Augenblick Rollen in einer üblen Scharade spielten. Nichts wirkte bedrohlich an dem verschlafenen Dorf Chełmno. Es schmiegte sich an die Ner, einen breiten, träge dahinströmenden Fluss, den flache Boote und überhängende Weiden einladend aussehen ließen. Wächter oder Zäune waren nicht zu sehen. Eine ländliche Szene, Welten vom Krieg entfernt.

Es war alles Schwindel. Seit dem 8. Dezember 1941 war das Schloss in Chełmno ein Vernichtungszentrum, das erste. Seine Betreiber, das Sonderkommando Lange, »verarbeitete« (so wurde es in einem offiziellen Schreiben bezeichnet!) täglich Hunderte von Juden, als Georg und Lotte Nomburg ankamen. Insgesamt wurden rund 300000 Juden in dem obskuren kleinen Chełmno getötet. Alle SS-Angehörigen, die neu dazukamen, wurden bei ihrer Einführung gewarnt, sie hätten bei Todesstrafe und Sippenhaft absolutes Stillschweigen über ihre Aufgabe zu bewahren.

Trotz der verschlafenen Atmosphäre arbeitete das kleine Lager schnell und effizient. Der Tötungsablauf war verschleiert, damit die

Opfer fast bis zum Schluss nichts merkten und nicht lange protestieren oder sich gar wehren konnten. Nicht etwa, dass die SS-Kommandeure den Schrecken der Opfer aus humanitären Gründen hätten abkürzen wollen. Sie wollten nur jede unnötige Mühe und psychische Belastung ihrer Mannschaft von Mördern auf ein Minimum reduzieren. Wenn die zum Tode Verdammten Gefahr rochen, würden sie versuchen Widerstand zu leisten. Widerstand verursachte Verzögerungen. Verzögerungen störten den straff geplanten Ablauf.

Der grauhaarige SS-Mann, der die Neuangekommenen in Empfang nahm, hatte einen geruhsamen Job. Er informierte die erwartungsvollen Familien, dass die Männer in der Fabrik arbeiten würden, die Frauen im Haushalt, und dass die Kinder in die Schule kämen. Manchmal klatschten die Zuhörer Beifall. Der Mann sagte, alle würden neue Kleidung bekommen, aber zuerst müssten sie baden. Sie sollten sich auskleiden und ihre Wertsachen und Papiere in ein Taschentuch geknotet zurücklassen; sie bekämen sie später wieder. Seine Schauspielerei war großartig; niemand konnte vermuten, dass er diese Rede bis zu zehn Mal täglich hielt.

Immer noch nichtsahnend gingen die Neuangekommenen einen Flur entlang. Ein Schild wies den Weg »Zum Bad«. Stattdessen fanden sich aber die nackten Opfer plötzlich im Freien, von SS-Leuten umgeben, die Peitschen schwangen und sie in die zwei grauen geschlossenen Lastwagen von Saurer trieben, die an der Rampe standen. Die Menschen – rund fünfzig pro Lastwagen – schrien und versuchten zu entkommen. Es war zu spät.

Während die Opfer in ihrer Panik auszubrechen versuchten, mit Fingernägeln an Metallwänden kratzten und gelegentlich sogar eine Tür aufbrachen, ließ der Fahrer den Motor an. Damit wurde Kohlenmonoxyd durch einen speziellen Schlauchanschluss ins Wageninnere geleitet. Der Tod sollte innerhalb von fünfzehn Minuten eintreten. Manchmal funktionierte es nicht. Denn diese Gaswagen (oder »Kaiser's-Kaffee«-Wagen wegen der Tarnaufschrift) funktionierten nicht ganz zuverlässig.

Einmal wirkte das Gas so prompt, dass ein polnischer SS-Helfer namens Marian getötet wurde, der im Handgemenge des Beladens versehentlich mit eingesperrt worden war. Ein anderes Mal kam ein Wagen auf dem Weg zum Massengrab ins Schleudern. Die Türen flogen auf, und mehrere Opfer fielen heraus. Einige lebten noch und wurden von der SS-Begleitmannschaft auf der Straße erschossen.

SS-Unterscharführer Walter Burmeister, einer der Fahrer, sagte bei seiner Vernehmung 1962[8] über seine Tätigkeit aus. Er schloss ruhig: »Alsdann fuhr ich den Wagen zum Schloss zurück und stellte ihn dort ab. Hier wurde er gesäubert von den Ausscheidungen der in ihm verstorbenen Menschen... Was ich damals gedacht habe und ob ich überhaupt etwas gedacht habe, kann ich heute nicht mehr sagen.«

Adolf Eichmann, der als verantwortlicher Vertreter der Gestapo das Verfahren inspizierte, zeigte sich sensibler. »Ich weiß nur noch, dass ein Arzt dort in einem weißen Kittel mir sagte, ich soll durch ein Guckloch schauen, wie sie im Wagen drin waren. Das habe ich abgelehnt«, sagte er bei seiner Vernehmung aus. »Ich konnte es nicht. Nicht. Mir hat es genügt. Das Schreien und ... und ich war hier viel zu erregt gewesen... Ich fuhr dem Lastwagen nach – und da sah ich das Entsetzlichste, was ich in meinem Leben bis dahin gesehen hatte. Der fuhr an eine längliche Grube. Die Türen wurden aufgemacht und heraus wurden Leichen geworfen. Als ob sie noch lebten, so geschmeidig waren die Glieder. Wurden reingeworfen. Ich sehe da noch, wie ein Zivilist mit einer Zange Zähne rauszieht. Und dann bin ich abgehauen ...«

Chełmno blieb kein Geheimnis. »Der Ort, wo alle [Juden] zugrunde gehen, heißt Chełmno«, berichtete der Rabbi von Grabow, einer Gemeinde in der Nähe, seinem Schwager in Łódź am 19. Januar 1942. »Kürzlich sind Tausende von Zigeunern... aus Łódź dorthin gebracht worden, und das gleiche wird ihnen angetan. Denke nicht, dass ich verrückt bin...«

Der Rabbi hatte mit drei jungen Totengräbern gesprochen, die beim Grubenausheben geflüchtet waren. Im Februar kamen diese Augenzeugen mit ihren grausigen Beschreibungen in Warschau an und informierten die jüdische Leitung des Ghettos. Über die bemerkenswert einfallsreiche jiddische Untergrundpresse und sogar durch die Post erreichten Einzelheiten schnell jüdische Organisationen und ihre Zeitungen in London und New York. Die *Jewish Frontier* in New York veröffentlichte in ihrer September-Nummer einen umfassenden Bericht über Chełmno und widmete die ganze November-Nummer den Morden dort und anderswo; sie drang darauf, Unternehmungen zur Rettung zu starten.

»Die Welt weiß Bescheid«, hieß es in der Zeitschrift. »Die Beweise liegen vor. Die Frage ist, was kann man tun, um die noch lebenden Millionen zu retten?«

Die Nachrichten aus Chełmno und anderen Tötungszentren waren jedoch so absolut unglaublich für die Menschen außerhalb, ja sogar für den größten Teil der Juden, dass sie es einfach nicht glauben konnten – oder wollten.[9] Und diese Skepsis blieb unerschüttert, obwohl drei Jahre lang ständig neue Augenzeugenberichte den Westen erreichten.

Auch »höheren Ortes« lehnte man es rundweg ab, diese Fakten zur Kenntnis zu nehmen. Als Felix Frankfurter, Richter am Obersten Bundesgericht der USA, im Herbst 1942 Präsident Roosevelt von seiner Sorge um das Schicksal der Juden erzählte, bekam er zur Antwort, er solle sich keine Gedanken machen, sie würden nur deportiert, um Befestigungen zu bauen.

Im Juli 1943 hörte Frankfurter etwas ganz anderes von einem ungewöhnlichen Augenzeugen, Jan Karski. Dieser neunundzwanzigjährige katholische Jurist aus dem ehemaligen polnischen Außenministerium war als Geheimkurier zwischen seinem besetzten Heimatland und der polnischen Exilregierung in London tätig. Karski hatte beim jüdischen Untergrund im sterbenden Warschauer Ghetto gründlich Informationen gesammelt. Als estnischer Bewacher verkleidet war er auch ins Vernichtungslager Belzec vorgedrungen und hatte gesehen, wie die Leichen von Gefangenen zu Hunderten in Güterwaggons gestapelt und schichtweise mit ungelöschtem Kalk bestreut wurden, der die Leichen langsam verbrennen und zerfallen ließ.

Fünfundvierzig Minuten lang hörte Frankfurter Karskis nüchtern vorgetragenen Bericht an, wobei er im Raum auf und ab lief. Schließlich sagte er: »Ich kann Ihnen nicht glauben.« Der polnische Botschafter, der ebenfalls anwesend war, protestierte. Frankfurter erklärte: »Ich sage nicht, dass der junge Mann lügt. Ich sage, dass ich ihm nicht glauben kann. Das ist ein Unterschied.«

Hier schließt die historische Berichterstattung, nicht aber Karskis Aufklärungsarbeit in Washington. Am 28. Februar 1992 erzählte mir dieser außergewöhnliche Kurier, jetzt als Professor an der *Georgetown University* tätig, was dann geschah. Frankfurter, so meinte er, wollte ein bisschen dramatisieren. Das war bei dem berühmten Richter üblich. Wahrscheinlich informierte er aber seinen guten Freund, Präsident Roosevelt, denn am 28. Juli 1943 wurde Karski ins *Oval Office* gerufen, wo er eine unvergessliche Stunde und zwanzig Minuten bei FDR verbrachte.

Karski war sich seiner Jugend und des diplomatischen Protokolls deutlich bewusst. Seine polnischen Kollegen und er hatten nichts unternommen, um ins Weiße Haus vorzudringen. Er betonte, dass er gerufen worden sei. Als gut organisierter Profi übte er seinen Vortrag so ein, dass er nicht länger als achtzehn oder neunzehn Minuten dauerte, und dem Leid der Juden widmete er nur ein paar Minuten. Die übrige Zeit befasste er sich mit den Fragen, die seinen *polnischen* Vorgesetzten Sorgen machten: den Nachkriegsgrenzen Polens und dem misstrauischen Wesen Marschall Stalins. Roosevelt gab Karski eine Reihe von Botschaften an seine Chefs mit. Was die Juden anging, so stellte Roosevelt Karski ein paar Fragen, zeigte aber keinerlei Reaktion auf die Aufzählung von Schrecken: keinen Schock, keine Ungläubigkeit, nichts.

Der Völkermord wurde weiter geleugnet, den ganzen Krieg hindurch. So lehnte im Dezember 1944 der stellvertretende Kriegsminister John J. McCloy Vorschläge ab, die Bahnlinien nach Auschwitz zu bombardieren. Die Flugzeuge würden anderswo gebraucht, sagte er. Tatsächlich glaubte McCloy die Beweise nicht, und gegenüber einem der Führer des *World Jewish Congress* gestand er seine Skepsis auch ein.

»Wir sind allein«, sagte McCloy. »Sagen Sie mir die Wahrheit. Glauben Sie tatsächlich, dass diese grässlichen Dinge geschehen sind?«

In seinem Bericht über das Treffen kommentierte der Mann vom WJC: »Seine Informationsquellen waren, das versteht sich, besser als meine. Aber er konnte diese schreckliche Vernichtung nicht fassen.«

Natürlich wussten die Söhne von Georg und Lotte Nomburg nicht, was ihren Eltern widerfuhr. Und Stella Goldschlag hatte nicht die blasseste Ahnung, was Manfred, ihrem Mann, geschehen würde, oder anderen Verwandten und Freunden, die aus Berlin verschwanden. Als sie nicht mehr bei Erich und Graetz ihren Unterhalt verdienen konnte, schloss sie sich der verborgenen und unablässig gefährdeten neuen Spezies an, den »U-Booten«.

Mehr als ein Jahr zuvor hatte Hitlers Strategie der »Endlösung« ihre offizielle Form erhalten und war in ihren Ausmaßen viel umfassender geworden, als selbst der Hauptvollstrecker, Adolf Eichmann, für möglich gehalten hätte. Das war am Wannsee geschehen und hatte nur anderthalb Stunden gedauert. Kein anderes Ereignis hat den Massenmord so ausdrücklich institutionalisiert – und die Ausführenden und deren Ansichten so dekuvriert.

Der Wannsee: ein Seeufer und riesige Ufergrundstücke. Als ich ein Junge war, war »Wannsee« ein Synonym für Spiel und Spaß im Freien. Außerdem war der Ort eine der besten Berliner Adressen. Schon die Erwähnung dieses 250 Hektar großen Wasserlochs hinter dem Grunewald versetzte jedermann in gute Laune. Ich liebte unsere Sonntagsausflüge, wo wir uns in dem fast weißen Sand, an Europas breitestem Binnenseestrand bräunen ließen, schwammen und in der vollbesetzten Gaststätte am Schildhorn mit der Familie Nomburg frisch gefangenen Fisch aßen. Es war ein schönes Leben.

Der Wannsee war so allgemein beliebt, dass ich die Blicke immer über die Menge schweifen ließ, um nach Stella zu suchen, am liebsten im Badeanzug, wenn auch dem sittsamen Einteiler jener Zeit. Jahre später erfuhr ich, dass sie tatsächlich oft dort war und mit ihrem späteren Ehemann Manfred in seinem Paddelboot herumschipperte. Ich habe sie nie getroffen; das war insofern ärgerlich, als ich sie großzügig eingeladen hätte, zu Freunden von uns mitzukommen, denen eines der vielen kleinen Segelboote gehörte, die im kabbeligen Wasser dümpelten. Meine Großmut barg ein gewisses Risiko, weil ich leicht seekrank wurde.

Ab 1933 wehten die abscheulichen Winde des Hitlerregimes auch durch die feudalen Besitze am Wannsee. Max Liebermann, der große Impressionist, 86 Jahre alt, lebte noch Am Großen Wannsee 42, als man ihn als Präsidenten der Berliner Akademie der Künste feuerte, weil er Jude war und weil seine Malerei als »entartet« eingestuft wurde. Und weil er, was noch schlimmer war, seinen respektlosen Witz gegen die Nazis richtete.

»Ich kann gar nicht so viel essen, wie ich kotzen möchte«, war einer seiner häufig zitierten Aussprüche. Er hatte Glück, dass er 1935 eines natürlichen Todes starb.[10]

Der heitere Begriff Wannsee erfuhr eine Veränderung durch die Wannsee-Konferenz. Nach Auffassung der NS-Führung lief die Tötung von Juden noch immer zu langsam ab. Es waren viele Ministerien beteiligt, und deren Beamten mühten sich, ohne eine ordentliche Planung und genau definierte Ziele zu haben. Es war eine völlig undeutsche bürokratische Wirrnis.

»Es gab keine Koordinierung, und das verzögerte die Aktionen beträchtlich«, klagte Adolf Eichmann. Seine Kollegen in den herkömmlichen Regierungsämtern wurden nicht recht fertig mit den zahllosen, unkoordinierten administrativen Problemen des Transports und der Tötung einer so riesigen Zahl von Menschen.

»Sie kamen zu keiner definitiven Lösung«, lamentierte Eichmann.

Für diese schwierige »Lösung« war sein Chef zuständig, Reinhard Heydrich, Obergruppenführer und Chef der Gestapo und des SD, ihrer meistgefürchteten Abteilung. Heydrich hatte seinerseits von seinem Chef, Reichsmarschall Hermann Göring, dem Gründer der Gestapo, am 31. Juli 1941 einen unmissverständlichen schriftlichen Befehl bekommen, dieses bürokratische Geschiebe zu beenden. Heydrich wusste, dass der Befehl narrensicher war. Er hatte ihn selbst geschrieben.

»(Ich) beauftrage ... Sie hiermit, alle erforderlichen Vorbereitungen in organisatorischer, sachlicher und materieller Hinsicht zu treffen für eine Gesamtlösung der Judenfrage im deutschen Einflussgebiet in Europa«, hieß es da. »Sofern hierbei die Zuständigkeiten anderer Zentralinstanzen berührt werden, sind diese zu beteiligen.« Heydrich sollte einen »Gesamtentwurf« vorlegen, forderte Göring in Heydrichs Worten. Um jeden Zweifel zu beseitigen, was er mit »Gesamtlösung der Judenfrage« meinte, präzisierte der letzte Satz des Befehls, dass die »Endlösung« angestrebt sei.[11]

Göring seinerseits hatte entsprechende Hinweise von Hitler erhalten, dessen fanatischer Antisemitismus auf seine jungen Jahre in Österreich zurückging. Der »Führer« hatte die »Vernichtung der jüdischen Rasse in Europa« schon 1939 angedroht. Aber solches Gerede wurde als Kampfrhetorik abgetan. Gegenüber seiner Entourage drückte er sich eindeutiger aus. Beim Mittagessen in seinem Hauptquartier beschrieb er am 21. Oktober 1941 die Juden als gefährlich und sagte: »Wenn wir diese Pest ausrotten, vollbringen wir eine Tat für die Menschheit...«

Es war kein Zufall, dass die ersten Deportationen von Berliner Juden, unter ihnen die Nomburgs, drei Tage zuvor begonnen hatten.

Aber der »Führer« war auf der Hut vor nachteiligen propagandistischen Fehlzündungen von der Art, wie sie die »Kristallnacht« den Nazis eingebracht hatte. Ein direkter Befehl von ihm, Juden zu ermorden, wurde bis 1978 nicht entdeckt. Es wurde im Gegenteil alles getan, damit Hitler nicht mit der schmutzigen Arbeit in Verbindung gebracht werden konnte.

»Nach außen hin darf die Kanzlei des Führers unter keinen Umständen in Erscheinung treten«, hatte sein Stellvertreter Bormann gesagt, als die »Evakuierung« von Geisteskranken befohlen worden war.

Die »Endlösung« war ein »Meisterstück der Geheimhaltung«, sagte Alfred Jodl, der Chef des Wehrmachtsführungsstabes, nach dem Krieg.

Hitlers Anweisungen zum Mord wurden von einem seiner Untergebenen zum nächsten mündlich weitergegeben. Befehle zum Töten wurden von Mittelsmännern erteilt und begannen gewöhnlich mit der Formel: »Es ist der Wunsch des Führers, dass ...«[12]

Falls nötig, berief man sich mit größerer Bestimmtheit auf Hitlers Autorität, wenn auch immer indirekt. Als dem Kommandeur des Einsatzkommandos 8, SS-Obersturmbannführer Dr. Otto Bradfisch, Mitte August 1941 in Minsk befohlen wurde, mehr als 120 jüdische Männer und Frauen zu erschießen, hatte er die Kühnheit, den inspizierenden Heinrich Himmler, Chef der SS, zu fragen, wer den Befehl gegeben habe. Himmler machte dies seinem Untergebenen unmissverständlich klar.

Wie sich Bradfisch erinnerte: »Himmler antwortete in ziemlich scharfem Ton, diese Befehle kämen von Hitler als Führer des deutschen Reiches und hätten Gesetzeskraft.«

Mehr als 500 000 Juden waren bereits erschossen und vergast worden, als am Mittag des 20. Januar 1942, fünf Tage nach dem vermutlichen Todestag von Georg und Lotte Nomburg, Heydrich als Vorsitzender die »Wannsee-Konferenz« (»mit anschließendem Frühstück«) eröffnete.

Seiner Einladung nach ging es um die »Herbeiführung eines einheitlichen Standpunkts aller Zentralbehörden«. Entschlüsselt hieß das, dass einiges auf dem Spiel stand. Heydrich verfolgte mehrere Ziele: Er wollte alle notwendigen Zuständigkeiten vereinigen, ein Band zwischen den uniformierten Mördern und den zivilen Beamten schmieden, von denen einige Vorbehalte gegen die »radikalen« Parteimethoden hatten, und er wollte das Töten beschleunigen und keinen Zweifel daran lassen, dass er, Heydrich, das Kommando hätte. Es war eine Frage der Polit-Strategie.

Der Ort war perfekt gewählt, er war abgelegen, hatte Klasse und lag fern der Eintönigkeit der Ministerien in der Stadtmitte: Das

Haus Am Großen Wannsee 56–58 war ein riesiger, eleganter grauer Stuckpalast mit viereinhalb Meter hohen Räumen, den Heydrich als Klub für seine Gestapo-Hierarchie gekauft hatte. Der Blick auf den See war atemberaubend; das Wasser schien fast bis an die hohen Fenster zu reichen.

Er hätte es nicht geschickter anfangen können, um den gewünschten Eindruck zu erreichen. Die Umgebung war prachtvoll, der Wannsee immer noch die beste Adresse in Berlin.

Die vierzehn Eingeladenen waren, in den Worten seines von Ehrfurcht erfüllten Assistenten Eichmann, »die Päpste des Dritten Reichs«. Die meisten waren Staatssekretäre, die mächtigen Funktionäre aus dem zweiten Glied, die in dem Machtapparat die Knöpfe drückten und in solchen Schlüsselbehörden wie dem Justiz-, Innen- und Außenministerium die träge Verwaltungsmaschinerie auf Schwung brachten. Acht hatten einen Doktortitel. Alle saßen beeindruckt und schweigend da, als Heydrich mitteilte, dass ihn Göring angewiesen habe, für »Klarheit in wesentlichen Dingen« zu sorgen.

Heydrich war schlicht die meistgefürchtete Persönlichkeit im Reich. Seine eigenen Männer nannten ihn die »blonde Bestie«. Hitler beschrieb ihn als einen »Mann mit eisernem Herzen«. In den Kellern des Gestapo-Hauptquartiers in der Prinz-Albrecht-Straße unterwarfen seine Leute vermutete Gegner des Regimes unbeschreiblichen Foltern. Heydrich war ein Frauenheld, vor dem selbst Prostituierte Angst hatten. Sie zogen den Adjutanten vor, der die Bordellbesuche seines Chefs vorbereitete.

Heydrich – groß, gepflegt, sportlich – war kein schlichter Apparatschik wie Eichmann. Der Gestapochef sprach abgehackt, mit hoher, eiskalter Stimme. Er hatte ein dreieckiges Gesicht, mit hoher, breiter Stirn, leicht schrägstehenden blauen Augen, kräftiger Nase, kleinem, dünnlippigem Mund und verblüffend schmalem Kinn. Er war ein hervorragender Fechter, mutiger Kampfpilot und talentierter Geiger, den klassische Musik oft zu Tränen rührte. Aber für seine Zuhörer bei der »Wannsee-Konferenz« war er ein selbstbewusster Bürokrat mit dem Ruf, sogar den Mord an Parteigenossen befohlen zu haben, die ihm im Weg standen.[13]

Heydrich eröffnete die Sitzung mit einer Rede, die von Eichmann recherchiert und geschrieben worden war, und versuchte, die versammelten Bürokraten mit der Ungeheuerlichkeit ihrer Aufgabe zu beeindrucken, der »kommenden Endlösung« der »Judenfrage«. Es ging um elf Millionen europäische Juden, einschließlich der 330000 in Großbritannien, das noch nicht erobert war, und der 18000 in der neutralen Schweiz.

Was mit ihnen geschehen sollte, auch wenn es in dem offiziellen, streng geheimen Papier vorsichtig ausgedrückt wurde, war unmissverständlich: »An Stelle der Auswanderung ist nunmehr als weitere

Lösungsmöglichkeit ... die Evakuierung nach dem Osten getreten.« Dort sollten die Juden »in geeigneter Weise zum Arbeitseinsatz kommen ... wobei zweifellos ein Großteil durch natürliche Verminderung ausfallen wird«. Aber das reichte noch nicht. »Der allfällig endlich verbleibende Restbestand wird... entsprechend behandelt werden müssen.«[14]

Der offizielle Teil der Konferenz schloss mit einer entspannten, informellen Diskussion, die Eichmann erstaunte und erleichterte. Die Vertreter der Ministerien reagierten mit unerwarteter, außerordentlicher, ja grenzenloser Begeisterung. Eichmann sagte später, er habe Zweifel an einer so blutigen Lösung durch Gewalt gehabt. Nur anfangs.

Die prominentesten Leute hätten gesprochen, wunderte er sich. »Ich kam mir so ähnlich vor wie Pontius Pilatus, ich fühlte mich rein von Schuld.«

Eichmanns offizieller geheimer Bericht über das Treffen wurde dann drei oder vier Mal von Heydrich überarbeitet.[15] Das folgende »gemütliche Beisammensein« war darin nicht erwähnt. Kellner reichten Kognak, die Herren standen in kleinen Gruppen herum und pflegten ihre eigene Art von Party-Geplauder. Sie unterhielten sich angeregt über technische Details, wie sich Eichmann erinnerte, über die Methoden des Tötens, über Liquidierungen und Vernichtung, darunter auch über die Mangelhaftigkeit der Gaswagen. Der Appetit war dadurch nicht beeinträchtigt; die Konferenzteilnehmer setzten sich zu einem Imbiss, den weiterer Kognak begleitete.

Die dritte, privateste Phase des Treffens spiegelte die Zufriedenheit der Verantwortlichen mit dem Ergebnis. Die Gäste waren fort, und Eichmanns Freude war grenzenlos. Zum ersten Mal fühlte er sich von den hochrangigen Führungspersönlichkeiten akzeptiert. Zusammen mit Heydrich und einem anderen Gestapo-Bonzen saß er am Kamin und trank Hochprozentiges aus Stamperln: sie rauchten und sangen. Eichmann hatte Heydrich noch nie rauchend und entspannt erlebt.

Die Fröhlichkeit blieb ihm im Gedächtnis. Eichmann erinnerte sich, dass sie schließlich auf die Stühle und dann auf den Tisch geklettert seien und Trinksprüche ausgebracht hätten.

Die Visionen seines »Führers« reichten natürlich weiter.

Bormann gegenüber soll Hitler eines Tages im Januar 1942 in seiner Wolfsschanze im ostpreußischen Rastenburg bei seinem vegetarischen Abendessen geäußert haben, dass er noch ein »Mann der Religion« werden würde.

Hitler schwebte in diesem Augenblick auf einer höheren Ebene: Er wurde von dem Jahrtausendwahn heimgesucht, dem des Hitler-Jahrtausends, des tausendjährigen Reiches. Er erklärte, er wolle die Dinge für ein ganzes Jahrtausend in Ordnung bringen. Er werde eines Tages ein angebeteter Gott sein. Demnächst sei er der Chef der Tataren. Unter den Tataren werde er Khan…

Seine Geschöpfe an der Tafel hatten keinen Grund, an ihrem »Führer« zu zweifeln, schon gar nicht, ihn für verrückt zu halten. Mit zweiundfünfzig Jahren war er der Beherrschung der Welt nähergekommen als je ein Mann in der Geschichte. Vom Vormarsch auf Moskau bis zu den U-Boot-Bunkern am Atlantik, von den Anlagen zur Gewinnung von schwerem Wasser in Norwegen bis zu Rommels Panzertruppen, die Feldmarschall Montgomery durch die Sahara jagten – konnte es bessere Beweise dafür geben, dass der Khan der Khane gekommen war? Die V-1-Flugbomben der Luftwaffe sollten bald London in Angst und Schrecken versetzen. Stalingrad, Hitlers Waterloo, war noch ein Jahr entfernt. Es war eine großartige Zeit für ihn, die Zeit, Pläne für noch mehr Größe zu machen.

Sobald das Wetter besser würde, wollte er die Rote Armee auslöschen und 20 Millionen deutsche »Bauernsoldaten« in einer NS-Kolonie neu ansiedeln. Moskau würde von der Landkarte getilgt und zu einem künstlichen See werden. Berlin, in Germania umbenannt, würde der Mittelpunkt der Welt sein. Hitler würde von einer Kanzlei mit unmissverständlichen Proportionen und Absichten aus regieren. Er würde der Herr der Welt sein.

Herr der Welt! In Hitlers Vorstellung schrumpften die 22 Millionen Juden bereits zur Fußnote. Man musste sie nur »loswerden«. Die Maschinerie war installiert. Eichmann würde sich um die Beseitigung von Resten kümmern, Resten wie den U-Booten, Unschuldigen wie Stellas Vater, der nie erfuhr, was die Gestapo aus dem heiteren Wannsee machte, der nicht hatte glauben können, dass Menschen Menschen töteten und dass er und seinesgleichen einer Vision im Weg standen.

13. Das Leben als U-Boot

Drei Jahre waren vergangen, seit Günther Rogoff Stella zuletzt in der Modeklasse von Feige und Strassburger gesehen hatte. Sie war dünner geworden und weniger elegant gekleidet, als er sie in der Anonymität einer der belebten Straßen traf; Menschenmengen sahen viele U-Boote als das sicherste Versteck an. Er war entzückt, sie wiederzusehen, und fand sie so begehrenswert wie immer. Zufällig begegneten sie sich am Wittenbergplatz, in der Nähe ihrer alten Kunstschule. Obwohl in diesem Frühjahr 1943 bemerkenswerterweise noch immer 18300 Juden in Berlin lebten, hatte sich seit den Deportationen vom Februar doch vieles für sie verändert, und immer zum Schlechteren.

»Wie geht es dir?«, fragte Rogoff und machte aus seiner Freude keinen Hehl.

»Ich lebe in der Illegalität«, sagte Stella. »Und du?«

»Ich ebenfalls«, antwortete Rogoff und setzte im selben Atemzug hinzu: »Ich fälsche Papiere für andere. Vielleicht kann ich dir auch helfen.«

Es war eine ungeheuer waghalsige, nahezu selbstmörderische Enthüllung, aber Günther Rogoff berauschte die Gefahr, und danach lebte er. »Mein Grundsatz ist, keine Grundsätze zu haben«, sagte er zu Freunden.

Stella reagierte mit der majestätischen Kühle, die sie gern Männern gegenüber zur Schau trug, die sie begehrten. Sie tat, als bekäme sie jeden Tag gefälschte Papiere auf der Straße angeboten, und äußerte lässig, ja, vielleicht könne sie Günthers Hilfe brauchen.

Rogoffs Gedanken waren schon vorausgeeilt.

»Ich werde etwas tun, was ich noch nie getan habe«, sagte er. »Ich werde dir zeigen, wo ich wohne.« Der Vorschlag war so unschuldig, als hätte er auf der Straße die Hose heruntergelassen. Natürlich lieferte er sich aus, weil er eine großartige Gelegenheit sah, Stella endlich in sein Bett zu locken.

Stella gab sich immer noch unbeeindruckt, als sie freundlich zustimmte. Sie stiegen zusammen in eine Straßenbahn der Linie 76, um zur Kantstraße zu fahren, wo Rogoff unter falschem Namen ein möbliertes Zimmer gemietet hatte.

»Findest du es nicht riskant, mich in dein Zimmer mitzunehmen?«, fragte Stella, als die 76 anfuhr.

Bestürzt dachte Rogoff einen Augenblick darüber nach, und plötzlich siegte die Vorsicht über seine libidinöse Draufgängerei.

»Doch«, sagte er und wurde rot. Sie stiegen an der nächsten Haltestelle aus.

Wieso die plötzliche Sinnesänderung?

»Ein Wunder«, sagte er fünfzig Jahre später kopfschüttelnd. »Und ganz untypisch für mich. Ich wollte sie kaufen. Aber sie hat sich mir gegenüber immer anständig verhalten. Es war erstaunlich.«

Das Treffen stand am Anfang einer Kette von Ereignissen, die Stella in den Dienst der Gestapo brachten. Es geschah, weil die Nationalsozialisten Rogoff als gefährlichen Kriminellen ansahen.

Er schien gar nicht der Typ zu sein. Sein Vater, ein Chemiker, hatte seine Fähigkeiten der Limonadenherstellung in bescheidenem Umfang gewidmet. Günther aber hatte seit seiner Kindheit davon geträumt, Künstler zu werden. Er zeichnete und malte gern Szenen aus dem Leben und hatte Talent. Man traf ihn selten ohne Skizzenblock und Stifte. Sein richtiger Familienname hatte einen kernig deutschen

Klang[16], und mit seinen roten Haaren, der frischen Gesichtsfarbe und der Stupsnase sah er nicht »jüdisch« aus, wie man so sagt. Es war derselbe genetische Glücksfall, der viele seiner Glaubensgenossen rettete.

Das Schicksal seiner Familie hatte den typischen tragischen Verlauf genommen. Seine Großmutter hatte mit dreiundsiebzig Jahren das Land nicht mehr verlassen wollen, deshalb bemühte sich sein Vater erst 1937 um die Emigration. Verwandte in den Vereinigten Staaten, die zwei Apotheken besaßen, lieferten das erforderliche Affidavit, die Garantie, dass sie Günthers Familie im Fall der Not unterstützen würden. Die amerikanischen Behörden lehnten die Garantie als unzureichend ab. Es war viel Zeit verloren. Zusätzliche Garantien wurden besorgt – zu spät.

Am Tag des Kriegsbeginns gingen Günther und sein Vater wieder zur amerikanischen Botschaft Unter den Linden. Auf dem Weg dorthin kamen sie am Außenministerium in der Wilhelmstraße vorbei, wo Generale und Diplomaten strahlend hinein- und herauseilten. In der US-Botschaft war die Stimmung gelassen. Die zwei Antragsteller wurden zu einem jungen Mann geschickt, der sich hinter einem großen Schreibtisch rekelte, auf den er die Füße gelegt hatte – eine Formlosigkeit, die in Europa unbekannt war. Er prüfte ihre Antragsnummern auf einer langen Liste, teilte ihnen in sehr schlechtem Deutsch mit, dass sie noch nicht an der Reihe wären, und winkte sie hinaus.

Obwohl Günther eine gute Stelle als Grafiker hatte, wollte sein Vater, dass er ins Ausland ging, auch wenn der Rest der Familie zurückbleiben musste. Er zahlte tausend Mark, damit der Junge heimlich nach Belgien gebracht würde. Es ging schief: Günther wurde an der Grenze festgenommen und nach Berlin zurückgeschickt. Dann versuchte die Familie, die illegale Ausreise nach Palästina für ihn zu bekommen, aber der Andrang war viel zu groß. Günther war noch lange nicht an der Reihe, als er von den Nazis zur Zwangsarbeit eingezogen wurde und an einer Drehbank arbeiten und Maschinenpistolen herstellen musste.

Aber das blieb nicht sehr lange seine einzige Beschäftigung. Während die Nationalsozialisten Berlin immer fester in den Griff bekamen und die Zahl der U-Boote im Untergrund wuchs, begann der Handel mit frisierten und gefälschten Papieren zu blühen. Papiere konnten Leben retten, und Dutzende von Juden und ihren Helfern arbeiteten in dieser neuen Wachstumsindustrie; manche nahmen wenig für ihre Mühe, manche gar nichts, und einige machten ein Vermögen.

Die Pässe von gestorbenen Ausländern wurden von der Gestapo eingezogen und konnten manchmal von einem korrupten Kriminalbeamten gekauft werden, der »vergaß«, sie wie befohlen zu vernichten. Er verlangte 400 Mark pro Stück – für viele Leute ein

Monatseinkommen. Später, als sich das Netz der Nazis weiter zuzog, brachten echte Blanko-Arbeitspapiere 3000, manchmal sogar 4000 Mark ein.

Der Markt war unersättlich, und ein Teil der Arbeit wurde elend amateurhaft ausgeführt. Mit den Jahren der Erfahrung und der zunehmenden Wachsamkeit der Gestapo-Patrouillen, die nach Deserteuren und anderen Illegalen suchten, besserte sich die Qualität der Fälschungen. Es hing viel davon ab, ob der Künstler nur ein existierendes Dokument retuschieren oder ein amtliches Papier ganz neu auf gestohlenen Blankovordrucken herstellen musste.

Rogoff hatte seine Zweifel, als erstmals jemand an ihn herantrat und ihn um die Änderung eines Passes bat. Dieser Wunsch erreichte ihn über eine junge Jüdin in seiner Bekanntschaft, die in einer kleinen Widerstandsgruppe mitarbeitete. Günther kannte den Mann, der den Pass brauchte: Er konnte jederzeit festgenommen werden. Er musste Deutschland sofort verlassen.

»Ich werde es versuchen«, sagte Rogoff, seiner Vorliebe für Risiken getreu.

Er bekam einen der echten Pässe, die die Widerständler von Sympathisanten erbaten; meist waren es fromme Mitglieder der lutherischen Kirche, die dann der Polizei meldeten, sie hätten ihren Ausweis »verloren«. Rogoff musste das Passfoto herausnehmen und durch das Foto des potenziellen Flüchtlings ersetzen. In diesem Fall war ein Pass ausgewählt, bei dem die Personenbeschreibung im Großen und Ganzen der des neuen Besitzers entsprach.

Für Rogoffs geübte Finger war es nicht schwer, die Metallösen zu entfernen, mit denen das Originalfoto auf dem Papier festgemacht war. Schwierig war es dann aber, den Teil des amtlichen Stempels nachzuahmen, der über das Foto lief, dieses Segment auf das neue Foto zu übertragen und die Schrift so abgenutzt aussehen zu lassen, dass der gefälschte Teil zu dem Rest des Stempels passte. Diese Arbeit forderte peinlichste Genauigkeit, denn ein Stempel, jeder Stempel, war die höchste Anerkennung der Legitimität und Berechtigung durch deutsche Ämter und wurde deshalb sorgfältig geprüft. Der Stempel war eines Deutschen oberstes Totem.

Rogoff nahm ein Stück vom unbedruckten Rand einer Zeitung, feuchtete es an und drückte den Stempel vom Passbild darauf. Mit Pauspapier und einem kleinen Pinsel gelang es ihm, das so kopierte Stück Stempel auf den geänderten Pass zu übertragen. Es funktionierte! Der neue Passbesitzer erreichte die Schweiz und schließlich Palästina.

Damit begann eine arbeitsreiche neue Karriere für Rogoff. Von September 1942 bis zum 3. Oktober 1943 fälschte er rund 200 Dokumente: Pässe, Lebensmittelkarten, Kennkarten, Postausweise und »Bombenscheine«, in denen bestätigt wurde, dass ihr Besitzer seine

Papiere bei einem Bombenangriff verloren hatte. Schließlich ging er sogar zu Wehrpässen über. Für diese bürokratischen Extravaganzen brauchte er insgesamt 36 verschiedene Stempel.

Während seiner Fälscherzeit änderte sich Rogoffs Leben von Grund auf. Die Deportation seiner Familie ins Konzentrationslager Majdanek hatte bei ihm den Vorsatz verstärkt, den Krieg zu überleben und den Nazis möglichst großen Schaden zuzufügen. Er fälschte immer häufiger, immer schneller und immer fachmännischer. Seine Tarnung war absolut sicher: Er hatte eine Ecke in dem düsteren Nebenerwerbsunternehmen eines Chauffeurs der afghanischen Botschaft gemietet, lief in einem weißen Laborkittel herum und wirkte wie ein ordentlicher, selbstbewusster Profi.

Zum Schutz gegen möglichen Verrat traf er nie mit den Empfängern seiner Arbeiten zusammen. Er lieferte die fertigen Papiere einmal die Woche im Anwaltsbüro des Leiters der Widerstandsgruppe ab (der später festgenommen und erschossen wurde). »Der hat ja wie ein Arzt Sprechstunde gehalten. Da saßen se da im Wartezimmer...« Und Rogoff saß still nebenan und freute sich, dass er nicht der einzige Berliner war, der Wagnisse liebte.

Finanziell ging es Rogoff gut. Bedürftigen Kunden nahm er kein Honorar ab. Andere mussten im Allgemeinen den eher geringen Preis von 100 Mark für eine Routinearbeit bezahlen. Er konnte es sich leisten, großzügig zu sein, weil er gut bei Kasse war: Er hatte eine Gruppe von nichtjüdischen Frauen entdeckt, die mit dem Mobiliar deportierter Juden Handel trieben. Oft sicherten sich diese Frauen die Ware für so gut wie nichts, weil die Besitzer nicht mehr erreichbar waren. Rogoff aber war es gelungen, für den Hausrat seiner Eltern stattliche 10000 Mark zu bekommen.

Prompt kaufte er sich für 3000 Mark ein schönes Segelboot, mietete einen Liegeplatz in der Nähe der Pichelsdorfer Brücke und lud diverse Freundinnen dorthin ein. Niemand stellte ihn in seiner Rolle als Skipper in Frage. Wie andere stolze junge Juden hatte Rogoff das wirksamste Rezept zum Überleben entdeckt: sich voller Selbstvertrauen, oder besser noch Arroganz, in der Öffentlichkeit zur Schau zu stellen. Wer diese Rolle überzeugend spielte – oft waren es sehr junge Männer oder sogar Jugendliche –, fand seine zwielichtige Existenz regelrecht erfreulich. Es war ein tägliches Räuber-und-Gendarm-Spiel.

Günther lud seine Mädchen aufs Boot ein oder zu Kaffee und Kuchen ins Café Kranzler. Einmal speiste er gar mit einem jüdischen Kumpel und einem nichtjüdischen Freund in Marineuniform mitten unter der Crème der NS-Bürokratie im Elitehotel Kaiserhof. Es war der Gipfel der Tollkühnheit und erforderte einiges an schauspielerischem Talent. »Wir führten uns auf wie die Fürstensöhne«, erinnerte er sich.

Als er untertauchte, um der Deportation zu entgehen, wandte Rogoff ähnlichen Scharfsinn auf, um sich ein Dach über dem Kopf zu besorgen. Während andere U-Boote die Nächte frierend in Parks verbrachten oder bei endlosen Fahrten in U-Bahnen und Bussen die Festnahme riskierten, mietete sich Rogoff in möblierten Zimmern in ausgesuchten Vierteln ein. Er besorgte sich die Adressen durch die städtische Zimmervermittlung und verhandelte dann mit den Vermieterinnen. Sie waren verpflichtet, Formulare auszufüllen und alle Mieter der Polizei zu melden. Aber wenn er sich bei fünf oder sechs Adressen vorgestellt hatte, hatte er immer eine Frau gefunden, der er sympathisch war und die seine erfundene Geschichte schluckte: dass er ein bedauernswerter Wehrpflichtiger sei, der demnächst zur Wehrmacht einrücken müsse. Sie ließen ihn kurze Zeit bei sich wohnen, ohne verräterische Informationen auf lange Formulare zu kritzeln und sich die Mühe zu machen, sie zur Polizei zu bringen, die nur noch mehr neugierige Fragen stellte.

Günthers Fälscherei lief gut, weil sich bei Papieren Angebot und Nachfrage nicht verringerten. 1943 war so ziemlich jeder Jude verzweifelt bemüht, das Land illegal zu verlassen, egal, wie hoch das Risiko war. Und während alliierte Luftangriffe daheim und militärische Rückschläge an der Front die deutsche Effizienz verminderten, wurden Dokumente, mit denen ein schwieriges Überleben einstweilen möglich war, leichter erhältlich. Es gab häufiger unbewachte Schreibtischschubladen, aus denen man Blankoformulare stehlen konnte. Allerdings gingen die Preise in die Höhe wie an der Börse bei Hochkonjunktur. Ein Satz Lebensmittelkarten für eine Familie hatte einst 225 bis 250 Mark gekostet. Jetzt nicht mehr. Einen Postausweis konnte man vielleicht für 800 Mark bekommen, eine richtige Kennkarte kostete 1 500 Mark. Langsam kletterten die Preisnotierungen in höhere Bereiche, obwohl sich manchmal fromme Christen noch immer überreden ließen, ihre Papiere ohne Bezahlung herzugeben.

Alle Juden, die noch in Deutschland lebten, wussten inzwischen, dass sie von der stillschweigenden oder aktiven Unterstützung durch Nichtjuden abhängig waren. Leider waren manche Hilfsangebote unehrlich, und man konnte Schurken und Helden nicht auseinanderhalten.

Mein Vetter Walter hat nie von Günther Rogoff und seinen Widerstandskontakten gehört. Walter, blond und blauäugig, arbeitete und lebte als Modezeichner in Weißensee, dem Arbeiterviertel, in dem mein Vater aufgewachsen war. Ein Mann mit ausländischem Akzent trat an ihn heran und behauptete, er könne ihm Papiere für die Schweiz besorgen. Walter gab ihm Geld. Der Mann kam zurück und forderte mehr Geld. Walter zahlte und wartete. Und wartete weiter.

Schließlich wurde ihm klar, dass er keine Papiere bekommen würde, und er nahm Gift. Sein älterer Bruder, mein rundlicher, scharfsinniger Vetter Siegfried, fand ihn eines Nachmittags im Jahr 1942 tot auf. Siegfried gelang es, den Krieg in Berlin zu überleben, vor allem, weil er nie zwei Nächte hintereinander an derselben Stelle schlief und weil er großzügige nichtjüdische Freunde hatte, die ein Lebensmittelgeschäft besaßen und ihn ernährten.

Und weil er Glück hatte.

Wie versprochen stellte Günther Rogoff eine Kennkarte für Stella her und übergab sie ihr bei einem verabredeten Treffen irgendwo auf der Straße; er nahm kein Honorar und verschwand, ohne eine Spur zu hinterlassen. Erst viele Jahre nach dem Krieg erfuhr er, dass seine Fälschung ihr Verderben gewesen war und dass ihr Sturz, kurz nachdem er sie zum letzten Mal gesehen hatte, sie zum klassischen Gestapo-Torpedo gegen die Bruderschaft der U-Boote gemacht hatte.

Rogoff überlebte Hitler dank seiner munteren Chuzpe und der guten Nase, die ihn geschützt hatte, bis ihn Stellas Verhaftung im Sommer 1943 auf die Liste der meistgesuchten Personen in Berlin brachte. Es wurde Zeit für ihn, das Land zu verlassen.

Aus einer alten Karte suchte er sich das malerische mittelalterliche Nest Stein am Rhein auf der Schweizer Seite der Grenze als die geeignetste Stelle für eine Flucht heraus. In Hitlerjugendmontur und mit Rucksack sah er aus wie auf Ferienwanderfahrt; er fuhr mit dem Fahrrad und übernachtete in bequemen Gasthäusern, denn ihn schützten die besten Papiere, die er hatte herstellen können. Günther prüfte das örtliche Telefonbuch und fand einen Bauern namens Schmidt, dessen Hof direkt an der Grenze lag. Er kaufte einen Blumenstrauß, hielt ihn sichtbar vorn auf dem Lenker und meldete sich beim Grenzpolizeiposten:

»Ich will zu den Schmidts«, rief er den Wachtposten mit einem breiten Lächeln zu, und sie ließen ihn passieren.

Innerlich in größter Erregung, betete er ein *Schma-Jisrael*, als er in der Ferne eine Schweizer Fahne erspähte. Die Grenze folgte dem Lauf eines Flüsschens. Rogoff versteckte sein Fahrrad im Gebüsch und watete ins Wasser. Als er in der Mitte war, hörte er ein Rascheln und tauchte tief ins Wasser, sodass nur noch die Nase heraussah. Der Störenfried war ein Reh.

Sobald er auf der Schweizer Seite herauskletterte, küsste Rogoff, der Fälscher mit der feinen Witterung, den Boden.

1 Trotz ihres Abscheus bei der bloßen Erwähnung von etwas Jüdischem: Stellas Name und der ihrer Eltern blieb in den alten Namensverzeichnissen von Kulturbundmitgliedern erhalten, die in einer Berliner Ausstellung 1992 gezeigt wurden.

2 1937 hatten 23000 Juden das Reich verlassen, 1938 waren es 33000 gewesen. Nach 1939 verlangsamte sich die Fluchtbewegung dramatisch. 1940 waren es 15000. 1941, im letzten Jahr, in dem Flucht möglich war, gelang noch 8000 die legale Auswanderung.

3 Kent war noch immer nicht weit genug von Hitler entfernt. Im Mai 1940 verfolgte er die Goldschmidts, als er Folkestone von der nahe gelegenen französischen Küste bei Calais aus bombardieren ließ. Die Goldschmidt-Flüchtlinge wurden zusammen mit den Schülern der örtlichen englischen Schulen in Notquartiere in Wales evakuiert.

4 Nur 21000 Flüchtlinge wurden von 1940 bis Mitte 1945 in die USA hineingelassen; das waren zehn Prozent der nach dem Einwanderungsgesetz zulässigen Quote.

5 Als Speer 1981 starb, war sein Erfolg bei der Selbstrehabilitation einmalig. Als Parteimitglied und Vertrauter Hitlers seit 1932 hatte Speer die Gestaltung der riesigen Nürnberger Parteitage geplant, er hatte die Neue Reichskanzlei entworfen und war, als Chef der Kriegsproduktion, der größte Arbeitgeber Deutschlands geworden. Tausende von Zwangsarbeitern in den Konzentrationslagern arbeiteten für sein Ministerium. Er büßte nach dem Krieg die ganzen zwanzig Jahre seiner Verurteilung als Kriegsverbrecher ab. Doch durch seine *Erinnerungen* (1969 erschienen) und weitere Veröffentlichungen starb er als respektierter Historiker, fast als Nazi-Gegner.

6 Bis wir schließlich gegen Ende des Krieges unerhört erfolgreich wurden bei dem Versuch, Deutsche zum Aufgeben zu überreden, blieben wir selbst der Spitze der Regierung unbekannt. Einer unserer höchsten Propaganda-Experten, Wallace Carroll, wurde einmal ins Weiße Haus bestellt, um Präsident Roosevelt über psychologische Kriegführung aufzuklären. Aber der Präsident wollte lieber über Zensur sprechen. Carroll versuchte, ihn respektvoll davon abzubringen. Er sagte, von Zensur verstünde er nichts, und nahm seinen Vortrag über psychologische Kriegführung wieder auf. Unbeirrt unterbrach ihn der Präsident mit Fragen über Zensur. Unsere geheimnisvolle Spezialität interessierte ihn nicht.

7 Genau wurde ihr Schicksal nie festgestellt. Am 15. Dezember 1947 bekamen ihre Söhne einen »Bescheid« des Amtsgerichts Berlin-Schöneberg ausgehändigt, in dem bescheinigt wurde, dass ihre Eltern, Georg, 57, und Charlotte, 44, seit dem 16. Dezember 1941 »vermisst« würden, »sodass ihr Tod fast sicher ist«. Als Todesdatum war willkürlich der 15. Januar 1942 festgesetzt.

8 Unter der grotesken Mathematik der westdeutschen Gerichte wurde Burmeister, der der »Beihilfe zum Mord« an 150000 Juden angeklagt war, zu dreizehn Jahren Gefängnis verurteilt. Von den 160 Funktionären im Lager Chełmno, die identifiziert werden konnten, waren 105 verschwunden und wurden nie

gefunden. Von den 33, die vor Gericht gestellt wurden, wurde nicht einer wegen Mordes verurteilt.

9 Unglaubliche Nachrichten reisen unglaublich langsam. Systematische Darstellungen über die Ungläubigkeit der Welt und ihre Inaktivität brauchten auch in der Literatur vierzig Jahre oder mehr, um aus den Archiven ans Licht zu treten. Dazu gehören *Was niemand wissen wollte. Die Unterdrückung der Nachrichten über Hitlers ›Endlösung‹* von Walter Laqueur (Frankfurt, Berlin, Wien 1981) und *Were we Our Brother's Keepers?* von Haskel Lookstein (New York 1985).

10 Seine Frau war behindert und beging mit 85 Jahren Selbstmord. Sie nahm Veronal, als Beamte mit einer Tragbahre kamen, um sie zu einem Deportationszug zu bringen.

11 Der Euphemismus »Endlösung« wird allgemein Eichmann zugeschrieben. Vielleicht war nicht Heydrich, sondern für Heydrich wiederum Eichmann der Ghostwriter für den Göring-Befehl von 1941.

12 Hitlers Beteiligung wurde erst am 17. Februar 1978 nachgewiesen, als der ehemalige Unteroffizier der Wehrmacht Werner Isensee dem britischen Historiker Gerald Fleming eine eidesstattliche Versicherung über einen verschlüsselten Befehl gab, den er Ende Juli 1942 übermittelt hatte. Er kam aus dem FHQ bei Winniza zu Isensees Funkstation in Luzk in der Ukraine. Er war an den Reichskommissar Erich Koch, Rowno, Ukraine, gerichtet und unterzeichnet mit »Adolf Hitler, Führerhauptquartier«. Koch wurde darin angewiesen, alle noch im Großraum Rowno lebenden Juden zu liquidieren. Daraufhin wurden zwischen August und November nicht weniger als 70000 Menschen im Raum Rowno erschossen.

13 Die »Wannsee-Konferenz« war Heydrichs letzter Triumph. Am 27. Mai 1942 wurde er bei einem Attentat von Exiltschechen, die mit dem Fallschirm abgesetzt worden waren, tödlich verwundet.

14 Der Massenmord der »Endlösung« wurde zu einem so massiven und umfangreichen Unternehmen, dass die Statistiken unbestimmt und umstritten geblieben sind. Die vollständigste Untersuchung (584 Seiten) erschien erst 1991: *Dimension des Völkermords* (München), hrsg. v. Wolfgang Benz, Direktor des Zentrums für Antisemitismusforschung an der Technischen Universität Berlin. Für diese Zusammenstellung haben achtzehn Wissenschaftler in siebzehn betroffenen Nationen alle erreichbaren Quellen ausgewertet und die führenden Forscher in Israel um Mitarbeit gebeten. Die endgültige Berechnung kam zu einer Schätzung von mindestens 5,29 Millionen und höchstens etwas über 6 Millionen Toten.

15 Eine Kopie der überarbeiteten Fassung wurde spät – 1947 – von amerikanischen Forschern entdeckt; es war der erste Hinweis darauf, dass überhaupt eine solche Konferenz stattgefunden hatte.

16 Rogoff hat heute eine florierende Firma und hat um Anonymität gebeten. Sein Pseudonym war der Name eines Feuerholzhändlers in Minsk, mit dem seine Großeltern befreundet waren, die von dort stammten.

BUCH DREI

Leben mit der Gestapo

---

14. Der Pakt mit dem Teufel

Im Spätfrühling 1943 war Stella das Glück gewogen. Von da an fand sie ihre Männer meistens in der Öffentlichkeit, und Rolf Isaaksohn war der erste in dieser Reihe schicksalhafter Verbindungen. Es geschah in der Schlange vor einem Feinkostgeschäft am Olivaer Platz. Wie gewöhnlich bewegte sich die Schlange nur langsam voran, man hatte also Gelegenheit zum Plaudern. Die gegenseitige Annäherung wurde jedoch nicht allein durch Worte ausgelöst.

»Er war schön, sie war schön«, erinnerte sich Rolfs Cousine Dorothea, damals zehn Jahre alt. Sie lebte ebenfalls im Untergrund und verbrachte in jenem Frühling und Sommer viel Zeit mit dem »schönen Paar«.

Rolf war zweiundzwanzig, ein gutaussehender dunkler Typ – »so italienisch«, sagte Stella –, groß, schlank, gepflegt in weißem Hemd, Krawatte und Jackett. Aber es war noch mehr an Isaaksohn (der sich von Jagow nannte) als das tadellose Äußere. Er hatte Geld, Gewitztheit und Ausstrahlung: ein Beschützer, den man sich warmhalten musste.

»Er war sehr beeindruckend«, sagte Dorothea. »Sein Auftreten war so selbstsicher. Und wenn man gut aussieht, kann man mit einer Menge durchkommen. Er war ein perfekter Schauspieler, ein Schauspieler, der in jede Rolle schlüpfen konnte wie ein Filmstar.« Oder wie Stella.

Rolf verdiente sogar ein bisschen Geld mit der Schauspielerei. Er arbeitete als Statist an der Staatsoper, dem tempelähnlichen Bau mit den korinthischen Säulen Unter den Linden. Meistens trug er stumm einen Speer in einem italienischen Musikepos.[1] Nicht etwa, dass er verbal nichts beizutragen gehabt hätte.

Und wie er reden konnte! »Es ist ein Charakterzug der Isaaksohns«, sagte Cousine Dorothea. »Wir waren immer Charmeure und redeten gern Schmus. Und wir konnten uns anpassen.«

Sich anzupassen – sich den Bedingungen fürs Überleben, wie sie das Eichmann'sche System aufgezwungen hatte, entsprechend zu verhalten – war das, worin sich Stella und Rolf jetzt als Team übten. Ob nun Rolf der Anführer oder der Geführte war, er war der perfekte Partner, weil seine angenehme Erscheinung und seine Umgangsformen so irreführend waren. Dabei war er amoralisch. Seine eigene

Mutter hatte das Dorothea gegenüber zugegeben: »Rolf würde über Leichen gehen!«

Wie Rogoff hatte Isaaksohn sich selbst zum Fälscher ausgebildet und verdiente viel Geld damit. Seine Fälschungen hatten einen guten Ruf und er konnte durch diese Tätigkeit die Verstecke und verstohlenen Gewohnheiten seiner Kunden und ihrer Kontaktpersonen kennenlernen. Rolfs Fälschertricks waren genial. Er pellte Eier und benutzte die Häutchen, um einen Stempeldruck zu schaffen, der die Papiere alt aussehen ließ. Für Stella fabrizierte er zusätzlich zu dem von Rogoff gelieferten Ausweis mehrere Papiere.

Nach kürzester Zeit zog das schöne Paar zusammen in eine Drei-Zimmer-Wohnung in der Lietzenburger Straße, in der ein jüdischer Mann mit einer christlichen Frau in »Mischehe« lebte. Insgesamt wohnten dort zehn Menschen. Sie verbrachten viel Zeit im Bett, aber nicht wegen ihres Sexuallebens. Die Nachbarn durften nicht merken, dass so viele Leute dort wohnten. So taten Stella, Rolf und ihre Mitbewohner alles, um sich an die Regeln zu halten, die U-Boote überall in der Stadt befolgten. Man nannte das »geräuschlos leben«: die ritualisierte Kunst des Versecktseins, die Stella mit ihrer Mutter geübt hatte, als sich ihr Vater in der Kristallnacht einer Festnahme entzogen hatte.

Es durften nicht mehr als drei Menschen gleichzeitig auf sein, auch wenn sie barfuß liefen, deshalb war das Bett ein bequemes Refugium. Stella und Rolf schmiegten sich unter der Decke aneinander, während andere auf Zehenspitzen schlichen und versuchten, sogar ihr Flüstern einzuschränken.

Langeweile und Rolfs Arbeit – seine Fälscherei und sein Speertragen – trieben das Pärchen und Dorothea aus dem Haus. Am liebsten hielt sich das Trio im Café Bollenmüller in der Mittelstraße auf. Es war in der Nähe der Oper, und dort trafen sich Leute aus der Film-, Musik-, Presse- und Rundfunkszene. Es war ein einigermaßen sicherer Ort, an dem man anonym bleiben konnte, weil es fast immer sehr voll war. Vermutlich würde man die Gestapoleute, wenn sie in ihren langen Ledermänteln und Filzhüten hereingestürmt kamen, rechtzeitig entdecken.

Am 2. Juli mittags versagte die Strategie. Eine jüdische Bekannte von Stella, die rundliche Inge Lustig, kam herein, winkte Stella nervös zu und verschwand wieder. Stella, die an einem Tisch saß und auf Rolf und Dorothea wartete, lächelte, als sie Inge Lustig erkannte. Schon eilten ein paar Gestapomänner herein. Stella versuchte zu fliehen, aber einer der Männer packte sie, schlug ihr kräftig ins Gesicht und führte sie ab.

Inge Lustig gehörte zu einer neuen Spezies, den »Greifern«[2] – Juden, die für die Gestapo Juden jagten. Diese Frau beeinflusste Stellas Entscheidung später wesentlich. Schließlich war sie der lebende Beweis dafür, dass eine »Greiferin« eine Beauftragte der Regierung war und man sich mit ihr identifizieren konnte. Die Greifertätigkeit hatte ein gewisses Maß von Ehrbarkeit an sich, weil die »legalen« Behörden diesen »Beruf« geschaffen hatten. Nebenbei bot er verführerischere Vorteile. Greifer lebten fast wie ganz normale Bürger, wie Nichtjuden! Sie wurden nicht in Lagern eingesperrt. Sie mussten keinen Judenstern tragen. Sie konnten selbst über ihre Zeit bestimmen. Sie bekamen anständig zu essen und wurden sogar bezahlt. Sie trugen eine Pistole, zur eigenen Sicherheit und damit sie andere festnehmen konnten. Und sie hatten Gestapo-Ausweise, die ihnen Autorität verschaffen sollten. Ihre Namen wurden von Deportationslisten gestrichen. Einige bekamen einen zusätzlichen Anreiz geboten: Für jedes gefangene Opfer wurde ein Verwandter aus den Listen gestrichen, und sie bekamen 200 Mark Prämie pro Kopf. Sie lebten, jedenfalls eine Weile.[3]

Als Rolf und Dorothea Hand in Hand in dem Café eintrafen, flüsterte ihnen eine der Kellnerinnen zu: »Passt auf, die Gestapo war da und hat Stella mitgenommen.« Bestürzt schlüpften die zwei langsam und so unauffällig wie möglich hinaus.

Rolf wurde erst viele Wochen später erwischt, und auch dann dauerte es noch eine Weile, ehe er begann, »über Leichen zu gehen«. Die erste war die seines Onkels, des Vaters von Dorothea. Rolf und die Gestapo holten ihn an seinem Geburtstag ab, dem 19. November.

»Er hat meinen Vater umgebracht, und das in seiner ersten oder zweiten Woche, um zu beweisen, wie gut er das machte«, sagte Dorothea später. Seine Anwerbung als Greifer sei Stellas Werk gewesen – davon war Dorothea überzeugt: »Sie hat ihn dazu veranlasst.«

Stella konnte nicht wissen, dass Günther Rogoff zu einer der meistgesuchten Personen geworden war, seit sie ihn zuletzt gesehen hatte. In ganz Groß-Berlin hatten Polizisten sein Foto und eine Handschriftenprobe bei sich und hielten nach ihm Ausschau.

Ein dummer Zufall hatte ihn zur Zielscheibe gemacht. Rogoff trug seine Brieftasche immer in der Brusttasche seines Jacketts. Obwohl sie voll von belastendem Material war, nahm er sie einmal in einer überfüllten Straßenbahn heraus. Beim Wegstecken schob er sie, ohne es zu merken, zwischen Jackett und Mantel; sie rutschte auf den Boden und wurde von einem braven Bürger pflichtschuldigst als Fundsache bei der Polizei abgeliefert.

Als sie die Papiere sahen, die für verschiedene Scheinidentitäten bestimmt waren, hatten die Beamten keine Schwierigkeiten festzustellen, was Rogoff trieb. Bei der Überprüfung von Stellas Papieren im Café Bollenmüller glaubten sie, ihn aufgespürt zu haben: Sie erkannten seine Handschrift. Das machte Stella wiederum zu einer

Zielscheibe für die Gestapo. Es schien ein leichtes zu sein, Rogoffs Unterschlupf aus dieser zierlichen jungen Blondine herauszuprügeln.

Auf einem Stadtplan von Berlin aus der Kriegszeit sieht man bestimmte finstere, anonyme Gebäude über den Bezirk Mitte verstreut, die im Bewusstsein der Juden wie Neonlichter leuchteten. Schon die Nennung der Adressen verursachte Panik.

Die Synagoge in der Levetzowstraße war die erste Station bei dieser Geographie des Schreckens. Es folgten jüdische Einrichtungen, die von der Gestapo in eine Art Gefängnisse verwandelt worden waren – Sammellager, wo die Juden manchmal unendlich lange blieben, manchmal aber auch innerhalb weniger Tage oder auch Stunden deportiert wurden. Diese Lager waren das ehemalige Jüdische Altersheim in der Großen Hamburger Straße (kurz »die Große Hamburger Straße« genannt) und etwas später das Jüdische Krankenhaus an der Schulstraße 79 (»die Schulstraße«). In beiden wohnte und arbeitete Stella zeitweise.[4]

Stella kam zunächst an der am meisten gefürchteten Stelle in den Apparat zur »Behandlung« von Juden, im örtlichen Gestapo-Hauptquartier in »der Burgstraße« – Burgstraße 26 am Ufer der Spree, gleich um die Ecke von der Hochbahnstation Börse und dem alten Zirkus Busch.[5] Es war ein schmuddeliger Prachtbau aus einem anderen Zeitalter, von drei Säulen entstellt, die wie an die Fassade geklebt wirkten. Das Dach krönten zwei Kuppeln und ein Zwiebelturm, wie man sie von orthodoxen Kirchen kennt. Im Erdgeschoss hatte es einst einen Herrenhutladen, eine Buchhandlung und andere Geschäfte gegeben.

Die Zuständigkeiten der verschiedenen lebensgefährlichen Ämter hatte jeder Jude im Kopf, und die dunkle, antiseptische Stille der Büros in der Burgstraße galt als besonders bedrohlich. Diese Büros lernte man meistens als erste von innen kennen, und die Regeln, die dort herrschten, waren höchst undurchsichtig. Wenn Führungspersönlichkeiten aus der jüdischen Gemeinde dorthin bestellt wurden, legten sie Uhr, Ringe und andere Wertsachen vorher ab. Es konnte einen ganz belanglosen Grund für die Vorladung geben. Es konnte aber ebenso gut sein, dass man nicht zurückkehrte.

Letzten Endes waren es Stellas Auftreten und ihre Intelligenz, die sie in den Rang eines Stars bei der Gestapo erhoben. Aber erst einmal machte ein anderer Faktor sie in der Burgstraße interessant. Man nahm an, dass sie Informationen hätte. Sie sollte ihre Kerkermeister zu Rogoff führen, der seinerseits unzählige in der Illegalität lebende Juden kennen musste. So schnell Eichmanns Fließbandsystem arbeitete, es konnte auch innehalten, um auf Informationsquellen –

mögliche Lecks, die die von Hitler geforderte »Säuberung« Deutschlands befördern konnten – Druck auszuüben.

Stella verbrachte die meiste Zeit in der Burgstraße in einer fensterlosen, absolut kahlen Einzelzelle. Oft konnte sie sich weder hinsetzen noch hinlegen, weil der Fußboden unter Wasser stand. Verhöre gab es zu jeder Tages- und Nachtzeit. Die Vernehmer bestanden darauf, dass sie sie zu ihrem Freund, dem notorischen Fälscher, bringen sollte. Sie sagte, dass sie seinen Aufenthaltsort nicht kenne und nie genau gewusst habe, wo er wohne. Das stimmte. Aber die Funktionäre glaubten ihr nicht und begannen, physisch Druck auszuüben, immer im Keller, um die Gefühle der Nachbarn zu schonen: Dort übertönte das Geräusch einer hydraulischen Pumpe das Schreien.

Selten wurden hier Juden mit Hilfe von Apparaten gefoltert, wie etwa der Quetschmaschine in der Prinz-Albrecht-Straße, einem Gerät aus Metall, in das man fünf Finger klemmte, die dann zerrissen und zermalmt werden konnten. Juden wurden mit der Hand, mit Knüppeln oder Peitschen geschlagen. Überlebende vermuteten, dass weder sie noch ihre Peiniger mit ihren niedrigen Dienstgraden der technischen Ausrüstung für wert gehalten wurden.

Jahre später zog Stella alle Register ihres Schreibtalents und beschrieb in den Berichten für die Staatsanwaltschaft in ihrem zweiten Prozess die Behandlung, die sie erfahren hatte:

»In den Gestapokellern der Burgstraße wurde mir ein doppelter Steißbeinbruch getreten, eine Rückgratkrümmung geschlagen; ich blutete aus Mund, Ohren und Nase, konnte acht Tage nicht essen noch meine Lippen bewegen – man wollte mich erwürgen –, dreimal legte man mir die entsicherte Pistole an die Schläfe. Völlig zerschlagen und vernichtet blieb ich ohnmächtig liegen. Da trat man mit Schaftstiefeln nach mir – ich gab mein Leben auf...«

Stellas Schilderung wurde wegen des Selbstmitleids zwar mit Skepsis aufgenommen, aber sie stimmte mit den Aussagen anderer über die Behandlung in der Burgstraße überein.

»Dort wollten sie von mir durchaus wissen, wo und bei wem ich mich während der letzten Zeit aufgehalten hatte«, erinnerte sich ein anderer Gefangener, Rolf Joseph, ein Zimmermannslehrling. »Ich versicherte, dass ich wirklich ohne jedes Obdach gelebt hatte, aber das wollte mir niemand glauben. Ich sollte unbedingt Namen angeben, aber ich weigerte mich. Da führten sie mich in den Keller, banden mir Hände und Füße zusammen und schnallten mich über eine Holzkiste. Dann bekam ich mit einem Ochsenziemer fünfundzwanzig Hiebe auf das nackte Hinterteil. Ich musste selber laut zählen.«

Joseph war stark genug, nicht zusammenzubrechen, und er entzog sich mit einer originellen List. Es war bekannt, dass die Gestapo-Leute Angst vor ansteckenden Krankheiten hatten wie vor der sprichwörtlichen Pest selbst. Als er Fieber bekam, zerkratzte sich

Joseph systematisch das Gesicht; er wurde als Scharlachfall in ein Polizeilazarett gebracht.

Ein Autor namens Adelberg, der den Zorn seiner Bewacher erregt hatte, weil es ihm gelungen war, für kurze Zeit zu entfliehen, bekam eine besondere Behandlung in der Burgstraße. Ein jüdischer Ordner sah ihn nach einer Nacht in den Kellern. Mund, Nase und Ohren waren nicht mehr als solche zu erkennen. Seine Arme waren gebrochen. Ein Bein war ausgekugelt. Sein Körper war zerschunden; eine mechanische Vorrichtung hatte weiter auf ihn eingeschlagen, nachdem die Gestapo-Männer müde geworden und ins Bett gegangen waren.

Sie hatten erreichen wollen, dass Adelberg sich unterwarf, dass er »verstand«. So berichtete das Opfer, das kaum sprechen konnte, dem Ordner mühsam. Ein paar Tage später wurde Adelberg auf einer Tragbahre nach Auschwitz geschickt, wo er vergast wurde.

Opfer wie Stella, die die Folter überlebt hatten, wurden nur körperlich wiederhergestellt. »Wer gefoltert wurde, bleibt gefoltert«, schrieb Jean Améry, der österreichische Philosoph, den die Gestapo wegen seiner Widerstandsarbeit in Belgien gefoltert hatte. »Wer der Folter erlag, kann nicht mehr heimisch werden in der Welt; die Schmach der Vernichtung lässt sich nicht austilgen. Das zum Teil schon mit dem ersten Schlag, in vollem Umfang aber schließlich in der Tortur eingestürzte Weltvertrauen wird nicht wiedergewonnen.«[6]

Die Behandlung in der Burgstraße vernichtete das erhabene Bild, das Stella von sich selbst gehabt hatte. Ihre wertvollste Eigenschaft hatte sich als vergänglich erwiesen. Seit ihrer Kindheit hatte sie sich auf ihr Aussehen verlassen, es hatte sie zu etwas Besonderem gemacht; jetzt wusste sie plötzlich, dass es hinfällig und bedeutungslos war.

Als Jugendliche war sie wie durch Zauber unverwundbar gewesen. Ihre Schönheit hatte ihr Macht über die Männer geschenkt, ein Vorteil, den sie schätzte. Forsche Kerle wie Günther Rogoff waren ihr ausgeliefert in der Begierde, mit ihr zu schlafen. Und ihre in sie vernarrten Eltern hatten sie gegen die Unbilden der Welt zu schützen versucht, indem sie bis in ihre zwanziger Jahre wichtige Entscheidungen für sie trafen.

Die Burgstraße nahm ihr jeglichen Schutz. Die Männer dort interessierte nur der Aufenthaltsort von Rogoff. Der Druck, den Eichmanns »Judenamt«, das Referat IV B 4, ausübte, ließ sie mit der seelenlosen Blutrünstigkeit eines Dschingis-Khan vorgehen. Stella war ein blutiges Häufchen auf dem Fußboden geworden; ihre Persönlichkeit und ihre Selbstachtung waren vernichtet.

Schließlich wurden ihre Vernehmer die Mühe leid und brachten Stella ins Frauengefängnis im Industriegebiet an der Bessemerstraße, nicht weit vom Flughafen Tempelhof.

Dieses Gefängnis bestand aus einem Haufen von schmutzigen,

heruntergekommenen Baracken, in denen zwei Arten von Gefangenen saßen: In einer der Baracken waren es angesehene Damen, zum Teil von Adel, die der »Rassenschande« – des Sexualverkehrs mit jüdischen Männern – beschuldigt wurden und mit Prostituierten zusammengelegt waren. Die anderen Gebäude barsten fast von Ausländerinnen, überwiegend Polinnen, von denen viele schwanger waren; niemand wusste, weshalb sie im Gefängnis saßen. Stella kam zu den Ausländerinnen, aber nicht lange.

An einem heißen und schläfrigen Sonnabendnachmittag im Hochsommer meldete sie ihren Wärterinnen Zahnschmerzen. Obwohl diese Schmerzen eine Folge der Misshandlungen waren, wurden sie ernst genommen. Die Behörden waren noch immer stolz darauf, ihre Opfer »ordnungsgemäß« zu behandeln. Wenn eine Gefangene verdächtig war, Informationen zurückzuhalten, so war es »ordnungsgemäß«, sie halbtot zu schlagen. Wenn sie Zahnschmerzen hatte, musste sie zum Zahnarzt, auch am Wochenende.

Dieses Paradox kam Stella zugute, als sie zur Polizei-Zahnstation an der Scharnhorststraße gebracht wurde. Die war so nachlässig bewacht, dass es Stella gelang, aus dem Wartezimmer zu fliehen, und es waren nicht genügend Beamte da, sie zu verfolgen.

Ihre erste Sorge galt ihren Eltern. Von Freunden erfuhr sie, dass sie sich bei anderen Freunden in Weißensee versteckt hielten und mit Selbstmord gedroht hätten. Stella kannte die Wohnung. Sie hatte vor langer Zeit einen Koffer dort untergestellt. »Als ich ins Zimmer trat, dachte man an eine Vorsehung«, schrieb sie später. Ihre Mutter und ihr Vater sahen ihre Verletzungen und Narben, und beide brachen in Tränen aus. Es war Stellas Geburtstag.

Für die Familie in Weißensee war es zu gefährlich, drei illegal lebenden Juden Obdach zu gewähren, deshalb beschlossen Stella und ihre Eltern, in eine Pension an der Kaiserallee zu ziehen. Ein anderes U-Boot hatte ihnen einmal erzählt, diese Pension sei relativ sicher. Sie wussten nicht, dass ihre Informationsquelle getäuscht und inzwischen selbst festgenommen worden war.

Stella war keine zwölf Stunden in Freiheit gewesen, als zwei Gestapo-Männer vor ihrer Tür standen. Ihre Eltern wurden in das bereits berüchtigte Sammellager Große Hamburger Straße gebracht.

Stella wurde wieder geschlagen und wieder über Rogoffs Aufenthaltsort befragt und wieder ans Gefängnis Bessemerstraße übergeben. Da man sie noch immer für eine mögliche Informationsquelle hielt, bestimmte man sie noch nicht zur Deportation nach Osten. Sie blieb bis zum 23. August 1943 in der Bessemerstraße. Das war wieder ein aus tödlichen Gründen historisches Datum.

The Battle of Berlin Has Begun – »Der Kampf um Berlin hat begonnen«, verkündete die Schlagzeile auf der ersten Seite der *New York*

Times. Der erste einer Reihe von schweren Luftangriffen traf Berlin in jener Nacht vom Sonntag auf den Montag bei klarem Himmel, und die Einzelheiten waren eindrucksvoll. Rund 700 Bomber der Alliierten warfen 1800 Tonnen Spreng- und Brandbomben auf die Hauptstadt. Der Angriff war doppelt so schwer wie jeder vorhergehende, und auf beiden Seiten gab es große Verluste. Die deutsche Flak schoss achtundfünfzig Bomber ab; 5680 Berliner starben, und weitere 120000 wurden ausgebombt.

Das Frauengefängnis an der Bessemerstraße gehörte zu den Hunderten von zerstörten, ausgebrannten Gebäuden, aber Stella gelang es, in dem folgenden Chaos zu fliehen.

Die Luftschutzsirenen hatten am Sonntagabend um 23.29 Uhr zu heulen begonnen. Die ersten Bomben fielen genau um Mitternacht. Die Angreifer kamen von Westen und trafen erst Charlottenburg, setzten das Zoo-Viertel in Brand und breiteten sich dann über der Stadtmitte fächerförmig aus. In Stellas Umgebung, Tempelhof, lagen etliche große kriegswichtige Betriebe, darunter Teile von Siemens, AEG und Opel. Alle wurden schwer beschädigt oder vernichtet.

Stellas Gefängnis war ein Scheiterhaufen.

»Mit Karabinern wurden wir in die Flammen zurückgeschlagen«, schrieb sie. »Betend lagen die Frauen auf den Knien. Sie verbrannten lebendig. Ein Teil der Zellen war nicht geöffnet worden. Die Trümmer der Opelwerke fielen auf den Weg des Gefängnisses. In letzter Minute, als das Tor geöffnet wurde, noch vor der Explosion der Güterwaggons, die dann alles dem Erdboden gleichmachten, konnte ich mich mit einer ungarischen Jüdin retten. Wir krochen auf allen vieren über das Geröll. Dicker Qualm benebelte uns. Ich war einer Ohnmacht nahe, da zerrte mich diese Frau hoch, sie rief mir zu, ich kam etwas zu mir, und so erreichten wir die Straße. Da ging der Angriff weiter. Als wir merkten, dass die Gefängnispolizei versuchte, die Frauen etwas zusammenzuholen, versuchten wir zum Alboin-Park zu gelangen ...«

Es war einer der ersten von 363 Angriffen, die schließlich rund fünfundzwanzig Quadratkilometer von Berlin in Schutt und Asche legten, etwa ein Drittel der Gebäude zerstörten und an die 150000 Menschen töteten oder schwer verletzten. Keine Hauptstadt wurde je so stark zerstört.

Ed Murrow, der CBS-Korrespondent, erlebte den Angriff mit – aus 20000 Fuß Höhe. Unrasiert und mit geröteten Augen kehrte er in das Londoner BBC-Studio zurück und begann seine Sendung: »Letzte Nacht nahmen mich ein paar junge Männer mit nach Berlin...« Der nächtliche Feindflug der schwarzen Lancaster mit Namen *D for Dog* sollte Murrow in Erinnerung bleiben – von dem ersten Flakbeschuss, bei dem sie sich in ihrem Bomber hilflos fühlten wie eine schwarze Wanze auf einem weißen Laken, bis zu den *Cookies* (»Plätzchen«) genannten Sprengbomben, die auf Berlin herabstürzten »wie wildgewordene Sonnenblumen«.

Die Flak kam immer wieder zu ihnen zurück (»Die Scheinwerfer hielten uns weiterhin fest, und ich hatte große Angst«), bis *D for Dog* schließlich ausbrechen konnte. Murrow sah aus dem Fenster. »Die weißen Scheinwerfer waren rot geworden. Sie begannen zusammenzufließen und auseinanderzulaufen wie Butter auf einem heißen Teller.« Murrow hatte sehr ambivalente Empfindungen über das, was sein Flugzeug angerichtet hatte: »Menschen sterben am Himmel, während andere in ihren Kellern lebend geröstet werden.«

Aber er blieb der Reporter, der Literat, der analytische Augenzeuge.

»Berlin war eine Art orchestrierter Hölle«, schloss er. »Innerhalb von etwa fünfunddreißig Minuten über dem Zielgebiet wurde es mit ungefähr dreimal soviel von dem Zeug getroffen, das in einem die ganze Nacht dauernden ›Blitz‹ auf London fiel. Es ist eine kalkulierte, unbarmherzige Zerstörungskampagne ...«

Das Erstaunliche ist, dass die Verheerungen Berlin nicht in die Knie zwangen. Im Gegenteil. Die ausgebrannten Rüstungsfabriken wurden mit einer Geschwindigkeit zusammengeflickt, die dem alliierten Oberkommando unglaublich vorkam. Die Arbeiter, ärgerlich und trotzig geworden durch die Bedrohung ihres Lebens und den Tod geliebter Menschen, steigerten tatsächlich ihre Leistung. Bald nachdem die Feindseligkeiten eingestellt worden waren, stellte das *United States Strategie Bombing Survey*, ein von US-Präsident Harry S. Truman beauftragtes Team von Fachleuten, fest, dass die Schäden für die Industrie relativ klein gewesen seien.[7]

Das war der große Überblick. Am Boden sah es etwas anders aus.

Gerd Ehrlich, einundzwanzig, ehemaliger Goldschmidt-Schüler und inzwischen U-Boot, hockte beim Angriff vom 23./24. August, mit einer feschen Hitlerjungenuniform verkleidet, in einem öffentlichen Luftschutzbunker aus Beton tief unter der Bismarckstraße (an der ich einst gewohnt und auf die Schüsse eines Straßenkampfes gelauscht hatte).

»Das Licht ging aus«, schrieb Ehrlich. »Der Bunker schaukelte wie ein Schiff auf See. Die Frauen begannen zu kreischen, und es war, als wollte der ganze Bau über uns zusammenbrechen ...«

Gerd war erstaunt über die Stärke des Angriffs. Es hatte schon viele Luftangriffe gegeben, aber sie hatten kaum Schaden angerichtet. Die Berliner taten sie als »Mückenstiche« ab, weil die Bomber britische *Moskitos* waren und ihr »Stich« relativ leicht. Als Propagandaminister Goebbels am 1. August Handzettel an alle Haushalte zu verteilen befahl, in denen er »Frauen, Kinder und Rentner«

aufforderte, die Stadt zu verlassen, gab es viele Reaktionen, aber noch wenig Angst.

Rund 700000 von Berlins 4,3 Millionen Einwohnern flohen aufs Land. Die Bahnhöfe waren verstopft. Die Menschen versuchten in ausgebeulten, bleischweren Koffern ihre Wertsachen zu retten. Gerd Ehrlich half nichtjüdischen Freunden, ihre Last zu tragen. Seine Überlegungen waren zwiespältig: Er begrüßte und bemitleidete alliierte Flieger, wenn er sie bei Luftangriffen unter dem heftigen Beschuss der deutschen Flak sah. Gerd wusste, dass die alliierten Piloten seine Freunde waren. Aber er stand auch ein bisschen auf der Seite der Flakschützen, die die Angreifer angriffen. Sie beschützten ihn.

Andere U-Boote, die unter anderen Bedingungen lebten, begrüßten die Flieger unbekümmert und mit uneingeschränkter Begeisterung. Margot Linczyk, auch eine Klassenkameradin von mir, hatte das große Glück, für eine Weile zusammen mit ihrer Mutter in einem luxuriösen Privatbunker Unterschlupf zu finden, den sich eine wohlhabende Familie von Nazigegnern eingerichtet hatte. Während der Angriffe servierte ein Butler Champagner. Und wenn die Bomben in der Nähe einschlugen, prosteten sich diese Zielobjekte der Angreifer zu und riefen: »Los, Tommy, los!«

Die Bombenangriffe begannen jetzt, das tägliche Leben der Berliner fast zwei Jahre lang zu bestimmen. In den frühen Morgenstunden des 24. August ließ die Entwarnung drei Stunden auf sich warten. Roter Dunst hing noch den ganzen Dienstag über der Stadt. Eine Hitzewelle hatte ihren Höhepunkt erreicht.

»Das Zentrum und der Westen der Stadt sind nur noch ein Trümmerhaufen«, berichtete Ende November nach zwei ähnlichen Angriffen Roland Marti vom Internationalen Roten Kreuz aus seinem Büro in Wannsee an die Zentrale in Genf. »Die Stadt brennt, man geht hinein wie in die Nacht ... Die Züge fahren nicht mehr ... Wir haben weder Strom noch Gas ...«

Ständige, wenn auch beherrschte Panik hatte die Menschen gepackt. Sie gingen angezogen ins Bett, denn es gab nur selten Nächte, in denen sie durchschlafen konnten. Wenn sie aus ihren Bunkern kamen, war die Hitze so stark, dass sie sich in feuchte Decken hüllten. Dehydrierung hatte die auf den Straßen liegenden Leichen so schrumpfen lassen, dass sie wie verkohlte Puppen aussahen. An manchen Tagen lag dichter Rauch über der Stadt, und sogar Männer trugen gelegentlich einen Schleier, um keine schwarzen Gesichter zu bekommen. Scharen von Ratten liefen am helllichten Tag durch die Straßen. In den am schlimmsten betroffenen Stadtteilen gab es wochenlang weder Wasser noch Strom noch Gas oder Heizung. Die Bewohner standen vor den Gulaschkanonen der Wehrmacht nach Mahlzeiten an.

Viele Juden blieben während der Luftangriffe oben in ihren Verstecken und erlebten eine paradoxe Situation. Während sie bei den Bombardements um ihr Leben beteten, genossen sie doch die Unterbrechung ihrer normalen Angst. Kein Gestapo-Verfolger war verrückt genug, während eines Luftangriffs zu kommen und an die Türen zu hämmern.

Gerd Ehrlich lernte noch eine andere Gefahr kennen. Als in dieser ersten Nacht die Bomben rund um seinen Bunker einschlugen, gab ihm der Luftschutzwart einen Helm und befahl ihm, die Treppe nach Brandgeschossen abzusuchen. Im Schein einer Taschenlampe tastete er sich voran. Plötzlich hörte er ein Zischen. Er kam gerade noch rechtzeitig, um Sand über eine Brandbombe zu schütten. Es war ein Glücksfall. Auf seinem Heimweg Stunden später fühlte Gerd die moralische Verpflichtung, Mobiliar aus brennenden Häusern retten zu helfen.

Stella, eben zwanzig, schleppte sich durch die zerbombte Stadt und versuchte, mit den Schmerzen ihrer Verletzungen fertig zu werden und mit dem Bedürfnis, wie früher bei ihren Eltern Zuflucht zu suchen, die noch in dem Sammellager an der Großen Hamburger Straße gefangen waren.

»Ich hatte eine Phosphorvergiftung und Prellungen am ganzen Körper. Meine Beine waren grün und blau mit Blutergüssen bedeckt. Meine Schuhe fielen von den Füßen wie Asche«, schrieb sie später. »Mein inneres Gefühl und meine Liebe zu meinen Eltern ließen mich zu dem Entschluss kommen, in der Hamburger Straße mit ihnen das gleiche Los zu ertragen. Ich stellte mich dort, nachdem ich noch dreieinhalb Stunden per Fuß nach dem Angriff nach Bahnhof Börse lief ...«

Ihre Eltern sollten an genau diesem Tag in einem der gefürchteten Viehwaggons nach Auschwitz deportiert werden, sie standen auf der Liste. Als Stella auftauchte, protestierte ihre Mutter, wie immer das Kraftwerk der Familie, laut: Sie werde das Lager nicht ohne ihre Tochter verlassen. Da Stella aber erst verhört werden sollte, hieß das, dass die ganze Familie einstweilen verschont blieb.

Der Gestapo-Ermittler kam bald zu den entscheidenden Fragen nach dem Aufenthaltsort des nicht fassbaren Günther Rogoff. Er hatte mehrere Rogoff-Fälschungen vor sich auf dem Tisch liegen, und Stella war auch schon Gefangenen begegnet, die Papiere von Rogoff bekommen hatten.

Stella wusste nicht, wo Günther war, und sagte das auch. Wieder schrie sie der Gestapo-Mann an, sie lüge. Er setzte alle drei Goldschlags auf die nächste Liste zur Deportation nach Auschwitz, befahl aber, Stellas Fall abzutrennen: Sie sollte von zwei jüdischen »Fahndern« in die Mangel genommen werden, die von der Großen

Hamburger Straße aus für die Gestapo arbeiteten. Gemeinsam sollten sie Rogoff auftreiben.

»Was für einen Vorteil bringt mir das?«, fragte Stella. Sie bekam keine Antwort.

Stella fragte ihre Mutter, wie sie sich verhalten sollte. Toni Goldschlag riet ihr, Kooperation vorzutäuschen und sich etwas einfallen zu lassen, das die Gestapo über den Tag des nächsten Transports nach Auschwitz hin aufhalten würde. Der Zug danach war für Theresienstadt bestimmt, wo die Bedingungen etwas menschlicher sein sollten.

Stella bot all ihr schauspielerisches Talent auf und sagte den beiden » Greifern«, dass sie wirklich nicht wisse, wo Rogoff wohne, dass sie aber eine Ahnung habe, in welcher Gegend er sich vorwiegend aufhalte. Sie erfand eine Geschichte, dass der Meisterfälscher oft in Moabit sei, in der Gegend um die Turmstraße, in der Nähe des riesigen, prächtigen alten Gerichtsgebäudes.

Tagelang lauerte Stella in den Hauseingängen und Läden Moabits, überwacht von ihren beiden Schatten, Günther Abrahamson, einem großen, unbekümmerten Zweiundzwanzigjährigen, und seinem Partner Gottschalk, einem »Halbjuden«, der kürzlich wegen seiner Religionszugehörigkeit bei der Flak entlassen worden war.[8]

So wie sich Stella an das Ergebnis dieser fruchtlosen Mission erinnerte, wurde Abrahamson die Sucherei bald leid, beschuldigte Stella der Täuschung und machte eine entsprechende Meldung bei seinen Vorgesetzten. Prompt wurden die Namen aller drei Goldschlags wieder auf die Liste der Auschwitz-Transporte gesetzt.

Aber die Gestapo war mit Stella noch nicht fertig. Diese Funktionäre unterschieden sich von gewöhnlichen Schurken dadurch, dass sie von bestimmten Prinzipien beherrscht wurden. Sie gehorchten den Anweisungen ihrer Vorgesetzten sklavisch, und sie waren hartnäckig zielstrebig. Hitler hatte endgültig Befehl gegeben, Berlin zu »säubern«, er wollte die Hauptstadt ohne weitere Verzögerung »judenrein« wissen, und deshalb konnten seine Kreaturen in der Großen Hamburger Straße schnell die Geduld verlieren. Gewöhnlich schlugen oder traten sie die ihnen Ausgelieferten und schickten sie mit dem nächsten Todeszug fort; im Falle der gelegentlichen »Klärungsfälle«, deren »rassische Einstufung« ihnen zweifelhaft schien, ließen sie ihre Gefangenen manchmal monatelang im Ungewissen leiden. Es musste eben immer noch alles »ordnungsgemäß« ablaufen.

Wenn es ihren Zwecken diente, konnten die Gestapowärter eine Engelsgeduld aufbringen, und bei Stella beschlossen sie, es auf die sanfte Tour zu versuchen. Stella wusste offenbar mehr über Rogoff als sonst jemand und würde die Verfolger vielleicht doch zu dem so schwer fassbaren Fälscher führen. Sie war ja auch sonst noch vielversprechend. Die offensichtliche Anhänglichkeit an ihre Eltern machte diese zu idealen Geiseln. Und was noch besser war: Stella war Rolf Isaaksohn hörig; sie war den Versuchungen seiner einträglichen Fälscherei erlegen und ließ sich von ihm führen, fort von den bourgeoisen Werten ihrer Familie.

Isaaksohn stand inzwischen ebenfalls in dem Lager an der Großen Hamburger Straße zur Verfügung. Er war für unbestimmte Dauer dort, nachdem er sich zur Mitarbeit bereit erklärt hatte, um der Deportation zu entgehen. Tatsächlich hatte er Dobberke erzählt, er allein könne einen ganzen Zug von zu Deportierenden zusammenstellen.

Last not least: Stellas Wärter waren beeindruckt von ihrer Intelligenz, Beherrschtheit und Beweglichkeit, die ihr schon zweimal die Flucht aus Gestapo-Haft ermöglicht hatten. Und ihre Trumpfkarte war nicht zu übersehen: Sie hatte das Talent, ihr Aussehen und ihren Sex-Appeal gezielt zu nutzen. Sie war einmalig, ein Star, der nur entdeckt und eingesetzt zu werden brauchte. Wo sollte man sonst eine blonde, blauäugige Jüdin finden, die sich in jedes Mannes Vertrauen einzuschleichen verstand? Die die Gewohnheiten, Beziehungen, Verstecke und die Psychologie der U-Boote kannte und diese hartnäckigen Gegner auf Straßen und in Cafés ausmachen konnte? Und die selbst so verzweifelt, so gierig zu überleben versuchte, und dabei zäh genug war, sich ohne sichtbare Schäden von der Folter zu erholen?

Das alles machte sie so interessant, dass sie der Nummer eins vor Ort vorgeführt wurde, dem Lagerkommandanten Hauptsturmführer Walter Dobberke, von dem ein Kopfnicken genügte, einem Gefangenen sofort einen Stehplatz im nächsten Todeszug zu sichern.

Wieder sollte ein Zug fahren, wieder wurde eine neue Liste von 1000 Todeskandidaten zusammengestellt, alle hatten sich zum Abtransport bereitzuhalten – es war der Höhepunkt einer arbeitsreichen Woche für Dobberke. Obwohl die Zeit drängte, erkannte er, dass ihm seine Mitarbeiter diese verführerische Blondine zutreffend beschrieben hatten. Barsch informierte er Stella, dass er die Deportation aller drei Goldschlags noch einmal aufschieben würde, wenn sie ihre Bürgerpflicht tun und helfen würde, Gesetzesbrecher aufzuspüren, angefangen bei Günther Rogoff. Stella zuckte die Achseln und nickte zustimmend. Der Pakt war geschlossen.

Es passte alles verhängnisvoll gut zusammen, die ersten Eindrücke waren positiv. Der kleine, muskulöse und ungehobelte Dobberke – er trug immer Zivil und ließ sich mit »Herr Kommissar« anreden – hatte seine Karriere als Polizist bei einer unappetitlichen Aufgabe angefangen: bei der Sittenpolizei unter den groben Prostituierten vom Alexanderplatz; er wusste ausgesprochen weibliche Eigenschaften zu würdigen, wenn er sie sah. Stella ihrerseits hatte eine Schwäche für Macht und war absolut entschlossen zu überleben.

Die zwei ergaben von Natur aus ein Gespann, und zwei Jahre lang inszenierten sie das klassische Drama von Mephistopheles, der sich Dr. Faustus zum Sklaven macht.

Die Manipulierung von Stella begann damit, dass Dobberke in seiner Rolle als »böser Bulle« seinen etwas kultivierteren und gebildeteren Stellvertreter, SS-Rottenführer Felix Lachmuth, über die Vereinbarung informierte, die er mit Stella getroffen hatte. Lachmuth in seiner Rolle als »gütiger« Polizist sollte sie in ihre Arbeit als »Greiferin« einweisen. Drohungen würden nicht notwendig sein. Stella, durch die Schläge weich gemacht, war ein williger Rekrut; sie würde sich der Belegschaft anschließen und war wie eine Angestellte zu behandeln.

Die plötzliche Veränderung in der Behandlung nach den Kellern der Burgstraße verblüffte und erfreute Stella ungemein, und sie suchte sie sofort zu nutzen, denn sie erwartete immer noch, dass sie irgendwann mit ihren Eltern zusammen deportiert werden würde, wie fast alle in der Großen Hamburger Straße. Lachmuth schien zivilisiert und in Ordnung zu sein. Vielleicht konnte er seine Stellung nutzen und die Familie auf eine Liste zur Deportation nach Theresienstadt statt nach Auschwitz setzen?

Lachmuth sagte, sie sollte sich keine Sorgen machen, und begann eine Art von Einführungsgespräch, wie es Chefs mit neuen Angestellten führen, die erst ein bisschen gelockert werden müssen.

Sieh da, sie hatten ja eine Menge gemein. Ihre Mutter war also Konzertsängerin? Das sei merkwürdig, sagte Lachmuth lächelnd, er selbst habe in Friedenszeiten ähnliche Hoffnungen gehegt. Wer hatte Stellas Mutter ausgebildet? Ach, Professor Schützendorf? Wie klein die Welt doch war! Schützendorf war auch Lachmuths Lehrer gewesen. Vorgesetzter und Angestellte lachten, erfreut über dieses neu entdeckte Band.

»Im Übrigen hatte Lachmuth für mein Schicksal volles Verständnis, und er wollte mir helfen«, schrieb Stella. »Diese Hilfe sah so aus, dass ich einen Dauerpassierschein erhielt, der mir es ermöglichte, das Lager Große Hamburger Straße ohne Bewachung und ohne Judenstern zu verlassen.« Sie bekam außerdem ein eigenes Zimmer sowie von Zeit zu Zeit etwas Geld. Ihre Eltern blieben als Geiseln da. Es war ein Handel, wie sie ihn sich erhofft hatte.

15. Blut geleckt

Stella hatte für Namen, Daten, Adressen und andere nützliche Details ein Gedächtnis wie ein Computer, das war für die Gestapo von Vorteil. Ihr Kollege Günther Abrahamson war von ihren Fähigkeiten beeindruckt. Er selbst war ein unbekümmerter Provinzler und staunte über die »Intensität« ihrer Arbeitsgewohnheiten. Für ihn war Stella die »Elite«, ja, der »Inbegriff« der Greifer.

Sophie Erdberg, eine unverheiratete junge Frau aus ihrer Bekanntschaft, entdeckte Spuren ihrer Arbeit, als nacheinander etwa zwanzig Mitglieder einer jüdischen Freundesgruppe verschwanden. Sie hatten zu einem Kreis von meist Alleinstehenden gehört, die sich 1942 an Sonntagnachmittagen in der Wohnung von Ilja Sonntag in der Wilmersdorfer Straße getroffen hatten, um zu Schallplattenmusik zu tanzen, vorwiegend Foxtrott. Übrigens wurde bei diesen Geselligkeiten nicht einmal Tee angeboten, weil niemand solche Luxusdinge besorgen konnte. Und die Gruppe versammelte sich nie abends, weil Juden ab 20 Uhr Ausgehverbot hatten.

Sophie Erdberg entdeckte, dass sie zum Schluss die einzige war, die nicht von ihrer Mittänzerin verraten worden war. Sie schrieb das ihrer Schüchternheit zu. »Ich glaube, sie hat meinen Namen nie in sich aufgenommen«, sagte sie. Dagegen erinnerte sich Sophie der auffallenden Präsenz Stellas durchaus. Die jetzt von der Gestapo angeheuerte »Greiferin« war die bestangezogene Tänzerin der Gruppe gewesen.

Die Nachricht von Stellas Verrat verbreitete sich schnell, jedenfalls unter den U-Booten, die nicht aus Sicherheitsgründen alle Kontakte zu anderen Juden abgebrochen hatten. Ernst Goldstein, früher im Zigarrenvertrieb beschäftigt, hörte in jenem Herbst von einem Ordner aus der Großen Hamburger Straße von einer umwerfend schönen, elegant gekleideten blonden Frau, die von der Gestapo »umgedreht« worden war, zusammen mit ihrem gutaussehenden Freund.

Eines Vormittags wagten Ernst Goldstein und seine Frau Herta, in einem der vielen Cafés am Kurfürstendamm Kaffee zu trinken. »Wir konnten nicht immer nur durch die Straßen laufen, und wir mussten unser möbliertes Zimmer auch mal verlassen«, erinnerte sich Herta. »Die Vermieterin wurde neugierig.«

Ihr Mann wählte eines der größeren Cafés und darin einen Tisch dicht am Hinterausgang. Schon nach wenigen Minuten packte er seine Frau am Arm und zischte: »Da kommen die Kopfjäger!« Kein Zweifel: Die große, elegant gekleidete Blondine war Stella, und der junge Mann mit Filzhut und Maßanzug musste Rolf Isaaksohn sein. Ihr Aussehen und Verhalten entsprach genau den Beschreibungen. Es war sogar ein Foto von Stella unter den U-Booten herumgereicht worden.

Die beiden traten langsam ein und sahen sich um – eine Spur aufmerksamer, als wenn sie nur nach einem Tisch Ausschau gehalten hätten. Dieses langsame Eintreten gab Goldstein die Zeit, einen Fünfmarkschein auf den Tisch zu legen, seine Frau einzuhaken und mit ihr durch den Hinterausgang das Café zu verlassen; beiden klopfte das Herz bis zum Hals, aber es gelang ihnen, äußerlich ruhig zu wirken und so eine Verfolgung zu vermeiden.

Margot Levy, neunzehn, geriet fast in Panik, als an einem Wochenende im Frühherbst Stella auf dem Hausboot erschien, auf dem sich ihr Freund, ein »Halbjude«, eingemietet hatte. Obwohl die beiden jungen Frauen einander sofort als ehemalige Kolleginnen bei Siemens erkannten, vermieden sie beide jegliche Anspielung und fragten nicht, wie es der anderen inzwischen ergangen war. Juden hatten gelernt, sich in Gesprächen mit allen außer den vertrautesten Freunden ungenau auszudrücken. Margot hatte gehört, dass Stella für die Gestapo arbeitete. Und da alle »Rüstungsjuden« eigentlich nach Osten hätten deportiert sein sollen, musste Stella annehmen, dass Margot untergetaucht war.

Zum Glück befand sich die »Greiferin« selbst in einer gefährlichen Lage: Sie übte »Rassenschande« mit einem großen blonden Wehrmachtssoldaten, den sie offensichtlich noch nicht lange kannte, der sich aber auf dem Boot, das am Schildhorn in der Havel lag, schon auskannte. Der Soldat hatte die winzige Kabine gegenüber von Margot und ihrem Freund Heinz Meyer gemietet und teilte das einzige Bett mit Stella.

Zwei weitere Paare übernachteten in ähnlich beengten Quartieren, und es gab genügend Kartoffelschnaps, um den Ausflug zu einer Art Geselligkeit werden zu lassen. Margot gab sich nach außen hin munter, auch wenn es ihr schwerfiel, ihre Angst vor einer möglichen Verhaftung durch Stella zu verbergen; doch es geschah nichts, und sie sah Stella nie wieder. Die »Greiferin« wollte offenbar nicht riskieren, dass die Gestapo etwas über ihren Ausflug mit einem Nichtjuden herausfand. Heinz Meyer traf den gutaussehenden Soldaten noch mehrfach, immer mit einem anderen Mädchen.

Margots Befürchtungen waren gerechtfertigt. Stella, die so vertraut war mit dem Erholungsgebiet Wannsee, bezog es in ihre Jagdgründe ein. An einem Wochenende führte sie die Gestapo zu einer Laubenkolonie, in der zweiundsechzig Juden Unterschlupf gefunden hatten.

Gerd Ehrlich, immer noch als Hitlerjunge ausstaffiert, mit schwarzen Schnürstiefeln, entkam Stella um Haaresbreite, als sie noch neu im Geschäft war.

Jemand tippte ihm leicht auf die Schulter an jenem frischen Nachmittag im Oktober 1943, im fünften Kriegsjahr. Er stand in einem Café am Savignyplatz an, weil es die Genehmigung hatte, zwischen 12 und 14 Uhr ein Tellergericht anzubieten, für das keine Lebensmittelmarken abgeliefert werden mussten.

»Hallo, Gerd, wie geht es dir?«, fragte eine freundliche weibliche Stimme direkt hinter ihm.

Gerd war auch ein Überlebenskünstler, aus demselben Holz geschnitzt wie Günther Rogoff. Er wohnte in möblierten Zimmern, immer nur eine Nacht, und brauchte nie in einem Bordell zu übernachten, wie einige der anderen U-Boote. Beim Verkauf der Perserteppiche seiner Eltern hatte er genügend Geld eingenommen. Im Übrigen kaufte, verkaufte und veränderte er Ausweispapiere. Er hatte mehrere Freundinnen, meist Jüdinnen, aber nicht ausschließlich. Er ging schwimmen und besuchte Kinos. Und seine fröhliche Veranlagung wurde nicht beeinträchtigt durch das Leben auf so dünnem Eis: Junge Männer waren immer verdächtig als mögliche Fahnenflüchtige.

»Ich fand, ich lebte von geborgter Zeit«, erinnerte er sich. »In gewisser Weise machte das Spaß. Man wurde frech dabei.«

Frech, aber doch unerhört vorsichtig. Gerds Erfolg als Untergetauchter beruhte zum Teil auf seinem fast unheimlichen Spürsinn. Wie ein Reh witterte er die leiseste Andeutung von Gefahr. Und wie ein Reh erstarrte er beim Klang der weiblichen Stimme hinter ihm in dem Café.

Die Stimme sagte ihm nicht sofort etwas, und das war verdächtig. Er trat unter vier verschiedenen Namen auf – alle falsch. Nur seine engsten Freunde kannten ihn als Gerd, und deren Stimmen waren ihm vertraut. Hier war etwas faul.

Mit unbewegtem Gesicht drehte er sich um und erkannte die hübsche Stella. Er hatte sie als Stella Goldschlag in der Goldschmidt-Schule gekannt und als Stella Kübler im Rüstungsbetrieb Erich und Graetz, wo sie beide bis Anfang des Jahres Zwangsarbeit bei der Herstellung von Artilleriegeschossen und Panzerfäusten geleistet hatten. Er wusste auch von der »blonden Lorelei«, der »Greiferin« der Gestapo.

Gerd war sich sofort bewusst, dass seine Lage besonders prekär war wegen des Mannes in der schwarzen Uniform, der vor ihm in der Schlange stand. Es war kein gewöhnlicher SS-Mann. Das auf den Uniformärmel gestickte SD zeigte, dass er dem Sicherheitsdienst der Gestapo angehörte. Vielleicht war es kein Zufall. Vielleicht arbeitete er mit Stella zusammen.

»Tut mir leid, Fräulein«, sagte Gerd freundlich. »Ich kenne Sie nicht. Sie halten mich offenbar für jemand anderen.«

»Nein, nein«, antwortete Stella lachend. »Ich weiß, dass du Gerd Ehrlich bist. Erkennst du mich nicht? Wir haben bei E. und G. zusammengearbeitet!«

»Sie müssen sich täuschen, ich heiße anders.«

In diesem Augenblick drehte sich der SS-Mann, der sein Tellergericht bekommen hatte, um und starrte Gerd an. Dieser wusste, dass er noch ein paar Sekunden hatte, weil ihn außer seiner HJ-Uniform noch etwas anderes tarnte: sein Aussehen. Er sah »arisch« genug aus, um ein NS-Propaganda-Plakat zieren zu können. Muskulös, blauäugig, mit aschblondem Haar und dem Aussehen eines Chorknaben hatte er keinerlei Ähnlichkeit mit den obszönen Klischees des krummnasigen, dunkelhäutigen Juden, wie sie in Streichers Hetzblatt *Der Stürmer* karikiert waren. »Streicher hat uns das Leben gerettet«, sagte Gerd später lachend über das Paradox. »Sie haben von uns so nett deutsch aussehenden Jungen nie angenommen, dass wir jüdisch wären.«

Gerd, zwischen Stella und dem Gestapomann stehend, musste schnell handeln, und das tat er. Er stieß Stella grob vor die Brust, so dass sie zu Boden stürzte, und schoss so schnell er konnte hinaus. Langstreckenlauf war immer sein Lieblingssport gewesen, und das sah man. Gerd flitzte die Stufen zur S-Bahnstation auf der einen Seite hinauf und auf der anderen Seite wieder hinunter, sauste aus dem Bahnhof hinaus und hielt Ausschau nach einer abfahrenden Straßenbahn. Der Savignyplatz war eine belebte Kreuzung, und er entdeckte sofort eine Bahn, die gerade anfuhr, sprang auf und verschwand im Gedränge.

Gerds Vater, ein Jurist, war wenig geneigt gewesen, alles aufzugeben, was ihm vertraut war – wie Stellas Vater und Günther Rogoffs und meiner –, und hatte Deutschland lange nicht verlassen wollen. »Es ging uns zu gut«, sagte Gerd. Als jemand der Familie die Emigration nach Amerika vorschlug, fragte der Vater: »Was soll ich da tun?« Später kam ein Angebot für Visa für Trinidad. »So verzweifelt waren wir noch nicht«, erinnerte sich Gerd.

Noch nicht. Die Hoffnung schwand dahin, nachdem sein Vater in der »Kristallnacht« festgenommen worden war und im Konzentrationslager Sachsenhausen ein Herzleiden entwickelt hatte. Er starb im Jahr darauf – und Gerd hatte die Verantwortung für seine Mutter und seine jüngere Schwester Marion, Verantwortung vor allem in seinen eigenen Augen. Das lag ihm sein Leben lang auf der Seele, diese Bürde ist er nie losgeworden, obwohl es zu der Zeit noch nicht viele Warnsignale gab.

Am 19. November 1942 – die Deportationszüge rollten immer häufiger – hatte Gerd Nachtschicht gehabt und schlief, als ihn nachmittags um vier seine Mutter weckte und ihm mitteilte, dass sie sich abends in der Großen Hamburger Straße zu melden hätten. Sie hatten diesen Befehl schon erwartet und sich auf einen Plan geeinigt. Gerd wollte allein in den Untergrund abtauchen; als scharfsinniger »Arier« hatte er eine Chance, sich jedenfalls eine Weile durchzuschlagen. Seine Mutter und seine Schwester mochten nicht einmal den Versuch unternehmen. Es hatte keine Diskussionen über diese Regelung gegeben, die im Rückblick so fragwürdig wurde.

Wie die meisten hatten die Ehrlichs noch nichts von Gaskammern gehört und witterten den Tod nicht. Während also Gerd den Frauen beim Packen half, waren sie zwar alle drei bedrückt, aber nicht verzweifelt. Die Trivialität der Vorbereitungen schien keine Zeit für Tränen zu lassen.

Gegen 20 Uhr fuhren Gerd, seine Mutter und seine Schwester mit der S-Bahn zum Bahnhof Börse im Bezirk Mitte. Das Rollen der Räder und das regelmäßige Rumpeln über die Schienenstöße erinnerten daran, dass sie sich auf einen Transport an unbekannte Orte fern im Osten begaben.

Natürlich war es für Gerd riskant, die zwei Frauen bis ans Tor des Sammellagers mit seinen Polizeiposten zu begleiten, aber es war eine stillschweigende Übereinkunft, dass er das tun würde. In einer so dunklen Nacht mit Nieselregen würden die Wächter eher auf Juden achten, die herauszukommen versuchten, als auf die, die hineingingen. Gerd reichte den beiden die Rucksäcke, küsste seine Schwester und neigte den Kopf, um den letzten Segen seiner Mutter zu bekommen; dann wandte er sich erregt ab und ging schnell fort, ohne sich noch einmal umzudrehen.

Jahrelang verdrängte er diese Szene aus seinem Bewusstsein; sie war zu schmerzlich. Was ihm schließlich ganz lebhaft immer wieder ins Gedächtnis kam, waren die Geräusche der S-Bahn auf der Fahrt zur »Börse« und das Bild des in Flutlicht getauchten Lagers, im Verein mit dem Gedanken an rollende Güterzüge, Viehwaggons, die seine Mutter und seine Schwester, wie sich später herausstellte, nach Auschwitz ins Gas gebracht hatten.

Für den Rest seines Lebens hatte Gerd Angst vor Bahnhöfen und konnte den Anblick und das Rollen von Zügen nicht ertragen.[9] In dem Augenblick aber war er völlig erschöpft und ging leichtsinnigerweise zum Schlafen nach Hause. Als Gestapo-Beamte kamen, um die Wohnung zu versiegeln, zeigte er ihnen falsche Papiere und behauptete, er habe sein Zimmer gemietet und wisse nicht, wohin die Juden verschwunden seien.

Die Beamten ließen ihn in Ruhe, aber nachdem er abermals mit der Gestapo zusammengestoßen war – bei dem Treffen mit Stella –, beschloss er, das Land zu verlassen, auch wenn das äußerst gefährlich war. Diesmal war er sicher auf die Liste der Gesuchten gesetzt worden. Wie Rogoff. Und wie Rogoff beschloss er, das am geeignetsten scheinende Land anzusteuern, die Schweiz.

Untergrundkontakte brachten Gerd zu einer Frau mit erhabenen Grundsätzen und atemberaubendem Wagemut, Luise Meier. Frau Meier lebte in einer Villa im feinen Stadtteil Grunewald, aber Gerd traf sich nur verstohlen auf der Straße mit ihr. Sie war elegant gekleidet und redegewandt und erklärte ihm, dass ihre beiden Söhne als SS-Offiziere an der Ostfront hochdekoriert gefallen seien. Möglicherweise hatten sie mit dem organisierten Mord an Juden zu tun gehabt. Ihr Gewissen drückte sie, und sie hatte beschlossen, eine Untergrundorganisation zum Herausschleusen von Juden aufzubauen.

Das Unternehmen funktionierte mit der Hilfe von Freunden in der deutschen Grenzstadt Singen am Hohentwiel, die Frau Meier vor Jahren bei einer Ferienreise kennengelernt hatte. Diese Helfer seien absolut zuverlässig, sagte Frau Meier. Rund dreißig Juden seien bereits von diesen Amateuren problemlos herausgeschafft worden. Gerd Ehrlich kannte einige dieser Flüchtlinge. Er verabredete, dass er zusammen mit seinem besten Freund und dessen Verlobter am 10. Oktober 1943 um 17 Uhr am Bahnhof Singen sein würde. Frau Meier hatte eine anständige Bezahlung gefordert, die sie an ihre Helfer weitergeben wollte, wie sie sagte. Da Geld wenig nutzte, lieferte Gerd mehrere Schreibmaschinen und Fahrräder.

Ab Stuttgart fuhr das Trio mit Bummelzügen, weil die selten kontrolliert wurden. In Singen sollten sie »eine Dame in Schwarz mit Fahrrad« treffen. Tatsächlich empfing sie eine Frau, auf die das zutraf, begrüßte sie herzlich und führte sie in den Wald nahe der Grenze. Auf einer Lichtung wartete ein Mann, der sie noch ein Stück weiter durch Felder geleitete, bis sie in der Ferne eine Straße schimmern sahen. Auf dieser Straße patrouillierten die Grenzwachen, sagte der Führer. Die Grenze sei bei dem Steinbruch gleich dahinter. Die drei Flüchtlinge sollten sie zwischen 21.25 und 21.35 überqueren, dann würden die Posten abgelöst. Sie sollten das letzte Stück kriechend zurücklegen, weil Soldaten mit Scheinwerfern in der Nähe seien.

Es klang alles gut, aber es lief nicht problemlos. Kurz bevor sie den Schweizer Teil des Waldes erreichten, wurden sie vom taghellen Strahl eines Scheinwerfers erfasst. Alle drei blieben wie angewurzelt stehen, und das Licht tastete sich weiter. Sie krochen in Richtung Süden und erreichten eine Straße, von der niemand etwas gesagt hatte. Sie hatten sich verirrt. Zwar vermuteten sie, dass sie in Freundesland wären, aber Gerd schlug trotzdem vor, so vorsichtig wie möglich zu sein und die Nacht da zu verbringen, wo sie waren. Das taten sie, und am nächsten Morgen war klar: sie hatten in Freundesland geschlafen.

Unbeabsichtigt war Stella die treibende Kraft hinter Gerds Überleben gewesen. Wenn er nicht im Café auf sie gestoßen wäre, hätte er vielleicht versucht, in Berlin zu bleiben, auch unter zunehmend schlechteren Bedingungen. Möglicherweise wäre er dann eines Tages entdeckt worden und seiner Mutter und Schwester in die Große Hamburger Straße gefolgt, der letzten Station vor den Todeszügen.

Während die kühne Frau Meier Gerd Ehrlich bei ihrer Manipulation ferner Helfer zweifelhaft erschienen war, erlebte sie eine andere meiner Schulkameradinnen von der Goldschmidt-Schule als geschickte und umsichtige Organisatorin.

Margot Linczyk, sechzehn, auch eine ehemalige Sängerin in Dr. Bandmanns Chor, hatte mit falschen Papieren überleben können, weil der Freund ihrer verwitweten Mutter in dem Büro arbeitete, in dem die Deportationslisten vorbereitet wurden. Er strich einfach ihre Namen.

»Unser Leben schien mir ein großes Abenteuer zu sein«, erinnerte sich Margot. »Ich suchte uns Verstecke. Ich konnte klauen, ich konnte lügen – das machte Spaß! Es war bestimmt die Reaktion auf meine deutsche Erziehung, mit Geradesitzen und so. Ich bekam meine Kennkarte auf der Post, indem ich so laut ›Heil Hitler‹ schrie, dass die Leute Angst hatten, ich könnte sie melden, weil sie nicht schnell genug reagiert hatten.« Leise sagte sie zu sich selbst: »O Schiet!«

Natürlich konnte das nicht gutgehen. Als zwei jüdische Greifer Margot und ihre Mutter abholen wollten, stürzte sich die Mutter mit einem Küchenmesser auf sie. Die Greifer flüchteten, aber es wurde Zeit für die Linczyks, das Land zu verlassen. Auch sie kamen über die jüdische Flüsterpropaganda zu Frau Meier und einigten sich darauf, die Grenzgänger mit Familienschmuck im Wert von 5000 Mark zu entschädigen.

Im Zug Richtung Singen saß Margot mit ihrer Mutter zusammen und hielt die als Geschenk verpackte Schachtel mit Schmuck fest. Frau Meier saß im Abteil nebenan. Alle drei trugen schwarze Armbinden zum Zeichen der Trauer, und am Zielort kauften sie einen großen Kranz, vorgeblich, um ein Grab auf dem Friedhof in der Nähe der Grenze zu schmücken. Zu dritt gingen sie von dort weiter in den Wald, wo Frau Meier Margot und ihre Mutter an einen Führer übergab, der sie bis in die Schweiz brachte – nachdem sie unterwegs mehrmals schreckliche Angst ausgestanden hatten. (Nach dem Krieg hörte Margot, dass Frau Meier schließlich verraten und festgenommen worden war. Ihre Tochter hatte drei Rechtsanwälte angeworben, denen es mehrfach gelungen war, einen Aufschub des Prozesses gegen sie zu erreichen. Und gerade, als Frau Meier dann doch vor den berüchtigten Volksgerichtshof kommen sollte, war der Krieg zu Ende, und sie wurde freigelassen.)

Ismar Reich, siebzehn, keck und als möglicher Flüchtling eingestuft, war zusammen mit zwanzig anderen im sogenannten »Bunker«, dem Keller der Großen Hamburger Straße, eingesperrt. Der Keller, in dem es keine Fenster und scheinbar keine Luft gab, war für die »schwierigen Fälle« reserviert. Außerdem schlief auch Dobberkes schwarzer Schäferhund nachts hier.

Das Elend steht unter eigenen Gesetzen. Reich ging es noch besser als den Männern, die nebenan in die Zelle Nr. 1 gepfercht waren: Sie war nur 1,20 m hoch, und die Gefangenen konnten nicht aufstehen.

In Reichs Zelle gab es zwar kaum Platz, aber nach zwei Tagen war es ihm gelungen, sich in die Nähe der Tür zu manövrieren, wo er die Bewegungen in der Dunkelheit des Ganges beobachten konnte.

Mehrere neue Gefangene wurden von einer Person in den Bunker gebracht, die absolut nicht zu dieser Umgebung zu passen schien: einer schönen und eleganten jungen Blondine in einem dunkelgrünen Kostüm und mit keck schief aufgesetztem Tirolerhut. Sie hatte eindeutig die Verantwortung, denn sie spielte ihre Macht über die Neuangekommenen aus.

Reichs Zellengenossen murrten.

»Das ist Stella«, flüsterte ihm einer ins Ohr. Er hatte von ihr gehört und wusste, wie gefürchtet sie war. Hier sah er also das Phänomen im Einsatz; wie eine Königin schritt Stella durch den Bunker, ein Star, und erregte genauso Aufmerksamkeit wie seinerzeit in der Goldschmidt-Schule.

»Sie spielte sich auf, als ob ihr das ganze Haus gehörte«, erinnerte sich Reich.

Er war nicht mehr entsetzt darüber, dass eine Jüdin sich gegen Juden wandte. Das kannte er schon. Er selbst war, als er versuchte, auf dem Schwarzmarkt Lebensmittel zu kaufen, von einem bewaffneten Greifer namens Bruno Goldstein erwischt worden. Und als Reich im Lager ankam, verhörte ihn Max Reschke, eine Autoritätsperson von preußischem Gehabe. Sein Büro lag im Erdgeschoss neben dem von Dobberke. Reschke, selbst Gefangener, hatte es bis zum Rang eines »jüdischen Lagerleiters« mit Immunität gebracht.

Wenig später war Reich von zwei freundlichen jungen Männern mit roten Armbinden beiseite genommen worden. Sie nannten sich Cohn und Abramowitz und sagten, sie unterstützten die Behörden im »Außendienst«. Reich konnte sich denken, was das heißen sollte.

»Wollen Sie nicht mit uns zusammenarbeiten?«, fragte ihn einer der Greifer. »Wir sind Kameraden, auch Juden. Die Gestapo würde sich um Sie kümmern.« Bei der Alternative klang das verführerisch.

Aber nicht für Reich. »So was möchte ich nicht auf dem Gewissen haben«, antwortete er.

Damit endete der Rekrutierungsversuch. Es wurde kein Druck ausgeübt, es gab keinerlei Strafe, wenn man es ablehnte, sich von der Gestapo anwerben zu lassen. Neuankömmlingen wurde oft ein Handel der einen oder anderen Art vorgeschlagen. Fast alle lehnten die Anstellung durch die Gestapo ab, ohne lange nachzudenken. Dazu muss gesagt werden, dass Stella nicht wissen konnte, dass es möglich war, Angebote der Gestapo ungestraft zurückzuweisen. Dagegen wusste sie gut, wie es war, wenn man sich nach der Folter auf dem Fußboden krümmte. Und sie wusste, dass ihre Eltern nur »auf Probe« waren, immer in Gefahr, auf die nächste Liste für den Zug nach Auschwitz zu kommen, nachdem sie erst im letzten Moment von der vorigen Liste gestrichen worden waren. Einstweilen.

Nicht viele der in der Großen Hamburger Straße Untergebrachten wussten, dass Dobberke paradoxerweise über einen Bereich herrschte, der einst jüdisch gewesen war und zugleich bekannt für seine christliche Nächstenliebe. Das »Lager« war 1829 als Jüdisches Altersheim eingerichtet worden. Nebenan lag die Jüdische Oberschule für Jungen. Die größte Synagoge der Stadt und das Büro der Jüdischen Gemeinde lagen praktisch um die Ecke an der Oranienburger Straße 28. Das Scheunenviertel mit seinen Chassidim war gut zu Fuß zu erreichen.

Dennoch war – Antisemitismus oder nicht – die Große Hamburger Straße einst wegweisend gewesen: die »Straße der Toleranz«. Neben dem kleinen Friedhof mit Moses Mendelssohns Grab stand Berlins schönste Barockkirche, die lutherische Sophienkirche, mit ihrem eigenen Friedhof. Etwas weiter die Straße hinunter kam das riesige katholische St.-Hedwigs-Krankenhaus. Und noch ein paar Schritte weiter endete die Große Hamburger Straße am Koppenplatz, wo 1704 ein Senator ein Grundstück für die Bestattung der Armen gestiftet hatte.

Das kaiserliche Berlin und das der Weimarer Republik hatten keine Schwierigkeiten gesehen, Juden neben Lutheranern, Katholiken und Armen unterzubringen.

Kahl wie eine Mondlandschaft, auf Befehl von Eichmanns Mitarbeiter Alois Brunner ohne jedes Zubehör aus dem zivilisierten Leben, war die Große Hamburger Straße eine Welt für sich. Oder vielmehr zwei Welten. Auf den blanken Dielen des obersten Stockwerks lagen die Gefangenen, die zu Zügen nach Auschwitz verdammt waren. Nicht selten begingen Insassen Selbstmord, indem sie von da in die Tiefe sprangen. Für das weniger gefürchtete Theresienstadt bestimmte Deportierte waren im zweiten Stock untergebracht.

Verlegungen vom dritten in den zweiten Stock ließen sich gelegentlich erreichen, deshalb gab es ständig verzweifelte Versuche zu Verhandlungen und Bestechung. Krankheiten – echte oder vorgetäuschte – konnten manchmal den Abtransport aufschieben. Die Angst vor dem unbekannten Schicksal hatte fast jeden gepackt, und wenn abends die Ordner ihre Runden machten und die Namen derjenigen ausriefen, die fortmussten, flossen Tränen. Nur wenige fanden noch Schlaf, nachdem man ihnen die Pappschilder zum Umhängen ausgehändigt hatte, auf denen das unselige »T« für bevorstehenden Transport stand.

Für geschickte Gefangene, denen es gelungen war, größere Geldsummen einzuschmuggeln, bot die Große Hamburger Straße die letzte Chance, ein mögliches Geschäft mit dem Feind zu tätigen. Dr. Edith Kramer-Freund, 42, eine verwitwete Ärztin, stieß durch einen Zufall auf zwei findige ehemalige Patienten; sie sollte am nächsten Morgen um sechs Uhr nach Auschwitz deportiert werden. Die beiden Ex-Patienten waren entsetzt. Hatte die Ärztin Geld? Ja. Die beiden Patienten hatten einen Lagerfunktionär bestochen, und er hatte ihnen tatsächlich Ausreisegenehmigungen für Schweden besorgt. Sie sollten noch am gleichen Tag fort.

Die beiden nahmen das Schmiergeld der Ärztin, dreihundert Mark und dreihundert Zigaretten, und gaben sie einem jüdischen Rechtsanwalt, der in dem Ruf stand, Gestapo-Männer mit Erfolg bestechen zu können. Sie hofften, dass es diesem Unterhändler gelingen könnte, Dr. Freund auf einen Zug nach Theresienstadt verlegen zu lassen, der morgens um 4 Uhr abging.

Erstaunlicherweise funktionierte diese eigenartige Zusammenarbeit. Um 23 Uhr erschien der Rechtsanwalt, und als er mit Dr. Freund und dem Mitverschwörer von der Gestapo, Kommissar Dobberke selbst, zusammentraf, war das Geschäft bereits perfekt. Edith Kramer-Freund hatte Glück: Auf der Liste für Theresienstadt standen neunundfünfzig Namen, und es war Platz für sechzig. Sie überlebte.[10]

Einer anderen Überlebenden, Anneliese-Ora Borinski, kam die Große Hamburger Straße vor wie das Lungensanatorium in Thomas Manns *Zauberberg*. Der Held des Romans verbrachte sieben Jahre dort, von Krankheit und Tod umgeben, schaffte es aber, in die Welt draußen zurückzukehren. In der Großen Hamburger Straße, so schrieb Borinski, war sie von Hoffnungslosigkeit umgeben, aber auch von einem »letzten Aufflackern von Lebenswillen, der Gier, noch einmal zu genießen, was das Leben zu bieten hatte«.

Anneliese Borinski gehörte zu einer Gruppe junger Zionisten, die sich jeden Morgen zu Freiübungen im Hof versammelten und abends im Kreis saßen und jüdische Lieder sangen (»Wir kämpfen um Freiheit, Gleichheit und Gerechtigkeit...«). Gestapo-Beamte sahen zu und waren sprachlos über die Zuversicht, die die Todgeweihten zeigten.

Fast alle Juden Berlins gingen früher oder später durch das überfüllte Gebäude an der Großen Hamburger Straße, rund 1000 pro Woche. Es war unvermeidbar, dass Stella, die Star-Greiferin, ab und zu mit ihrer bürgerlichen Vergangenheit konfrontiert wurde. Regina Gutermann, Stellas liebenswürdige, weniger schlanke Mitschülerin aus der Malschule, sah ihre gutgebaute Freundin durch das zweite Stockwerk marschieren. Dort schliefen Erwachsene und Kinder aneinandergedrängt wie Vieh auf dem blanken Fußboden, während Stella mit Rolf Isaaksohn ein eigenes Zimmer mit einer Couch und dem warmen Licht aus einer roten Glühbirne bewohnte.

»Ich bin Regina«, sagte sie lächelnd und trat auf Stella zu.

Stella ging mit unbewegtem Gesicht wortlos an ihr vorbei.

Diese Taktik funktionierte nicht bei dem vorwitzigen kleinen Isaak Behar, den sie von der Goldschmidt-Schule kannte; er war zu laut und hartnäckig, und diesmal sahen Aufpasser zu.

»Stella!«, rief Behar, als er unvermutet auf sie traf; sie schlenderte gerade durch das Lager »wie eine Chefin«.

»Du hier?«, antwortete sie, ebenso verblüfft.

»Ja, und wie komm ich wieder heraus?«, fragte er, denn er dachte an ihr letztes Zusammentreffen am Kurfürstendamm, wo sie ihn großzügig aus alter Freundschaft hatte entkommen lassen. Diesmal war es etwas anderes. Sie musste ihre Loyalität gegenüber den Wachen beweisen.

»Du kommst schon noch heraus«, fauchte sie, »aber als Leiche! Und mach nur keinen Fluchtversuch!«

Tatsächlich war die Große Hamburger Straße nicht gerade ausbruchssicher, obwohl Polizei um das Gebäude patrouillierte, die Fenster im Erdgeschoss mit Gitterstäben gesichert waren und Flutlicht die Vorder- und Rückfront stets taghell erleuchtete.

All diese Maßnahmen waren für den großen, gutmütigen Kurt Cohn, einen Schneider, den Stella und Rolf am Rosenthaler Platz erwischt hatten, eher eine Provokation. Cohn gehörte zu den Leuten, die sich nicht unterkriegen ließen, die dank ihrer Chuzpe überlebten. Er aß gern Eis, und wenn ihn der Heißhunger packte, betrat er eine Eisdiele und ließ die Bedienung glauben, dass er ein »Bulle« wäre. Er sah so aus und verhielt sich so. Ganz offen verlangte er eine Eiswaffel, rief »Maul halten, oder ich nehme Sie mit!« und ging wieder.

In einer Kellerzelle der Großen Hamburger Straße, die auf den Friedhof von 1627 ging, auf dem der Philosoph Moses Mendelssohn begraben lag (der Friedhof war jetzt verwüstet und eingeebnet), studierte Cohn die Kontrollgänge der Posten. Sie kamen nur alle fünf Minuten an seinem Fenster vorbei. Leise begannen er und sechs Zellengenossen die Gitterstäbe aus ihren Zementsockeln zu lösen. Sie brauchten dafür acht Tage, obwohl sie wie wahnsinnig arbeiteten, weil die Gefahr bestand, dass einer oder mehrere oder alle auf einen Zug nach Osten verladen würden.

Nachdem genügend Stäbe ausreichend gelockert waren, wartete Cohn, bis nachts ein schwerer Luftangriff die Posten in die Bunker trieb. Er stieg als erster hinaus, gefolgt von seinen Zellenkameraden, und rannte zwischen Bomben hindurch auf den Friedhof und weiter, zurück in den Untergrund.

Solcher Wagemut zahlte sich selten aus. Moritz Zajdmanns Schwester versuchte, ihrem Bruder Einbrecherwerkzeug zukommen zu lassen, aber sie schob es von draußen in das falsche Loch. Und Rolf Joseph ging es nach seinem Ausbruchsversuch schlechter als vorher, zunächst jedenfalls, obwohl mehrere jüdische Ordner, wie es mehrfach vorkam, beschlossen hatten, ihm und seinen Gefährten bei der Flucht zu helfen.

Joseph war vier Wochen lang wie ein Vogel in der Enge der berüchtigten Zelle Nr. 1 eingesperrt gewesen. Aber die Erfahrung hatte ihn nicht gebrochen. Als er in den Bunker 6 verlegt wurde, machte er sofort mit fünf Zellengenossen zusammen Pläne. Nr. 6 war nicht immer abgeschlossen, manchmal konnten die Gefangenen auf den Gang hinaus und Nachforschungen anstellen. Ein Ordner pfiff, wenn sich jemand von der Gestapo näherte. Joseph und seine Freunde entdeckten eine Tür mit nur einem einfachen Schloss. Dahinter führte eine Treppe auf die Straße hinaus.

Wunderbarerweise bekamen sie noch zusätzliche Hilfe. Einem Klempner, der die Leitungen reparieren sollte, stahl die Gruppe dringend benötigtes Werkzeug. Dann erklärte sich eine jüdische Krankenschwester bereit, ihnen beizustehen. In dem großen jüdischen Krankenhaus an der Ecke Iranische und Schulstraße wurden noch immer Schwestern beschäftigt. Sie war sehr hübsch, und man hatte sie eingesperrt, weil sie es gewagt hatte, einem SS-Mann eine Ohrfeige zu geben. Wie jeder wusste, hatte Kommissar Dobberke einen Blick für attraktive Frauen. Er erlaubte der Schwester, sich frei im Lager zu bewegen. Sie war nun bereit, dem Ordner ein Schlafmittel in den Abendkaffee zu tun. Nur Dobberkes Hund machte noch Sorgen.

Alles funktionierte in der verabredeten Nacht. Die Krankenschwester brachte den Ordner zum Schlafen, der Schäferhund rührte sich nicht, das Schloss ließ sich leicht öffnen. Unglücklicherweise hatten aber die Flüchtlinge, die die Straße nicht hatten sehen können, nichts von dem Flutlicht draußen gewusst. Im gleichen Augenblick, als die ersten sichtbar wurden, brüllte ein Posten: »Sie brechen aus!«

Dobberke ließ jedem der Flüchtlinge fünfundzwanzig Peitschenhiebe zukommen – das war seine gewöhnliche Strafe, nicht zwanzig, nicht dreißig. Dann befahl er, die Rebellen in Handschellen aneinandergefesselt auf Transport zu schicken.

Rolf Joseph jedoch war noch nicht erledigt. Er war mit achtundvierzig anderen Juden in einen klapprigen französischen Güterwaggon gepfercht, es waren Männer, Frauen und Kinder – »eine trostlose und verzweifelte Gesellschaft«. Aber ihm war es gelungen, auf dem Transport zum Bahnhof eine Zange zu klauen, die er in einem Schuh versteckt hatte. Damit löste er sich und seinen Freunden die Fesseln. Dann klopften sie die Wände des Wagens ab. Tatsächlich fehlte auf einer Seite die Verstärkung durch Metallstangen. Mit vereinten Kräften, von Verzweiflung getrieben (»Wir wussten, dass es um unser Leben ging«), kämpften sie um die letzte Chance zur Freiheit vor Auschwitz und schlugen wirklich ein Loch in die Seite des alten Waggons.

Etwa achtzig Kilometer östlich von Berlin sprangen sie in die Dunkelheit hinaus. Wächter sahen sie und begannen scharf zu schießen, aber der Zugführer, der offenbar fürchtete, dass noch mehr fliehen würden, hielt nicht an.[11]

Als er von der Flucht hörte, konnte Dobberke nur die Achseln zucken. Das lag nicht in seiner Verantwortung. Er hatte seine Aufgaben »ordnungsgemäß« erfüllt. Seine Vorgesetzten schienen übrigens darauf bedacht zu sein, ihn ausschließlich auf seine Domäne in der Großen Hamburger Straße zu begrenzen. Er wurde nur selten in die Burgstraße befohlen, und wenn, dann nur kurz, um einen Verweis wegen irgendeines Schnitzers entgegenzunehmen. In die Keller des örtlichen Hauptquartiers wurde er offenbar nie gelassen.

Als er ein einziges Mal einen Transport ins Konzentrationslager Theresienstadt begleitete – und das gleiche erlebten seine Untergebenen, wenn sie einen Zug nach Auschwitz kommandierten –, wurde er höflich aus dem KZ selbst herausgehalten. Die dortige Belegschaft übernahm schon außerhalb des Geländes. Die Zuständigkeit der Berliner Fußtruppen der Gestapo wurde, um Gerüchte zu verhindern, auf das beschränkt, was sie wissen mussten, um ihre Aufgaben im Eichmann-Apparat zu erfüllen.

16. Der Chef und seine Greiferin

»Beschränkt« ist wohl der geeignete Ausdruck, um Walter Dobberke zu beschreiben. Er war ein Mann von wenig Worten, die er meist in barschem Ton hervorstieß, ziemlich klein (1,62 m), untersetzt, mit kurzgeschnittenem, dunkelblondem Haar und nichtssagendem, ausdruckslosem Gesicht. Er kam vom Land, aus Pommern, einer Gegend, die den Berlinern so wenig zusagte, dass sie nicht einmal dort zelteten.

Obwohl er es mit siebenunddreißig Jahren in dem von ihm gewählten Beruf nicht sehr weit gebracht hatte, war Dobberke weder ein Roboter noch ein Ideologe. Er war ein primitiver, in ausgefahrenen Gleisen denkender Berufspolizist, wie vor ihm sein Vater, und zum Wachtmeister aufgestiegen nach zwölf Jahren im Kriminaldienst unter den Huren und Zuhältern seines früheren Reviers.

Gleichgültig gegenüber den Ehren, mit denen die »alten Kämpfer«, die Parteigenossen von vor 1933, überhäuft wurden, trat Dobberke erst 1937 in die NSDAP ein, kurz bevor er der Gestapo zugeteilt wurde. Seine Mitgliedsnummer war entsprechend hoch und nichts Besonderes: 5848662. Niemand hörte diesen pommerschen Bauerntölpel jemals von Hitler oder über Politik sprechen. Theorie war seine Sache nicht.

Wenn sein Chef Adolf Eichmann die Banalität des Bösen verkörperte, so stand Dobberke für die Banalität eines Polizistenhirns – servil und dumpf. Ausbrüche von Gefangenen, Übertretungen von Vorschriften verwandelten ihn kurz in einen Rasenden. Verletzungen seiner Welt reizten ihn, weil sie ihm erlaubten, die Lieblingsverfahren eines »Bullen« anzuwenden: zu disziplinieren. Und da ihm seine Vorgesetzten die Juden als Kriminelle oder Schlimmeres dargestellt hatten, stufte er sie bei seiner privaten Rollenzuweisung entsprechend ein.

Seine Gefangenen spürten trotzdem, dass Dobberke, wenn er sie als »Saujuden« beschimpfte, sich nicht wirklich mit der Leidenschaft des überzeugten Antisemiten Luft machte. Er kehrte nur seine Stellung hervor, wie er es einst mit der Hefe der Unterwelt getan hatte – Zuhältern, Taschendieben und anderem »Abschaum«. Wenn er eine Weltanschauung hatte, dann hielt sie ihn jedenfalls nicht davon ab, bis nachts um zwei Uhr mit jüdischen Gefangenen Skat zu spielen und zu trinken, denen er wenige Stunden zuvor im Rahmen seiner beruflichen Pflicht noch fünfundzwanzig Hiebe hatte zukommen lassen.

Dobberke verwahrte seinen Ochsenziemer im Büroschrank wie andere Angestellte ihren Regenmantel. Und jeder konnte sehen, dass er ökumenisch gesinnt war: Er hatte ganz offen eine jüdische Freundin, Schwester Elli, eine junge Krankenschwester aus dem Jüdischen Krankenhaus.

Das Lager schien mehr vom Schmuggel zu existieren als von der offiziellen Verpflegung: Brot, wässriger Suppe, bitterem Ersatzkaffee. Dazu kamen Butterbrote, die von nichtjüdischen Freunden über Wächter geliefert wurden, sowie Dinge, die bei den Posten eingetauscht wurden gegen Uhren und Ringe, die einige Gefangene hatten verbergen können.

Da die Gefangenen so beengt lebten und stets Züge nach Osten auf sie warteten, ließ die Spannung nie nach. Wenn der eigene Name nicht auf der Liste erschien, bedeutete das nicht unbedingt, dass man bis zur nächsten Liste gerettet war. War ein Transport zufällig noch nicht brechend voll, konnte man noch im letzten Moment als Lückenbüßer aufgerufen werden.

Der Ort war, wie Stella es später ausdrückte, »ein Vulkan«. Der »Mundfunk« brodelte, und Spekulationen über die Beziehung zwischen Stella und Dobberke waren eine beliebte Abwechslung im Lavastrom der Gerüchte. Die Ansichten waren geteilt. Einige waren ganz sicher, dass Dobberkes mehr oder weniger automatische Schürzenjägerei von Anfang an zu sexuellen Beziehungen mit Stella geführt hätten. Die meisten Augenzeugen waren anderer Meinung. Dobberke hätte vermutlich sein Glück bei ihr versucht, sei aber abgewiesen worden, sagten sie. Er sei zu ungehobelt. Sie stünde zu hoch über ihm, und er brauchte sie nötiger als Star in seinem Greifernetz denn als Sexualobjekt – davon hatte er genügend.

Die verblüffende Verwandlung meiner Mitsängerin im Goldschmidt-Chor in Dobberkes eifrige Helferin bei »Säuberungen« war aus einer Mischung verschiedener Elemente entstanden. Angst um das Leben ihrer Eltern. Angst vor ihrer eigenen möglichen Deportation. Angst vor weiteren Foltern in Kellern. Angst vor einem immer noch möglichen Sieg Hitlers. Verlust ihrer Vorkriegsidentität. Entwertung ihrer gewohnten Rüstung – ihrer Schönheit – durch den Primitivismus der Gestapo. Abhängigkeit von ihrem Beschützer Rolf. Und die automatische Nachahmung des Vorbilds, das sie in ihrer neuen Gruppe von jüdischen Greiferkollegen täglich sah.

Nachdem Stella in diesen Gestapo-Kreisen akzeptiert war, begann ihre ursprüngliche Angst vor ihrem Chef zu verschwinden. Sie fand eigentlich, dass sie über ihn hinausgewachsen sei. Wenn sie sich mal vertraulich über ihn äußerte, dann kicherte sie boshaft, aber nicht bösartig.

Dobberke? Ein versoffener Bulle.

Die Banalität seiner Pflichten als oberster Leiter und Prügler im Sammellager in der Großen Hamburger Straße langweilte sogar einen so anspruchslosen Untertanen wie Dobberke. Mehr und mehr schien er nur noch automatisch seine Aufgaben als Verfolger zu erledigen. Gegenüber seiner geduldigen und umgänglichen Sekretärin Johanna Mühle, 29, mit der er das Büro teilte und die er ins Vertrauen zog, äußerte er, dass er lieber wieder normale Polizeiarbeit täte. Er vermisste die Jagd. Nachforschungen über einfache Huren und ihre Zuhälter anzustellen brachte mehr Befriedigung als diese monotone Beschäftigung mit Juden. Also trank und trank und trank er – alles Mögliche, einschließlich übel schmeckender Cocktails, mit reinem Alkohol gemixt, der in Schwester Ellis Krankenhaus gestohlen war.

Dobberke war der Bodensatz der Banalität. Nicht einmal Foltergeräte waren ihm anvertraut worden. »Dafür war sein Rang viel zu gering«, sagte Gad Beck und lachte. Beck war ein geschickter Überlebender, der es sich zur Aufgabe gemacht hatte, seinen Bewacher sorgfältig zu beobachten.

Dennoch war Hauptsturmführer Dobberke ein Mini-Diktator, der »Führer« seiner kleinen Welt in der Großen Hamburger Straße. Ihn zu unterschätzen hieß, sein Leben aufs Spiel zu setzen. Seine Macht war absolut, und manchmal gefiel es ihm auch, sie zu einer Wohltat zu nutzen. Er konnte deinen Namen auf die Liste setzen, das bedeutete das Todesurteil – Deportation mit dem nächsten Zug. Er konnte auch befehlen, dass dein Name von der Liste gestrichen wurde, die Max Reschke schon erstellt hatte, denn das gehörte zu den Pflichten des jüdischen Lagerleiters.

Dobberke konnte Reschke deinen Namen nennen, und der setzte ein X davor, das bedeutete vorläufigen Aufschub. Dein Name erschien dann automatisch wieder auf der nächsten Liste. Dobberke konnte ihn wieder mit einem X versehen lassen. Und wieder und wieder. Es hing davon ab, ob Dobberke in seinem Polizistenhirn glaubte, dass du nützliche Informationen hättest, die man dir entlocken könnte, vor allem die Namen noch untergetauchter Juden und ihre Adressen. Oder vielleicht besaßest du eine Fähigkeit, die er nutzen konnte bei der »ordnungsgemäßen« Verwaltung seines Lebens (als Koch oder Wärter, Abholer oder Faktotum). Oder du warst ein möglicher Kandidat für die Anwerbung als Greifer, oder aber er mochte dich einfach. Dobberke war Richter, Jury und Zugabfertiger in einem. Alles hing von seiner Laune ab.

Dobberke konnte sogar ganz aus dem Lager entlassen, obwohl die Freude an der Freiheit oft nur vorübergehend war. Es war so gut wie unvermeidlich, dass die »Juden-Säuberungs«-Maschine der Gestapo dich fand, aufsog und in der Großen Hamburger Straße wieder ausspuckte, auf eine Liste und in einen Zug.

Klaus Scheurenberg, noch keine zwanzig Jahre alt, erfuhr Dobberkes Macht, Leben willkürlich zu geben und zu nehmen. Klaus gehörte zu diesen »arisch« aussehenden jungen Leuten, die erst Hitler zu Juden gemacht hatte, die notgedrungen angefangen hatten, sich wie Juden zu fühlen. Als Junge bekam Klaus von seiner Mutter einen Klaps auf den Mund, wenn er ein jiddisches Wort gebraucht hatte. Jiddisch war ja so ungehobelt. Sie sprach vom »Verschandeln der schönen deutschen Muttersprache«.

Jetzt waren Klaus und seine Mutter in Dobberkes Lager eingesperrt, und Klaus beobachtete – neidisch und angewidert –, wie Stella offensichtlich nach Belieben kam und ging. Er hatte mit ihr zusammen die Höhere Handelsschule besucht, nachdem sie die Goldschmidt-Schule verlassen hatte. Hier sprachen sie nicht mehr miteinander.

Bevor man sie aus ihrer Wohnung holte, war es Klaus und seiner Mutter gelungen, eine Nachricht für seinen Vater zu kritzeln: »Papa, wir sind abgeholt. Komme bitte schnell zur Großen Hamburger Straße. Klaus und Mama.«

Klaus' Vater war unterwegs, er brachte Juden zu einem Zug nach Osten. Er war als Geschäftsführer bei Hermann Tietz gefeuert worden, als das Kaufhaus »arisiert« und in Hertie umbenannt wurde. Danach hatte er seine Familie als Hauswart in einem »Judenhaus« durchgebracht, einem abgesonderten Mehrfamilienhaus nur für Juden. Jetzt hatte man ihn zum »Abholer« bestimmt, der alten Deportierten mit ihrem Gepäck half. Einmal war er von einem SS-Mann zusammengeschlagen worden, der gesehen hatte, wie er einem Deportierten ein Butterbrot zuzustecken versuchte. Ein Gestapo-Offizier hatte ihn davor bewahrt, selbst auch in den Transport gesteckt zu werden, weil der alte Scheurenberg noch zu gebrauchen war.

In dieser Eigenschaft konnte Vater Scheurenberg Frau und Sohn noch retten, jedenfalls für eine Weile. Er suchte Dobberke auf, der die beiden prompt freiließ.[12]

Zu den Neuerungen, die Dobberke 1943 eingeführt hatte, gehörte das »Schleusen« – ein Euphemismus für Diebstahl. Er wurde unter der Aufsicht von Parteigenossen Prokop und Mitarbeitern in Kellerräumen still und ständig betrieben. Sie durchsuchten alles Gepäck der Gefangenen auf Wertsachen. »Wertsachen« war ein sehr allgemeiner Begriff. Er umfasste nicht nur Geld und Schmuck, sondern unter Umständen auch Bettwäsche, wenn sie in gutem Zustand war. Es wurde allgemein angenommen, dass ausgesuchte Stücke in den Taschen der Durchsucher oder Dobberkes landeten, der es mit mein und dein bekanntermaßen nicht sehr genau nahm.

Trotzdem machte dem Chef seine Arbeit nicht viel Freude. Er war ausgebombt und wohnte offiziell mit seiner Familie in der winzigen Wohnung seiner Sekretärin. Jedoch schien er sich nur selten dort aufzuhalten, und seine Frau wurde nie erwähnt. Es machte Dobberke Spaß, seine Macht zur Schau zu stellen, indem er einzelne begünstigte. Einmal fasste er Zuneigung zur Frau eines Ordners namens Manfred Guttmann. Die wohlproportionierte Gattin arbeitete als Köchin und servierte bei Dobberkes Skatabenden die Getränke. Die Deportation der beiden Guttmanns wurde siebenmal ausgesetzt. Schließlich sorgte Dobberke endgültig für ihr Überleben, indem er ihre Karteikarten in der Ablage in seinem Büro vernichtete. Damit existierten die glücklichen Guttmanns auf dem Papier nicht mehr, und Papier hatte noch immer große Bedeutung bei den Nationalsozialisten.

Was Dobberke schlecht vertrug, war, wenn ihm jemand die Stirn bot. Ein Mann aus dem Widerstand, Zwi Abrahamson, war entkommen, und Gad Beck war anwesend, als er wieder gefangen und zu Dobberke gebracht wurde.

»Der nahm Zwi und schlug ihn halb tot in meiner Gegenwart«, erinnerte sich Beck. Passende Beschimpfungen begleiteten das Unternehmen. Dobberke schrie: »Du Schwein, du Dreck, du Mist, du bist mir mal weggelaufen!«

Irgendwie gelang es Abrahamson, abermals zu fliehen. Wieder wurde er gefangen. Er konnte hinterher noch berichten: »Als erstes schlug mir Dobberke die Zähne ein. Ein Schlag genügte.«

Sadismus war nicht das einzige Motiv des Gestapo-Mannes. Es beleidigte seine Denkungsart als Polizist, dass Abrahamson ihm Informationen vorenthielt und damit Dobberkes Autorität in Frage stellte. Wieder und wieder hämmerte er mit denselben Fragen auf den

Gefangenen ein: »Wo warst du in der ersten Nacht? Wo warst du in der zweiten Nacht? Woher hattest du das Geld?« Stunde um Stunde brüllte Dobberke auf der Jagd nach solchen Details auf ihn ein.

Eine Fähigkeit, die er sich während seiner Zeit bei der »Sitte« angeeignet hatte, scheinbar belanglose Informationen zu nutzen, war Dobberke geblieben. Nachdem ein U-Boot namens Margot Goerke in einer illegalen Wohnung in Weißensee festgenommen worden war, erfuhr er, dass sie zwei Tage später, am 23. Juni 1943, Geburtstag hatte. Das brachte ihn zu der Annahme, dass ihre jüdischen Freunde in ihrem Versteck auftauchen könnten, um Margot zu gratulieren. Drei Frauen kamen tatsächlich. Es war das Ende ihrer Freiheit. Dobberke hatte seinen zweiten Mann, Felix Lachmuth, dorthin geschickt, ihnen aufzulauern.

Gegenüber Hochrangigen – fast jedem mit höherem Dienstgrad – kroch Dobberke. Gerhard Löwenthal war im Keller eingesperrt, und sein Vater saß zwei Zellen weiter. Er sah, wie der Gestapo-Mann fast verging vor Unterwürfigkeit, als Löwenthals Onkel Max erschien. Dieser Onkel, ein hundertprozentiger Nichtjude, war ein »kriegswichtiger Ingenieur« in den Heinkel-Werken. Als er die Namen von Kollegen und Parteibonzen erwähnte, ließ Dobberke den Vater gehen. Nicht allerdings Gerhard, der – zu Recht – verdächtigt wurde, an der Herstellung von falschen Papieren beteiligt gewesen zu sein.

Es stellte sich heraus, dass für Gerhard die Intervention noch höherer Ränge notwendig war. Ein nichtjüdischer Freund wandte sich an einen Herrn von Holtzbrink, der ein Optikergeschäft besaß, in dem die Parteielite verkehrte. Tatsächlich lagen gerade mehrere Brillen des Reichsführers SS Heinrich Himmler zur Reparatur da. Der junge Löwenthal, ein qualifizierter Optiker, wurde sofort gebraucht! Das jedenfalls sagte Holtzbrink, der in SS-Uniform bei Dobberke erschien. Dobberke schrie ihn zunächst genauso an wie alle anderen, was Holtzbrink wütend machte. Er griff nach Dobberkes Telefon, rief eine hohe SS-Dienststelle an und erklärte, dass Löwenthal für Himmlers Brille gebraucht würde. Dann gab er den Hörer an Dobberke weiter, der seine Befehle soldatisch gefasst entgegennahm. Im Rang übertroffen und eingeschüchtert, entließ er Löwenthal auf der Stelle.

Glück, Chuzpe und eine kräftige Portion Angst vor dem Schlimmsten hatten Gerhard Löwenthal gerettet.[13]

Die Fiktion, dass nur Arbeit die Deportierten im Osten erwartete, wurde vom Eichmann-Apparat sorgfältig genährt. Die Gestapo wollte den Widerstand der Juden so gering wie möglich halten und einen propagandistischen Rückschlag bei der Bevölkerung vermeiden. Deshalb wurden die Deportationen nach Art der Gestapo mit größter Verschwiegenheit durchgeführt.

Vor 22 Uhr und nach 6 Uhr geschah nichts. Die Transporte zu den

Zügen wurden meist mit den berüchtigten Möbelwagen durchgeführt; nur Dobberke, der bis zu den Bahnhöfen die Aufsicht hatte, fuhr aus Gründen der Tarnung mit einem Krankenwagen herum. Abgefahren wurde nur von abgelegenen Bahnstationen, und auch dort standen die Züge auf entfernten Gleisen. Manchmal wurden die Deportierten aufgefordert, Hammer und Nägel mitzubringen, um den Eindruck zu erwecken, dass Arbeit auf sie wartete.

Eine der Abfahrtstationen war der im westlichen Vorort Grunewald liegende Bahnhof. Dorthin wurde Ismar Reich in einem mit siebzig Gefangenen und mehreren bewaffneten Wächtern überfüllten Lastwagen gebracht. Sie standen alle und schwankten mit den Bewegungen des Wagens. Es war dunkel darin, aber Reich stand hinten, wo ein Spalt zwischen den beiden Türflügeln etwas Licht einließ. Als er sich umsah, war Reich wie vom Donner gerührt: Keinen halben Meter entfernt stand ein Mann mittleren Alters mit einem vertrauten Gesicht.

Es war der einst so liebenswürdige Dr. Jacob, Reichs Hausarzt, der bei seiner Geburt anwesend gewesen war. Ärzte wurden normalerweise nicht deportiert, noch nicht. Wenn sie einen Transport zum Bahnhof begleiteten, dann als Sanitäter – sie hatten die Aufgabe, die Gefangenen in Bewegung zu halten, auch bei Notfällen unterwegs. Sie waren mehr oder weniger willige Kollaborateure.

Reich wusste das alles. Er gehörte auch zu den wenigen, die sich keinerlei Illusionen machten über das Schicksal, das sie erwartete. Der Arzt war einer der Helfer bei der »Endlösung«, und Reich konnte es sich nicht verkneifen, ihn darauf anzusprechen.

»Wie kommen Sie hierher?«, fragte er. Er bekam keine Antwort.

»Sie haben mich ins Leben geholt«, fauchte er den Arzt an, »und jetzt befördern Sie mich zum Tode!«

Dr. Jacob schwieg. Die Wachen schwiegen. Die anderen Gefangenen schwiegen. Man hörte nichts als das Rumpeln des schwankenden Fahrzeugs.

Um der Geschwindigkeit willen mussten die Deportierten unterwegs alle möglichen Grausamkeiten erdulden. Als ein jüdischer Arzt einem alten Mann helfen wollte, der beim Umsteigen in einen Güterwaggon gestürzt war und sich den Knöchel gebrochen hatte, wurde er verdonnert, mit einem Backstein in jeder Hand Kniebeugen zu machen. Niemand hatte solche Fracht aufzuhalten.

Ein großer Unterschied bestand zwischen Zügen nach Theresienstadt in der Tschechoslowakei, das noch nicht als wirklich östlich angesehen wurde, und »Ost«-Transporten nach Auschwitz. Deportierte nach Theresienstadt durften Aktentaschen und Toilettenartikel mitnehmen. Bei der Ankunft im Lager bekamen sie ihr Gepäck auch tatsächlich, meistens jedenfalls. Die nach Auschwitz Deportierten durften nur eine Wolldecke mitnehmen.

Trotzdem errieten nur wenige in der Auschwitz-Gruppe, was da geschah. Wunschdenken herrschte vor. Zu denen, die begriffen, was los war, gehörte ein Mann namens Harry Schnapp. Bei einem Kriegsverbrecherprozess sagte dieser Realist später: »Wenn man einem Menschen die Zahnbürste wegnimmt, kann das nur heißen, dass er sie nicht mehr braucht, und ein zivilisierter Mensch benötigt sie nur dann nicht mehr, wenn er nicht mehr am Leben ist.«

Es ist denkbar, dass Dobberke selbst nicht wusste, dass seine Gefangenen in Auschwitz systematisch vergast wurden. Seine getreue Sekretärin und Vertraute, Johanna Mühle, klammerte sich an diese Auffassung. Möglicherweise kannte er auch die Wahrheit, bewahrte aber aus Sicherheitsgründen Stillschweigen. Johanna Mühle hielt das nicht für wahrscheinlich. Gefangene fragten sie oft, wie es in Auschwitz wäre. Sie fragte mehrfach ihren Chef danach. Das höchste, was er dazu äußerte, war: »Sehr schön kann es da nicht sein.«

Vielleicht hatte Johanna Mühle recht, was die Unwissenheit ihres Chefs anging, denn sie kannte ihn gut, und selbst bei empfindlichen Fragen ging er ihr gegenüber gewöhnlich aus sich heraus. Auch bei der Auslegung des Orwell'schen »Büro-Sprech«, mit dem der Eichmann-Apparat das systematische Töten zu tarnen versuchte.

Einmal stieß Johanna Mühle beim Wühlen in Papieren in ihrem gemeinsamen Büro auf ein ungewöhnliches Dokument. Es war ein rotes Durchschlagpapier, und es ging um die »Sonderbehandlung« eines jüdischen Gefangenen. Diese sollte gleich in Berlin angewendet werden. Johanna freute sich.

»Das ist doch nett, dass Juden besser behandelt werden sollen, wenn sie krank sind«, sagte sie.

Dobberke brach in Gelächter aus und belehrte Johanna Mühle, dass »Sonderbehandlung« Tod bedeutete. Das jedenfalls wusste er genau.

In der Gestapo wussten in den Dienstgraden unter Dobberke manche Leute Bescheid, andere noch 1943 nicht. Erwin Sartorius, ein Fahrer, hatte eines Abends zusammen mit Kollegen bei der Abfertigung eines Zuges nach Theresienstadt vom Anhalter Bahnhof geholfen. Hinterher ging er mit vier anderen noch auf ein Bier in eine Kneipe in der Nähe, und die folgende Unterhaltung öffnete ihm die Augen.

Einer der Kollegen, offenbar ein Neuer, fing plötzlich an, sich Gedanken zu machen über das Schicksal der Tausende von Juden, die da nach Osten deportiert wurden. Er überlegte, wohin sie alle kämen. Es waren doch so viele. Eine riesige Zahl von Unterkünften würde gebaut werden müssen, um die alle unterzubringen.

Ein etwas dienstälterer Beamter kicherte und sagte, er brauchte sich keine Sorgen zu machen. »Wenn die Juden am Ziel ankommen, haben sie keine Zahnschmerzen mehr«, wie er es euphemistisch ausdrückte, um Worte wie »Tod« oder »Töten« zu umgehen.

Der Gestapomann, der gefragt hatte, weigerte sich zu glauben, was er da hörte. Warum hatten die Juden Gepäck, wenn sie es nicht mehr brauchten?

Seine Kollegen erklärten ihm gemeinsam, dass dies eine Vorsichtsmaßnahme der offiziellen Tarnung sei. Wenn die Zivilisten die Juden ohne Gepäck am Bahnhof sähen, würde das Argwohn erregen.

Im Februar 1944 war die Flut von Deportierten, die durch die Große Hamburger Straße strömten, zu einem Rinnsal geworden. Es gab kaum noch Juden in Berlin, deshalb wurde das Lager verlegt in die sogenannte Pathologie, eigentlich eine Art kleiner »Morgue«, im Jüdischen Krankenhaus. Sie hatte einen eigenen Eingang an der Schulstraße 79, um die Ecke vom Haupttor Iranische Straße 2, im Bezirk Wedding (einst einer Hochburg der KPD).

Der Umzug war der letzte Meilenstein für die Berliner Juden bei ihrer Odyssee von einer Beschränkung zur nächsten – ihr letztes Lager, die letzte Insel, auf der man nichts Schlimmeres zu fürchten hatte als Dobberkes Prügel. Es musste ein besonders großer Transport nach Theresienstadt zusammengestellt werden, um die überflüssigen Menschen loszuwerden, die nicht in das kleinere neue Quartier gequetscht werden konnten.

Ein halbes Jahr lang hatten Stellas zufriedenstellende Dienste Dobberke veranlasst, die Namen ihrer Eltern von einer Transportliste nach der anderen zu streichen. Jetzt teilte er Stella mit, dass ihm der neueste Befehl nicht mehr erlaubte, sie abermals auszunehmen.

Stella protestierte so heftig, wie sie sich traute. Dobberke blieb unerbittlich. Stella gab nicht auf – woraufhin Dobberke sich als hilflos bezeichnete. Die Befehle waren vom Reichssicherheitshauptamt in der Prinz-Albrecht-Straße gekommen, Heinrich Himmlers Amt. Nur bestimmte Kategorien von »Mischlingen« und »Klärungsfällen« konnten noch zurückgestellt werden, sonst ausnahmslos niemand. Diese Bestimmungen ließen sich aber auf die Goldschlags nicht anwenden. Sie mussten fort.

»Ich gehe mit!«, rief Stella erregt.

Dobberke redete ihr gut zu und versicherte ihr, dass sie nicht gefährdet sei, solange sie zusammen mit Rolf ihre Arbeit tat.

»Sei froh, dass du nicht gehen musst«, sagte er, und das klang wie bei einem stellvertretenden Vertriebschef, der seinen besten Vertreter zu verlieren fürchtet. Ob Rolf etwas dazu tat, Stella in Berlin zu halten, blieb ihrer beider Geheimnis.

Die letzte Entscheidung trafen Stellas Eltern, die wussten, was sie wollten. Stella hörte noch immer auf sie. In dieser kritischen Situation erwies sich der Vater als der Stärkere. Die Mutter konnte nicht aufhören zu weinen. Der rundliche kleine Gerhard Goldschlag hatte trockene Augen, als er mit Nachdruck sagte:

»Du bleibst hier; darüber sind wir froh. Wir gehen gern an deiner Stelle, wir haben keine Angst.«

Stella war damit von ihren Verpflichtungen gegenüber ihrer Familie entbunden, und alle drei waren erleichtert, dass die Eltern nicht nach Auschwitz geschickt werden sollten. Niemand glaubte, dass in Theresienstadt etwas Schlimmeres als Zwangsarbeit auf sie wartete, eine Überzeugung, in der Dobberke sie bestärkte, wahrscheinlich guten Gewissens.

Stella beruhigte sich, sobald ihr Chef letzte Vergünstigungen zugestanden hatte. Stella und Rolf durften die Eltern zum Zug bringen. Auch die Demütigung des Möbelwagens wurde ihnen erspart; sie würden das Lager in Dobberkes Krankenwagen verlassen und Matratzen sowie dicke Decken mitnehmen.

Die Goldschlags fuhren mit einem »Ordner-Transport«. Die Waggons in ihrem Teil des Zuges waren für rund fünfzig Ordner und Angestellte der Jüdischen Gemeinde reserviert, auf deren Dienste die Gestapo nicht mehr angewiesen war, weil die Zahl der Juden in Berlin so geschrumpft war. Sie hatten zu den relativ Privilegierten gehört, die den Nationalsozialisten in dem Glauben gedient hatten, dass ihnen die Deportation erspart bleiben würde, oder dass sie durchhalten könnten, bis die Alliierten den Krieg gewonnen hätten. Für eine Handvoll von ihnen verwirklichte sich diese Hoffnung. Für die, die mit den Goldschlags zusammen deportiert wurden, machte die enttäuschte Hoffnung den Abschied besonders bitter.

»Ich war völlig fertig«, berichtete Stella.

Stellas Erinnerung an die friedliche Resignation ihrer Eltern klang für mich fragwürdig. Vielleicht hatten ihre Mutter und ihr Vater tapfer versucht, ihre Tochter so weit wie möglich vor dem Schmerz zu bewahren. Wahrscheinlicher war, dass Stella log. Oder hinterließ die Trennung vielleicht so qualvolle Erinnerungen, dass sie unerträglich waren und deshalb von ihr verdrängt wurden?

Ich wusste, dass das posttraumatische Stresssyndrom im Allgemeinen durch physische oder emotionale Katastrophen ausgelöst wird. Mein *Merck Manual* sagte mir, dass dieser Zustand eintreten könne, wenn die »soziale Unterstützung« ausfällt, und dass eine Schädigung des Gedächtnisses die Folge sein könne. Sicher waren ihre Eltern immer Stellas »soziale Unterstützung« gewesen. Aber meine Spekulationen schienen mir selbst zweifelhaft. Es fehlten zu viele Informationen.

Klammerten sich die Eltern an den Glauben, dass Stella ihre Kollaboration mit der Gestapo nach wie vor auf die Suche nach Günther Rogoff beschränkte? Bei der Zahl ihrer Festnahmen in den Monaten, die sie in dem von Gerüchten überquellenden Lager in der Großen Hamburger Straße verbracht hatten, und bei der Angst, die Stellas Name unter den Bewohnern weckte, mussten die Eltern Bescheid wissen. Vergaben sie ihr? Warfen sie ihr unentschuldbares Verhalten vor? Stritten sie mit ihr? Verleugneten sie sie? Versuchten sie, die Lüge der Tochter zu glauben, um ihren Verstand nicht zu verlieren? Waren sie einfach dankbar, dass sie nicht nach Auschwitz sollten?

Das ließ sich nicht feststellen. Aber wie auch immer, der Kontakt zwischen Stella und ihren Eltern riss nicht gleich ab.

Mehrmals schickte sie ihren Eltern Brot ins Lager. Eine Karte bekam sie von ihrem Vater. Er berichtete, dass er seine geliebten Lieder bei Liederabenden in Theresienstadt hatte vortragen können. Bei Konzerten hatte er auch auf dem Klavier begleitet.

Eine zweite und letzte Karte kam von Stellas Mutter; sie stellte klar, dass Gerhard Goldschlags Musizieren mehr als nur eine Tröstung anderer Gefangener war. Es hielt die Goldschlags am Leben, nahm sie aus von den ständigen Transporten, mit denen Juden von Theresienstadt zur Vergasung nach Auschwitz gebracht wurden.

Toni Goldschlag drückte das sehr deutlich aus. »Wenn Vati seine Musik nicht hätte, wären wir schon bei Netty«, schrieb sie. Netty Kübler war Stellas Schwiegermutter, von der sie zu dem Zeitpunkt schon wussten, dass sie nach Auschwitz in den Tod deportiert worden war.

Das »Altersghetto« oder »Modell-Lager« Theresienstadt, eine Autostunde nordnordwestlich von Prag, war für die Goldschlags ein groteskes Knäuel von Hoffnung und Entsetzen, Gemeinheit und Mut, Entbehrungen und der Bemühung um einen gewissen Grad von Selbstbestimmung. Von 1941 bis 1945 wurden mehr als 140000 Juden durch diese heruntergekommenen Reste einer ehemaligen Garnisonsstadt aus dem späten 18. Jahrhundert geschleust. Etwa 33000 starben an Epidemien oder verhungerten; 88000 wurden in Vernichtungslager deportiert; die übrigen klammerten sich irgendwie ans Leben; einige wurden gegen Ende des Krieges – wie durch ein Wunder – in die Schweiz oder nach Schweden geschickt.

Für niemanden ließ sich das Schicksal von einem Tag auf den anderen voraussagen.

Gerhard und Toni Goldschlag wurden zusätzlich von ihrer persönlichen Bürde gequält: der traurigen Berühmtheit ihrer Tochter, die zum größten Teil auf Fakten beruhte, aber manchmal auch auf wuchernden Legenden. Stellas Taten waren im ganzen Lager bekannt, aber oft in grob übertriebener oder verfälschter Form. Bewohner verbreiteten Berichte über »Kübler-Transporte« – ganze Züge voller Deportierter, die angeblich alle Stella ausgeliefert hatte. Und als Frieda de Klein ihre alte Freundin Netty Kübler in Theresienstadt traf, fiel ihr Netty schluchzend um den Hals. Sie war untröstlich, weil sie überzeugt war, dass ihre Schwiegertochter, »das Biest«, ihren eigenen Ehemann, Manfred Kübler, und ihren Schwiegervater an die Gestapo verraten hätte.

Stellas Ruf verführte zu solchen Vorwürfen, aber gegen die Küblers konnte sie nichts unternommen haben, weil sie schon deportiert worden waren, bevor Stella von der Gestapo angeworben wurde.

Da sie gezwungen waren, vom schlechten Leumund der Tochter gebrandmarkt in Theresienstadt zu leben, waren die Goldschlags sicher vielen Beschämungen ausgesetzt, wo sie ohnehin schon »tieftraurig« waren über Stellas Verrat (wie sich der jüdische Lagerleiter in Berlin, Max Reschke, erinnerte).

Sicherlich schmerzte ihr Los den prominentesten Berliner dort, den Oberrabbiner Leo Baeck, Theresienstadts Paterfamilias, den heiligmäßigsten Juden Deutschlands. Als man ihm einen Platz in einem Zug nach Holland anbot, lehnte er ab, weil er bei seinem Volk bleiben wollte. Ausgemergelt, aber nach außen hin heiter, predigte er, tröstete in der Krankenabteilung, hielt Vorträge über das Altern. Und als im Spätherbst 1944 der Ältestenrat durch Todesfälle, Hinrichtungen und Deportationen dezimiert war, wurde er widerstrebend Mitglied und schließlich, im Alter von einundsiebzig Jahren, Vorsitzender. Bekümmerte Seelen wie die Goldschlags waren sein Lebensinhalt.

Höchstwahrscheinlich suchten die Goldschlags größtmögliche Anonymität in ihrer schlimmen Lage, denn obwohl es viele Aufzeichnungen, Geschichten, Memoiren und Gedenkinstitutionen über Theresienstadt gibt, enthalten sie kaum Spuren von Gerhard und Toni Goldschlag, die nur ein Schattendasein führten. Der Vater, der nicht prominent genug gewesen war, seine Familie über Lissabon herauszuschmuggeln, blieb in Theresienstadt nur eine Nummer, ein Niemand, aus eigenem Antrieb oder wegen seiner Bedeutungslosigkeit oder beidem.

Die Akten zeigen nur Gerhard Goldschlags Ankunft am 23. Februar 1944 mit dem Transport Nr. 1/108-14551 aus Berlin, und seine Deportation nach Auschwitz am 1. Oktober mit dem Transport EM-677. Seine Frau kam mit ihm im gleichen Zug; sie wurde am gleichen Tag abtransportiert wie ihr Mann, aber getrennt von ihm mit dem Transport EM-1351.

Jahrelang war es in Theresienstadt möglich gewesen – verlockend-quälend möglich –, Transporten zumindest zeitweise zu entgehen. Die Nationalsozialisten überließen die Zusammenstellung der Todestransporte den jüdischen »Ausschüssen«; mit Beziehungen konnte man manchmal erreichen, dass der eigene Name erst einmal von einer Liste gestrichen wurde. Krankheiten konnten genutzt werden. Geld, Nahrungsmittel und Tabak konnten Aufschub bewirken.

Es fand ein ständiger und lebhafter Tauschhandel statt. Einige junge Frauen prostituierten sich auch mit Ausschussmitgliedern.

Im Herbst 1944 nahmen die Nazis ihre letzte Chance wahr, die Ungeheuerlichkeit ihrer Verbrechen wenigstens ein kleines bisschen zu kaschieren, indem sie einen Teil der Beweise, einige der Opfer, in einem letzten panischen Akt beseitigten. Die Transporte wurden zu einem reißenden Strom, aus dem zu entkommen nicht möglich war. Vom 23. September bis zum 28. Oktober wurden 23 500 Juden in den Viehwaggons von zwölf Zügen nach Osten transportiert. Damit wurde auch eine andere Theresienstädter Ungewöhnlichkeit beseitigt: sein reiches kulturelles Leben, einzigartig im Holocaust.

Der Fundus von zur Verfügung stehender Gelehrsamkeit in Theresienstadt hatte zu einem Programm von fast allabendlichen Vorträgen geführt. Es gibt einen Bericht über meinen Onkel Max Brahn, den ehemaligen Oberregierungsrat und Stolz der Familie, der ohne Notizen in Speicherräumen über seine zwei Lieblingsthemen sprach, Schopenhauer und Nietzsche, bis er mit dem letzten Zug im Oktober abtransportiert wurde, zusammen mit seiner Frau.

Theateraufführungen zogen sehr viele Zuschauer an, bis zu 40 000 in einer Woche. Smetanas *Verkaufte Braut* wurde fünfunddreißigmal gegeben, *Carmen*, *Aida* und *Tosca* waren sehr beliebt. Die Gefangenen versuchten auch sich den Humor zu bewahren. In einer originalen Operette gab es eine Nummer mit dem Titel »Theresienstadt, die schönste Stadt der Welt«, und in der »Kartoffelschälküche« kam ein Kabarett zusammen.

Musik wurde in den meisten Konzentrationslagern gefördert. Die Nazis wollten ein Betäubungsmittel und etwas zum Übertönen von Geräuschen, und die Juden suchten verzweifelt nach einem Beruhigungsmittel, auch wenn es wenig bewirken konnte. In Majdanek schallten Märsche und Tanzmusik aus Lautsprechern über das Gelände, um das Schreien der Vergasungsopfer zu übertönen. In Belzec befahl die SS der Sechs-Mann-Gefangenen-Band, auf dem Weg ins Gas den deutschen Schlager »Es geht alles vorüber« zu spielen – jeden Tag. In Buna wurde Elie Wiesel einmal zu Marschmusik aus dem »Orchester-Block« geschlagen.

Auschwitz übertraf alles. Neuankömmlinge, die aus den Zügen stolperten, wurden von Swing- und Tangomusik begrüßt, aber die Stars von der Mädchenkapelle spielten vor allem für die SS, darunter oft für den musikliebenden Chefarzt Dr. Josef Mengele. Und an einem sonnigen Nachmittag sang die Solistin, Fania Fénelon, mit ihren Kolleginnen draußen im Hof für den inspizierenden Heinrich Himmler aus der *Lustigen Witwe*.[14]

Die Proben dazu fanden unter großem Druck statt und dauerten bis zu zwanzig Stunden am Tag. »Ihr müsst sehr gewissenhaft spielen ... Er versteht etwas von Musik«, sagte die Dirigentin, von

Panik erfasst. Als an dem entscheidenden Tag doch jemand patzte, flüsterte sie: »Er wird uns alle vergasen lassen!« Aber Himmler sah nur gelangweilt aus.

In Theresienstadt spielten und komponierten die Musiker auch »um Zeit« – auf höchstem Niveau. Sieben Komponisten arbeiteten dort, und es entstanden Werke wie Hans Krásas Kinderoper *Brundibár*. Es gab sieben Orchester. Gerhard Goldschlag fehlte jedoch. Ich sprach mit dem Jazzpianisten Martin Roman aus Berlin, der die *Ghetto Swingers* dirigierte: Er hatte nie von Stellas Vater gehört. Ebenso wenig der Musikhistoriker Joža Karas, dessen außerordentlich detailreiches Buch *Music in Terezin* (»Musik in Theresienstadt«) rund 250 Namen von Musikern in Theresienstadt nennt.

In drei Archiven gab es nur einen einzigen Hinweis auf Goldschlag. Er war als Mitglied der »Stadtkapelle« aufgeführt, die nicht zu den großen Orchestern gehörte, und hatte vom 11. bis 14. September 1944 Extrarationen für seine bescheidene Rolle bekommen. Vielleicht sind weitere Unterlagen verloren gegangen. Vielleicht spielte er ja doch, wie Stella annahm, in einem der Symphonieorchester. Wie auch immer. Er war ein Niemand unter seinesgleichen, getrennt von den anderen sogar auf seiner letzten Reise. Die Musiker aus Theresienstadt, einschließlich der bekannten Komponisten, wurden alle miteinander am 16. Oktober deportiert, mehr als zwei Wochen nach Stellas Vater.

Zu den Überlebenden, die das Ende des musikalischen Lebens bedauerten, gehörte Dr. Edith Kramer-Freund, die Ärztin, die sich in der Großen Hamburger Straße durch Bestechung dem Transport nach Auschwitz hatte entziehen können. Sie erinnerte sich: »Tiefen Eindruck machten mir die Kinder, die ein Konzert mit Chören aus *Carmen* gaben. Am Tag danach wurden die Kinder nach Auschwitz deportiert. Sie freuten sich auf die Eisenbahnfahrt und sangen, als sie zum Bahnhof gingen, nicht ahnend, dass es ihr letztes Lied war.«[15]

Adolf Eichmann war ebenfalls Musikliebhaber. Dr. Freund beobachtete ihn bei einer Aufführung von Verdis *Requiem*. Obwohl die Ärztin sie »unvergesslich« fand, Eichmann erweichte sie nicht. Die Musiker wurden kurz darauf nach Auschwitz deportiert.

Zusammen mit ein paar anderen gefangenen jüdischen Ärzten wurde Dr. Freund abkommandiert, Büro und Unterkunft zu putzen, die Eichmann bei seinen Besuchen bewohnte. Der anspruchsvolle SS-Mann wollte diese Aufgabe keinen unqualifizierten Leuten ohne Dr. med. überlassen.

Einmal traf Dr. Freund Eichmann an der Rampe am Bahnhof. Sie hatte gerade die toten Juden gezählt, die auf dem Transport von Ungarn in den Viehwaggons gestorben waren.

»Wie viele?«, fragte Eichmann.

Es war eine beträchtliche Zahl, und die Ärztin nannte sie ihm.

»Gut«, sagte Eichmann.

Seine Maschine stotterte schon, aber die Züge rollten noch.

17. Die Greiferin und ihr Liebhaber

Den in der Illegalität lebenden U-Booten schienen Stella und Rolf im Frühjahr und Sommer 1944 überall aufzutauchen, obwohl sie manchmal auch getrennt arbeiteten. Moritz Zajdmann und seine Schwester Esther erschraken zu Tode, als sie das Pärchen in der stillen Eingangshalle der Schweizer Botschaft entdeckten, die einst das überlaufene US-Konsulat an der Hermann-Göring-Straße nahe dem Brandenburger Tor gewesen war: Sie hatten es sich auf einer Bank bequem gemacht und lauerten. Esther erkannte Stella sofort. Sie hatten zusammen im Gefängnis in der Bessemerstraße gesessen.

Die Greifer begrüßten die zwei mit einem triumphierenden Lächeln.

Es war der erste Ausflug der Zajdmanns aus ihrer Wohnung nach mehr als drei Monaten. Panik hatte sie gepackt, und in ihrer Naivität hatten sie gemeint, dass sie vielleicht die Schweizer zu einem Visum überreden könnten. Stattdessen hörte man sie kaum an. Und als sie das Gebäude verließen, spazierten Stella und Rolf draußen auf und ab und warteten darauf, zuschlagen zu können. Die Zajdmanns waren jung, und Verzweiflung erhöhte ihre Geschwindigkeit; es ging um ihr Leben, und sie entkamen knapp, weil sie schneller rannten als die Greifer.

Die Schweizer Botschaft gehörte zu den vielversprechenden Orten, die das »schöne Paar« regelmäßig überprüfte. Eine Reihe von Cafés ebenfalls, weil sie einladende Anlaufstellen für U-Boote waren: Dobrin, Café Kranzler, das Léon, das Wien, das Uhlandeck, das Teschendorf und andere im Westend. Die Flüchtigen konnten manchmal in ihrer Einsamkeit und Langeweile und dem Verlangen nach Nahrung der Versuchung nicht widerstehen, sie aufzusuchen.

Von jeher war das Café das zweite Heim vieler Berliner, ein vertrautes Nest. Die Habitués hatten ein oder zwei Stammlokale, wo sie von den Angestellten ungezwungen und oft kurz angebunden begrüßt und untergebracht wurden, wie es Brauch war: Man konnte einen der kleinen Marmortische besetzen, ohne mehr zu bestellen als die Berliner Mindestration – ein Kännchen Kaffee und ein Stück Kuchen. Niemand versuchte einen Gast zu vertreiben, nicht einmal durch einen vorwurfsvollen Blick.

Die Kaffeehaus-Tradition, die überwiegend aus dem kaiserlichen Wien Franz Josephs stammte, fand bei geselligen Nichttrinkern, wie es die meisten Juden waren, besonderen Anklang. Der Brauch verlangte auch, dass man in einem Café kein Bier bestellte. Während

Trinker schweigsam in einer von Tausenden von dunklen und muffigen Kneipen über Bier oder Schnaps saßen, trafen sich Juden in der heitereren Umgebung der Cafés, um zu plaudern, über Politik oder Kunst zu diskutieren, Geschäfte zu machen und Zigaretten und Zigarren zu rauchen, als seien sie ein Lebenselixier.

Zu der Zeit, als Stella für die Gestapo arbeitete, hatten die Treffpunkte der Berühmten, wie das Romanische Café mit seinen tausend Sitzplätzen, schon an Glanz verloren oder waren verschwunden, der Kaffee war Ersatzkaffee, und der Kuchen bestand aus unbeschreiblichen Füllmitteln. Aber jüdische Traditionen haben ein langes Leben, und das Kaffeehaus war noch nicht tot, als Stella und ihresgleichen den Überlebenden das Netz der sozialen Sicherheit entzogen.

Es waren mehrere Razzien nötig, bevor die jüdische Stammkundschaft das kleine Café Heil am Olivaer Platz aufgab. Im Café Trumpf an der Gedächtniskirche stöberte Stella mehrere Opfer auf und hielt sie in Schach, indem sie die Drehtür blockierte, bis Gestapo-Männer herbeieilten. Manchmal zeigte sie den Beamten die Opfer aus sicherer Distanz.

Die Vorliebe für das Kaffeehaus war zu einer Einladung an den Tod geworden. Nur überfüllte Schnellrestaurants wie der billige Aschinger boten kurzfristig Zuflucht. Die Verlockung war auch deshalb stark, weil es da eine herzhafte Mahlzeit gab, den Tages-Eintopf, für den man keine Lebensmittelmarken brauchte.

Manche Kinos zogen Stella und Rolf an. Sie achteten darauf, dass sie ankamen, kurz bevor der Film aus war. Beide hatten einen großen Bekanntenkreis aus ihrer Jugend und ihrer Zeit als Illegale sowie einen Spürsinn für Glaubensgenossen; sie näherten sich verdächtig aussehenden Kinobesuchern, und Rolf hielt die Opfer am Arm fest, während Stella ihre Taschen auf Wertsachen und Adressenbücher durchwühlte. Immer wieder einmal barg so ein abgenutztes Büchlein einen ganzen Schatz an Geheimnissen mit Namen und Verstecken weiterer Opfer. Regina Gutermann, die Studentin aus Stellas Modeschule, wurde in derselben Nacht in ihrem Versteck gefangen, in der so eine Kino-Patrouille Stella und Rolf ein Adressenverzeichnis eingebracht hatte.

Mit der Zeit wurde Rolf fast so berüchtigt wie Stella. Er war der körperlich aggressivere, eher bereit, mit seinem Gestapo-Revolver zu fuchteln. Auch er fiel wegen seines guten Aussehens auf. Als eingefleischter Schauspieler konnte er es nicht lassen, in prahlerischer Aufmachung herumzustolzieren. Dabei war seine Kleidung eher verräterisch. Der breitkrempige weiche Filzhut und der elegante lange Ledermantel gaben ihm, ob beabsichtigt oder nicht, das Aussehen eines Gestapo-Schnüfflers. Es amüsierte Rolf, dass er diesen Mantel einem Juden gestohlen hatte, als er ihn festnahm.

Er und Stella arbeiteten gut zusammen als Detektive, wie Langzeitpartner in den späteren Fernsehkrimis. Sie gingen fast synchron vor. Bei einer Razzia sprachen sie kaum. Sie agierten automatisch, wie vorprogrammiert, einander ergänzend; dazu brauchten sie keine verbale Kommunikation.

Dobberke in seinem schlecht sitzenden Anzug hatte für sie alles unter Kontrolle. Aus seinem Vorkriegsdienst bei der »Sitte« war er gewöhnt, ein ganzes Netz von Spitzeln zu lenken – das steigerte die Effektivität des Teams Stella-Rolf. Dobberke sorgte dafür, dass die zwei nicht behindert wurden und offizielle Rückendeckung bekamen. Sie hatten die Erlaubnis, nach eigener Zeiteinteilung zu arbeiten, und mussten nicht jeden Abend ins Lager Große Hamburger Straße (beziehungsweise Schulstraße) zurückkehren. Außerdem wurden sie anständig ernährt und bezahlt, und ihr Kampfgeist blieb weit ins Jahr 1944 hinein stark. Sie mussten den gelben Stern nicht tragen und konnten sich ungehindert bewegen. Wenn gewöhnliche Polizisten sie bemerkten, brauchten sie nur ihren Gestapo-Ausweis mit Foto zu zücken. Er machte klar, dass sie ermächtigt waren, in »Judenangelegenheiten« zu agieren.

Dobberke unterstützte das Paar auch damit, dass er die Gewohnheiten und den Ordnungssinn eines Polizisten anwendete. Er lieferte ihnen Listen der Juden, von denen angenommen wurde, dass sie noch untergetaucht lebten. Und er wies ihnen Reviere zu, damit sie nicht über die anderen Greifer stolperten. Rolf und Stella erfuhren eine Vorzugsbehandlung. Sie durften im Westend auf Jagd gehen, in der Gegend um den Kurfürstendamm und die Joachimsthaler Straße und an der Lothringer und Landsberger Straße sowie der Schönhauser Allee, wo sich immer noch ein paar Juden hatten halten können.

Stella erschien auch bei bestimmten Beerdigungen, angeblich als Trauernde, in Wirklichkeit in ihrer offiziellen Eigenschaft. Das war der Fall, wenn »arische« Ehegatten in »Mischehen« gestorben waren. Wenn diese Nichtjuden starben, verloren die jüdischen Partner automatisch ihre Immunität und konnten deportiert werden. Eine Beerdigung bestätigte die Änderung des legalen Status, und Dobberke ließ Stella vor Ort lauern, um Verzögerungen zu vermeiden. Sie nahm ihre Opfer noch auf dem Friedhof fest oder schnappte sie auf dem Weg nach Hause.

Ihr Talent, schnell freundschaftliche Beziehungen zu Männern aufzunehmen, kam ihr ebenfalls zustatten. So begann sie an der Rosenthaler Straße ein Gespräch mit Chaim Horn. Im Hof von Nr. 39 betrieben Otto und Else Weidt, die keine Juden waren, eine Blindenwerkstatt, in der Bürsten und Besen hergestellt wurden. Sie beschäftigten mehrere blinde Juden, um ihnen eine Zuflucht zu bieten, und sogar einige nur vorgeblich blinde, wie Chaim Horn.

Als sie von einer kurzen Besorgung in ihre Straße zurückkehrte, sah Frau Weidt zu ihrem Entsetzen, dass Chaim Horn vor der Tür mit dem berüchtigten »blonden Gespenst« plauderte. Er galt als weichherzig und mitteilsam. Am nächsten Morgen erschien die Gestapo und holte sämtliche »Volljuden« ab.

Wenn ein U-Boot nicht darüber informiert war, dass die Gestapo Stella umgedreht hatte, war die Festnahme ein *Fait accompli*, bevor das Opfer wusste, wie ihm geschah.

Als Edith Ziegler, die Stella vor Jahren kennengelernt hatte, in der Uhlandstraße aus der U-Bahn stieg, trat Stella auf sie zu und sagte: »Los, Edith, du gehst jetzt mit.«

Edith Ziegler fuhr zusammen und fragte, was denn um alles in der Welt los sei.

Stella sagte: »Komm schnell mit. Du musst ins Lager, sonst hole ich die Gestapo.«

Edith Ziegler ging mit und wurde in Auschwitz ermordet. Ihre Festnahme hatte nur wenige Sekunden gedauert.

Wenn Rolf gelegentlich bei Zusammenstößen in Raufereien und Handgemenge geriet, hielt sich Stella in sicherer Entfernung. Und wenn sie einen kräftigen Gegner anvisiert hatten, übernahm Rolf die Führung.

Josef von Drewitz-Lebenstein hatte bei einer Arbeit im Freien aus dem Lager im Jüdischen Krankenhaus fliehen können. Und es war ihm gelungen, im KaDeWe eine Bahnfahrkarte nach Paris zu kaufen. Aber dann war er so hungrig, dass er es wagte, zu Aschinger zu gehen, um einen Tages-Eintopf zu essen. Rolf und Stella stürzten sich auf ihn, als er herauskam.

»Halt stopp!«, schrie Rolf. »Jetzt haben wir dich! Nach dir suchen wir seit zwei Wochen!«

Sie brachten ihr Opfer mit der U-Bahn ins Lager zurück. Unterwegs nahm ihm Rolf sein Geld und die Fahrkarte ab.

Selbst der korrupte Dobberke fand, dass die Diebereien von Rolf und Stella alles andere als »ordnungsgemäß« waren. Er empfand ihr Verhalten als Unverschämtheit und schrieb es der Jugend seiner Star-Greiferin und ihres Begleiters zu. Als Gegenmaßnahme schickte er manchmal seinen Obergreifer, den fünfzigjährigen früheren Sozialarbeiter Bruno Goldstein, mit den jungen Leuten auf Razzia, damit er ihnen auf die Finger sähe.

Damit hatte er den sprichwörtlichen Bock zum Gärtner gemacht. Goldstein war auch ein Dieb. Als er nach dem Krieg vor Gericht gestellt wurde – er bekam eine Gefängnisstrafe von sieben Jahren –, sagte eine ältere Frau aus, dass er ihr und ihrem Mann die Uhren gestohlen habe, als er sie zum Deportationszug brachte.

Nicht jeder Kollaborateur war so aggressiv wie Rolf, Stella und Goldstein, und nicht alle trafen immer auf fügsame Opfer. Manfred Guttmann war ein Ordner niederen Ranges, der die Aufgabe hatte, die Greifer bei Razzien zu unterstützen. Einmal ging er mit einem bewaffneten Greifer namens Heinz Holstein in die Lothringer Straße, um Irma Schneider in ihrer Parterrewohnung festzunehmen. Frau Schneider kletterte durch ein Fenster, Holstein verfolgte sie; Guttmann bekam von ihrem Freund zehn Messerstiche in die Leistengegend. Der Ordner wurde bewusstlos ins Jüdische Krankenhaus eingeliefert, wo er ein Jahr blieb. Er litt sein Leben lang an den Folgen seiner Blasenverletzung.

Wie Stella wurde Guttmann später zu zehn Jahren Arbeitslager verurteilt. Ebenso der jüdische Lagerleiter Max Reschke, den alle aus tiefstem Herzen hassten – auch Stella, die sich die größte Mühe gab, ihn bei ihrer eigenen Verhandlung zu belasten. Reschke war vorher Rektor der jüdischen Knabenschule in der Kaiserstraße gewesen. Er hatte das Temperament eines preußischen Ex-Soldaten und war schon immer als Fliegenbeinzähler und I-Punkt-Maler berüchtigt gewesen.

Dobberke hatte eine perfekte Wahl getroffen, als er dem pedantischen Reschke die Verantwortung für die Zusammenstellung der Deportationslisten gab und ihn dazu abordnete, mit tauben Ohren zuzuhören, wenn Lagerinsassen kamen und um Aufschub ihrer Deportation baten.

Klaus Scheurenberg, einst Reschkes Schüler und dann sein Gefangener, bemerkte später: »Bestellte Auschwitz 1000 Menschen, so kamen 1000, nicht etwa 1001 oder gar nur 999. Herr Reschke machte das schon.«

Im Laufe des vorletzten Kriegsjahres 1944, mit der Landung der Alliierten in der Normandie am 6. Juni, bekamen Stella und Rolf Schwierigkeiten miteinander. Stellas Beziehungen nahmen oft die Form von Dreiecken an, und der erste solche Partner neben Rolf war Dobberke.

Die drei arbeiteten in der Pathologie an der Schulstraße auf noch engerem Raum zusammen als in der Großen Hamburger Straße. Die neue Unterkunft gehörte zu dem nur locker bewachten Komplex von Gebäuden in dem baumbestandenen, parkähnlichen Areal, war aber doch davon getrennt. Diese seltsame Anordnung entsprach den unterschiedlichen Kategorien, die die Nationalsozialisten festgelegt hatten. Die in der Pathologie untergebrachten Juden waren überwiegend dem Untergang geweiht. Die Juden in den übrigen sechs Gebäuden dagegen lebten faktisch auf Probe.

Die efeubewachsene dreistöckige Pathologie sah wie ein gemütliches, altmodisches Wohnhaus aus und war unter dem Namen »Polizeistation« bekannt. Sie war neu eingezäunt worden, wurde streng bewacht und war nur durch einen Seiteneingang zu betreten. Mit den sechs anderen Gebäuden war sie durch Kellergänge verbunden.

Passenderweise verbrachten die »Verurteilten« ihre letzten Tage dort in den kahlen Räumen, die einst den Leichen und ihren Verwaltern vorbehalten gewesen waren: in der Leichenhalle, den Obduktions- und Sektionskammern, den bakteriologischen Labors. Die frühere Funktion des Gebäudes hatte Ungestörtheit erfordert, die neue ebenso. Früher waren die Leichenwagen gekommen und verschwunden, ohne dass die Patienten sie sahen. Jetzt kamen die Lastwagen, die die Gefangenen zu den Zügen nach Osten brachten. Der Tod wurde der Sicht, wenn auch nicht dem Denken entzogen.

Es war bemerkenswert, dass in dem Krankenhaus noch mehr als tausend Juden bleiben durften: Ärzte, Schwestern, Patienten (echte und unechte), »Halbjuden«, Juden, deren unklarer Status zu endlosen, mühsam betriebenen Nachforschungen zwang, Durchreisende, Ordner, auf deren Dienste man noch nicht verzichten zu können glaubte – Treibgut, Restbestände der Berliner Juden.

Alle hatten Grund zu glauben, dass sie nur von geborgter Zeit lebten, doch war den Nazis Zeit weniger wichtig als Ordnung. Die Männer, die Eichmanns Maschinerie am Laufen hielten, waren vor allem andern deutsch, und selbst im Chaos von Entbehrungen und Mangel, Bombenangriffen, Hinrichtungen durch Erschießen und Hängen galt die Redensart: »Ordnung muss sein.« Es hätte auch heißen können: »Ordnung über alles.« Ordnung bedeutete, dass das Gesetz immer anzuwenden war, im Denken und im Handeln, dass jedes Papier für jeden »Fall« ausgefüllt, gestempelt, von allen Beteiligten, einschließlich den Todgeweihten, unterzeichnet und in der richtigen Kartei abgelegt werden musste. Juden, die ernsthaft krank waren, wurden selten als »Transportjuden« eingeteilt und deportiert. Sie mussten erst behandelt und gepflegt werden, bevor man sie in den Tod schickte, und da es für nichtjüdische Ärzte streng verboten war, Juden zu behandeln, musste eine beträchtliche jüdische Belegschaft erhalten werden.

Es war gesetzlich verboten, die jüdischen Ärzte respektvoll als Doktoren zu bezeichnen. Sie wurden zu »Behandlern« degradiert. Sie und die anderen übriggebliebenen Juden lebten leidend weiter, immer auf der Kippe, immer umgetrieben in der gärenden, abgeschotteten Welt des Jüdischen Krankenhauses, gewöhnlich monate-, manchmal jahrelang. Während sie ihr Entsetzen nach außen hin unter Kontrolle hatten, verschwand es nie aus dem Hinterkopf. Die Tage verstrichen quälend unter dem Galgen, wie in Todeszellen, immer mit der Hoffnung auf die Begnadigung durch den Sieg der Alliierten.

In der Pathologie ging das Leben für die Mitglieder des NS-Apparats einschließlich der jüdischen Greifer ohne besondere Beschränkungen weiter. Zugleich lebten die Gefangenen der Gestapo immer im Ungewissen, immer in einem Balanceakt, in der dauernden Gefahr plötzlicher Deportation. Die räumliche Enge war unangenehm. Nur Dobberke und Johanna Mühle hatten ein eigenes Büro. Stella und Rolf mussten im Keller schlafen.

Der Krieg machte sich immer beharrlicher bemerkbar, durch Bombentreffer in der Nähe und durch erschreckende Schlagzeilen in den Zeitungen. Obwohl die Nachrichten durch das »Promi«, Goebbels' Propagandaministerium, kunstvoll verschleiert wurden, konnte doch die entscheidende geografische Tatsache nicht vertuscht werden: Die Alliierten rückten aus Osten und Westen auf Berlin vor.

Der Druck auf das Dreieck Dobberke-Stella-Rolf war sehr stark. Die drei waren voneinander abhängig. Sie fühlten sich bedroht von der Außenwelt, nicht mehr so sicher bei ihrer Jagd. Die Liebe zwischen Stella und Rolf war zu Ende. Es gab Streit, laute Auseinandersetzungen. Rolf hatte zweideutige Vertraulichkeiten mit einem Inhaftierten namens Peter, und Stella bekam Zweifel am Geschlechtsleben ihres Liebhabers und Partners. Rolf begann sie zu schlagen. Einmal bedrohte er sie mit einem Messer.

Dobberke war beunruhigt. Er spürte, dass Stella seiner Kontrolle zu entgleiten begann, warum, wusste er nicht. War es die schwierige Beziehung zu Rolf, oder unterlag Stella anderen Einflüssen? Jedenfalls fühlte er sich aufgefordert, seine Macht geltend zu machen. Also verlangte er von Stella und Rolf, dass sie heirateten. Ausflüchte wurden nicht akzeptiert. In seinem Reich hatte Ordnung zu herrschen, und ein Ehemann hatte mehr Macht über seine Frau als ein Liebhaber.

Rolf zuckte die Achseln und erklärte sich einverstanden. Er machte sich Sorgen, dass Stella beschließen könnte, gegen ihn auszusagen, entweder jetzt, wegen kleinerer Verfehlungen, oder nach dem Krieg, wegen größerer Verbrechen. Stella stimmte nur widerwillig zu, überwältigt von den beiden dominierenden Männern in ihrem Leben und bedrückt durch die frischen Erinnerungen: die Deportation ihrer Eltern und so vieler anderer in den Zügen, den Zügen, die immer noch rollten.[16]

Also heiratete am 29. Oktober 1944 das »schöne Paar« vorschriftsmäßig im Standesamt des Rathauses Wedding. Später beharrte Stella darauf, sie sei in Rolfs »Arme« getrieben worden, und bezeichnete die belastende Heirat als Scheinehe aus äußerlichen Gründen, eine »Mussheirat«, um Dobberkes Forderung nach Ordnung zu befriedigen, damit seine (also Eichmanns) Maschine weiterlaufen konnte.

Als sie nach dem Krieg vor Gericht stand, versuchte Stella – mit fast unmerklichen Entgleisungen, kaum schlüssig zu beweisen –, sich an die Behauptung zu klammern, sie habe die Gestapo eineinhalb Jahre mit der vergeblichen Suche nach dem Fälscher Rogoff hingehalten. Wenn sie mit ihren Wärtern Übereinkünfte traf und Vergünstigungen von ihnen annahm – so wiederholte sie immer wieder –, dann tat sie das nur für ihre geliebten Eltern, ihre Mutter und ihren Vater, die sie so sehr vor der Deportation zu bewahren wünschte.

Niemand, der mit ihrem Fall zu tun hatte, nicht einmal ihr Verteidiger, fand die Rogoff-Geschichte überzeugend genug, um noch auf sie einzugehen. Die Tatsache ihrer Beschäftigung durch die Gestapo ließ sich nicht leugnen. Der Anklage zufolge war ihr Hauptmotiv das »Streben nach einem besseren Leben und nach Macht über das Leben ihrer Religionsgenossen«. Ihr Wunsch, ihren Eltern zu helfen, wurde nicht bezweifelt, aber die Anklage fragte immer wieder nach dem Naheliegendsten: Wie wollte sie ihre Eltern weiter beschützen, nachdem sie nach Theresienstadt deportiert worden waren?

Nur ein paar Freunde wussten, was Stella bewegte, nachdem ihr sicherer Ankergrund im Leben, ihre Eltern, verloren waren.

»Sie wurde zur Tigerin«, erinnerte sich einer ihrer Vertrauten. Zu einer Tigerin, die mit Klauen und Zähnen um ihr eigenes Überleben kämpfte und dabei zu »Ausbrüchen von Gewalttätigkeit« neigte, einem der Symptome von posttraumatischem Stresssyndrom, auf die die Abhängigkeit von einem neuen »sozialen Halt« folgt.

Mürrisch, tief deprimiert, verlassen – so verfiel sie, zunächst jedenfalls, mehr denn je der Hörigkeit gegenüber Rolf, ihrer einzigen überlebenden Bindung, dem Mann, dessen eigene Mutter gesagt hatte, er würde über Leichen gehen.

Rolf seinerseits glaubte, er brauche Stella als Partner, als seinen Juden-Köder und als seinen Dobberke-Köder. Deshalb sagte er ihr, wenn sie nicht mit überzeugender Energie bei ihrer Greifer-Arbeit bliebe, würde sich Dobberke Gedanken über ihre Loyalität gegenüber der Gestapo machen. Und darüber, ob ihr Eifer vielleicht nachgelassen hatte, weil der Verlust ihrer Eltern sie in solche Abgründe gestürzt hätte, dass sie ihrer Aufgabe nicht mehr nachkommen könne. Würde sie nicht auch nach Osten abgeschoben werden müssen?

Rolf wusste, wie man fragen muss: Wollte Stella leben oder Selbstmord begehen?

Die Antwort lag auf der Hand für eine einundzwanzigjährige junge Frau ohne starken inneren Halt.

Und noch etwas hatte die Deportation ihrer Eltern in ihrer Psyche verändert. Ihre Freunde spürten, dass Stella plötzlich wie ein Werkzeug des Gesetzes auftrat, mit einer *Lizenz*, nicht mehr einem *Auftrag* von der Gestapo, Juden zu beseitigen. Sie hatte die Genehmigung, ihrem Hass auf sie Luft zu machen, ihnen die Schuld zuzusprechen für ihre Qualen, weil sie Juden waren, von ihrer legitimen Regierung zu »Dreck« erklärt, wert, ausgelöscht zu werden, damit Deutschland »judenrein« wurde.

Das durfte nicht auch ihr Los sein. Wenn sie leben wollte, durfte sie sich nicht mit diesem »Dreck« identifizieren lassen, dann musste sie zeigen, dass sie stahlhart und in der Lage war, bei der »Säuberung« zu helfen, statt sich »säubern« zu lassen. Dobberke gab ihr die Möglichkeit dazu.

Aber im Herbst 1944 hatte die Rolle der Tigerin schon an Reiz verloren. Rolf, der eigentliche Initiator ihrer Militanz, war zur Enttäuschung geworden, treulos, sexuell ein Schwindler, ein Sklave, der in den ausgebombten Straßen immer weniger und immer schwerer zu findende Opfer jagte. Die Jagd ging dem Ende zu, sie war langweilig geworden. Stella war ja nicht beschränkt oder weltfremd; sie hörte Radio, manchmal sogar die verbotene BBC, sie konnte bei Goebbels' Schmierseife in den Zeitungen zwischen den Zeilen lesen. Die Alliierten kamen: Was sollte sie ohne Zeugen machen, die für sie aussagten?

Es gab eine treffende Bezeichnung für das, was sie tun musste: umsatteln.

Die Gelegenheit bot sich unerwartet ausgerechnet in einem Schuhgeschäft, wo sie einer Frau begegnete, die in einem neuen Dreieck ihre Partnerin wurde.

18. Das Hertha-Dreieck

Es begann mit einer einfachen Besorgung. Stella brauchte Schuhe. Als sie an einem warmen Septembernachmittag am Schuhgeschäft Eichelhardt in der Rosenthaler Straße 45 vorbeikam, beschloss sie hineinzugehen. Hertha, die Frau des Besitzers, 42, aber jünger aussehend, stand hinter dem Ladentisch. Sie hatte die üblichen Entschuldigungen schon parat. Da Stella keinen Zuteilungsschein hatte, war ein Verkauf nicht möglich. Außerdem hatte Hertha nur Schuhe ihrer eigenen Größe, 35, auf Lager, und sie hatte mit einem Blick erkannt, dass das für diese Kundin viel zu klein war.

Stella ihrerseits hatte auf den ersten Blick erkannt, dass Hertha keine gewöhnliche Verkäuferin war. Sie war zierlich, mit einer ausgezeichneten Figur, elegant gekleidet, strahlend, lebhaft und wendig wie eine Schauspielerin, gefühlsbetonter als Stella, aber im Übrigen ihr nicht unähnlich. Und Stella schien es möglich, dass Hertha Jüdin war.

Es stimmte. Hertha verdankte ihre Freiheit der Tatsache, dass ihr Mann kein Jude war. Sie war außerdem sehr aufgeweckt, der Typ, von dem die Berliner sagten, »klein, aber oho«. Sie brauchte nicht lange, um aus dem Aussehen und aus sprachlichen Anhaltspunkten zu entnehmen, dass sie das berühmte »blonde Gift« vor sich hatte. Ihre spontane Reaktion war deutlich.

»Ich hätte sie umbringen können«, berichtete sie später.

Aber Hertha war wie Stella eine geschickte Intrigantin, sie spielte ihre Rolle mit absoluter Selbstkontrolle, die noch geschärft war durch die in den letzten Jahren erlebten Krisen. Nach einigem Nachdenken schwand ihre Wut. Stella könnte auch nützlich sein. Hertha verstand sich aufs Überleben, vor allem darauf, wie man die Gestapo-Schläger im Lager an der Schulstraße übertölpeln konnte, diesen Dobberke, diesen Schurken Dobberke samt Greiferin. Und Stella konnte sich beim Deichseln von Herthas außerehelicher Affäre als nützlich erweisen.

Sie setzte also ihren beträchtlichen Charme ein und begann zuvorkommend zu plaudern, und schließlich lud sie Stella zum Tee in ihre Wohnung Giesebrechtstraße 15, Hofeingang zweiter Stock. Stella fühlte sich von der Wärme dieser Frau angezogen, die wie sie selbst so peinlich genau auf ihr Äußeres achtete, die so jugendlich wirkte, aber ihre Mutter hätte sein können. Sie nahm die Einladung begeistert an.

Als die Frauen dann erst einmal in der Wohnung der quirligen Hertha zusammensaßen, verkehrte sich ihr anfänglicher mörderischer Impuls gegen die gefährliche Stella ins Gegenteil. Hertha begann ihre verwirrende Besucherin als eine verirrte Seele anzusehen, als ein tragisch verleitetes kleines Mädchen.

Hertha wollte Hilfe bieten und Hilfe erbitten. Außerdem sprach Stella noch eine andere ungewöhnliche Seite in ihr an:

Hertha war eine Person, die sich ungefragt einzumischen pflegte, die leicht etwas aufdringlich wirkte, und zwar nicht nur gelegentlich. Sie war eine zielbewusste Besserwisserin. Ihr Hobby war die Verschönerung anderer Frauen, fast jeder neuen Bekannten, die es nötig zu haben schien. Immer wieder schlug sie schon bei kurzen Zusammentreffen einer verblüfften Kandidatin eine neue Frisur, ein neues Make-up oder einen neuen Mann vor. Für Hertha waren Frauen, die sie neu kennenlernte, sprechende Modepuppen, Adoptivkinder, die Töchter, die sie nie bekommen hatte.

Stella war ganz Herthas Fall – eine Spionin, die sie benutzen, und eine Seele, die sie retten konnte. Das Schicksal und die kriegsbedingte Notlage hatten sie in einem Schuhgeschäft zusammengeführt.

»Ich habe sie in mein Haus aufgenommen wie ein Kind«, erinnerte sie sich, »und sie schaute zu mir auf wie zu einer Mutter, fast wie zu einer Heiligen.«

Die Besuche wurden zur regelmäßigen, anregenden, fast täglichen Gewohnheit. Stella und die neue Mutter, nach der sie sich so gesehnt hatte, saßen stundenlang zusammen, unterhielten sich über Musik, tratschten über das Lager oder lasen. Sie hörten klassische Schallplatten, genau wie es Stella als Kind zu Hause mit ihren Eltern getan hatte. Hertha hielt Stella zu Recht – und billigend – für putzsüchtig. Die junge Frau stieß spitze Schreie des Entzückens aus beim Anblick der Schränke voller modischer Kleider und Mäntel; leider waren sie Stella alle viel zu klein. Sie ging für Hertha anstehen und einkaufen:

Die große Tochter machte für Mama Besorgungen.

Traurig, aber ohne zu weinen, fing die Greiferin aus der Schulstraße an von den schrecklichen Zeiten zu erzählen, die sie mit ihren Eltern erlebt hatte, wie sie sie geliebt hätte, wie sie auch jetzt noch Angst um sie hätte und wie sie in ihrer Kindheit von ihnen verwöhnt worden sei, einer so friedlichen, vollkommenen Kindheit voller Musik. Stellas geläufige, bildhafte Sprache zu hören war ein Genuss, und Hertha war beeindruckt von dem reichen Wortschatz dieser jungen Frau. Langweilig war Stella nie.

Herthas geheime Mission – Stella umzuwandeln, zu verändern – musste wie mit Samthandschuhen betrieben werden, ganz vorsichtig. Es war offensichtlich, dass Stella sich Mühe gab, nicht nur ihre Verbrechen, sondern auch sich selbst vor sich zu verstecken. Hertha war »oho« genug, das Wesentliche an der gequälten Psyche ihres neuen Schützlings zu erfassen. Die Vielseitigkeit ihrer Reformierungsaufgabe war eine Herausforderung für Hertha – und entsprach ihrer Vorstellung von einem spannenden Zeitvertreib, während ihr Mann sich um das Schuhgeschäft kümmerte.

Hertha startete ihr Unternehmen damit, dass sie Stella Vertrauliches über Rudolph Wolf erzählte, einen jüdischen Insassen im Lager Schulstraße. Zunächst enthüllte sie nur einzelne Kleinigkeiten, um ihre junge Freundin auf negative Reaktionen zu überprüfen. Es gab keine. Im Gegenteil, Stella kannte und mochte Wolf, und sie ging aus sich heraus, als sie ihre Meinung über Dobberke äußerte. Tatsächlich, er sei »bauernschlau«, wie Hertha sagte, und außerdem ein Schurke und Gauner und ebenso empfänglich für Schmiergelder wie die Huren und Zuhälter seines früheren Bezirks.

Sie habe Wolf 1938 kennengelernt, erzählte Hertha. Er war der Zellengenosse ihres Mannes im »Alex«, dem Polizeigefängnis Alexanderplatz, wo Herr Eichelhardt eine Strafe wegen »Judenbegünstigung« absaß. Er hatte Wolf, der vor ihm entlassen wurde, aufgefordert, Hertha aufzusuchen, die ihm helfen würde.

Hertha verliebte sich sofort in Wolf. Er war groß, gutaussehend und schick gekleidet, so kosmopolitisch – und dabei war er ständig pleite. (Wie sich später herausstellte, konnte Wolf nicht eine Mark festhalten, er war ein pathologischer Spieler.) Hertha kochte für ihn und gab ihm Hunderte von Mark. Das Schuhgeschäft, das sich auf Restbestände spezialisiert hatte, war lange Zeit eine Goldmine gewesen.

Als Herr Eichelhardt aus dem Gefängnis kam, wurde daraus eine Dreier-Freundschaft. Sexualität spielte in der Ehe der Eichelhardts keine Rolle mehr, erzählte Hertha Stella. Ihr Mann zog jüngere Frauen vor. Wolfs Auftauchen kam gelegen.

Nach dem Krieg wollten Wolf und Hertha heiraten, aber im Augenblick schwebte er noch in Lebensgefahr; er konnte jeden Augenblick deportiert werden. Die Eichelhardts erkauften ihm immer wieder Aufschub, indem sie Dobberke kräftige Bestechungssummen zukommen ließen. Sie überschwemmten den kleinen Gestapo-Funktionär mit Schuhen und Reitstiefeln und allen Arten von Delikatessen, einschließlich bratfertig gerupfter Gänse. Die Bestechung funktionierte, bis der leichtsinnige Wolf im Hof der Schulstraße einen Greifer namens Neuweck, einen Kollaborateur, den er besonders hasste, anspuckte.

Neuweck war ein korpulenter, lauter Prahlhans. Er gab öffentlich bekannt, dass er persönlich 511 Juden weggeschickt habe, die er als »meine Kunden« bezeichnete – zahlende Kunden, von denen er Schmiergelder gefordert hatte. Tatsächlich behauptete Neuweck, er selbst leite das Lager sozusagen hinter den Kulissen. Er versicherte, er könne jeden Namen auf die Liste für Auschwitz setzen lassen. Durch einen bestochenen Kumpel, einen Gestapo-Offizier namens Herbert Titze, könne er sogar Dobberke jederzeit versetzen lassen.

Einige der Behauptungen Neuwecks stimmten. Als ihn Wolf anspie, kam sein Name prompt auf die Auschwitz-Liste. Aber Stella, die so ziemlich alles wusste, was im Lager vor sich ging, hörte von der akuten Gefahr für ihn und unternahm sofort etwas.

Zufällig war sie Neuweck gegenüber im Vorteil: Sie wusste, dass er kürzlich einem jüdischen Zwillingspaar, das er festgenommen hatte, elf goldene Schmuckstücke gestohlen hatte. Und sie wusste auch, dass sich Dobberke ständig Sorgen über seine eigene Position machte. Er fühlte sich nicht sicher, von seinen Vorgesetzten nicht akzeptiert, von einer möglichen Versetzung bedroht. Eine Versetzung bedeutete gewöhnlich Verbannung an die mörderische Ostfront.

Hertha rief Dobberke an und schoss aus drei Rohren auf Neuweck. Sie verriet die Sache mit den elf Schmuckstücken und Neuwecks Behauptung, er könne Dobberke jederzeit versetzen lassen, und sie gab die Insider-Information weiter, dass dieses Großmaul tatsächlich ihren Schützling Wolf auf die Auschwitz-Liste gesetzt hatte.

»Was?«, brüllte Dobberke, als er das hörte. »Kommt nicht in Frage!«

Der Chef des Lagers war außer sich. Juden zu bestehlen war natürlich Routine, obwohl seine Vorgesetzten es nicht gern hatten, wenn über so sensible Dinge geredet wurde. Im Hauptquartier machte man sich immer Sorgen über Klatsch in der Bevölkerung und die negative Wirkung in der Öffentlichkeit. Aber dass Dobberkes Autorität bedroht, ja, unterminiert wurde, war etwas anderes; das ging zu weit!

Hertha versicherte ihm, dass ihre Informationen stimmten: Wolf stehe wirklich auf der Liste.

»Einen Augenblick«, sagte er. »Ich sehe mal nach.«

Er sah nach, dankte Hertha kurz und ließ Wolf ins Jüdische Krankenhaus verlegen, wegen eines Magenleidens, der Geißel fast all der halb verhungerten, ständig unter Druck stehenden Insassen des Lagers. Wolf war gerettet, und das hatte Hertha Stella zu verdanken.

Statt Wolf kamen nun Neuweck und seine Frau auf die Auschwitz-Liste. Als der verabscheute Greifer diese Nachricht bekam, nutzte er seine Beziehungen noch ein letztes Mal aus. Er bat seinen Komplizen, den SS-Mann Titze, ihm eine Pistole zu leihen, und erschoss erst seine Frau und dann sich selbst. Auschwitz war für »Kunden«, nicht für Insider, die die Fäden zogen.

Dobberke blieb, ohne es zu ahnen, weiterhin Partner in dem Dreieck mit Hertha und Stella. Mehrfach fragte er Hertha, woher sie so umfassende und genaue Informationen über sein Lager hatte. Aber die Schauspielerin Hertha verriet nie, dass sie Stella kannte. Ihrer blonden Freundin und Informantin sagte sie, sie solle nicht wieder in das Schuhgeschäft kommen, damit man sie nie zusammen sähe.

Einmal hatte Stella solche Sehnsucht, ihre Seelenfreundin zu sehen, dass sie doch in den Laden ging. Hertha war wütend.

»Raus!«, schrie sie. »Man darf dich hier nicht sehen!«

Sie wusste nur zu gut, dass Gerüchte die Schulstraße so schnell erreichen konnten wie ein Schnupfenvirus, deshalb machte sie sich die Mühe, Stellas verbotenen Besuch im Laden Dobberke gegenüber zu erwähnen, als Vorsichtsmaßnahme und in der Manier einer Schauspielerin.

»Was glauben Sie, wer in meinen Laden kam«, rief sie in gespielter Empörung. »Stella! Sie wollte Schuhe kaufen! Die hat Nerven!«

Dobberke schluckte das. Er bekam nie heraus, dass ihn die beiden Frauen an seiner Polizistennase herumführten. Noch dazu »Saujüdinnen«!

Dobberkes Krankenhaus-Gefängnis hielt sich, obwohl die Bombenangriffe immer häufiger wurden und die jüngeren Gefangenen immer kühner. Das war kein Zufall. Der Krach der Luftangriffe und das darauf folgende Durcheinander begünstigte Ausbruchsversuche, und die Chancen, draußen zu überleben, besserten sich ein wenig. Das administrative Chaos war ebenfalls hilfreich, und der deutlich näher rückende Sieg der Alliierten stärkte nicht nur die Hoffnung zu überleben, sondern auch den Entschluss jedes Gefangenen, nicht zu denen zu gehören, die jetzt noch in Deportationszüge gestopft wurden, nicht an einem im Übrigen ereignislosen Tag als einer der letzten zu sterben, wie ein letzter Gefallener in *Im Westen nichts Neues*.

Hans Faust war in der Schulstraße im »Bunker« eingesperrt, zusammen mit mehr als dreißig Männern. Er merkte, dass ein paar junge Gefangene mit gestohlenem Werkzeug an der Wand kratzten und sich an einen Lukenschacht heranarbeiteten. Faust hielt sich selbst für zu alt und pessimistisch, um sich ihnen anzuschließen. Nach zwei Wochen des Kratzens und Wühlens wagten die jungen

Männer bei einem schweren Bombenangriff den Durchbruch – und wurden sofort geschnappt.

»Sie kamen keine drei Schritte weit«, erinnerte sich Faust.

Dobberke war wie gewöhnlich wütend, weil ihm diese Möchtegern-Flüchtlinge Widerstand zu leisten wagten und somit seine Autorität in Frage stellten. Er ließ einen Teil der Männer aus Fausts Zelle in Handschellen auf dem Gang antreten, »zur Befragung«. Er hatte offenbar schon geschlafen. Einen nach dem anderen schlug er mit seiner Peitsche und wollte wissen, wie der Ausbruch vorbereitet worden war, wer sich daran beteiligt hatte und woher das Werkzeug stammte. Niemand verriet etwas. Faust stellte sich dumm, und einer von Dobberkes Hieben landete in seinem Gesicht.

Einer der jungen Leute, Eugen Herman-Friede, beschrieb die Szene: »Er kommt über den Gang angerannt, bleibt in der offenen Bürotür stehen, ungekämmt, mit aufgeknöpfter Uniformjacke, eine Pistole in der Hand. ›Raus, in den Gang stellen, nebeneinander‹, donnert er wutentbrannt, steckt die Pistole in den Halfter und nimmt einen vielschwänzigen, ledernen Ochsenziemer vom Haken an der Wand. Bei jedem einzelnen von uns nimmt er neuen Anlauf und schlägt von oben herunter, mit voller Kraft. Nach dem Vierten zieht sich Dobberke die Uniformjacke aus, geht ins Büro, hängt sie über eine Stuhllehne, putzt sich die Nase, holt tief Luft und geht in die alte Position. Ich bin der siebte und damit vorletzte in der Reihe«, schreibt Herman-Friede. »So hoffe ich, dass seine Kraft etwas nachgelassen hat, bis ich dran bin. Beim letzten wird er wahrscheinlich noch einmal mit aller Gewalt zuschlagen.« Es reicht auch so…

Immer noch in Handschellen wurden die Verdächtigen in einen anderen Keller gesperrt, der völlig dunkel war und im letzten Kriegswinter eisig kalt. Er war leer bis auf einen Stuhl in der Mitte, und die Männer liefen im Kreis, liefen und liefen, um warm zu bleiben. Höflich, als tanzten sie ein Menuett, setzten sie sich abwechselnd für kurze Atempausen auf den Stuhl. Einmal sah sich Faust, während er erschöpft auf dem Stuhl hockte, immer noch in dem eisigen Raum im Kreis laufen und laufen und laufen. Dieser Alptraum ist ihm im Gedächtnis geblieben. Das war schlimmer als die Peitsche.

Niemand hatte geredet.

Am dritten Tag ihrer Einsamkeit kam ein Ordner herein, warf eine farbige Blechschachtel auf den Boden und sagte: »Da, für euch, von Dobberke!« Es waren Zigaretten, Kyriazi.

Der Bulle zeigte Respekt vor Gegnern, die keinen Mucks von sich gegeben hatten.

Hertha begann vorsichtig und indirekt, sich an Stellas Verbrechen heranzutasten. Während ihrer traulichen Marathon-Unterhaltungen fing sie an, sich laut über »Greifer« Gedanken zu machen, sozusagen von Jüdin zu Jüdin. Jeder wusste über Greifer Bescheid. Sie versuchte diese Leute und ihre Verirrung zu verstehen, sagte Hertha.

»Wie können Juden Juden verraten?« grübelte sie rhetorisch. »Das ist doch schrecklich! Sie müssen furchtbar unglücklich sein, diese armen Menschen!«

Hertha stellte nie Fragen, und sie verdammte die Greifer nicht, sondern machte immer deutlich, dass man Mitleid mit diesen Leuten haben müsse, dass sie sich doch entsetzlich elend fühlen müssten und schuldig, ja, dass ihr Gewissen die Hölle sein müsse.

Stella hing an ihren Lippen, nickte zustimmend und sagte nichts. Sie schien nicht verlegen zu sein oder sonst wie betroffen; sie schloss sich der Fiktion ihrer Ersatzmutter an, dass die Unterhaltung nicht persönlich sei und sich nur auf unbekannte Unglückliche bezöge.

Menschen mit einem weniger ausgeprägten Hang zur Schauspielerei hätten diese Scharade nicht durchgehalten. Für die geborenen Schauspielerinnen Hertha und Stella war es ein ganz natürliches Spiel, und sie spielten es bei ihren gemütlichen Stündchen in der einen oder anderen Form wochenlang. Zeit hatten sie noch und noch. Hertha wurde im Schuhgeschäft kaum benötigt. Stella schien geheimnisvollerweise im Lager fehlen zu dürfen.

Irgendwann im Spätherbst 1944 oder zu Beginn des Winters – keine der beiden Frauen konnte sich genau erinnern – kam es in Herthas Küche zur Eruption. Es war eine häusliche Szene – »wie bei Muttern«. Hertha stand am Herd und kochte und nippte hin und wieder an ihrem Kognak. Stella pellte Kartoffeln. Wieso brach der Damm gerade jetzt? Keine von beiden wusste es. Vielleicht hatte ein Tropfen das Fass in Stellas Gewissen zum Überlaufen gebracht. Wie auch immer, etwas Unbestimmtes hatte bewirkt, dass in einem Gefühlsausbruch von Stella Hertha zur Beichtmutter wurde:

Stella gab zu, dass sie für die Gestapo arbeitete. Sie weinte, endlich erleichtert. Sie hatte es tun müssen, wirklich, um ihre Eltern zu retten; es gab keinen anderen Ausweg!

»Aber sie sind seit Monaten weg«, wandte Hertha ein.

»Ja! Aber da hing ich doch längst am Haken«, rief Stella. »Ich kam da nicht mehr heraus!«

Routine. Sie war daran gewöhnt, wie ein Hund, der Blut geleckt hat. Die Alternative war klar, das hatte Dobberke deutlich gemacht: entweder die Arbeit für ihn oder der Zug.

Hertha erinnerte sich nicht, ein Wort von Schuldgefühl oder Bedauern gehört zu haben. Stella war mit sich und ihrer Zukunft beschäftigt. Sie wollte heraus, sie wollte von Dobberke loskommen, aber sie wusste nicht, wie. Sie kam sich verloren vor.

Aber das war sie nicht. Herthas Phantasie war sogleich angeregt. Wenn sie Stellas Panzer durchbrechen konnte, konnte sie Dobberke und Rolf weiter manipulieren.

Sie fragte Stella, wie es möglich sei, dass sie so viele Stunden in der Wohnung in der Giesebrechtstraße verbringe, statt auf der Straße Juden zu jagen.

Stella sagte, sie habe Dobberke gegenüber beteuert, dass es einfach keine Juden mehr gäbe, die sie jagen könne. Aber diese Entschuldigung werde langsam fadenscheinig.

Hertha schlug vor, sie solle Rolf die gemeinsame Arbeit allein tun lassen. Er solle ohne sie arbeiten, Dobberke nichts davon sagen und die Anerkennung für seine Erfolge mit Stella teilen. »Wenn du mich noch ein bisschen liebst, tust du das«, sollte Stella Rolf sagen.

Sie tat es und hatte mit dem Plan Erfolg. »Ihm machte die Arbeit Spaß«, erinnerte sich Hertha später.

Stella hatte sich von weiterem »Außendienst« für Dobberke so gut wie befreit, und das war überwiegend Herthas Verdienst. Aber nicht nur. Der fortwährende Druck der Alliierten auf die sich zurückziehenden deutschen Streitkräfte erzwang auch Stellas persönlichen Rückzug aus ihrem Krieg. Sie begann, über das Schicksal von Dobberke – ihrem Dr. Faustus, der neuerdings auch ihren Beschützer spielte – nachzudenken, ebenso wie über das von Rolf, auf den kein Verlass mehr war.

Um Berlin legte sich eine gigantische Zange. Anfang 1945 waren die sowjetischen Panzer bis Posen (Poznań) vorgedrungen. Die Amerikaner hatten Hitlers letzten verzweifelten Vorstoß nach Westen, die blutige Schlacht in verschneiten Bergen, die er die Ardennen-Offensive nannte, zusammenbrechen lassen.

Bald würden Amerikaner, Engländer und Franzosen über den Rhein und ins Reich vorstoßen. Die einst gefürchtete Luftwaffe lag am Boden; ihr war der Treibstoff ausgegangen. Die Bombenangriffe auf Berlin, die früher auf die Nachtstunden beschränkt gewesen waren, trafen die Stadt jetzt rund um die Uhr. Für Stella zog sich die Schlinge zu. Die Frage war, wie und mit wem sie ausbrechen konnte.

Rolf hatte Stella nicht aus Gründen der Nächstenliebe aus der gemeinsamen Verpflichtung entlassen oder weil er etwa Schuldgefühle gehabt hätte. Seine sexuellen Interessen hatten sich verlagert; außerdem war Stella lästig geworden. Sie quengelte. Sie hatte ihren Jagdeifer verloren. Sie war launisch und oft deprimiert.

Auch Rolf machte sich Gedanken über die Zukunft und die Beschuldigungen, die man gegen ihn erheben würde, wenn die Jäger zu Gejagten würden. Er hatte eine Menge Geld angehäuft und einen eigenen Fluchtplan ausgeheckt. Für Stella war darin kein Platz. Sie war zur Belastung geworden, zu bekannt, zu leicht zu erkennen. Nach dem Bild seiner Mutter war sie nunmehr auch eine Leiche, über die er gehen würde.

Stella spürte natürlich die Ablehnung – ihre erste. Seit ihre Eltern nicht mehr da waren, brauchte sie Männer, bei denen sie Halt fand. Sie boten einen emotionalen Ankergrund, Sex und Schutz vor äußeren Gefahren. Rolf war hoffnungslos vorbelastet. Dobberkes Aussichten waren katastrophal. Wer kam in Frage?

19. Das Heino-Dreieck

Im Jüdischen Krankenhaus mit seinen 370 Betten wurde die Kunst des Überlebens auf vielerlei Weise und durch eine bemerkenswerte Ansammlung von Persönlichkeiten geübt, die von den unterschiedlichsten Motiven, vor allem der Angst, getrieben wurden. Wahrscheinlich hat es ein solches Krankenhaus nirgends sonst gegeben.

Manche Leute mussten arbeiten, um sich vor den Zügen zu retten, ob auf kurze Zeit oder auf Dauer, das wusste niemand. Im größten Saal hatte die Gestapo, immer den Profit im Auge, den sie aus ihrem »Menschenmaterial« schlagen konnte, etliche Maschinen aufgestellt, an denen Insassen ohne Bezahlung in Tag- und Nachtschichten arbeiteten, um – ausgerechnet! – Kinderkleidung herzustellen.

Noch immer sollten sich Räder für den Sieg drehen.

Andere – niemand wusste, nach welchen Kriterien sie ausgesucht wurden – saßen die Tage ab, meist auf dem Fußboden, und warteten: auf einen Zug, den Sieg der Alliierten, den Tod beim Bombenangriff, auf irgendwas. Das System war verantwortlich, und das System hatte kein System. Inzwischen wurde ein täglicher Hofgang von genau fünfundvierzig Minuten erlaubt, denn Bewegung für alle deutschen Gefangenen war »ordnungsgemäß«, auch für die, die auf der Liste für einen Zug nach Osten standen.

Gad Becks Zwillingsschwester Margot (Myriam) überraschte eines Tages ihren Freund, als sie vom Hofgang zurückkam. Sie war ein hübsches Mädchen von zweiundzwanzig Jahren mit naturgewelltem, kastanienbraunem Haar und einem etwas orientalisch wirkenden Gesicht. Ihr Freund war ein außerordentlich gutaussehender Mann aus einer wohlhabenden Familie. Das junge Paar kannte sich schon seit einer ganzen Weile und hatte der gleichen kleinen jüdischen Widerstandsgruppe angehört. Margot hatte vorgehabt, den jungen Mann zu heiraten – und jetzt fand sie ihn mit der berüchtigten Stella im Bett!

»Sie war eine heiße Nummer«, sagte Gad Beck, der sie gut in Erinnerung hatte.

Stella war nicht die einzige, die von der sexuellen Epidemie im Krankenhaus erfasst worden war, die auch Bruno Blau beschrieben hat. Dieser Jurist und Verleger verbrachte mehr als zwei Jahre im Jüdischen Krankenhaus, weil die Nationalsozialisten die vielleicht absichtlich falsch gestellte Diagnose des Röntgenologen akzeptierten, dass er an einem Rückgratkrebs dahinsieche.[17] Aber seine Augen und Ohren und sein Kopf waren ganz in Ordnung. Blau entging wenig, und er machte sich genaue Notizen.

»Trotz – oder vielleicht wegen – der Gefahren spielte Liebe eine große Rolle im Leben der Ärzte, Schwestern, Arbeiter und Patienten«, schrieb er. »Wenn ich davon spreche, dann nicht, weil mir der Klatsch Spaß macht, sondern weil ich es psychologisch interessant finde zu sehen, wie Menschen in einer solchen Lage sexuell reagieren. Ist es Blasphemie oder ein Bedürfnis, sich zu betäuben? Oder gibt es Menschen, deren Geschlechtstrieb kräftiger wird, wenn sie sich in der Klemme befinden? Beseitigt das alle Zurückhaltung?«

Günther Rischowsky, der zwei Jahre im Jüdischen Krankenhaus überlebte, weil er als Gärtner, Dachdecker und Faktotum unentbehrlich war, erinnerte sich: »Wir waren unter jungen Leuten, gewöhnlich gingen einige Liebschaften an. Wir hatten ein Grammophon, so dass Tanzabende abgehalten wurden. Es wurde Karten gespielt, und ein Liebespärchen nach dem anderen verschwand.«

Ungestörtheit gab es kaum. »Da war alles durcheinander, Männlein und Weiblein, und nachts war ein ständiges Geraschel und Kommen und Gehen«, schrieb Eugen Herman-Friede über den »Bunker«.

Greta, die blonde Oberschwester von der Kinderstation, teilte das Bett mit Oberregierungsrat Obermedizinalrat Dr. Dr. Walter Lustig, dem Direktor des Jüdischen Krankenhauses, der Immunität genoss, weil er mit einer nichtjüdischen Ärztin verheiratet war, die sich geschickterweise in Bayern aufhielt.[18] Lustig war ein großer, kräftiger Mann vom Typ Kommandeur, mit einschüchterndem Auftreten; wenn ihn jemand anzusprechen wagte, dann brauchte er nicht alle seine Titel zu nennen, Oberregierungsrat und Obermedizinalrat. Aber man musste ihn schon mit Doktor Doktor ansprechen, wegen seiner zwei Doktortitel in Medizin und Philosophie. Nur sein SS-Chef nannte ihn Lustig; tatsächlich sah man ihn dem großen Mann die Hand schütteln; Lustig war schließlich Träger hoher Auszeichnungen als Militärarzt im Ersten Weltkrieg.[19] Allgemein galt Lustig als »Handlanger« der Gestapo. Außer mit Greta schlief er noch mit einer anderen Krankenschwester. Die beiden versuchten einander auszustechen, denn er hatte ihnen zu verstehen gegeben, dass nur eine von beiden um die Deportation herumkäme – es wurde schließlich Greta.

Alle wussten, dass Lustig tatsächlich Macht über Leben und Tod hatte. Den Beweis lieferte er schon am 20. Oktober 1942, als Himmlers allmächtiges RSHA den Arzt telefonisch angewiesen hatte, etwa die Hälfte der Belegschaft seines Krankenhauses zur Deportation zu selektieren. Mit Hilfe seiner zwei jüdischen Sekretärinnen stellte er eine Liste von rund 300 seiner Angestellten zusammen. Die Aufgabe war wie gefordert am nächsten Tag um sieben Uhr früh erledigt, und die von Lustig Genannten wurden abtransportiert in den Tod.

Eines Tages tauchte in Dr. Dr. Lustigs anarchischem Reich Heino Meissl auf. Meissl überragte die anonyme Masse wie der sprichwörtliche Herr von Bildung und feinem Geschmack. Er kam erst im September 1944, als seine Glückssträhne zu Ende war: Er war das Opfer seiner eigenen Schlauheit geworden und landete zunächst in Dobberkes Fängen, dann aber zu seiner Überraschung und Freude in den offenen Armen Stellas. Ein Umweg.

Zuvor hatte er sich illegal im Haus eines befreundeten Filmregisseurs aufgehalten, war jedoch nervös geworden. Er musste aus der Wohnung heraus, selbst Geld verdienen, seinen unklaren »rassischen« Status ein für alle Mal klären. Ihm war klar, dass das bestenfalls ein Glücksspiel war, aber Jahre der Unsicherheit hatten ihn fertiggemacht.

Zwischen Sommer 1942 und Herbst 1944 hatte man ihn viermal geholt und dreimal wieder laufenlassen. Zunächst wurde er der »Rassenschande« bezichtigt. Er protestierte: Er habe zu der Zeit mit drei jungen Frauen geschlafen, alle »arisch«.

Meissl betonte, dass seine Mutter hundertprozentige »Arierin« sei und sein in Prag geborener Vater nur »Halbjude«. Er selbst hätte nie belästigt und schon gar nicht mit der Deportation nach Osten bedroht werden dürfen. Die NS-Rassenforscher waren allerdings geteilter Meinung über Heinos Stammbaum, und das »tausendjährige Reich« würde Geschichte sein, bevor sie sich geeinigt hatten.

Die Gestapo wurde auch gebremst, wenn nicht zurückgehalten von dem Ruf, der Heino vorausging, Gerüchten, die zu zerstreuen er kein Interesse hatte. Die Gestapo war bemerkenswert anfällig für Insiderklatsch, und demzufolge hatte Meissl beneidenswert gute Beziehungen.

Es war allgemein bekannt, dass Kontakte auf hoher Ebene den entscheidenden Schutz bedeuten konnten. Stella hatte in der Großen Hamburger Straße einmal eine getippte Liste mit 300 Namen von sogenannten »Schutzjuden« gesehen. Es waren meistens Prominente aus der Kunst-, Film- und Theaterszene, und ihre Immunisierung ging von Hermann Göring persönlich aus. Über Heino wurde geflüstert, seine Protektion reiche bis zu Reichsleiter Martin Bormann, Hitlers Stellvertreter. Schon eine solche Vermutung ließ die Beamten erzittern. Nach dem Krieg stellte sich heraus, dass er nur mit dem Pressechef des Reichsarbeitsfront-Leiters Robert Ley bekannt war. Jedenfalls behauptete Meissl das, als es nicht mehr opportun war, seinen Namen mit dem von Bormann in Verbindung zu bringen, der inzwischen als Kriegsverbrecher verurteilt und vermutlich tot war.

Als Heino beschlossen hatte, die »Rassendetektive« von der Gestapo loszuwerden, empfahl ihm sein Freund, der Filmregisseur, sich die Hilfe einer gewissen Erika Miethling zu sichern, die der Freund »recht gut« kannte. Sie arbeitete als Sekretärin bei einem der Bonzen in Eichmanns prächtigem »Judenamt« in der Kurfürstenstraße 116 und besuchte den Freund manchmal.

Die Anwerbung von Erika Miethling bestand darin, dass Meissl sie etwas besser als »recht gut« kennenlernte. Das konnte Heino.

»Ich kam an diesem Abend, an dem reichlich Alkohol getrunken wurde, mit Fräulein Miethling in engeren Kontakt, und sie erklärte sich schließlich bereit, für mich etwas auf ihrer Dienststelle in der Kurfürstenstraße zu tun«, berichtete er. »Sie sagte, es sei möglich, dass sie über ihre Vorgesetzten erreichen könne, dass ich aus der Fahndungsliste gestrichen würde, und dass meine Akte auf Eis gelegt werden solle.« Ihr Codewort dafür war, sein Fall könne »gebügelt« werden – Parteichinesisch für die Beseitigung von Ärger.

Ein oder zwei Tage später teilte ihm Erika Miethling mit, Meissl solle am nächsten Morgen um zehn Uhr in die Kurfürstenstraße kommen. Ihr Chef wolle mit ihm sprechen. Meissl hatte große Bedenken: Das klang zu einfach. Er beschloss, diesen Chef anzurufen, und bekam ihn auch tatsächlich ans Telefon. Er fragte ihn geradeheraus, ob ihm »denn auch nichts passieren würde«, wenn er käme. Der Bonze meinte, er solle ruhig kommen, »er würde dort alles mit mir besprechen«, wie Heino berichtete.

Meissl bekam den Mann nie zu sehen. Man ließ ihn in Eichmanns Palast unter Bewachung warten – da wusste er, dass er in eine Falle getappt war. Dann kamen zwei jüdische Greifer aus dem Lager Schulstraße und holten ihn ab. Wenn er zu fliehen versuchte, würden sie schießen, warnten sie ihn.

Als er durch die große Eingangshalle hinausgeführt wurde, erspähte Meissl Fräulein Miethling, die gerade die Treppe herunterkam. Sie erblasste, als sie ihn erkannte, und wandte den Kopf weg. Meissl rief sie an, aber sie tat, als hörte und sähe sie ihn nicht.

Meissl gab ihr nicht die Schuld an seiner Festnahme. Sie sei von ihrem Chef betrogen worden, teilte sie Heino bei einem Besuch im Lager Schulstraße mit. Und wenn sie auch selbst nichts »bügeln« durfte, so scheint sie doch ein bisschen Einfluss ausgeübt zu haben. Meissls Akte im Lager war mit einem »NR« – *Nicht registriert für Transport* versehen, das bewahrte ihn zunächst einmal vor der Deportation.

Unter diesen Umständen war es nicht so schlimm, dass er zum Steineklopfen im Hof des Lagers abkommandiert wurde: Er musste Ziegelsteine wieder verwendbar machen.

Stella lernte Heino durch Herthas Freund Rudi Wolf kennen. Die beiden Männer hatten sich schnell angefreundet, und Stella mochte

Heino sofort. Mehrere Mitgefangene warnten Meissl vor dem Verrat der sensationellen Blondine. Stella versicherte ihm jedoch, sie habe sich geändert, und Meissl beschloss, ihr zu glauben, obwohl er zuerst einen Widerwillen überwinden musste.

Während Meissl an Stellas Loyalität nur zweifelte, empfand er Dobberke als absolut bedrohlich. Zu einer Zeit und an einem Ort so grässlicher Gefahren war alles relativ und musste geprüft werden.

»Die Angst überkam mich«, erinnerte er sich später. »Es gingen noch regelmäßig Transporte ab. Stella konnte die Listen einsehen. Es wäre ihr möglich gewesen, mich streichen zu lassen.«

Stella tat den ersten Zug. Sie schmuggelte Meissl Nahrungsmittel und Zigaretten zu, lächelte ihr Zahnpastareklamelächeln und gab zu verstehen, dass er ihr Typ sei. Im Notfall, sagte sie, würde sie ihn durch die Kellergänge aus dem Lager verschwinden lassen.

Heino hatte eine ganze Menge liebenswerter Eigenschaften. Mit fünfunddreißig Jahren war er reifer und gewandter als Rolf. Auch Meissl war ein Schauspieler, aber er zeigte das weniger aufdringlich, gemäßigter. Er war groß und schlank, immer gepflegt und gut angezogen. Außerdem war er belesen und wusste sich auszudrücken. Auch ein bemerkenswertes Mundwerk hatte er, wie Stella. Als »charmant« wurde Heino häufig bezeichnet. Und er hatte Stil – eine in Stellas Augen bezaubernde Eigenschaft.

Meissl hatte seinen beruflichen Werdegang langsam gestartet. Er hatte die Schule vor dem Abitur aufgegeben und war Buchhändler geworden. Da er künstlerisch begabt war, studierte er in Abendkursen Gebrauchsgrafik. Während er im Hauptberuf bei der Ufa Kameras schleppte, nahm er eine Nebenbeschäftigung als Pressezeichner bei Gerichtsverhandlungen an. Es war eine sehr gefragte Kunstform. Die Gestapo ließ ihn Bilder von gesuchten Personen zeichnen. Nach dem Krieg fuhr er mit der Porträtmalerei fort. Heino sah sich Gesichter immer sofort und sehr genau an und wurde ein beliebter Schnellzeichner.

Stella schätzte Meissl als Lebenskünstler, als »Macher«. Er wusste mit Frauen umzugehen und war ein emsiger Beischläfer. Außerdem bestach er durch seine Beziehungen und sprach in vertrautem Ton über hochgestellte Persönlichkeiten, wie den Boxer Max Schmeling und prominente Schauspieler und Sänger; das gab ihm das gewisse Etwas und hob die Lagerrealität auf.

Stella verliebte sich aus noch einem anderen Grund in Heino (den sie ihren »Traummann« nannte): Er hatte eine Zukunft. Er war der perfekte Partner, nicht nur als potenzieller Ehemann und Vater, sondern als Fluchtweg – ein Entlastungszeuge.

Bald sollte jedermann Haufen von Fragebogen auszufüllen haben, Abrechnungen für die Alliierten, die genau wissen wollten, wer was wann warum wem angetan hatte während der Kriegsjahre. Diese

Fragebogen legten für alle den Status eine Zeitlang fest, und wer konnte einen entlastenderen Fragebogen abliefern als Heino? Meissl war jüdisch genug, um als Opfer eingestuft zu werden, aber nicht so jüdisch, dass es Stella unangenehm gewesen wäre. Er sah gut aus, war gut im Bett und war mit seinen Gestapo-Verfolgern so souverän umgegangen, dass man annehmen konnte, er würde sich und Stella aus Dobberkes Einflussbereich retten können, wenn der Krieg in seine Endphase trat.

Stella begriff nicht, dass ihr Plan unter anderen Fehlern den aufwies, dass er zu spät kam. Sie hatte viel zu viel Schuld auf sich geladen. Als die kluge Hertha Eichelhardt diese Verräterin bekehrte, wurden zweifellos einige Juden vor Stella gerettet, nicht aber Stella vor sich selbst. Das war nicht möglich.

Heino schätzte seine eigenen Aussichten ab, und die ermutigten ihn ebenfalls. Er erwartete, dass ihn Stella aus Dobberkes Listen heraushalten würde. Außerdem war sie eine Eroberung, und es machte ihm nichts aus, dass sie immer noch mit Rolf das Zimmer teilte. Die zunehmend gestörte Beziehung wurde sichtbar, als Stella mit einem blauen Auge von ihren Auseinandersetzungen durch das Lager lief. Mindestens einmal mussten Heino und Rudi Wolf herbeieilen, um Stella vor dem Zorn ihres Mannes zu retten.

Um Weihnachten 1944 herum trafen sich Heino und Rolf, um ihre Beziehung zu Stella zu besprechen. Die Beratung wurde zur Friedenskonferenz. 1945 musste Stella nicht mehr mit blauem Auge herumlaufen, und Heino hatte keine Angst mehr, dass ihn Rolf wegen irgendetwas bei Dobberke verpfeifen würde. Rolf musste sich um seine eigene Zukunft kümmern.

Stella hatte wie immer zu tun. Sie brachte Wolf Post und Botschaften und schmuggelte ganze Mahlzeiten ins Lager, die ihm Hertha wegen seiner Magenoperationen liebevoll bereitet hatte. Für Meissl schmuggelte Stella Briefe an seine Mutter in München heraus, und sie holte ihm etwas zum Anziehen aus seiner Wohnung in dem riesigen Wohnkomplex Saarlandstraße 66, nahe dem Anhalter Bahnhof. Meissl war mit der Hauswartin, Grete Moschner, befreundet, einer hübschen und sympathischen Mittdreißigerin. Er gab Stella eine Nachricht an Grete mit, damit sie keine Schwierigkeiten hatte, wenn sie seine Sachen aus der Wohnung holte, und Stella sorgte dafür, dass sie ein gutes Verhältnis zu Frau Moschner bekam.

Auch für Dobberke erledigte sie immer noch regelmäßig Aufträge. »Als ich sie kennenlernte, ging sie jeden Tag hinaus, um zu prüfen, ob unter bestimmten Adressen Juden lebten«, berichtete Meissl. »Aber sie machte sich allein auf. Zum ›Greifen‹ gingen immer zwei zusammen, und die waren gewöhnlich bewaffnet. Aber Stella konnte sich nicht mehr mit Rolf blicken lassen. Die beiden waren zu bekannt. Deshalb wurde Stella nur zu Nachforschungen geschickt. Und es gab keine Probleme, wenn sie zurückkam, ohne Erfolge melden zu können. Sie sagte einfach, sie könne keine Juden mehr finden.«

Stella hatte also die Gestapo noch nicht ganz verlassen, sondern sich nur in den weniger aktiven Stand eines Kundschafters für Dobberke zurückversetzt und sich in einen halben Ruhestand begeben.

Damit hatte Stella die letzte Dreiecks-Konfiguration der Kriegszeit erreicht. Sie versuchte nun, Heino und Dobberke zu beeinflussen, und der Gestapo-Kommissar ließ Andeutungen von Menschlichkeit erkennen. Meissl, der auf dem Hof saß und Steine klopfte, beobachtete einmal, wie Dobberke seiner Freundin, Schwester Elli, das Radfahren beibrachte. Vielleicht änderte aber Eichmanns Agent seine Ansichten über den »Feind« gar nicht; Ellis Freunde nahmen an, dass sie für Dobberke nur deshalb akzeptabel gewesen sei, weil sie so »blond und arisch« aussah.

Die anderen Schwestern betrachteten Ellis Romanze mit gemischten Gefühlen. »Sie hat niemandem von uns etwas getan«, sagte Inge Lewkowitz nachdenklich, »und alles war ganz offen.« Und dann fragte sie sich, ob nicht vielleicht Ellis Beziehung zu Dobberke dessen Wutanfälle vielmehr gemildert hatten. »Wenn Elli nicht gewesen wäre, wären wir vielleicht alle erschossen worden«, überlegte sie.[20]

Über Stella gab es keinerlei Zweifel, obwohl sie nicht mehr auf den Straßen Juden jagte. »Sie strahlte Angst und Schlechtigkeit aus«, sagte Schwester Monika Berzel. »Wenn ich sie sah, suchte ich schnellstens ein Versteck auf.«

Schwester Edith Friedmann war nicht überzeugt, dass Stella nicht mehr für die Gestapo aktiv war. Sie diskutierte darüber mit einer der Nachtschwestern, als eines Abends ein junger Musiker eingeliefert wurde. Die Nachtschwester meinte, Stella sei nicht mehr gefährlich. Edith Friedmann fand ihre Kollegin naiv.

»Sie wird vorbeikommen und ihn befragen«, warnte sie. »Sie wird mit Unverfänglichem anfangen, wie ›Ach, Sie Ärmster, haben Sie es schwer gehabt, als sie untertauchten?‹...«

Die Nachtschwester versuchte die Vorstellung abzutun, aber Edith nahm ihr das Versprechen ab, dem Patienten zu sagen, er solle Stellas Fragen einfach nicht beantworten. »Es ist kein Verbrechen, ihr nicht zu antworten«, sagte sie.

Am nächsten Morgen suchte die Nachtschwester ihre Kollegin auf. Sie war erregt. »Edith«, sagte sie, »ich nehme alles zurück. Stella ist gekommen und hat genau die Fragen gestellt, die du vorhergesagt hast.«

Tat Stella das nur aus Gewohnheit, für die Arbeitsberichte über sie, um Dobberke zu beweisen, dass sie immer noch nützlich war und es nicht verdiente, mit dem nächsten Zug deportiert zu werden? Wenn sie aus dem kranken Musiker Informationen herausgeholt hätte – würde sie die dann verschwiegen oder frisiert haben, um Gefahr von den noch versteckten Juden abzuwenden?

Aber ob sie nun noch aktiv war oder sich zurückgezogen hatte, nichts konnte Stellas Vergangenheit auslöschen. Niemals, gleichgültig, wie belanglos neuere Berichte über sie waren.

»Mir sagte jemand, sie versteckte sich in den Ruinen und beobachtete uns«, erinnerte sich eine Schwester. »Wir durften ins Café gehen, und es hieß, sie passte auf, ob wir die Straße richtig oder verkehrswidrig überquerten, ob wir den Judenstern trügen oder nicht. Und dass sie es Dobberke meldete.«

Wahrheit? Gerüchte? Paranoia, die sich auf Trivialitäten richtete? Es hat keine Bedeutung.

Auch über ihren Chef, den furchterregenden, allmächtigen Dr. Dr. Lustig in seinem gestärkten, makellos weißen Kittel, hatten die Krankenschwestern nie eindeutig Gewissheit.

»Die, die überlebt haben, verdanken es ihm«, äußerte die sonst so argwöhnische Edith Friedmann mit Nachdruck, und viele stimmten ihr zu. Sie berichteten von einem Fall nach dem anderen, wo Lustig Leben gerettet hatte, indem er Befehle der Gestapo absichtlich langsam durchführte oder hintertrieb; dabei nahm er aber immer Haltung an gegenüber den hochrangigen SS-Bonzen (zu dem einfachen Dobberke ließ er sich kaum einmal herab), die er schlau täuschte, wenn er die Gelegenheit hatte.

Das war die eine Seite des Doktor Doktors, das Gnadenengel-Gesicht. Seine andere Seite, seine Henker-Visage, zeigte er, wenn er, ohne zu zögern, Juden zu den Transporten schickte, sobald seine Herren darauf bestanden. Letztlich wurde er zum Zahnrädchen innerhalb des Systems, das an der Macht war; er tat seine »Pflicht« ordnungsgemäß, wie es der Tradition seiner Klasse entsprach, und war gleichzeitig Herr und Diener, wie Adolf Eichmann.

Wo er autonom handelte, war Lustig zum Schlimmsten fähig. Er wandte gern eine Psychofolter sadistischster Art an. Als nach dem Krieg einer seiner SS-Bosse zu einer Gefängnisstrafe verurteilt wurde, schrieb das deutsche Gericht über den nicht angeklagten Mitverschwörer Lustig: »Er bedrohte sogar seine Chefsekretärin mehrfach und ernsthaft, er würde sie auf die ›Transportliste‹ setzen. Zum Beispiel sagte er zu ihr: ›Wenn Sie über die Transporte sprechen, sind Sie die erste auf der Liste.‹ Als sie einmal fragte, ob eine bestimmte Büroarbeit bis zum nächsten Tag warten könne, antwortete er zynisch: ›Wenn Sie nach Lublin wollen, können Sie die Arbeit ruhig bis morgen liegen lassen.‹«

Lustig war Antisemit wie Stella, und das Gericht beurteilte ihn als solchen. Er hatte seinen Eifer als des Kaisers Militärarzt bewiesen, der eiserne Mann mit dem Eisernen Kreuz, deutsch bis ins Herz, nicht fähig, sich mit seinem Judesein abzufinden, und für diese Sünden starb er.

Die Details von Lustigs Tod sind nicht bekannt. Er verschwand in dem Sturm blutiger Vergeltung, der in dem Augenblick in Berlin zu wüten begann, als der letzte Schuss gefallen war. Das deutsche Gericht meldete: »Unter der Anschuldigung, er habe sich mit der Gestapo verbündet und sein eigenes Volk ans Messer geliefert, hat ihn nach Ende des Krieges die sowjetische Besatzungsmacht erschlagen oder erschossen.«

Ein Grab wurde nie gefunden, kein Stein, kein Dokument, kein Verzeichnis. Dr. Dr. Lustigs Verurteilung war alles andere als »ordnungsgemäß«, aber sie war so eindeutig, als habe Eichmann sie befohlen.

Eine schwache Spur wurde 1991 noch entdeckt.[21] Sie endete in den Baracken des Polizeigefängnisses Rummelsburg in einem gottverlassenen Viertel von Lagerhäusern und Eisenbahnanlagen. Dorthin kam der Arzt nach seiner Verhaftung, vermutlich durch Russen. Der Denunziant ist nicht bekannt. Seine Frau Annemarie, die in Bayern lebende Ärztin, ließ Lustig, als sie keine Spur mehr von ihm entdecken konnte, offiziell für tot erklären, und zwar, das ging aus den neuen Funden hervor, unter dem Datum 31. Dezember 1945.

Die Schmach eines so unrühmlichen Endes seiner Karriere hätte Dr. Dr. Lustig sicher sehr geärgert. Er hatte in Erfüllung seiner Pflichten zu Kriegsende auch von Massengräbern gehört. Anonymität aber war nicht sein Stil.

Jedenfalls hat er keine ordentliche Verhandlung bekommen. Auch Stella sollte bald erfahren, wie die Sowjets Gesetze anwandten.

Stella wusste längst, dass sie in Todesgefahr war. Bereits im Februar 1944 hatte sie einen eingeschriebenen Brief mit einem scheinbar amtlichen Todesurteil bekommen – auf einem offiziellen Vordruck und einschließlich der dazugehörigen Stempel. Nur der Ort fehlte. Aufgegeben war er am Postamt Möckernstraße. Er teilte mit, dass das die Strafe für ihre Tätigkeit als Greiferin sei, und schloss: »Das Urteil wird nach Kriegsende vollstreckt.«

Diese Botschaft, grausig, obwohl offensichtlich gefälscht, war das Werk einer kleinen Widerstandsgruppe von Männern und Frauen, Juden und Nichtjuden, die von Luckenwalde außerhalb von Berlin aus arbeitete. Einer ihrer Anführer, Hans Winkler, war Justizinspektor und hatte Zugang zu Gerichtsformularen. Anfangs hatte sich die Gruppe »Sparverein« genannt und Unterkünfte, Lebensmittel und falsche Papiere für Juden besorgt. Später hatte die kühne und ein bisschen illusionäre Gruppe sich in »Arbeitsgemeinschaft für Frieden und Aufbau« umbenannt, Flugblätter verteilt und eine nie durchgeführte Befreiung des Lagers Große Hamburger Straße mit Waffengewalt geplant.

Die Gruppe ließ mehreren Spitzeln und Denunzianten Todesdrohungen zukommen, aber Stella hatte ihren besonderen Zorn erregt. Niemand sonst wurde so genau beobachtet. Niemand sonst bekam ein so deutliches Urteil. Einer aus der Gruppe verhandelte auch mit einem Zahnarzt am Jüdischen Krankenhaus, damit er sie vergiftete. Es sollte bei einer Routinebehandlung geschehen. Aber der Zahnarzt wollte das nur machen, wenn ihm die Gruppe die sofortige Flucht ins Ausland garantierte. Da sie das nicht konnte, wurde nichts aus dem Attentat. Stella hatte keine Ahnung davon, aber ihr war durchaus klar, dass sie Todfeinde hatte.

Die tägliche Gefahr, der sie und ihre Greiferkollegen ausgesetzt waren, war unmittelbarer spürbar. Wenn die überlebenden Juden in die Enge getrieben waren, wehrten sie sich oft, und die zahlreichen Angriffe auf Greifer waren kein Geheimnis. Stella war dabei, als Moritz Zajdmann vor der Oper mit Rolf Isaaksohn ein Handgemenge hatte. Jeder wusste, dass der Ordner Manfred Guttmann einen Messerstich in die Blase bekommen hatte und dass die Greiferin Ruth Danziger von der Gefangenen Inge Grün mit der flachen Hand so ins Gesicht geschlagen worden war, dass sie blutete. Es war keine geschützte Gruppe, der sich Stella angeschlossen hatte.

Das Schlimmste waren, immer wieder, die Züge nach Osten. Inge Lustig, die Greiferin, die Stella im Café Bollenmüller erwischt hatte, gehörte, als sie Dobberke nichts mehr nützte, zu den vielen Kollaborateuren, die mit »auf Transport« mussten und starben.

»Sie konnte nicht mehr liefern«, sagte Stella trocken. Die Züge verkehrten noch zu der Zeit, als auch Stella nicht mehr »lieferte«.

20. Die letzten Tage

Walter Storozum, erst vor kurzem aus Auschwitz zurückgekommen, hatte Dienst an der Rezeption der Büros der Jüdischen Gemeinde in der Oranienburger Straße; er erkannte die sinnlich wirkende, elegant aufgemachte Blondine nicht, als sie Anfang 1946 von zwei Polizisten aus der nahen Provinzstadt Liebenwalde zu ihm gebracht wurde.

Die Blondine war empört über die »Polypen«. Sie wollte eine offizielle Bescheinigung als »Opfer des Faschismus«. Diese ehrenhafte Bezeichnung war in dem eiskalten Hungerwinter, dem ersten Nachkriegswinter, unbezahlbar. Gewöhnliche Bürger mussten von Zuteilungen leben, die magerer waren als in den letzten Tagen der Nazis; anerkannte Verfolgte des NS-Regimes aber hatten Anspruch auf vergleichsweise üppige Lebensmittelsendungen aus den USA, die vom »Joint« und der HIAS geschickt wurden.

Storozum wies Stella zum Büro für die Opfer im ersten Stock. Bald hörte man Gepolter und Tumult von dort. Markus Safirstein, der ebenfalls aus Auschwitz zurückgekommen war, arbeitete im Raum nebenan und schaute herein. Stella war erkannt worden. Sie wand sich auf einem Stuhl, mit zusammengebissenen Zähnen. Ein halbes Dutzend Kollegen, sonst gutartige Menschen, wie Safirstein wusste, hielten sie fest. Ein Mann fuchtelte mit einer Schere. Stella gab keinen Laut von sich. Die anderen schrien, fluchten, schlugen und beschimpften sie und versuchten sie dazu zu bringen, stillzuhalten.

Sie war einem schlimmeren Schicksal knapp entkommen. Die Überlebenden in diesem Raum waren so zornig, dass sie bereit waren, sie zusammenzuschlagen und ihr ernsthaft etwas anzutun. Im letzten Augenblick kam der allgemein geachtete Kollege Günther Ruschin herein und fauchte: »Wir schlagen Frauen nicht zusammen!« Aber er gegen das Haareschneiden unter Anwendung von Gewalt hatte er nichts einzuwenden.

Stella wand sich und zappelte; es dauerte fast eine halbe Stunde, bevor ihr Warenzeichen, die berühmten blonden Locken, so kurz geschnitten waren, dass sie wie gerupft, fast kahl aussah. Safirstein war längst wieder gegangen. Er mischte sich zwar nicht ein, aber er fand die Szene unangenehm, weil ihm diese Frau nichts angetan hatte. Für ihre anderen Peiniger galt das nicht. Sie schienen eine ganze Menge über Stella zu wissen. Ihre Beteiligung an der Bestrafung war persönlicher Art.

Safirstein war nicht schockiert. Die Zeitungen brachten oft Fotos von Frauen mit geschorenem Kopf, starr vor Schreck, umgeben von sie verhöhnenden Zivilisten mit Gewehren. Die Opfer waren meistens französische Prostituierte oder andere Frauen, die mit deutschen Soldaten geschlafen hatten, um sich Geld oder Nahrungsmittel zu verschaffen; sie bekamen ihre Quittung von rachsüchtigen Mitgliedern der Résistance. Es war die Routinebehandlung jener Zeit. Stella ließ sich monatelang nicht ohne Kopftuch sehen. Es war ein milderes Los, als erschossen, gehängt oder totgeschlagen zu werden. Aber Leiden war relativ – wie vorher auch.

Die echten Opfer des Faschismus, die vor kurzem aus Konzentrationslagern befreiten Angestellten der jüdischen Gemeinde, waren zynisch geworden, sie zweifelten daran, dass Stella noch eine weitere Strafe drohte. Walter Storozum nahm an, dass die deutschen Polizisten, die ehemaligen Nazis, die gerufen worden waren, Stella zu holen, sie auf dem Weg zum Polizeipräsidium laufenlassen würden.

»Die zieht doch einfach den Schlüpfer aus«, sagte er.

Der Anfang vom Ende hatte sich Stella im Februar 1945 gezeigt. Sie merkte, dass sie schwanger war. Nach dem ersten Schreck war sie begeistert. Ein Kind würde den angesehenen Heino noch enger an sie binden. Und schwangere Frauen würden selbst von den Russen, so hieß es, nicht vergewaltigt. Sie liebte Heino und verlangte ständig, dass er sich auch auf das Kind freute und dass er versprach, sie zu heiraten.

Heino erinnerte sich an keinerlei derartige Gefühle. Er sagte, er sei entsetzt gewesen und habe eine Abtreibung vorgeschlagen. Davon wollte Stella nichts wissen.

Meissl fühlte sich in die Enge getrieben. Er liebte sie nicht, und er beharrte später darauf, dass sie ihn auch nicht wirklich geliebt habe. Sie fühlte sich zu ihm hingezogen wegen seiner zukünftigen Rolle als Entlastungszeuge und Paterfamilias. Heino traute ihr nicht. »Sie sah in mir nur das Alibi«, sagte er.

Die Lösung ihrer Schwierigkeiten lag, wie sie wohl wussten, in den Händen der Amerikaner, die vom Westen auf Berlin zu marschierten, und der Russen, die aus dem Osten vordrangen, und der alliierten Flugzeuge über der Stadt.

Die Luftangriffe zwangen in einem letzten Crescendo Dobberke und seine Henkersknechte im Jüdischen Krankenhaus auf das gleiche elende Niveau herab wie Heino, Stella und die anderen. Sie hockten alle zusammengedrängt unter den abblätternden, bröckelnden Decken der Bunker: rund 800 Menschen aus dem Krankenhaus – Patienten, Angestellte, Zwangsarbeiter, Ordner, Treibgut –, dazu etwa siebzig Gefangene und Greifer aus der Pathologie und eine Handvoll Gestapo-Wächter unter der Führung von Dobberke.

Gad Beck war erheitert über das Dilemma des Gestapo-Mannes. »Er kam genauso hereingekrochen wie wir«, erinnerte sich Beck zufrieden.

Aber es gab einen großen Unterschied zwischen den zwei Gegenpolen: Beck und seine Freunde waren bester Stimmung. Die Befreiung war nahe. Dobberke war mürrisch, auch wenn er sich nach außen hin noch an seine Macht klammerte. Er wusste, dass er noch immer Menschen nach Lust und Laune in Züge stecken konnte.

»Was sind Sie so vergnügt?«, fragte Dobberke Beck, als sie im eiskalten Bunker saßen, der nach dem Stromausfall auch noch stockdunkel war. In der Nähe fielen Bomben. »Sie wissen doch, was Sie erwartet!«

Die Absurdität – dass Fänger und Gefangene das gleiche Los erwartete – amüsierte Beck. Seine Chuzpe hatte ihn am Leben erhalten. Einmal hatte er daran gedacht, sich mit seinem Schlips zu erhängen, den ihm seine Bewacher eigenartigerweise gelassen hatten. (»Schlipse sind so genäht, dass sie eine Menge aushalten«, erklärte er.) Jetzt wollte er leben! Die Züge erschreckten ihn nicht mehr so, und er konnte der Versuchung nicht widerstehen, ein bisschen gegen den einst allmächtigen Dobberke zu sticheln. Der Prozess ihrer Angleichung trat in seine letzte Phase. Sie würden beide den Russen in die Hände fallen.

»Sie und mich erwartet das Gleiche«, sagte er.

Beck hatte fast Mitleid mit ihm. Er hatte Dobberke nie für einen Killer gehalten. Er war ein in Adolf Eichmanns System zu hoch aufgestiegener Verkehrspolizist. Jahre später würde man ihn als Opfer des Peter-Prinzips bezeichnet haben.

Die Götterdämmerung brach im April herein. Am 16. standen die russischen Panzer bei Seelow, 50 Kilometer östlich von Berlin. General Dwight D. Eisenhowers Truppen hatten 80 Kilometer westlich angehalten. Was in Berlin noch niemand wusste: »Ike« war zu dem Schluss gekommen, dass er den Wettlauf um die Stadt (den »Hauptpreis«, wie er einmal gesagt hatte) nicht gewinnen würde, und überließ die Rosine nun den sowjetischen Verbündeten.

Und dennoch... Es war verrückt, aber die Soldaten der Wehrmacht leisteten an beiden Fronten weiterhin Widerstand. Sie befolgten immer noch die Durchhaltebefehle, die Hitler aus seinem letzten unterirdischen Versteck heraus gab, dem Führerbunker südlich des Brandenburger Tors.

Etwas weiter westlich, am Bahnhof Zoo, trafen sich am 17. April gegen Mittag Stella, Heino (mit einem zeitlich begrenzten Passierschein) und Rolf zu einem hastigen, tränenlosen Abschied. Das ferne Grollen der sowjetischen Artillerie war gut zu hören.

Rolf hatte eine prallvolle Aktentasche bei sich. Er verriet ihnen, dass er bis Lübeck in einem Diplomatenauto mitfahren würde; das hatte er so gedeichselt. Von Stellas Schicksal war nicht die Rede. Das überraschte sie nicht. Rolf hatte längst gesagt, dass er sich für sie nicht verantwortlich fühlte. Erklärungen waren nicht nötig; niemand hielt ihn für den Vater ihres Kindes. Stella hatte vorher in der Aktentasche ihres Mannes geschnüffelt. Sie enthielt mehrere Passierscheine – ob echte oder gefälschte, konnte sie nicht sagen –, Landkarten mit Markierungen und mehr als 40000 Mark in kleinen Scheinen. Ein Vermögen.

Vom Bahnhof Zoo aus fuhr Meissl mit Stella zu seiner Wohnung. Die Hauswartin, Grete Moschner, packte gerade. Sie wollte in die Kleinstadt Liebenwalde, 35 Kilometer nördlich von Berlin und noch mit dem Vorortzug zu erreichen. Frau Moschner fürchtete sich vor der russischen Brutalität und suchte deshalb, wie viele Berliner, bei Freunden auf dem Land Zuflucht.

Meissl erklärte ihr, dass Stella Berlin sofort verlassen müsse. Sie sei als politische Gefangene aus dem Lager Schulstraße entkommen, im dritten Monat schwanger und fürchte um ihr Leben. Nach einigem Zögern erklärte sich Frau Moschner bereit, Stella mit nach Liebenwalde zu nehmen und in ihrer Unterkunft zu verstecken. Die zwei Frauen eilten zu ihrem Zug. Meissl hatte Stella versprochen, sie später zu holen. Sie brauche sich keine Sorgen zu machen. Der apokalyptische Wirbel um Berlin würde vorübergehen.

In Wirklichkeit meinte er nur das Letzte ernst. Heino hatte nicht vor, zu Stella zurückzukehren. Er hatte eine Zukunft, sie nicht.

»Ich muss sagen, ich wollte sie los sein«, bekannte er fast fünfzig Jahre später. »Ich wollte nicht, dass sie mich in den Krallen hatte.«

Er redete sich selbst ein, dass Stellas Kind nicht von ihm sei. Bei ihrer nachweislichen Promiskuität konnte das niemand mit Sicherheit sagen. Heino wollte nur weg, er wollte zu seiner Mutter in München, sich der verzweifelten Wanderung südwärts in die relative Sicherheit Bayerns anschließen. Es war ein Exodus vermögender Überlebender, unter ihnen befanden sich viele von Hitlers Getreuen, deren Aufbruch den Decknamen »Unternehmen Serail« trug.[22] Die Berliner Schnauze nannte es die »Flucht der Goldfasane«.

Der passende Euphemismus Goebbels'scher Prägung für eine solche hastige Flucht war das Wort »sich absetzen«. Man hörte es überall. Auch Heino Meissl hatte eine »Absetzbewegung« vor.

»Es war kein heldenhaftes Verhalten«, bemerkte er trocken.

Einstweilen aber musste er in das Lager Schulstraße zurück. Er war nur kurz herausgelassen worden, um »Vorräte zu besorgen«. Dobberke stellte ihm von Zeit zu Zeit so ein Papier aus, wenn Hertha Eichelhardt ihm Geld zukommen ließ. Das Lager war außerdem zu diesem Zeitpunkt sicherer als die Straßen. Die Fliegerbomben waren nur eine der Gefahren, hinzu kamen die gefährlicheren Artilleriegeschosse. Und SS-Männer hängten zur Abschreckung Deserteure an Laternenpfählen auf.

Im Lager wurde an jenem Abend Meissl von Dobberke befragt, wo Stella stecke. Heino verriet nichts. Zum Glück hatte der Gestapo-Mann nur noch wenig Zeit und Energie für solche Dinge übrig. Er verbrachte wie alle anderen im Krankenhaus den größten Teil der Zeit in den Bunkern. Heizung und Wasserversorgung waren kurz nach dem Stromausfall auch zusammengebrochen. Die Russen drangen in die Stadt ein. OPs für Notoperationen wurden in den Kellern eingerichtet, und Verwundete strömten herein, Zivilisten, Landser und schließlich Russen. Die blutbespritzten jüdischen Ärzte und die Schwestern arbeiteten rund um die Uhr.

Bruno Blau, der Jurist, saß auf dem blanken Kellerboden – zum Liegen war es zu voll – und machte sich immer noch Notizen. Er begann daran zu zweifeln, dass er lebend aus diesem verrückten Krankenhaus herauskommen würde, das ihn zwei Jahre lang geschützt hatte.

Soldaten und SS-Männer hatten in der Nähe Barrikaden errichtet, und das Geräusch der MG-Salven bei den Straßenkämpfen war zum Leitmotiv der Schlacht draußen geworden. In vielen Häusern saßen Heckenschützen. Die Gebäude des Krankenhauses erzitterten unter den Detonationen. Die Verwundeten schrien nach Wasser.

Selbst der aufmerksame Blau konnte den Umfang der Kämpfe nicht annähernd ermessen. Zum Teil hatten sie sich unter die Erde verlagert. Die Abwasserkanäle füllten sich mit Leichen. Einige der Tunnels hatten die Nazis vermint, und gelegentlich hob eine gewaltige unterirdische Explosion die Straßendecke und riss sie auf; Stichflammen loderten heraus. Die Sowjets hatten Wassertanks auf Karren montiert, die von einer Einheit zur nächsten rumpelten. Russische Soldaten tauchten mit geschwärzten Gesichtern aus Gullys auf, um einen Schluck zu trinken, und verschwanden dann wieder, um weiterzukämpfen.

Am Freitag, dem 20. April, schnappte Rudi, ein vierzehnjähriger jüdischer Gefangener, den Dobberke zum Schuhputzer gemacht hatte, zufällig ein Telefongespräch zwischen dem Lagerleiter und seinem Chef im Polizeipräsidium am Alexanderplatz, SS-Sturmbannführer Erich Möller, auf. Das Lager solle »liquidiert« werden. »Liquidiert! Sofort!«

Möller hatte keine Zeit für Diskussionen. Er musste nach Ahrensfelde, dem östlichen Vorort, in dem er wohnte, um die Reste des Volkssturms zu organisieren. Es waren Kinder und Greise, oft ohne Waffen, die den letzten Widerstand leisten sollten – keine großartige Aufgabe für einen Offizier, der mehrere Dienstgrade über Dobberke stand.

Stella kannte Möller. Bei ihrer Neigung zu den Inhabern der Macht war es ihr einmal gelungen, am Alexanderplatz bis zu ihm vorzudringen, um für ihre Eltern eine Vorzugsbehandlung zu erbitten. Möller hatte das abgelehnt, aber in liebenswürdiger Form. Sie war schließlich so etwas wie eine Waffengefährtin der Partei, der er selbst sich schon 1925 angeschlossen hatte.

Als einer der »alten Kameraden« war Möller der richtige Mann, ein Lager voller Juden zu »liquidieren«. Bei Straßenkämpfen mit Kommunisten in den zwanziger Jahren war er mehrmals zusammengeschlagen und von Messerstichen verletzt worden. Er war schon 1933 in die neu gegründete Gestapo eingetreten. Unter »Charaktereigenschaften« stand 1944 in seinem Personalbericht: »Draufgänger, zäh, willig, nüchtern, diensteifrig, gutmütig, dickköpfig, impulsiv, anspruchslos, ein typischer Landsknecht.«

Er war nicht der Mann, der davor zurückgeschreckt wäre, seinen Teil zur Durchführung von Himmlers letztem Ausfall gegen die restlichen Lager beizutragen. Himmler war daran interessiert, die Juden, die seine Leute nicht mehr vergasen konnten, zu ermorden, in der sinnlosen Hoffnung, so viele lebende Beweise des Genozids zu vernichten, wie treue Parteigenossen, alte Kämpfer wie Möller, noch aus dem Weg räumen konnten.

Erschrocken lief der Schuhputzerjunge Rudi zu Gad Beck, Heino Meissl, Rudi Wolf und den anderen, um ihnen die Nachricht von der drohenden »Liquidierung« zu überbringen. Die Gefangenen hatten nichts zu verlieren; sie beschlossen deshalb, Dobberke entgegenzutreten und das Unmögliche zu fordern: ihre Freiheit. Sie argumentierten, es sei einfach zu spät für ein anderes Finale der Chronik des Jüdischen Krankenhauses.

Dobberke hörte zu, mit aschfahlem Gesicht und erstaunlich nachdenklich. Er war kein Erich Möller, kein Roboter, der dreißig Sekunden vor Mitternacht ein Massaker zu entfesseln bereit war. Aber ob der sture alte Bulle seine Gefangenen tatsächlich freilassen würde? Er sagte, er würde es sich überlegen.

Unausgesprochen, aber klar blieb das Faktum, dass er immer noch Macht hatte; die konnte er jetzt nutzen, um sich Sicherheit zu erkaufen. In seinen Händen lag das Schicksal von fast 1000 zukünftigen Entlastungszeugen, die demnächst womöglich aussagten, dass Hauptsturmführer Walter Dobberke kurz vor dem Ende Barmherzigkeit hatte walten lassen. Was konnte überzeugender sein?

Am 21. April – Gad Beck und die anderen konnten es anfangs kaum glauben – ließ Dobberke die Gefangenen in der Pathologie antreten und unterzeichnete persönlich ihre Entlassungspapiere.[23] Es war ein verrückter Tag in einer irren Welt – und das Ende der Karriere Dobberkes als zu hoch aufgestiegener Bulle von der Sittenpolizei.

Hoch aufgestiegen, aber nicht hilflos. Bevor er die Entlassungspapiere unterzeichnete, hatte er seinen Gefangenen eine Unterschrift abgefordert. Einer seiner uniformierten Gestapo-Beamten ging durch alle Räume der Pathologie, in denen Gefangene eingesperrt waren. Der Beamte hatte Listen, und jeder musste eine Erklärung unterzeichnen, dass Dobberke den Befehl Möllers, sie zu töten, verweigert hatte.

In Anbetracht des Chaos, das in Berlin herrschte, brachte es nichts, wenn ein Gestapo-Mann den Russen deutsche Papiere vorwies; das war Dobberke bewusst. Er wollte versuchen, sich mit vorbereiteten falschen Papieren, die ihn als »Halbjuden« auswiesen, zu den amerikanischen Linien durchzuschlagen. Seine Freundin, Schwester Elli, eine Jüdin, verließ das Krankenhaus mit ihm zusammen.

Dobberke wusste, dass er für zahllose Feinde eine wandelnde Zielscheibe war. Zu den grimmigsten Feinden gehörte Gerda Lewinnek, die erst drei Monate zuvor gefangen und zu ihm gebracht worden war. Er hatte sie fürchterlich geschlagen und darauf beharrt, sie müsse wissen, wo ihr Freund »Bulli« Schott steckte. Sie wusste es nicht – und so ging die Prügelei weiter bis zu dem Tag, an dem Dobberke selbst mit seiner Elli desertierte.

Bulli, dreißig, eigentlich Salomon mit Vornamen, war die Art Jude, die Dobberke zur Weißglut brachten. Er war vor dem Krieg Mittelgewichtsboxer in der jüdischen Boxmannschaft Maccabi gewesen und war kräftig wie ein Stier. Seit 1938 war er mehrmals aus Konzentrationslagern geflohen. Beim letzten Ausbruch Ende 1944 hatte er es von Auschwitz nach Berlin geschafft. In Auschwitz war er Bademeister für die wenigen Duschen dort gewesen und Star bei Schauboxkämpfen, die die Wächter erstaunlicherweise gestattet hatten.

Als Anfang Mai 1945 der Krieg in Europa zu Ende ging, tauchte Bulli aus dem Untergrund auf und erschien bei Gerda im Mietshaus ihrer Eltern an der Lippehner Straße. Aber die Freude des Wiedersehens war getrübt; es war höchst gefährlich, sich ohne Papiere in der Stadt zu bewegen, in der Anarchie herrschte. Zufällig wurde nebenan ein Posten des sowjetischen Geheimdienstes NKWD (des Vorläufers des KGB) eingerichtet, und Bulli fand dort einen jüdischen Offizier, der Jiddisch sprach und ihm und Gerda Papiere ausstellte. Sie versuchten ihn auf einige in der Nachbarschaft wohnende Nazis anzusetzen, aber die Russen waren nur hinter Kriegsverbrechern von Bedeutung her.

Am 6. Mai besuchte eine ihrer Mitgefangenen aus dem Lager Schulstraße Gerda und brachte eine überraschende Neuigkeit. Sie hatte Elli in einer Wohnung in ihrem Wohnblock aus und ein gehen sehen. Gerda spitzte die Ohren: Elli konnte sie vielleicht zu ihrem Peiniger, Kommissar Dobberke, bringen.

Bulli und Gerda führten vier NKWD-Agenten zu Ellis Wohnung. Unter ihren eindringlichen Vorhaltungen brach die Schwester weinend zusammen. Und am 9. Mai – dem Tag nach der Unterzeichnung der bedingungslosen Kapitulation Deutschlands – erschien Bullis NKWD-Aufgebot in einem großen Flüchtlingslager im Westen der Stadt. In dem Durcheinander hier hatte Dobberke gehofft, seine Identität abstreifen und die Wochen bis zur Ankunft der amerikanischen und englischen Besatzungstruppen aussitzen zu können.

Das war klug überlegt, denn das Lager lag westlich von Pichelsdorf in einem bis dahin relativ sicheren Wassersportzentrum an der Havel, mit Wald im Hintergrund, eben nördlich vom Wannsee, wo der »Holocaust« offiziell gestartet worden war. Es war etwa die Gegend, wo Günther Rogoffs Segelboot gelegen hatte. Isaak Behar hatte sich im Winter oft zum Schlafen unter die Persenning der aufgebockten Boote verzogen und fürchterlich gefroren.

Plötzlich war dieses Erholungsgebiet zum letzten Schlupfloch vor den Russen geworden. Wo einmal sein Chef Heydrich auf einen Tisch gestiegen war, um den Untergang der Juden Europas zu feiern, war nun Dobberke zusammen mit vielen anderen schuldbeladenen Kameraden gefangen beim letzten Aderlass in den letzten Stunden des letzten Kampfes.

Zehn Tage zuvor waren drei junge Offiziere da vorbeigekommen, die aus dem »Führerbunker« kamen, von Hitler persönlich geschickt;

sie sollten versuchen, sich zu General Wenck durchzuschlagen. Es war am Sonntag, dem 29. April gewesen; ein Melder hatte gerade die Nachricht gebracht, dass die Sowjets auf der Wilhelmstraße, keine 500 Meter vom Bunker entfernt, gestoppt worden seien. Es war klar, dass sie darauf aus waren, Hitler zu ergreifen.

»Wie wollen Sie aus Berlin herauskommen?«, fragte der »Führer« die drei.

Hauptmann Gerhard Boldt trat vor. Auf Hitlers Plan deutete er die geplante Route an: nach Westen hinaus, die Heerstraße entlang, bei Pichelsdorf über die Brücke. Dort, so sagte Boldt, würden sie sich ein Paddelboot besorgen und über die Havel entwischen.

Hitler wandte sich an seinen Stellvertreter. »Bormann«, sagte er, »besorgen Sie den dreien sofort ein elektrisches Motorboot, sonst kommen sie niemals durch.«

Boldt merkte, dass ihm das Blut in den Kopf schoss. Er wollte schnellstens los, und jetzt sah es so aus, als würden sie im letzten Augenblick noch aufgehalten. Hitlers Befehl war lächerlich. Wo um alles in der Welt sollte Bormann in diesem Durcheinander ein elektrisches Motorboot herbekommen?

»Mein Führer, wir werden uns ein anderes Motorboot besorgen, und den Schall dämpfen«, sagte Boldt schnell, »damit kommen wir bestimmt durch.« Und so eilten die Kuriere in ihren Tarnjacken und Stahlhelmen nach Westen.

Ebenfalls durch einen Kurier ließ in diesen allerletzten Tagen Hitler dem von ihm zum Reichspräsidenten ernannten Großadmiral Dönitz sein politisches Testament zustellen. Er hatte es nach Notizen diktiert, die möglicherweise Goebbels entworfen hatte. Und selbst jetzt, im letzten Augenblick, vergaßen sie die Juden nicht, die verdammten Juden: »Es ist unwahr, dass ich oder irgendjemand anderer in Deutschland den Krieg im Jahre 1939 gewollt haben«, versuchte Hitler die Welt glauben zu machen. »Er wurde gewollt und angestiftet ausschließlich von jenen internationalen Staatsmännern, die entweder jüdischer Herkunft waren oder für jüdische Interessen arbeiteten...«

Der Fluchtweg die Heerstraße entlang und über die Pichelsdorfer Brücke war tagelang verstopft von Panzern, Pferdefuhrwerken, Autos, Kinderwagen und vor allem Massen von verzweifelten Zivilisten und Soldaten zu Fuß. Noch Stunden, nachdem die Kapitulation unterzeichnet war, schossen die Sowjets, weil manche Einheiten nicht wussten, dass alles vorbei war. Rund 20000 Flüchtlinge sollen im letzten großen Durcheinander noch getötet oder verwundet worden sein.

Da die Sowjetarmee wenig Transportmittel hatte, mussten Bulli Schott, Gerda und ihr Suchtrupp den Weg zu Dobberkes Lager zu Fuß zurücklegen, wie die Flüchtlinge. Am Ziel ließen die Männer vom NKWD die beiden Deutschen draußen warten, weil sie eine Schießerei befürchteten. Aber es fiel kein Schuss. Die Russen fanden Dobberke sofort, weil sie auch den in seinen Papieren genannten Namen kannten. Dann marschierten alle zusammen zurück in die Stadt.

Dobberke nahm an, dass Elli ihn verraten hätte; er ging ruhig, aber niedergeschlagen mit. Er brach sein Schweigen auch nicht, als Bulli anfing, ihn zu verhöhnen, ihn fragte, ob er nicht fliehen wollte, in der Hoffnung, dass ihn die Russen dann töten würden. Als sie eine schwer beschädigte Brücke überwinden mussten, lachte Bulli und forderte Dobberke auf, doch hinunterzuspringen. Dobberke marschierte weiter, den Kragen seines langen Mantels aufgestellt, die unvermeidliche volle Aktentasche unter dem Arm.

Bulli verging das Lachen bald. Der Ausflug hatte fast vierundzwanzig Stunden gedauert, und als er am 10. Mai Gerda nach Hause brachte, war ihre Mutter wütend und warf ihn aus der Wohnung. Sie war überzeugt, dass er die Tugend ihrer Tochter verletzt habe, und ließ sich erst besänftigen, als Bulli und Gerda im Juli heirateten. Die beiden wanderten später nach Sydney, Australien, aus.[24]

Dobberke wurde in vertrauter Gesellschaft eingesperrt: mit zwei seiner früheren jüdischen Söldner. Er teilte die winzige Zelle mit Manfred Guttmann, dem Ordner, der einen Messerstich in die Blase bekommen und ein Jahr im Krankenhaus gelegen hatte und immer noch humpelte, und Heinz Holstein, der den Überfall damals durchgeführt hatte.

Die drei wurden in ein Lager bei Posen (Poznań) gebracht. Den größten Teil des Weges hatten sie zu Fuß zurücklegen müssen: Für Gefangene gab es keine Transportmittel. Posen war ein Transitlager. Hier trennten sich ihre Wege. Holstein verschwand später in Richtung Sowjetunion, wahrscheinlich Sibirien. Guttmann humpelte weiter nach Buchenwald, überlebte aber und berichtete, dass Posen Dobberkes letzter Aufenthalt gewesen sei.

Dobberkes Pritsche stand neben der von Guttmann. Die Verpflegung der Gestapo hatte ihn bei guter Gesundheit erhalten. Die Rationen, die er von den ernsthaft notleidenden Sowjets bekam, reichten ihm bei weitem nicht. Deshalb nahm er das Angebot Brot gegen Schwerarbeit an und schaufelte in dem bitteren Winter 1945/46 an Dampfkesseln Kohlen.

Er erkältete sich. Guttmann und Holstein konnten nichts tun als zusehen, wie das Fieber stieg. Als es hoch genug war, kam er ins Krankenrevier, wo er von deutschen Ärzten versorgt wurde. Die Diagnose lautete Diphtherie. Medikamente gab es nicht; so starb Dobberke. Holstein und Guttmann erfuhren das von den deutschen Pflegekräften.

Jahrelang liefen in Berlin Gerüchte um, dass die Russen Dobberke erschossen oder gehängt hätten, als Vergeltung für die Art, wie er die ihm von der Eichmann'schen Todesmaschine verliehene Macht missbraucht hatte. Aber sein Schicksal war die Banalität, im Tod wie im Leben. Er war schließlich nur ein zu hoch aufgestiegener Polizist, und er starb an einer Erkältung, die sich zur tödlichen Krankheit entwickelt hatte.

Viele Insassen im Lager Schulstraße feierten das Ende des Krieges dort, weil sie nicht wussten, wohin. Andere verteilten sich über die Stadt und trafen einige der letzten U-Boote wieder, die auch hier und da auftauchten. Schließlich sollten fast 1400 dieser Überlebenden gezählt werden. Zunächst bestand aber noch Gefahr vonseiten der kriegsmüden, höchst misstrauischen sowjetischen Soldaten, die Freund und Feind nicht voneinander unterscheiden konnten. Für sie war ein Deutscher ein Deutscher, denn die Juden waren tot. Das wusste selbst der schlichteste *Towarischtsch* von jenseits des Ural.

Manchmal entging ein Jude dem Erschießen – diesmal durch Freunde – nur knapp. In Charlottenburg gab es immer noch Scharmützel, deshalb waren die Straßen verlassen, als Gerhard Löwenthal, der dank seinem Onkel Max und dem Optiker von Holtzbrink überlebt hatte, zwei Eimer Wasser von einer Pumpe holte. Plötzlich stand eine sowjetische Patrouille vor ihm. Ein Offizier und zwei Soldaten richteten ihre Maschinenpistolen auf ihn und knurrten deutlich Drohungen. Löwenthal, blond und blauäugig, erschrak fürchterlich. Er schrie: »Nicht schießen! Ich bin Jude!« Natürlich glaubten ihm die Russen nicht. Löwenthal hätte genauso gut ein untergetauchter Nazi sein können.

Da begann Löwenthal das jüdische Glaubensbekenntnis zu sprechen: *»Schmah Jisrael, A-donaj E-lohenju, A-donaj Echad«* (»Höre, Israel, der Ewige ist unser Gott, der Ewige ist einzig«). Und er hatte Glück – der Russe war jüdisch! Sie fielen einander um den Hals.

In Liebenwalde in Brandenburg war Stella in ihrem Versteck immer noch überzeugt, dass ihr Märchenprinz Heino Meissl bald kommen und sie in Sicherheit bringen würde. Vor allem aber dachte sie an die Geburt ihres Kindes.

Normalerweise war Liebenwalde ein hübscher kleiner Marktflecken, ein 700 Jahre altes verschlafenes Nest mit einem gepflegten grünen Ortskern. Von seiner massiven Festung aus dem 13. Jahrhundert auf einer Anhöhe existierten nur noch Ruinen, aber im Norden und Osten des Städtchens gab es noch Schlösser inmitten riesiger Ländereien: die Spielplätze jener Oberschicht, die gern jagte oder Jagden ritt, mit kläffender Meute und Hörnerklang.

Der Lauf der deutschen Geschichte war rundherum sichtbar. Die

Adligen, die zunächst zu Pferde dort gejagt hatten, waren die Kurfürsten von Brandenburg gewesen. In Stellas Jugend aber war in Carinhall bei Eberswalde der fette Hermann Göring in samtenen Kniehosen und rotseidenen Strümpfen über den freiherrlichen Besitz stolziert. Er schwelgte dort in gestohlenen Kunstwerken – Dutzenden von Rembrandts, Cranachs, Raphaels – und genoss das 80 Hektar große Jagdrevier, zu dem noch ein privater Zoo afrikanischer Tiere gehörte.

Am 20. April waren vierundzwanzig Lastwagen der Luftwaffe, voll mit unbezahlbaren Schätzen, von Carinhall aufgebrochen. Ein Offizier der Pioniere meldete Göring, dass alles bereit sei. Der Feldmarschall schlenderte einen Weg entlang, beugte sich über einen Sprengzünder und jagte die gesamte Anlage in die Luft. Anschließend fuhr er nach Berlin, um Hitlers Geburtstag im »Führerbunker« mitzufeiern – wie Himmler und andere Vertraute.

Einen Tag danach flüchtete Göring nach Süden, und Himmler fuhr zu seinem Hauptquartier im Ziethenschloss, nördlich von Liebenwalde. Dort war der SS-Chef in eine verblüffende Vielfalt von Machenschaften gleichzeitig verwickelt: Er versuchte, Hitler auszutricksen und einen Separatfrieden mit dem Westen zu schließen; er nickte wohlwollend zu dem Versuch jüdischer Unterhändler aus Schweden, die letzten Überlebenden aus Konzentrationslagern zu retten, und er trieb seine Leute an, auf jeden Fall alle Juden zu vernichten.

Diese Landschaft, die Schorfheide, war der Logenplatz der Mächtigen in Deutschland gewesen, und hier erlebte Stella den Zusammenbruch der einen Welt und die Geburt der nächsten, der kommunistischen, mit.[25]

Als Stella von der freundlichen Hauswartin, Grete Moschner, in Liebenwalde untergebracht wurde, war die Stadt noch in deutscher Hand und ein einziges Chaos: fliehende Wehrmachtsoldaten, klapprige Lastwagen voller Verwundeter – die Straße von Eberswalde nach Neuruppin war fast verstopft von den Überresten des zusammengebrochenen Hitlerregimes.

Wenn Frau Moschner ein bisschen weiter südwestlich Zuflucht gesucht hätte, hätten sie und Stella noch Zeugen einer letzten, fürchterlichen Tragödie werden können: Der Todesmarsch von 33 000 fast verhungerten Gefangenen aus dem Konzentrationslager Sachsenhausen hatte zum Teil nur fünfzehn Kilometer von Liebenwalde entfernt vorbeigeführt. Himmler hatte seinen letzten sinnlosen Befehl gegeben. (Stella sollte Sachsenhausen bald selbst als Gefangene kennenlernen.)

Himmler hatte die menschlichen Beweise der NS-Verbrechen säuberlich beseitigen wollen. »Sie sollen mit uns untergehen!«, sagte er zu Vertrauten. »Das ist der klare und logische Befehl des Führers, und ich werde dafür sorgen, dass er gründlich und peinlich genau durchgeführt wird.«

Aber es war zu spät. Wenn Himmler Glück hatte, waren die Gefangenen aus dem Konzentrationslager den Russen gerade einen Tag voraus. Sie zogen nach Nordwesten, auf die Ostsee zu. Es war keine Zeit mehr, so viele Menschen in einem der straff organisierten Massenmorde umzubringen. Für Tausende brachte der Marsch den Tod auf der Straße.

SS-Männer hatten die Gefangenen in mehrere Gruppen aufgeteilt; einige von ihnen hatten noch etwas zu essen bekommen, die meisten nicht mehr. Die SS war in Eile. Ein älterer Pole, der vor Henry Orenstein lief, stolperte und verstauchte sich das Fußgelenk. Da er nicht auftreten konnte, wurde er von einer Wache an den Straßenrand gewinkt.

»Ihm wurde klar, dass er getötet werden sollte; er fiel auf die Knie und faltete bittend die Hände«, erinnerte sich Orenstein. »Der SS-Mann hatte sein Gewehr einen halben Meter vom Kopf des Mannes entfernt, als er schoss. Der Pole kippte um und lag still am Boden.«

Noch immer war Organisation alles. »Die SS-Männer am Schluss der Marschkolonne suchten regelrecht nach Nachzüglern und erschossen sie auf der Stelle, als sei das das Normalste von der Welt«, schrieb Orenstein. »Ihre Gesichter waren leer. Es war weder Hass darin, noch Mitleid; sie hatten nur eine Aufgabe zu erledigen.«

Die Zahl der Toten stieg; immer mehr Gefangene brachen vor Erschöpfung zusammen oder weil sie Ruhr hatten; außer Wurzeln und Gras hatten sie nichts zu essen gehabt. »In unserer Gruppe wurden innerhalb von zwei Tagen mindestens 700 erschossen«, berichtete Orenstein. »Wir sahen weitere Hunderte von Leichen aus Gruppen vor uns neben der Straße liegen. Die Landschaft war sehr schön, sie stand in voller Frühlingsblüte. Das Missverhältnis zwischen der Natur um uns herum und der Ermordung unschuldiger Menschen war kaum zu fassen.«

Auf der Straße nach Wittstock konnte ein Vertreter vom Internationalen Roten Kreuz mit einigen der Marschierenden sprechen. »Die Gefangenen fielen weinend auf die Knie, streckten die Arme aus und baten mich, sie nicht sterben zu lassen«, berichtete er. Er hatte nur für wenige von ihnen ein Lebensmittelpäckchen und konnte nur ein paar in seinem Wagen mitnehmen. Nie traf der Satz »Zu wenig zu spät« mehr zu.

»Am Morgen des 22. April fanden wir auf einer Strecke von sieben Kilometern zwischen Löwenberg und Lindow die ersten zwanzig am Straßenrand erschossenen Gefangenen«, hieß es in einem anderen Bericht an das Rote Kreuz. »Jeder hatte eine Kugel im Kopf. Je weiter wir kamen, desto größer wurde die Zahl der Erschossenen an Straßenrändern oder in Gräben... Manche waren in Lagerfeuer geworfen worden und halb verbrannt... Wir sahen mehrere hundert auf dem Weg... Einige der Befehlshaber versuchten uns einzureden, dass sie den erschöpften und kranken Gefangenen einen Gefallen getan hätten, als sie sie erschossen und ihnen weitere Leiden ersparten.«

Wolfgang Szepansky, der auch von Sachsenhausen aus hatte marschieren müssen, sah viele Leichen um die Bauernhöfe herum, besonders in der Nähe von alten Kartoffelmieten, wo die SS die verzweifelt nach Nahrung Suchenden erschossen hatte.

»Immer mehr fielen vor Hunger um«, schrieb Szepansky. »Immer häufiger knallten Schüsse... Der 1. Mai 1945 zeigt uns noch seine kalte Schulter. Er schickte uns ein wüstes Schneegestöber! In der Ferne, aber deutlich genug, rollte der Kanonendonner! In unseren Ohren war es das Klingen der Glocken...«

Es war eine Ironie des Schicksals, dass einer der schändlichsten unter den hochrangigen nationalsozialistischen Verbrechern gleichzeitig und auf der gleichen Strecke vor den Russen floh: Rudolf Höß, 45, einst Adjutant des Kommandanten von Sachsenhausen und danach als Kommandant von Auschwitz für den Tod von wahrscheinlich 1,3 Millionen Juden verantwortlich (nach einer unfassbaren Schätzung Eichmanns). Jetzt war er mit Befehlen von Himmler persönlich nach Sachsenhausen zurückgekehrt. Er sollte den Auszug der Gefangenen aus allen noch existierenden Lagern leiten. Krampfhaft hatte er versucht, Himmlers (und seine eigenen) Spuren zu verwischen, indem er von seinem alten Lager aus Befehle in nicht mehr zuverlässige Telefone brüllte.

In der letzten Aprilwoche flüchtete er nun selbst mit seiner Familie durch die Nacht nach Nordwesten, fort von Berlin, in einer Kolonne von SS-Lastwagen auf dem Rückzug. Sie fuhren ohne Licht, immer wieder aufgehalten durch Matsch und den Verkehr, für den Höß und seinesgleichen verantwortlich waren. Alle waren sie unterwegs: geschlagene Soldaten, Deserteure, fliehende Zivilisten, alliierte Kriegsgefangene und die restlichen Juden aus den Lagern mit ihren Bewachern; so war jeder Fluchtweg in Richtung Westen verstopft.

Berlin im April stand natürlich im Brennpunkt der Weltgeschichte. Wann würde die Stadt fallen? Was würde von ihr übrigbleiben? Und, noch spannender: Würde Hitler tot sein oder leben und als größter Kriegsverbrecher seit Dschingis-Khan vor Gericht gestellt werden können?

Besonders heftige Gefechte gab es zum Schluss noch in dem Revier der Privilegierten nördlich von Berlin, fast in Hörweite von Liebenwalde.

Hitler hatte seine letzte Hoffnung auf einen obskuren SS-General gesetzt, Felix Steiner. Im Gegensatz zu den meisten seiner Kollegen von der Waffen-SS kam er aus der Wehrmacht, und er stand in dem Ruf, kompetent zu sein und einen kühlen Kopf zu bewahren. Hitler hatte ihn mit einer Serie von Befehlen bombardiert, er sollte seine Heeresgruppe aus dem Norden Berlins nach Süden verlegen und die Hauptstadt – und den »Führer« – retten.

Mit zitternden Händen und nervösem Kopfrucken spähte Hitler durch sein Vergrößerungsglas, stieß den Finger auf die Karte und murmelte »Steiner! Steiner!« – so hatte es seine Entourage in Erinnerung.

Steiner war gar nicht in der Lage, den »Führer« zu befreien. Seine »Heeresgruppe« gab es nicht; seine Truppen standen einem mehr als zehnmal so starken Feind gegenüber und waren überwiegend nutzlos. Sie waren nur noch ein »zusammengewürfelter Haufen«, zu dem auch Seeleute und Angehörige der Luftwaffe gehörten, die noch nie ein Gewehr abgefeuert hatten. Ohnehin war kaum noch Munition vorhanden.

In seinem Feldhauptquartier bei Nassenheide, wenige Kilometer von Liebenwalde entfernt, bot Steiner seinem Vorgesetzten, General Alfred Jodl, die Stirn. Einst hatte Hitler Jodl triumphierend gefragt: »Jodl, brennt Paris?« Nun war Jodl gezwungen, Steiner zu bitten, Berlin zu retten. Steiner war nicht zu einem Versuch bereit.

Wenige Stunden später kam Jodls Vorgesetzter, Feldmarschall Wilhelm Keitel, nach Nassenheide und wiederholte die demütigende Bitte. Steiner antwortete: »Nein, das werde ich nicht tun. Ein Angriff wäre Unsinn – Mord!«

Hitler wurde informiert. Das Schicksal der Hauptstadt war schon lange besiegelt. Nun wusste es auch der »Führer«.

Ein oder zwei Tage danach entdeckte Höß, der nur langsam nach Nordwesten vorankam, in Wismar eine vertraute Gestalt. Ein hochrangiger Flüchtling – jetzt in der Rolle eines Verkehrspolizisten: Keitel![26] Der Marschall hastete durch die Straßen und versuchte persönlich, Engpässe zu beseitigen und flüchtige Wehrmachtsoldaten zu letzten Verteidigungsanstrengungen zu veranlassen.

Am 30. April erfuhr Höß, der immer noch unterwegs war, auf einem Bauernhof am Wege aus dem Radio, dass seine Welt in Rauch aufgegangen war. Der »Führer« und seine Frau für einen Tag, Eva Braun, hatten in den Privaträumen im »Führerbunker« Selbstmord begangen. Eva Braun nahm Gift. Hitler zerbiss eine Zyankalikapsel und schoss sich dann eine Kugel aus seiner Walther-Pistole in den Kopf. Beide wurden, wie er es befohlen hatte, auf dem Pflaster vor dem Bunker verbrannt.

Liebenwalde war nicht die ländliche Zuflucht, die Stella sich erhofft hatte. Die Stadt war seit Wochen in Erregung, wie so viele Ortschaften, besonders aber die im Osten, die in die Gewalt der rachedurstigen Russen geraten würden. Viele der Männer flüchteten mit einem Teil ihrer Habe auf Pferdewagen nach Westen; ihre Frauen und Kinder ließen einige von ihnen zurück, um sie nicht den allgegenwärtigen Tieffliegern und ihrem Beschuss auszusetzen. Von den mehr als 3000 Bewohnern waren nur ein paar hundert verängstigt zurückgeblieben.

Selbst die einzige freundliche Geste, die die Zivilisten den von Hunger geplagten Wehrmachtsoldaten bieten konnten, die sich durch den Ort schleppten, hatte böse Folgen. Es gab nichts zu essen außer rohem Rhabarber von den Feldern, den die Soldaten so hungrig verzehrten, dass sie davon Durchfall bekamen.

SS-Männer verteilten Munition an die restlichen Volkssturmmänner und ermahnten sie, mit jedem Schuss sparsam umzugehen, »als wäre es Ihr letztes Stück Brot«. Nachdem sie die beiden Brücken gesprengt hatten, die Liebenwalde mit der Welt verbanden, flohen sie nach Westen, geführt von dem Ortsgruppenleiter. Liebenwalde blieb in der Obhut eines fanatischen Volkssturmmannes namens Fritsche.

Als die Russen nur noch wenige Kilometer von der Stadt entfernt waren, versammelten sich die Bewohner vor dem Rathaus; ein kollektiver Überlebensinstinkt trieb sie zu ihrer eigenen Verblüffung zu demokratischem Handeln, wie sie es seit den frühen dreißiger Jahren nicht mehr gewohnt waren. Fritsche brüllte, Frauen und Kinder sollten sofort aufbrechen, der Ort würde demnächst unter Artilleriebeschuss geraten und sein Volkssturm würde im Kampf gegen die Russen fallen.

Murren in der Menge bewies hörbar, dass die Leute nicht an sinnlosem Heroismus auf ihre Kosten interessiert waren. Jemand rief: »Wer wagt eine weiße Fahne zu hissen?« Ein Mann aus dem Volkssturm, Gerhard Schröder, der für die Kurmark-Munitionsfabrik gearbeitet hatte und sich an dem Morgen mit ein paar Schnäpsen gestärkt und gestählt hatte, hob die Hand. Die Dorfhelferin, Frau Müller, rief: »Ich mache mit!«

Zusammen bestiegen sie den Kirchturm, holten die schwarze SS-Fahne mit dem Totenkopf herunter und zogen ein weißes Bettlaken zum Zeichen ihrer Unterwerfung auf. Fritsche ging nach Hause und erschoss kurz darauf seine Frau und sich.

Als die Russen den Ort erreichten, hatte sich Wolfgang Linde, 26, spontan zu einer eigenen Initiative entschlossen: Um die Sägemühle seines Vaters zu schützen, zog er ebenfalls eine behelfsmäßige weiße Fahne auf, begrüßte die Eroberer persönlich und führte sie in die Stadt.

Einige Geschosse erreichten Liebenwalde dennoch – die Spuren waren fast ein halbes Jahrhundert danach noch zu sehen –, aber es wurde nie geklärt, ob sie der Stadt oder fliehenden deutschen Soldaten gegolten hatten. Dank der Versammlung vor dem Rathaus, den

Emissären Schröder und Müller und der zusätzlichen Bemühung Lindes wurde das Leben der Einwohner nicht weiter bedroht.

Das Schlimmste stand allerdings noch bevor.

Sobald die Russen da waren, begann eine Welle von Vergewaltigungen, die schließlich fast jedes weibliche Wesen trafen, von Kindern bis zu Großmüttern. Manche wurden auf dem Weg zum Friedhof in eine Scheune hinter dem Krankenhaus gezerrt, aber die meisten wurden von den (gewöhnlich betrunkenen) Soldaten angefallen, die einfach in die Wohnungen eindrangen, als suchten sie nach Souvenirs. Grete Moschner in dem Häuschen Seestraße 6 gehörte zu ihren Opfern, während sich Stella verstecken konnte. Das nahe Schreien ließ sie hinter einer Wand, deren Tür nicht zu sehen war, zittern, aber sie blieb unversehrt.

Es war kaum Zeit, die ebenfalls hier wohnenden Kinder nach draußen zu scheuchen, als ein Dutzend Russen hereinstürmten, die nach versteckten Soldaten der Wehrmacht suchten, dann Wodka und schließlich Frauen forderten. Den Eierlikör, der als einziger Alkohol vorhanden war, lehnten sie als zu süß ab, und Ungestörtheit war zum Sex nicht nötig. Manchmal stellten sie sich regelrecht an und fielen nacheinander über dasselbe Opfer her.

Die erschreckende Vergewaltigungswelle war so etwas wie eine kollektive Bestrafung, einerseits in höchstem Maß persönlicher Art und andererseits unpersönlich insofern, als die Angreifer nur zwei Bedingungen stellten, alles andere war ihnen gleichgültig: dass die Opfer weiblich und Deutsche waren. So wie es Stella und Eichmann gereicht hatte zu wissen, dass ihre Opfer jüdisch waren.[27]

Der Grund für diese »Epidemie« war ebenfalls allgemeingültig. Jeder Sowjetsoldat wusste, dass die Deutschen in seinem Land zwanzig Millionen Menschen getötet hatten, dass sie Hunderte von Dörfern niedergebrannt und Millionen von Juden, Polen, russischen Zivilisten und Kriegsgefangenen ermordet hatten. Offizielle Verführer (unter anderen Ilja Ehrenburg) drängten Stalins Männer, alle Skrupel beiseite zu schieben und als Rächer ohne Erbarmen aufzutreten.

»Tötet! Tötet!«, forderte eins der Flugblätter. »Wendet Gewalt an und brecht den Rassenstolz dieser germanischen Frauen. Nehmt sie als Euch zustehende Beute...« *Frau, komm!* wurde der allgemein verstandene Befehl.

Das Wüten ging nicht endlos weiter. In Berlin dauerte es mehrere Wochen; in Provinzorten wie Liebenwalde war es nach ein paar Tagen vorbei. Täter wurden dann von ihren Vorgesetzten bestraft. Ehrenburg war zum Schweigen gebracht.

Als der Terror in Liebenwalde nachgelassen hatte, beruhigte sich Stella und begann, auf Heino Meissl zu warten. Es kam keine Nachricht von ihm. Post, Bahn und Telefondienst waren zusammengebrochen. Alle deutschen Rundfunkstationen schwiegen.

Beunruhigt, aber immer noch auf Absolution mit Meissls Hilfe (und Befreiung von der provinziellen Langeweile in Liebenwalde) hoffend, versuchte Stella, eine Entscheidung zu erzwingen. Im Juni – sie war im fünften Monat schwanger – ging sie allein die fast fünfunddreißig Kilometer nach Berlin. Sie brauchte einen ganzen Tag dazu. Die Vergewaltigungen hatten nachgelassen, zum Teil auch, weil die Streitkräfte der westlichen Alliierten bald in Berlin erwartet wurden. Die Wälder am Wege waren menschenleer. Stella hoffte, dass einerseits Rattenschwänze, kindliche Kleider und ein zufälliger Ausbruch von Pickeln sie schützen würden, weil sie jung und armselig aussah, und andererseits ihr Bauch Soldaten von ihr fernhalten würde.

Bei Hertha und Georg Eichelhardt hörte sie nur unangenehme Nachrichten. Heino Meissl war nach München zu seiner Mutter gegangen. (Es gab kaum Verbindungen nach Bayern, aber auch später hörte man nichts von ihm.) Und was schlimmer war: Die sowjetischen Behörden hatten nach Stella gefragt. Man suchte inzwischen nach NS-Kriegsverbrechern. Juden, die aus dem Untergrund aufgetaucht waren oder in kleinen Gruppen aus dem Osten heimkehrten, hatten offensichtlich keine Zeit vergeudet und sich auf die Suche nach dem »blonden Gespenst« gemacht.

Stella eilte nach Liebenwalde zurück. Im Oktober wurde ihre Tochter geboren und Yvonne Meissl getauft. Aber fliehen konnten Mutter und Tochter nicht.

Eine von Frau Moschners Bekannten hatte sich mit der Dorfhelferin, der beherzten Frau Müller, unterhalten und enthüllt, dass Stella Jüdin war und gesagt haben sollte, die GPU (zu der der NKWD gehörte) sei schlimmer als die Gestapo.

Frau Müller meldete das der Liebenwalder Polizei. Die führte Stella in Handschellen ab, was die Kinder der Seestraße interessiert beobachteten. Schließlich gelang es Stella, die Polizisten davon zu überzeugen, dass sie eine Verfolgte sei, ein Opfer der Nazis, eine glücklose ehemalige Gefangene des Lagers Schulstraße. Aber ihr Kind konnte sie nicht behalten.

Frau Müller erschien in Grete Moschners Haus, holte die kleine Yvonne und brachte sie ins Krankenhaus von Liebenwalde. Ein paar Tage später bekam Alice Safirstein, Kinderschwester im Jüdischen Krankenhaus, den Auftrag, den Säugling nach Berlin zu holen.

Alice Safirstein hatte Stella nie gesehen und traf sie auch in Liebenwalde nicht. Aber sie wusste genau, wer Stella war, und sah ihren Auftrag als konstruktiven Dienst an. Das arme Kind verdiente etwas Besseres als Stella. Es war etwa vier Monate alt, ein süßes Kind, hübsch angezogen und gepflegt. Es schlief die meiste Zeit auf dem Weg nach Berlin.

»Ich fand, sie müsste ein neues Leben anfangen können und nicht unter den Sünden ihrer Mutter leiden. Ich hörte, dass sie nach Israel gebracht werden sollte«, erinnerte sich Alice Safirstein.

Für Stella war der Verlust ihres Babys eine große Qual. Frau Müller hatte ihr das Kind mit Gewalt aus den Armen reißen müssen. Stella hatte geschrien und gekämpft und geweint; sie war untröstlich – wie die Mütter, denen man in den Todeslagern ihre Kinder weggenommen hatte.

Stella war für die Polizei von Liebenwalde eine Belastung. Sie wären sie gern los gewesen. Was tun? Sie war Jüdin, und mit Juden hatten sie keine Erfahrung. Die Behörden konnten nur ahnen, dass die Misshandlung unter den Nazis jetzt in der neuen demokratischen Atmosphäre Schuldgefühlen und Respekt Platz gemacht hatte. Sie mussten aufpassen. Stella bestärkte sie in ihrer Vorsicht, indem sie darauf beharrte, sie sei jahrelang verfolgt worden, und nun habe man ihr rechtswidrig ihr Kind weggenommen. Sie wollte nach Berlin zurück und um Yvonne und um ihren legalen Status als Opfer kämpfen.

Die Polizisten kannten nur Gerüchte über Stellas Verbrechen, keine Fakten, und Beweise hatten sie schon gar nicht. Berlin schien das geeignete Ziel für diese Gefangene. Aber ach, sie hatten kein Benzin. Wer mochte in dieser katastrophalen Zeit Benzin besitzen? Die Berliner Jüdische Gemeinde konnte eine mögliche Quelle sein. Ein Anruf dort bewirkte tatsächlich, dass ein Bote kostbare 20 Liter brachte.

Stella war sich darüber im Klaren, dass sie in Berlin auf heftigen Widerstand stoßen würde. Sie konnte nicht ahnen, dass ihr fast drei Jahrzehnte bitteren Existenzkampfes bevorstanden.

Nach ihrem Besuch bei der Jüdischen Gemeinde und dem erzwungenen Haarschnitt wurde Stella der städtischen Polizei übergeben. Im Polizeigefängnis Alexanderplatz wurde sie von Jean Blomé persönlich, dem Chef der Kriminalpolizei, verhört und dann dem einzigen im Bereich des Polizeipräsidiums funktionierenden juristischen System überlassen: den Militärtribunalen, die für die eifrige sowjetische Besatzungsmacht tätig waren.

Stella hat aus ihrem »Prozess« nur noch einen nebelhaften Eindruck von dem Gerichtssaal, der leer war bis auf drei uniformierte Richter unter einem riesigen Plakat. Sie verstand kein Wort, denn es wurde nur Russisch gesprochen. Es spielte keine Rolle, innerhalb von Minuten war ohnehin alles vorüber. Sie wurde für schuldig befunden und zu zehn Jahren Zwangsarbeit in sowjetischen Lagern verurteilt. Dieses Urteil bestärkte sie in ihrer Selbsteinschätzung als Opfer der »Konzentrationslager«.

Wie so oft bei Stella war auch dies nicht völlig falsch. Die Russen betrieben bis weit in die fünfziger Jahre hinein zehn Gefangenenlager für Deutsche – an denselben Orten, die bereits durch die Nazis berüchtigt waren. Die Lebensbedingungen waren schrecklich. Es gab keine Folter mehr, aber im Übrigen waren die Unterschiede zwischen den nationalsozialistischen und den sowjetischen Bewachern nicht sehr groß. Ende 1990 gab das sowjetische Innenministerium den Tod von 42 889 dieser Gefangenen zu, die an Krankheiten, meist Tuberkulose, gestorben waren; dazu kamen 766, die nach Todesurteilen von sowjetischen Militärgerichten hingerichtet worden waren.

»Die Verluste sind wahrhaftig traurig«, hieß es in einer vom sowjetischen Außenministerium herausgegebenen Erklärung. »Sie können jedoch nicht mit den Millionen von Toten im sowjetischen Volk verglichen werden, die ohne alle Verhöre oder Verhandlungen von der Hand der Nationalsozialisten sterben mussten.« Das war die Rache.

Stella verbrachte zwei Jahre in Sachsenhausen und acht Jahre zunächst in Torgau, dann in der verrufenen Festung Hoheneck und schließlich im Waldheim-Krankenhaus. Weibliche Mitgefangene bezeichneten ihr Verhalten im Allgemeinen als kameradschaftlich, aber manche waren auch kritisch, vielleicht weil ihre Berühmtheit als Verräterin der Berliner Juden lebendig blieb.

»Sie hatte den Ruf, ein Spitzel zu sein«, erinnerte sich eine Hoheneck-Gefangene aus Berlin, Eva Fischer. »Sie freundete sich mit Bewacherinnen an. Einmal machten wir einen achttägigen Hungerstreik, und sie kamen und fragten sie, wer die Anführerinnen wären.« Eva Fischer war sich nicht sicher, dass Stella »gesungen« hatte, aber sie blieb wachsam. »Ich hab mich von ihr ferngehalten«, sagte sie.

Stella erkrankte an Tbc und hatte sich kaum erholt, als sie aus dem deutschen Gefängniskrankenhaus entlassen wurde. Sie betrachtete sich jetzt als Opfer nicht nur der Russen, sondern auch »der Juden«. Sie hatte die Juden schon vorher gehasst, jetzt erfüllte sie der Widerwille ganz und gar. In ihrer Jugend hatte Hitler immer wiederholt: »Die Juden sind unser Unglück!« Jedenfalls waren sie *ihr* Unglück gewesen. Sie waren Verschwörer, Kidnapper, es war unsäglich. Warum sollte sie Schuldgefühle haben? Sie hatte nur überleben wollen.

Als Stella ein Jahr nach ihrer Entlassung aus Lagern und Krankenhaus zu ihrem zweiten Prozess, diesmal in West-Berlin, den Gerichtssaal betrat, war kein Anzeichen von schlechter Gesundheit mehr zu sehen. Sie hatte eine robuste Konstitution und konnte jede Menge Entschlossenheit mobilisieren. Mochten andere Leute der Tbc oder der Gestapo oder den Kommunisten oder – wie der einst so mächtige Dobberke – einer albernen Infektion zum Opfer fallen, die sonst nur Kleinkindern gefährlich wurde.

1 Erst am 31. August 1944 schloss Goebbels die Oper als zu große Verschwendung in einem totalen Krieg.

2 Der Ausdruck »Greifer« stammte aus der jüdischen Gerüchteküche und wurde über den »Mundfunk« verbreitet. In Österreich wurden die Fänger als »Häscher« bezeichnet. Jüdische Kollaborateure waren in einer lockeren Hierarchie geordnet. Zu den »Ordnern« und den Leuten von der »Jupo« (Judenpolizei) kamen die »Fahnder« und »Spitzel«. Über den Greifern rangierten die aggressivsten Gestapo-Kollaborateure außerhalb der Vernichtungslager, die »Kapos« der Konzentrationslager. Woher »Kapo« kommt; steht nicht fest. Manche Wissenschaftler bringen es mit dem italienischen *Capo* (Chef) in Verbindung. Andere führen es auf »Kameradschaftspolizei« zurück und meinen, der Ausdruck sei unter Gefangenen entstanden.

3 Der Überlebensvorteil hielt oft nicht lange. Fast alle Greifer wurden zur Beseitigung von Beweisen umgebracht, wie die »Raben des Krematoriums« in den Lagern. Nach dem Krieg wurden ein paar vor Gericht gestellt, kamen aber mit überraschend milden Urteilen davon.

4 Andere berüchtigte Örtlichkeiten »arbeiteten« auf höherer Ebene, doch Juden standen selten hoch genug, um dahin gebracht zu werden. An der Kurfürstenstraße 116 war in einem großen, gedrungenen Komplex, einer ehemaligen jüdischen Freimaurerloge, Eichmanns »Judenreferat« untergebracht. Es war ein Labyrinth aus marmornen Treppenhäusern und riesigen Räumen. Eichmann klagte: »Man konnte sich nichts Ungeeigneteres für eine Behörde vorstellen.« Das nationale Gestapo-Hauptquartier in der Prinz-Albrecht-Straße 8 war weniger spezialisiert. Dort wurden routinemäßig »Politische« unter Folter verhört. Relativ normale Polizeioperationen wurden vom »Alex« aus durchgeführt, dem siebenstöckigen roten Backsteinklotz am Alexanderplatz. Chef war dort ein leichtfertiger Aristokrat, der Kriegsheld und Schwadroneur Wolf Graf von Helldorf, Parteigenosse seit 1925, als es die Partei noch kaum gab. Er zog Pässe von Juden ein und verkaufte sie dann wieder für 250 000 Mark, oft an die Besitzer. Ein Ideologe war er nicht; 1944 schloss er sich den Verschwörern vom 20. Juli an und wurde am 15. August gehängt.

5 »Die Burgstraße« wurde bald darauf bei einem Luftangriff zerstört. Etwa gleichzeitig starb ihr ehemaliger Leiter, Hauptsturmführer Franz Wilhelm Prüfer, ein Mini-Eichmann, der in Zimmer 306 Hof gehalten hatte, bei einem anderen Bombenangriff. Zu der Zeit war er selbst Gefangener: ihm wurde Unterschlagung vorgeworfen.

6 Jean Améry gehörte zu den späten Opfern: Er beging 1978 Selbstmord. Seine Bemerkungen über die Folter sind nach Primo Levi zitiert (in *Die Untergegangenen und die Geretteten*), der ihm in Auschwitz begegnete.

7 Die schutzlose Berliner Zivilbevölkerung gewann einen kaum glaublichen Pyrrhussieg über ihre Peiniger in der Luft, denn die Angst ließ die »Kampfmoral« steigen. Sie veranlasste die Berliner, noch härter zu arbeiten. Obwohl die Einwohnerschaft gegen Ende des Krieges von 4,3 auf 2,3 Millionen gesunken war, erreichte 1944 die Produktivität in den noch existierenden Rüstungsbetrieben einen bis dahin unerreichten Rekord.

8 1992 räumte Abrahamson, der vierzig Jahre zuvor wegen »Verbrechens gegen die Menschlichkeit« verurteilt worden war, mir gegenüber ein, dass er häufig mit Stella als Kollegin zu tun gehabt habe, bestritt aber, dass er jemals direkt mit ihr zusammengearbeitet habe. Denkbar wäre es, dass zwei Abrahamsons zur gleichen Zeit am gleichen Ort für die Gestapo gearbeitet hätten. Aber die Umstände machen das unwahrscheinlich. In dem Nachkriegsverfahren gegen Abrahamson sagte dieser aus, dass ihn Dobberke mit einem jungen Kollaborateur namens Gottschalk zusammengespannt hätte.

9 »Phobische Reaktionen auf Situationen, die Erinnerungen wachrufen«, diese Standardsymptome stehen in der medizinischen Literatur für die als posttraumatisches Stresssyndrom bekannten Zustände.

10 Der so tüchtige Jurist überlebte nicht. Er wurde schließlich mit seiner Frau und zwei Kindern nach Theresienstadt deportiert, wo er sehr aufgeregt bei Dr. Freund erschien und um sein Leben bat. Er war Informant der Gestapo gewesen und hatte so hässlichen Verrat begangen wie nur irgendein Greifer. Er nahm von Juden Geld für falsche Papiere, und wenn die Klienten kamen, um sie abzuholen, wartete die Gestapo auf sie. In Theresienstadt wurde er prompt vor das Ghettogericht gebracht. Dr. Freund sagte für ihn aus, aber das Tribunal der Gefangenen verurteilte ihn und seine Familie zu sofortiger Deportation nach Auschwitz und somit zum Tod.

11 Die Flucht aus dem Zug nach Auschwitz war zwar selten, kam aber vor. Manchmal wagte ein Draufgänger sie auch allein. Ismar Reich und Isaak Behar retteten sich so.

12 Alle drei wurden schließlich nach Theresienstadt deportiert, wo nur der junge Klaus überlebte.

13 Von 1969 bis 1987 leitete Gerhard Löwenthal das ZDF-Magazin.

14 Nach Fania Fénelons Memoiren *Sursis pour l'Orchestre* (»Das Mädchenorchester in Auschwitz«, Frankfurt 1980) schrieb Arthur Miller ein Drehbuch für einen Film mit Vanessa Redgrave.

15 Ungewissheit über das Ziel der Züge wurde von den Nazis gefördert, und das nicht immer zu Unrecht. Neben einigen Transporten in neutrale Länder gingen auch einige in Arbeitslager in Deutschland und in andere Konzentrationslager, wie Bergen-Belsen, wo es keine Vergasungsanlagen gab.

16 Alles in allem wurden 50 535 Berliner deportiert, 35 738 nach Auschwitz, die anderen überwiegend nach Theresienstadt. Die Transporte nach Auschwitz waren 1944 so zusammengeschmolzen, dass nur noch jeweils dreißig bis vierzig Menschen deportiert wurden, aber sie hörten nicht auf, bis am 5. Januar 1945 der 62. und letzte Zug nach Auschwitz abging. Der letzte Zug nach Theresienstadt verließ mit 117 Deportierten Berlin am 27. März, gut einen Monat bevor die Sowjets die Hauptstadt eroberten. Obwohl überhaupt kaum noch Züge verkehrten, rollte Eichmanns Fracht weiter – nach Goebbels' Slogan »Räder müssen rollen für den Sieg!«

17 Blau, ehemals Verleger der wissenschaftlichen *Zeitschrift für Demographie und Statistik der Juden*, war einer der letzten Patienten des Röntgenologen. Dieser hatte zusammen mit seiner Assistentin einen Gewaltmarsch zur Schweizer Grenze fast hinter sich gebracht. Im letzten Augenblick merkte er, dass seine Begleiterin zurückgeblieben war. Er kehrte um, und die zwei wurden festgenommen. Sie wurden ins Krankenhaus zurückgebracht, wo beide Gift nahmen.

18 Solche Ausnahmen waren unsicher. Ein Gefangener in Dr. Dr. Lustigs Krankenhaus, in einer »Mischehe« der jüdische Partner, war Dr. Arthur Eichengrün, ein Chemiker, der berühmt geworden war, weil er für die Entwicklung des Aspirin für Bayer verantwortlich war. Sein »Verbrechen« bestand darin, dass er den offiziell vorgeschriebenen zweiten Vornamen Israel weggelassen hatte, als er sein Aspirin zum Patent anmeldete. Dabei füllte er die Anmeldung zugunsten seiner Firma aus, nicht für sich selbst.

19 Immerhin gab es im Jüdischen Krankenhaus noch Galgenhumor, selbst den gefürchteten Oberregierungsrat Dr. Dr. Lustig betreffend, der *Oberlustrat Gierig* genannt wurde.

20 1988 organisierten Krankenschwestern vom Berliner Jüdischen Krankenhaus in New Jersey ein Ehemaligentreffen, und Schwester Elli, die in New York wohnte, kam auch. Ihre Kolleginnen waren sich noch immer nicht über sie im Klaren, und einige sprachen nicht mit ihr. Aber niemand forderte sie zum Gehen auf.

21 Für diese Information danke ich dem unermüdlichen Klaus J. Herrmann, Professor für politische Wissenschaften an der Concordia University in Montreal, Kanada. Er hat sowjetische Diplomaten und Rot-Kreuz-Beauftragte überredet, ihm mitzuteilen, was selbst die deutsche Polizei und die Gerichte nicht herausbekamen. Dass Lustig von der Sowjetarmee umgebracht worden ist, wurde nie bezweifelt. Hildegard Henschel, die Frau des früheren Vorsitzenden der Jüdischen Gemeinde, sagte: »Wenn die das nicht erledigt hätten, hätten die überlebenden Juden all diejenigen rächen müssen, für deren Tod er verantwortlich war.«

22 Dieser Deckname – eine Anspielung auf Mozarts Oper *Die Entführung aus dem Serail* – war eine Irreführung. Die Nazis waren glücklich, wenn sie Berlin lebend verlassen konnten, und der Führerbunker war kaum als Harem zu bezeichnen.

23 Dobberkes Tat war für einen Gestapo-Mann wahrscheinlich einzigartig, aber Entlassungen auf eigene Verantwortung gab es. Im Westen ließ der Leutnant der Wehrmacht Jean Reiffenberg die Männer seiner Volkssturmabteilung den Safe eines geflohenen Gauleiters mit einer Panzerfaust aufbrechen. Wie Reiffenberg gehofft hatte, enthielt er einen Stapel Entlassungsformulare. Er setzte sich sofort hin, füllte für jeden seiner Männer eins aus, stempelte sie und schickte alle nach Hause. So waren sie nicht desertiert. Ordnung musste sein. Reiffenberg freute sich noch, als er mir in den fünfziger Jahren davon berichtete; er war inzwischen Washingtoner Korrespondent der *Frankfurter Allgemeinen Zeitung*.

24 Für die Einzelheiten über die Verhaftung Dobberkes danke ich Sophie Caplan, einer alten Freundin von Bulli und Assistentin eines Historikers, der mir ebenfalls sehr geholfen hat: Es ist Konrad Kwiet, ein ehemaliger Berliner im Stab der *Special Investigation Unit (for war crimes) of the Australian Attorney General's Department.*

25 Diese Gegend blieb die Spielwiese immer neuer Eliten. Auf die Russen folgten die Großen der DDR. SED-Chef Erich Honecker, streng, aber nicht proletarisch, zog sich gern in sein Landschloss Hubertusstock am Werbellinsee zurück; dorthin lud er andere Staatsoberhäupter ein und veranstaltete veritable Massaker unter dem Rotwild.

26 Keitel, seit 1938 Chef des Oberkommandos der Wehrmacht, war für den Nacht-und-Nebel-Erlass von 1941 verantwortlich, der es erlaubte, als »Sicherheitsrisiko« eingestufte Personen kurzerhand aufzugreifen und spurlos verschwinden zu lassen. Er wurde bei seinem Prozess in Nürnberg zum Tode verurteilt und am 16. Oktober 1946 gehängt. – Höß wurde den polnischen Behörden ausgeliefert und am 16. April 1947 in Auschwitz vor dem Haus, in dem er mit seiner Familie gewohnt hatte, gehängt.

27 1948 gab der Regierende Bürgermeister Ernst Reuter als niedrigstmögliche Zahl von Vergewaltigungen in Berlin 90000 an. Diese Zahl stammte aus medizinischen Unterlagen und schloss die vielen ungemeldeten Fälle nicht ein.

BUCH VIER

Die Folgezeit

---

21. Stella

Im Winter 1945/46 war ich für die US-Army in Berlin, aber ich empfand die Rückkehr in meine Heimatstadt als unerfreulich. Gefühlsmäßig jedenfalls. Genau genommen war »Heimatstadt« eine unpassende Bezeichnung. Wenn Deutsche mich in der Uniform eines amerikanischen Sergeant sahen, meinen Berliner Dialekt hörten und fragten, »Sind Sie Berliner?«, dann konnte ich nur die Achseln zucken. Sicher, ich war zufällig in Berlin geboren. Aber zu Hause war ich dort schon lange nicht mehr. Mein Zuhause war in der Wohnung meiner Mutter, über einem Pferdestall, in 240 East Twentieth Street in Manhattan, nicht in diesem ausgebrannten Trümmerhaufen. Als ich acht Jahre zuvor fortgegangen war, war ich zu jung gewesen für eine Berufstätigkeit, ein Mädchen, eine Verpflichtung oder für eine eigene reife Persönlichkeit. Als ich jetzt den Ort wiedersah, an dem ich meine frühen Jahre verlebt hatte, war das nur ein spannender Ausflug in eine Gegend, in der ich als Kind gespielt hatte.

Die Roscherstraße, in der wir zuletzt gewohnt hatten, sah grauer aus, aber die Häuser waren erstaunlicherweise nicht beschädigt. Ebenso die Villa in Grunewald, in der wir kurze Zeit über unsere Verhältnisse gelebt hatten. Mein Geburtshaus war zerbombt und ausgebrannt; die Reste seiner schmalen Fassade wurden wenig später eingerissen. Sie musste dem Parkplatz eines Warenhauses weichen. Unsere Familiengräber in Weißensee waren vernachlässigt und überwuchert. Die Mauern des großen Lagerhauses, in dem mein Vater gearbeitet hatte, standen noch, sollten aber bald abgerissen werden. Alles war mir unbestimmt vertraut, mehr nicht; ich fühlte mich wie auf einer nostalgischen Pilgerreise durch eine längst vergangene Zeit, als blickte ich in eine verstaubte alte Kammer.

Auch die Klagen der Einheimischen berührten mich nicht. Sie waren selbst schuld. Keinen Augenblick hatten sie gezögert, ihre V-Waffe auf London zu richten. Mehr als 20 Millionen (Millionen!) Sowjetbürger und sechs Millionen (Millionen!) Juden hatten sie getötet. Und sie hatten mich in der Normandie und in Luxemburg bedroht und mir drei Jahre lang ein normales Leben unmöglich gemacht. Zum Teufel mit ihnen. Ihre Konzentrationslager waren grauenvoll, und sie schienen Berlin tatsächlich »judenrein« gemacht zu haben. (Später erfuhr ich, dass 1321 Juden im Untergrund überlebt hatten, aber in jenem Winter begegnete ich keinem.)

Tatsächlich dachte ich hin und wieder an Stella, aber nur kurz, flüchtig, wie an viele weitere verlorene Erinnerungen. Jedenfalls erwartete ich nicht, sie jemals wiederzusehen. So viele Menschen waren in den Kriegswirren untergegangen, auch Verwandte. Wenn Stella die Flucht nicht gelungen war (nach Shanghai? Unter neuem Namen unauffindbar in Los Angeles oder sogar New York?), dann gehörte sie zu den Millionen Umgekommenen. Mutmaßungen waren sinnlos, und ich hatte mich um anderes zu kümmern.

Die Deutschen waren voll von Geschichten, wie sie während des NS-Regimes Juden geholfen hätten. Mich machte das wütend. Man hörte so viele Storys, dass man sich fragen musste, wie überhaupt einem Juden im »Dritten Reich« etwas hatte geschehen können. Genauso war es mit dem wunderbaren Verschwinden der Nazis. Plötzlich war niemand mehr Nazi, niemand! Die Hunderttausende von SA- und SS-Leuten in ihren braunen und schwarzen Hemden, die durch die Straßen marschiert waren und ihrem »Führer« bei Mammutaufmärschen lautstark gehuldigt hatten – sie alle hatte ein unsichtbarer Regisseur von der Bühne gescheucht. Der Schwindel war zu offensichtlich, als dass man ihn hätte ernst nehmen können.

Mein persönliches Unbehagen war zunächst einmal äußerlicher Natur. Noch in ihrer Niederlage zwangen mich die Deutschen zu einem unzivilisierten Leben. Hans Habe hatte mir und zwei Kollegen von der *Psywar*-Abteilung aufgetragen, eine deutschsprachige Zeitung zu veröffentlichen, die die US-Militärregierung für die Deutschen herausgeben wollte. Eisenhower hätte befohlen, alle deutschen Blätter einzustellen, bis politisch saubere – »entnazifizierte« –, neue Herausgeber feststanden. Meine *Allgemeine Zeitung*, die Stimme Amerikas in Berlin, war eines von einem Dutzend lokaler Monopole zur Verbreitung von Nachrichten in der amerikanischen Besatzungszone in Deutschland. Sie unterschieden sich im Stil, in ihrem Lokalteil und in der Typographie, aber alle tragen die Handschrift unseres Pressezaren, des Majors Habe. Er leitete die ganze Kette mit uns Sergeants aus dem Habe-Zirkus als örtlichen Stellvertretern. Wir hatten es zu allerhand gebracht seit *Camp Shapiro*.

In Berlin arbeiteten wir gewöhnlich zwölf bis vierzehn Stunden täglich im Ullstein-Haus in der Nähe des Flughafens Tempelhof, das die Nazis den Ullsteins, der berühmtesten jüdischen Verlegerfamilie Deutschlands, weggenommen hatten. Wir wurden in den Messen der Armee gut verpflegt, aber ich habe den ganzen Winter gefroren und die Deutschen dafür verflucht. Bei unseren Arbeitszeiten wäre es nicht sinnvoll gewesen, wenn wir in bequemen, aber weit entfernt liegenden Armee-Quartieren gewohnt hätten. Deshalb hatten wir uns in einer Zivilwohnung eingemietet, in der es nur kaltes Wasser gab und die lediglich mit kleinen Elektroöfchen zu beheizen war, die unser Versorgungs-Sergeant »organisiert« hatte. Diese Apparate wärmten nur sich selbst. Ich hatte nachts im Bett zwei Paar lange GI-Unterhosen an und sah meinen Atem in kleinen Wolken aufsteigen.

Mein größtes Unbehagen aber war moralischer Natur. Ich fand es gar nicht gut, was die Besetzung aus mir und meinen Kollegen machte. Wir wurden korrumpiert. Schlimmer noch, wir mochten das. Ein paar von uns wurden regelrecht wohlhabend – richtig reich. Ich kannte niemanden, der nicht auf dem schwarzen Markt Handel getrieben hätte. Amerikanische PX-Zigaretten aus unserer Zuteilung – einer großzügigen Zuteilung – waren das bevorzugte Zahlungsmittel. Mit ein paar Zigaretten konnte man alles kaufen, auch Frauen, manchmal sogar anständige. Für unsere gesamte Bestandsliste wurden Preise notiert wie an der Börse: GI-Hemden und -Socken, sogar *Zagnut*-Schokoriegel vom PX, die überwiegend aus Leim zu bestehen schienen. Freunde, die außerhalb von Berlin stationiert waren, beneideten uns, weil sie sich nicht an dem Handel beteiligen konnten. Sie schickten uns Ware, die wir auf Kommissionsbasis für sie verkaufen sollten. In Berlin ließ sich alles zu absurden Preisen verkaufen. Unter den in meinem Büro angelieferten Angeboten waren ein gebrauchtes Gebiss und eine Luftbildkamera, die aus einem Bomber der deutschen Luftwaffe ausgebaut worden war.

Die Russen waren am gierigsten. Nachdem sie die Stadt am 2. Mai eingenommen hatten (beim Kampf um Berlin waren rund 100 000 Zivilisten getötet worden), machten sie ihre Autorität durch eine Welle von wahllosen Vergewaltigungen geltend. Mit verschiedenen lahmen Ausreden hielten sie uns bis Anfang Juli aus der Stadt fern. Die Berliner erzählten uns dann sofort von den Vergewaltigungen, aber wir fanden die Geschichten reichlich übertrieben. Wie das Fehlen von Nazis. Armeen begingen doch keine Massenvergewaltigungen mehr! Wir hatten unrecht. Die ersten medizinischen Schätzungen sprachen von einem Minimum von 20 000 Vergewaltigungen. Es können aber auch 100 000 gewesen sein. Kein Wunder, dass zu dieser Zeit 6 000 Berliner Selbstmord begingen.

Als wir dann in die Stadt hineindurften, war schon wieder so etwas wie Ruhe eingekehrt. Nur die Reste der hektischen russischen Aktivitäten waren sichtbar. In unserem Ullstein'schen Verlagshaus gab es fast keine Druckerpressen mehr. Die Maschinen waren, wie bei fast allen Berliner Industriebetrieben, nach Osten abtransportiert worden. Die russischen Besatzer, denen wir auf der Straße begegneten, lächelten kindlich, und ihr neuer Kriegsruf lautete: »Uhri! Uhri!« Ich kannte US-Soldaten, die reich wurden, indem sie den Russen Mickymaus-Spielzeuguhren für 500 Dollar verkauften, die ihre Verwandten zu Hause in Billigkaufhäusern für sie besorgt hatten. Mickymäuse in jeder Form ließen unsere Verbündeten vor Glück kreischen.

Die Nachricht schlug am Morgen des 17. März 1946 wie eine Bombe auf meinem Schreibtisch ein. – Meine dreijährige Dienstverpflichtung war bald zu Ende. Es herrschte Frieden. Während ich mich darauf vorbereitete, nach New York heimzukehren, fungierte ich noch als Leiter des Berliner Büros der amerikanischen *Neuen Zeitung* – einem weiteren Geistesblitz von Hans Habe. Unsere erste Berliner Zeitung war inzwischen, wie die anderen Blätter in Habes Kette, durch eine neue deutsche Tageszeitung ersetzt worden, den *Tagesspiegel.* Aber da hätte schon mehr geschehen müssen als das offizielle Ende eines Weltkriegs, um meinen Chef zu entwaffnen.

Mit der *Neuen Zeitung* schuf sich Habe sein eigenes Denkmal. Er hatte sein Konzept einer großen nationalen Zeitung dem amerikanischen Oberkommando als Vorbild für den Zögling verkauft, den er selbst in die Welt gesetzt hatte, die demokratische neue deutsche Presse. Unsere Vorgesetzten hatten gezögert. Wir hatten den »Krauts« genügend Vorbilder geliefert. Wir sollten die amerikanische Beteiligung langsam wieder zurücknehmen, nicht neue Tricks erfinden, um sie zu verlängern. Die hohen Tiere hatten nicht mit Habes Geschäftstüchtigkeit gerechnet. Ich habe nie erlebt, dass er bei einer Auseinandersetzung hätte nachgeben müssen; auch hier schloss er das Geschäft ab.

Jetzt beeinflusste er die amerikanische *und* die deutsche Politik. Und ich als sein Berliner Vertreter hatte nun auch mit Generälen zu tun.

Die Sowjets hatten zur Absicherung ihres eigenständigen und gleichberechtigten Status ihre eigene Zeitung gegründet, die *Tägliche Rundschau*, die in ihrer Besatzungszone, der späteren DDR, vertrieben wurde. Wie allen kommunistischen Organen jener Zeit fehlte diesem farblosen Blättchen jeglicher Schwung. Mit der Kreativität eines Drehorgelmannes gab es die Parteilinie bekannt.

Deshalb war ich ganz verblüfft, als ich an jenem denkwürdigen Tag, routinemäßig an meinem Schreibtisch im Ullstein-Haus das ermüdende Konkurrenzprodukt durchblätternd, auf einen umfangreichen Artikel über eine Frau stieß, der kein bisschen langweilig klang.

»Hunderte von Juden dem Henker ausgeliefert«, lautete die Schlagzeile. Der Aufmacher schrieb die Verbrechen einer »Gestapo-Agentin« zu, der vierundzwanzigjährigen Stella Kübler. Gespannt, aber noch immer nicht wirklich betroffen, las ich weiter, dass dieses Scheusal eine Jüdin sei und dass sie auch die Namen Isaaksohn und Meissl benutzt habe. Juden, die versuchten, den Krieg in Berlin versteckt zu überleben, fürchteten sie als das »blonde Gespenst«.

Geschickt hatte sie ihre Verbindungen und ihre Vertrautheit mit dem Leben in der Illegalität genutzt, um andere Juden aufzuspüren, und sie war gern bei den Festnahmen dabei gewesen.

Der zweite Absatz des Artikels berichtete dann, dass sie vor dem Krieg eine jüdische Privatschule besucht und damals Stella Goldschlag geheißen habe. Stella! Mir stockte der Atem. Das war doch nicht möglich. Nicht meine Stella! Sofort hatte ich das alte Bild vor Augen. Ich sah sie in Turnzeug, mit hocherhobenem Kopf, eines dieser quälend unberührbaren Mädchen, mit denen ich in einer Straßenbahn der Linie 176 zur Goldschmidt-Schule fuhr.

Stella sollte eine Mörderin sein? Das konnte nur ein Irrtum sein, eine Verwechslung in den Wirren einer Großstadt, die ihre anarchische Vergangenheit zu bewältigen versuchte.

Ganz automatisch hegte ich Misstrauen gegenüber der Quelle, den Russen. Meine fruchtlosen Bemühungen, Kontakt zu unseren Kollegen, den sowjetischen Presseoffizieren, aufzunehmen, hatten mich zu einem voreiligen Antistalinisten gemacht. Ich empfand die Sowjets in Berlin als hochmütig und ablehnend; sie schwatzten nur das nach, was die Kommunistische Partei vorgab, als wäre es eine Religion. Es war schon sonderbar: Sie behandelten uns wie Feinde! So war es unmöglich, bei einem Cocktailempfang eine normale Unterhaltung mit ihnen zu führen. In der Normandie hatten uns deutsche Kriegsgefangene fröhlich prophezeit, dass sie binnen kurzem unsere Verbündeten im Kampf gegen die Russen sein würden. Wir hatten sie ausgelacht. Jetzt sah es so aus, als könnten sie recht gehabt haben!

Unsere Vorstellungen von der Welt gerieten völlig durcheinander, Feinde wurden zu Freunden und umgekehrt. Eisberge brachen auseinander, man konnte sie förmlich knirschen hören. Es war der Beginn des Kalten Krieges und des Eisernen Vorhangs, auch wenn diese Bezeichnungen gerade erst erfunden wurden. Ich war bei der Geburt des neuen Zeitalters dabei, und die Erschütterungen rüttelten mich auf.

Meine erste Aufgabe bei diesen Anklagen gegen Stella war, wieder Reporter zu werden, fand ich.

Das Polizeipräsidium am Alexanderplatz lag im Ostsektor der Stadt und stand unter sowjetischem Einfluss. Die Sektorengrenzen waren noch kein Hindernis, und meine Uniform verschaffte mir schnell Zugang beim Chef der Kriminalpolizei.

Er hieß Jean Blomé, und das fand ich sonderbar: es klang zu französisch.[1] Er war ein aalglatter, dunkelhaariger kleiner Mann mit einem verkniffenen Gesicht. Er sprach zu schnell und war zu servil, und ich mochte ihn von Anfang an nicht. Nicht viele Amerikaner sprachen fließend und akzentfrei Deutsch; er ahnte also vermutlich, dass ich jüdischer Flüchtling war und ein persönliches Interesse an dem Fall Stella hatte.

Blomé hatte sie persönlich verhört, wie er mir sagte. Schrecklicher Fall. Unglaublich. Wie konnte sie nur? Eine Jüdin, die andere Juden ans Messer geliefert hatte! Scheußlich. Es waren schlimme Zeiten. Doch, der Artikel sei ganz zutreffend gewesen. Nein, es tue ihm sehr leid, er könne mir nicht sagen, wo Stella sich aufhalte. Sie sei den Sowjets übergeben worden; es werde eine Verhandlung vor einem sowjetischen Militärgericht geben. Die Russen hatten ihm nicht mitgeteilt, wo sie gefangen gehalten werde. Er begleitete mich zur Tür, offensichtlich froh, mich loszuwerden, und murmelte pflichtschuldigst Läppisches über die Schlechtigkeit der Menschen.

Ich studierte abermals den Artikel in der *Täglichen Rundschau*. Er enthielt viele Aussagen von Augenzeugen und beschrieb, wie zunächst Stella von einer anderen abtrünnigen jüdischen Agentin verraten worden war, einer gewissen Inge Lustig. Und wie Stella und ihr Partner, Rolf Isaaksohn, durch die Stadt streiften und versteckte Juden aufspürten, denen sie ihren Schmuck stahlen. Wie andere Greifer sie unterstützten, die in dem Artikel auch genannt wurden: Bruno Goldstein, Ruth Danziger, ein Mann namens Friedländer und andere. Es klang wie aus einem von Hitlers obszön antisemitischen Hetzblättern.

Viele Opfer Stalins in den blutigen »Säuberungen« der dreißiger Jahre waren Juden gewesen. Die russische Neigung zum Antisemitismus war seit langem bekannt. Die Stella-Geschichte konnte eine originelle Provokation sein, ein Manöver, um die Russen bei den Deutschen, von denen sie so gehasst wurden, beliebter zu machen. Nein, das war eine paranoide Spekulation. Ich versuchte allzu sehr, mich gegen die offensichtliche Wahrheit zu sträuben. Die Geschichte entsprach den Tatsachen. Stella von der Goldschmidt-Schule war eine Mörderin, ein Werkzeug des Hitler'schen Völkermords, fast wie Himmler und Göring und die anderen, gegen die damals gerade in Nürnberg verhandelt wurde.

Aber Himmler, Göring und Konsorten waren keine Juden. Irgendetwas Schreckliches musste meine verführerische Klassenkameradin in eine Kannibalin verwandelt haben, die ihresgleichen verschlang.

Ich beschäftigte mich in aller Stille mit meinem Stella-Dilemma, was nicht gerade typisch für mich war. Meinen amerikanischen Kollegen gegenüber erwähnte ich sie nicht; es hätte sie zu sehr interessiert. Auch meinen Eltern schrieb ich nichts davon; es hätte sie zu sehr schockiert. Meine journalistische Verantwortlichkeit war nicht betroffen, denn die Geschichte war bereits veröffentlicht worden, und die Nachrichten von gestern wiederzukäuen, war nicht unsere Aufgabe. Zu Mitschülern von der Goldschmidt-Schule hatte ich ohnehin keinen Kontakt mehr. Es hatte keinen Sinn, zu jüdischen

Gruppen Verbindung aufzunehmen. Genau wie ich hatten sie den Zeitungsbericht sicher gelesen. Bestimmt waren sie entsetzt und nicht darauf erpicht, Stella durch eine weitere Diskussion noch mehr Berühmtheit zu verschaffen.

Vielleicht war ich weniger entsetzt als sie. Im Krieg hatte ich mir ein dickes Fell zugelegt. Ich hatte anständige Menschen sterben sehen, und einige meiner Kollegen hatten als Reporter in die gerade befreiten Konzentrationslager gehen müssen. Das wäre mir außerordentlich schwergefallen, und ich war dankbar, dass mir diese Qual erspart geblieben war. Der Krieg hatte mir gezeigt, dass Menschen anderen Menschen unvorstellbare Grausamkeiten antun können.

Die Enthüllungen über Stella empfand ich als ebenso abstoßend wie die Fotos von den Leichen in den Lagern. Sie betrafen mich auch persönlich. Ich fühlte mich von ihren Taten besudelt. Plötzlich war es mir peinlich, dass ich mit Stella in einer Klasse gesessen hatte, so als hätte ich mit einem Frauenschänder fröhlich zu Abend gespeist. Deshalb mochte ich zu der Zeit nicht von ihr sprechen. Ihre Entlarvung war noch zu neu, die Wunde zu frisch.

Meine alte Neigung, mich zugunsten der Unterlegenen einzumischen, Rettungsversuche zu organisieren, manchmal sogar dann, wenn sie nicht erwünscht waren, konnte ich deshalb in diesem Fall schnell beherrschen. Es hatte keinen Sinn, Urlaub zu nehmen. Die heimlichtuerischen Russen hätten mir kein Wort über Stella mitgeteilt, und ihr einen Anwalt zu besorgen kam wohl auch nicht in Frage. Die Russen hätten mich nur ausgelacht.

Angenommen, ich hätte zu ihnen gesagt: »He, Jungs, ihr habt eine Schulfreundin von mir hinter Gitter gebracht, das kann doch nicht richtig sein. Niemand aus der Goldschmidt-Schule könnte so etwas tun wie das, dessen ihr sie beschuldigt!« Sie hätten mir nur gesagt, ich solle verschwinden und Stella könne froh sein, dass sie nicht auf der Stelle erschossen worden sei.

Stellas Problem drohte mich auch von meinen eigenen Plänen abzulenken. Eine Einmischung hätte mich wieder einmal in eine ungewöhnliche Rolle gedrängt, und ich hatte es satt, den wunderlichen Kauz zu spielen. In einem Alter, in dem andere Jungen noch Fußballerbildchen tauschen, hatte ich meine Familie als Briefmarkenhändler unterstützt. Ich hatte meine Lehrer am College damit erschreckt, dass ich mit fünfzehn Jahren in ihren Abendkursen auftauchte. Und in meiner Propaganda-Einheit war ich wieder Mr. Altklug gewesen, eine komische Figur, Lehrer Habes Liebling.

Für den Job bei der *Neuen Zeitung* war ich aus der Army ausgetreten und hatte mich als Zivilist vom Kriegsministerium (später Verteidigungsministerium) wieder anstellen lassen. Im Alter von zweiundzwanzig Jahren war ich ein sehr sonderbarer Zivilist. Ich beriet Generäle bei ihrer Informationspolitik. Ich ließ mir von einem Schneider zwei elegante Anzüge arbeiten – gegen ein paar Stangen Zigaretten. Ich verdiente bemerkenswerte 7500 Dollar im Jahr, dreimal so viel wie später im Zivilberuf, als ich nach Hause zurückgekehrt war. Vierzig Jahre lang sollte ich keinen Schneideranzug mehr besitzen. Es war alles zu absurd. Ich wollte da heraus. Ich hatte Verlangen nach der Wirklichkeit, nach den Wohltaten des Normalen, nach einem zu meinem Alter und meinem Status als Amerikaner passenden Leben statt der Existenz eines Zwitters in Berlin.

Ich habe Stella nie nach dem Motto »Aus den Augen, aus dem Sinn« zu den Akten gelegt, sondern sie in einer inneren »Wiedervorlage«-Mappe für die Zeit nach Verbüßung ihrer Strafe aufbewahrt.

22. Der Prozess

> *Zeugen gesucht*
> *Frau Stella Kühler, jetzt verehelichte Isaaksohn, geb. Goldschlag, welche sich in der Verfolgungszeit als Fahnderin der Gestapo betätigt hat, ist aus der Haft zurückgekehrt. Es wird um Mitteilung über ihr Verhalten während der Verfolgungszeit gebeten …*

Diese Anzeige erschien im April 1956 in der kleinen Zeitung der Berliner Jüdischen Gemeinde, und es kamen sofort Reaktionen. Juden, denen es gelungen war, in den Lagern oder im Untergrund zu überleben, erinnerten sich nur zu gut an Stella und wollten Rache. Die Westberliner Justiz zögerte nicht, ein zweites Mal Strafverfolgung anzudrohen, für die gleichen Verbrechen wie die sowjetische Besatzungsmacht. Diesmal traten bei einer viertägigen Verhandlung zweiunddreißig Zeugen auf. Die Anklage lautete auf Beihilfe zum Mord in einer unbekannten Zahl von Fällen, wahrscheinlich mehreren hundert.

Es war nicht überraschend, dass sich nur relativ wenige Zeugen ausfindig machen ließen. Erstaunlich war eher, dass es überhaupt welche gab. Fast jeder Augenzeuge, der für oder gegen Stella aussagte, hatte Selektionen im Lager überlebt. Sie hatten den Gestank der Verbrennungsöfen gerochen. Irgendwie hatten sie es geschafft, in die Welt der Lebenden und an den Ort ihrer Festnahme zurückzukehren, jeder ein wandelndes Wunder, das der fast sicheren Ermordung entkommen war.

Die Verhandlung begann am 20. Juni 1957 im Raum 500 des Landgerichts Moabit. Der düstere, kastenförmige alte Bau an der Turmstraße mit seinen festungsartigen Türmen und den hohen Räumen überragte einen der hässlicheren Innenstadtbezirke, wo Stella Jahre zuvor auf Jagd gegangen war.

Jeden Morgen um sieben begannen die Zuschauer sich anzustellen. Sie waren keine »geduldige Herde«: Verwandte und rachedurstige Freunde von Zeugen und Überlebenden der Lager kamen, um zuzusehen, zu pfeifen, zu zischen und zu schaudern; sie fühlten sich von dem arroganten Auftreten und der sinnlichen Ausstrahlung der Angeklagten zugleich angezogen und abgestoßen. Ihre emotionalen Narben waren noch viel zu empfindlich: Sie wollten Vergeltung.

Berlins Boulevardblätter erinnerten an Stellas Beinamen aus der Kriegszeit, das »blonde Gift« und das »blonde Gespenst«. Damit lösten sie, wie vorherzusehen war, eine zunehmende Hysterie in den Schlagzeilen aus. »Jüdin schickte alle ihre Freunde in die Gaskammern«, titelte die *Nacht-Depesche* in Riesenlettern.

Dieser Prozess war doch mal pikanter als die trockenen Berichte über Kriegsverbrechen, an die sich die peinlich berührte Nachkriegsgeneration inzwischen gewöhnt hatte. Solche Verfahren wurden seit Jahren abgewickelt, ohne besondere Aufmerksamkeit in der Öffentlichkeit zu erregen. Der berühmte Nürnberger Prozess von 1945/46 gegen Hermann Göring und weitere zweiundzwanzig NS-Rädelsführer war nur ein Vorspiel gewesen. Es folgten viele Einzelprozesse, mit denen gründlich aufgeräumt werden sollte unter SS-Mordkommandos, KZ-Ärzten und -Wächtern, Richtern, Polizisten, Soldaten, Parteigenossen, die gemordet und gefoltert hatten. Die Jagd sollte bis in die neunziger Jahre weitergehen.

Im Allgemeinen waren diese Gerichtsverhandlungen eher farblos; gesichtslose Ankläger standen gesichtslosen Angeklagten gegenüber. Gelegentlich zeigte ein Überlebender vor Gericht mit dem Finger auf einen Peiniger und belastete ihn: »Das ist er!« Aber das kam selten vor. Normalerweise hätte man diese Verfahren *Anonymus kontra Anonymus* nennen können. Nicht so Stellas Prozess. Der war sehr persönlich, eine ganze Serie von Duellen innerhalb der Verwandtschaft, fast wie ein Fall von mehrfacher Blutschande. Nach dem Krieg waren unzählige Prozesse gegen Kollaborateure angestrengt worden. Der Prozess gegen Stella bot zum ersten Mal detailliertes Beweismaterial über das pervertierte System, dem es gelungen war, seine Opfer gegen die eigenen Leidensgenossen einzusetzen.

Als einer der ersten geladenen Zeugen trat Robert Zeiler vor Gericht, damals vierunddreißig Jahre alt. Er kannte die Angeklagte, seit sie in der Sybelstraße zusammen mit Murmeln gespielt hatten; da war er zehn und sie elf gewesen. Zeiler kannte auch Stellas Partner, Rolf Isaaksohn, von der Volksschule her. Er selbst stammte aus einer Familie, die als pazifistisch bekannt war, hatte das Zeug zu einem Reformator und war ein Draufgänger; seine Bereitschaft zum Protest war schon früh entwickelt.

Er warf Stella nicht vor, dass schon die kleinen Jungen »nervös« wurden, wenn sie zum Spielen herunterkam; schließlich konnte sie nichts dafür, dass sie so sagenhaft gut aussah. »Wenn man sie einmal gesehen hatte, vergaß man sie nicht wieder«, sagte Zeiler. Was ihn erboste, war die Geschicklichkeit, mit der sie log. Schon als kleines Mädchen erfand sie so mühelos großartige Geschichten, dass es Zeiler geradezu gespenstisch vorkam. »Sie war dafür bekannt«, erinnerte er sich.

Im Frühjahr 1944, als er gerade zwanzig geworden war, konnte Zeiler immer noch unter falschem Namen in einem chemischen Labor arbeiten, dessen Chef Juden freundlich gesinnt war. Zu dem Zeitpunkt war noch nicht allgemein bekannt, dass Stella zur Gestapo übergelaufen war. Dank Zeiler änderte sich das. Er war ein gewinnender, gesprächiger Mensch, der bei den Resten der verbotenen Sozialdemokratischen Partei aktiv war und viele Freunde hatte. Im Januar 1944 erzählte er ihnen, was er an der Ecke Kurfürstendamm-Leibnizstraße beobachtet hatte. Gut dreizehn Jahre später beschrieb er die Szene noch einmal mit Genuss als einer der frühen Zeugen dem gespannt lauschenden Gericht.

Stella und Isaaksohn hatten mehrere Juden in nahegelegenen Cafés gestellt und halfen jetzt der Gestapo, sie auf einen wartenden Lastwagen zu pferchen. Es war eine belebte Kreuzung, und schnell fanden sich Zuschauer, die den Vorgang beobachteten, wie eben Passanten fasziniert sind, wenn sie Gendarmen Räuber fangen sehen. Auch Zeiler befand sich mit seinem Fahrrad in der Menge und merkte, dass ihn Stella entdeckt hatte. Sollte er fliehen? Er beschloss zu warten. Hier zeigte sich der Draufgänger in ihm. Vielleicht würde sie ihn laufenlassen. Das tat sie wahrhaftig, aber nicht, ohne eine nachdrückliche Kopfbewegung in seine Richtung zu machen. Die Bedeutung war klar: Sieh zu, dass du wegkommst.

Er ging nicht fort, sondern zog sich nur außer Sichtweite zurück; seine Neugier war geweckt. Er wollte wissen, was aus den festgenommenen Juden wurde, und beobachtete, wie Stella und Isaaksohn hinten auf den Laster stiegen; in der klassischen Haltung von offiziellen Wächtern, die Verbrecher an der Flucht hindern müssen, fuhren sie davon. Zeilers Neugier war noch nicht befriedigt. In großem Abstand, aber so schnell er konnte, folgte er dem Lastwagen durch die halbe Innenstadt bis zum Sammellager Große Hamburger Straße. Wieder der Draufgänger in ihm.

Wie Gespenster aus der Vergangenheit traten weitere Personen vor Gericht auf und rekonstruierten Stellas Verbrechen in vielen Einzelheiten. Da diese Zeugen einst mit Todestransporten nach Osten geschickt worden waren, hatte Stella nicht damit rechnen können, auch nur einen von ihnen lebend wiederzusehen. Ihre Selbstbeherrschung gegenüber diesem Chor von Anklägern war bemerkenswert.

Streng bewacht wurde Stella jeden Morgen in den Sitzungssaal geführt – und immer sah sie aus wie aus dem Modejournal. Ihre Kleidung war teuer und makellos, ihre Haltung stolz. Die glänzenden blonden Locken strahlten Vollkommenheit aus. Sie hielt den Kopf hoch und umklammerte ein Paar weiße Handschuhe, in jeder Hinsicht eine Dame von Welt. Es war eine atemberaubende Vorstellung, ein Bravourstück, das ihre Vergangenheit für null und nichtig erklären sollte. Um hinter dieser eleganten Fassade Mord zu entdecken, war ein riesiger Sprung nötig. Dass Stella gerade Arbeitslager und Tuberkulose überlebt hatte, war ihr nicht anzusehen.

Stella betrachtete ihre Opfer mit der Distanz einer Touristin von einem anderen Erdteil. Sie blickte einem Zeugen nach dem anderen eiskalt in die Augen und schwor, sie hätte sie noch nie gesehen. Wenn das allzu weit hergeholt war, brachte sie trotzig andere Lügen vor. Sie verzog auch keine Miene, als ihre frühere Freundin Lieselotte Streszak berichtete, wie Stella sie 1944 an ihrer Wohnungstür mit einer Pistole bedroht hatte, kurz nachdem sie sich zufällig vor einem Milchladen wiedergesehen und ihre Freundschaft erneuert hatten.

Lieselotte Streszak erinnerte sich, dass sie ihren an Scharlach erkrankten dreijährigen Sohn Peter auf dem Arm gehabt hatte. Stella entriss ihn seiner Mutter. Er wurde in der Wohnung zurückgelassen und starb später. Die Mutter kam ins Lager Schulstraße und überlebte in Theresienstadt.

Von ihrem Verteidiger befragt, sagte Stella aus: »Lieselotte kam freiwillig ins Lager. Ich habe sie nur besucht. Warum nicht? Ich habe ein reines Gewissen.« Und dann listig: »Diese Klägerin war nie meine Freundin.«

Vor Gericht funktionieren Erinnerungen bekanntermaßen selektiv, aber sie werden auch durch das Fehlen des Kontexts beeinträchtigt. Bei der Verhandlung war niemand anwesend, der daran erinnert hätte, dass Stellas Zusammentreffen mit Lilo im Februar 1944 stattfand, in dem Monat, in dem Stellas Eltern schließlich deportiert wurden und sie zur »Tigerin« wurde.

Im Herbst 1943 suchte Stella noch nach einem *Modus operandi*, um auch Unbekannte zu erwischen, die »jüdisch aussahen«. Sie hatte oft einen bemerkenswerten Spürsinn.

Paul Regensburger sagte aus, dass Stella ihn eines Tages gegen ein Uhr mittags am Kurfürstendamm/Ecke Joachimsthaler Straße angesprochen habe. Das sei am 4. oder 5. September gewesen, genau wisse er das nicht mehr. Er lebte in einem Versteck in Wilmersdorf, Stellas altem Wohnviertel, und die hübsche junge Frau kam ihm bekannt vor.

»Wir kennen uns doch?«, sagte sie. Sie sah aus, als ob es ihr nicht besonders gutginge.

»Ja«, sagte Regensburger, »ich erinnere mich.« Stella bat ihn, sie zum Mittagessen einzuladen, sie habe Hunger.

Regensburger ließ sich erweichen, da sie offensichtlich in wirtschaftlich schlechten Verhältnissen lebte, und ging mit Stella ins Café Klausener. Sie setzten sich an einen Zweiertisch und bestellten etwas zu essen, und Stella erzählte von ihrem traurigen Schicksal. Sie sagte, sie sei Jüdin und in großer Not, weil sie untergetaucht sei, wie Regensburger berichtete. Daraufhin erzählte er ihr, dass er auch Jude sei. Ein paar Minuten später stand Stella auf und sagte, sie müsse telefonieren.

Als sie zurückkam, fragte Regensburger scherzend, ob sie ihren Freund angerufen habe.

»Nein«, antwortete Stella, »diesmal nicht.«

Das entsprach der Wahrheit und machte Stella nervös. Sie sah wiederholt zur Eingangstür. Regensburger ahnte noch immer nichts. Zehn Minuten später verließ Stella abermals den Tisch. Regensburger sagte aus, er habe den Eindruck, dass sie die folgende Szene nicht habe miterleben wollen. Sie war noch neu in diesem Geschäft.

Sekunden später stand Kommissar Dobberke mit ein paar Gestapo-Beamten vor Regensburger. »Ihren Ausweis, bitte!«, sagte er. Regensburger wurde ins Lager Große Hamburger Straße gebracht.

Er gehörte zu den wenigen Gefangenen, denen es gelang, vom Zug nach Auschwitz abzuspringen, nachdem er das morsche Holz eines alten Güterwaggons zertrümmert hatte.

»Das ist eine unglaubliche Verleumdung«, sagte Stella, als sie Regensburgers Aussage hörte. »Ich kenne den Zeugen nicht einmal.«

Das Schicksal von zwei anderen Zeuginnen, Gerda Kachel und Elly Lewkowitz, war vier Kriegsjahre hindurch eng mit dem von Stella verflochten. Von 1940 bis 1943 leisteten alle drei Zwangsarbeit in der Rüstungsindustrie, die meiste Zeit im Elmo-Werk von Siemens. Allen dreien gelang es, während des Durcheinanders bei der Fabrik-Aktion am 27. Februar 1943 ihrer Festnahme zu entgehen. Alle drei tauchten am gleichen Tag unter. Gerda und Elly schlugen sich gemeinsam durch. Eines Abends im Spätherbst wollten sie Gerdas frühere Vermieterin in der Lothringer Straße 34–35 besuchen, eine Frau Steiner, die auch Jüdin war. Sie fanden die Wohnung versiegelt vor.

Die Nachbarin erzählte ihnen, dass Stella und Isaaksohn kurz zuvor mit mehreren Gestapo-Leuten dagewesen seien und zwölf Juden abgeholt hatten: Frau Steiner und ihre vier Kinder, eine Frau Katz mit zwei Kindern, eine Frau Gelbert und eine Frau Herschendorfer mit je einem Kind. Alle wurden nach Auschwitz deportiert. Als etwas später Gerda selbst dorthin kam, erfuhr sie, dass sie alle vergast worden waren.

Tagsüber, so sagte Gerda aus, hatten sie und Elly oft Zuflucht in einer Wohnung an der Schönhauser Allee 152 gefunden. Anfang Dezember hatten sie entdeckt, dass Stella die Wohnung vom Hinterhof aus überwachte. Sie hatten die Bewohner zu warnen versucht, aber es war schon zu spät gewesen. Eine Frau Ferber war mit ihrem eineinhalbjährigen Kind bereits verhaftet und in die Große Hamburger Straße gebracht worden. Kurz darauf wurden drei weitere Juden abgeführt, und Stella sah zu. Am nächsten Tag näherten sich Gerda und Elly dem Haus, weil sie verzweifelt nach einem Ort suchten, wo sie ein paar Stunden schlafen könnten. Sie wurden ebenfalls festgenommen und in die Große Hamburger Straße gebracht.

Dobberke verhörte sie, zum Teil in Stellas Gegenwart. Er versprach Gerda, er würde sie nach Theresienstadt schicken statt nach dem berüchtigteren Auschwitz, wenn sie ihm drei noch in der Illegalität lebende Juden nannte. Gerda weigerte sich, wie die meisten potentiellen Kollaborateure. Es gab keine Diskussion. Als die beiden Frauen abgeführt wurden, hörten sie ein kollegiales Gespräch zwischen dem Kommandanten und Stella.

»Na, wo geht es heute hin?«, fragte Dobberke.

»Ins Theater«, antwortete Stella, die ihr grünes Kostüm mit dem Jägerhütchen trug.

»Na, dann viel Erfolg!«, rief Dobberke zynisch.

Tatsächlich hatte Stella an diesem Abend Erfolg – makabren Erfolg. Sie hatte zu dieser Zeit – im Dezember 1943 – bereits herausgefunden, dass die Staatsoper Unter den Linden ein bevorzugter Erholungsort für die sonst endlos in winzigen Verstecken festsitzenden Juden war. Inmitten der Entbehrungen des Krieges war es für Nichtabonnenten überraschend einfach, sich Karten zu besorgen, wenn sie genug Zeit hatten. Die hatten U-Boote bekanntlich, und das Risiko war relativ gering. Juden wie Nichtjuden lechzten nach Musik, die die Nerven beruhigen konnte. Jeden Sonntagmorgen wurden alle für die folgende Woche zur Verfügung stehenden Karten im Vorverkauf angeboten. Mit Schemeln, Decken und Kissen ausgerüstet, stellten sich Opernliebhaber bereits samstags ab 23 Uhr an. Wenn am folgenden Morgen um acht Uhr die Kasse öffnete, standen schon Hunderte davor und warteten. Den ungebildeten Plattfüßen von der Gestapo war es noch nie eingefallen, dass man »unerwünschte Elemente« unter den Kulturbeflissenen suchen könnte. Später erinnerten sich jüdische Überlebende, dass sie nie so oft in die Oper gegangen seien wie damals, als sie tagsüber auf der Flucht waren – bis die schlaue Stella erschien und ihnen auch diesen Zufluchtsort versperrte.

Die Oper wurde eine ihrer regelmäßigen Stationen auf ihren abendlichen Runden, und an dem Abend, als Dobberke ihr Erfolg gewünscht hatte, nahm Stella dort eine ganze Familie fest.

Abraham Zajdmann glaubte, genügend Vorsichtsmaßnahmen getroffen zu haben. Er, seine Frau, sein Sohn und seine Tochter hatten die Vorstellung von weit auseinander liegenden Plätzen aus genossen. Trotzdem schlugen die Greifer zu. Den Sohn Moritz Zajdmann hielt Stella am Gürtel seines Mantels fest.

»Ich erinnerte mich sofort, dass es sich nur um Stella Kübler, den Schrecken aller illegal lebenden Juden, handeln konnte«, sagte Moritz aus. »Unter Zurücklassung meines Mantelgürtels riss ich mich gewaltsam los und flüchtete.«

Die Jagd war schnell vorbei. Er hörte, wie Stella rief: »Festhalten, Jude!«

Das genügte, um mehrere Passanten das tun zu lassen, was sie als ihre Bürgerpflicht ansahen. Sie befolgten Stellas Aufforderung und hielten Moritz fest, bis Rolf Isaaksohn ihn übernahm. Stella rief inzwischen von einer Telefonzelle die Gestapo. Dobberke kam sofort und schlug Moritz mit der Faust ins Gesicht – seine Art, Verdächtige zu begrüßen. Vater Abraham Zajdmann hätte flüchten können, stattdessen trat er direkt vor Stella und schrie: »Wir sind keine Verbrecher, wir sind Juden!«

Wilde Straßenjagden unter hilfreicher Beteiligung von zivilen Freiwilligen waren für Stella und ihren Partner nichts Ungewöhnliches. Der Zeuge Kurt Cohn, ein großer, kräftiger Mann, überquerte eines Nachmittags den Rosenthaler Platz und wäre fast mit Rolf zusammengestoßen. Er kannte ihn, weil er ihn einmal mit Stella zusammen gesehen hatte. Cohn machte kehrt und rannte weg.

Indirekt hatte er früher mit Stella Geschäfte gemacht. Er war Schneider, hatte aber im Nebenberuf mit Lebensmittelkarten und Personalpapieren gehandelt. Wenn Juden zu ihm kamen und ihn um Papiere baten, ließ er von einem jüdischen Fotografen, mit dem er sich eine illegale Wohnung teilte, Passfotos von ihnen machen. Die Papiere wurden dann durch einen jüdischen Mittelsmann (einen Freund von Cohn, der auch Schneider war) über Stella geliefert.

Cohn war sich darüber im Klaren, dass diese unbedeutende Geschäftsverbindung aus früheren Jahren ihm jetzt bei Rolf nicht helfen würde. Nach Cohns Aussage hatte Stellas Mann die Verfolgung aufgenommen und geschrien: »Haltet ihn! Ein Verbrecher!« Vier Passanten rannten hinter Cohn her. Als sie ihn gefangen hatten, erschien auch Stella. Er sah, wie sie die Gestapo anrief. Dann kamen Dobberkes Männer und brachten ihn in die Große Hamburger Straße.

Vor Gericht ging die Flut der Anschuldigungen gegen Stella unbarmherzig weiter.

»Ich habe selbst gesehen, wie die Kübler in einem Café am Olivaer Platz Juden schnappte, bis zu zwanzig an einem Tag«, erklärte ein älterer Geschäftsmann.

»Ich war in Auschwitz«, sagte ein Schauspieler. »Wenn Neue ankamen, fragten wir sie, wie sie hergekommen wären. Immer wieder wurde Stella Kübler genannt.«

Eine Hausfrau sagte aus, sie habe einmal eine Unterhaltung zwischen Stella und einem anderen Gestapo-Spitzel im Sammellager belauscht. »Ich habe heute einen großartigen Fang gemacht«, hörte sie Stella prahlen. »Ich habe ein ganzes Nest von Illegalen ausgehoben.«

»Das ist nicht wahr«, sagte Stella vor Gericht.

»Ich glaube nicht, dass ein Erlebnis dieser Art jemals vom Gedächtnis verzerrt werden kann«, antwortete die Zeugin.

Nur einmal verlor Stella ihre Fassung. Das war, als Max Reschke vor Gericht auftrat. Als »jüdischer Lagerleiter« in der Großen Hamburger und in der Schulstraße hatte dieser Zeuge jahrelang jüdische Gefangene schikaniert; er hatte als Dobberkes williger Helfer die schmutzige Arbeit getan. Um ein gewisses Maß an Sühne für seine Kollaboration mit den Nationalsozialisten zu leisten, wandte sich Reschke nun gegen seine ehemaligen Kollegen.

»Stella Kübler hatte jederzeit Zugang zu den Büros der Gestapo«, sagte er aus. »Sie konnte das Lager betreten und verlassen, wann sie wollte. Jeder wusste, dass sie ein Spitzel der Gestapo war. Ich habe mit ihrem Vater gesprochen, und er war tieftraurig über die Tätigkeit seiner Tochter.«

Stella unterbrach ihn. »Das sind Märchen!«, schrie sie. »Ich halte diese Lügen nicht mehr aus! Der Zeuge war selbst ein Spitzel!«

Sie brach zusammen und weinte. Sie hatte ihren Vater aus der Asche von Auschwitz in den Chor der Ankläger einstimmen hören.

Währenddessen weigerten sich die Zuschauer, ruhig zu bleiben. Schrille Pfiffe und Flüche unterbrachen Stellas Aussagen. »Lügnerin!« und »Bestie!« schrien sie, als sie behauptete, die Zeugen seien alle in einer »Massenpsychose« befangen, sie selbst sei das Opfer von Feinden in der Jüdischen Gemeinde und »Intrigen« in den Sammellagern und ihre Ankläger verwechselten sie mit einer anderen Greiferin.

Einmal floh sie in der Mittagspause in den Sitzungssaal zurück, um hinter der Schutzschranke um ihren Platz Zuflucht zu suchen. Mehrere Zuschauer hatten im Gang versucht, sie anzugreifen, und einer von ihnen, ihr alter Gegner aus der Oper, Moritz Zajdmann, konnte ihr sogar eine Ohrfeige verpassen. »Wenn ich sie je zu fassen kriege, bringe ich sie um!«, rief ein anderer. Und als Stella am letzten Verhandlungstag sagte: »Ich bin unschuldig!« wurde das mit Pfiffen und höhnischem Gelächter quittiert.

Zur Erklärung – und vielleicht auch Verteidigung – erinnerten einige der Prozessbeobachter an den Kontext der NS-Zeit. »Ich konnte mich des Gefühls nicht erwehren, dass Stella Kübler-Isaaksohn nicht allein da auf der Anklagebank saß«, schrieb einer der Reporter. »Unsichtbar sitzt dort das ganze System des totalitären Staates ... Jeder misstraute jedem. Jeder hatte Angst vor seinem Nächsten. Unzählige Menschen waren bereit, den Nachbarn zu opfern, um selbst zu überleben.«

Ein halbes Dutzend Zeugen der Verteidigung äußerten freundliche Worte über die Person der Angeklagten. Eine Frau bezeugte, dass Stella im Sammellager Lebensmittel für sie eingeschmuggelt und Briefe an ihre Mutter befördert habe. Ein jüdischer Arzt war Stella dankbar, weil sie ihm mehrfach Tipps gegeben hatte, wenn eine Razzia der Gestapo bevorstand. Zwei ihrer Mithäftlinge in den kommunistischen Arbeitslagern nach dem Krieg berichteten, dass Stella dort eine zuverlässige Kollegin gewesen sei.

Offensichtlich hatte Stella im November 1944 eine innere Wandlung durchgemacht. Vor ihren Herren von der Gestapo hielt sie das geheim, sorgte aber dafür, dass es von potentiellen Opfern bemerkt wurde. So bezeugte Konrad Friedländer, ein im Versteck überlebender Bekannter Stellas, dass er sie und Rolf auf dem Ku'damm nahe dem Kempinski getroffen habe. Sie hätten von der Gestapo den Befehl, einen untergetauchten Juden mit Namen Michaelis festzunehmen, der in der Fasanenstraße wohnte, sagten sie. Stella bat Friedländer, den Mann zu warnen, was er auch tat.

Das war bezeichnenderweise in den letzten Tagen des Krieges, als sich das Glück längst gegen die Nazis und ihre Verbündeten gewandt hatte. Die Verfolgung der Verfolger war abzusehen.

Stella hatte noch mehr solche Begegnungen, als die Zeit der Abrechnung näher rückte. »Stella hat mir sehr geholfen«, teilte eine Hausfrau dem Gericht mit. »Unter meinem Einfluss wurde sie ein anderer Mensch, und während der letzten sieben Monate vor der Kapitulation hat sie niemanden mehr gefangen.«

»Ein anderer Mensch«? Das klang nach einer reichlich radikalen Umkehr, ziemlich unglaubhaft im Licht der anderen Aussagen. Der Zeugin der Verteidigung wurde nur oberflächliche Aufmerksamkeit zuteil. Es war natürlich Hertha Wolf, geschiedene Eichelhardt, Stellas Freundin und Beichtmutter. Sie machte einen ausgezeichneten Eindruck: klug, attraktiv, gut informiert, wohl kaum eine Lügnerin. Aber ihre Stella, die gebesserte Stella (wenn es sie denn gab), stand nicht vor Gericht.

Hertha Wolfs Aussage wurde schnell überschattet von der eines Mannes aus dem Lager Schulstraße, der Anfang 1945 mit Stella gesprochen hatte. Mit ihren Bemühungen, Juden zu schützen, hatte sie ihn zu beeindrucken versucht. Es war eine surreale Unterhaltung. Beide wussten, dass ihr Anspruch bald wertlos sein würde. Was Stella getan hatte, konnte nicht ungeschehen gemacht werden.

»Ich sagte ihr, das möge alles sein, aber wenn man nur einen verraten hätte, dafür müsse man sich verantworten. Da sagte sie mir wörtlich: ›Es geht ja dem Ende zu, da kann ich mir ja jetzt schon den Scheiterhaufen zusammentragen.‹«

Stella dramatisierte wieder einmal. Sie baute nie einen Scheiterhaufen, zu keinem Zeitpunkt dachte sie an Selbstmord. Sie war eine Kämpfernatur. Selbst während sie vor Gericht stand, fand sie noch eine Möglichkeit, eine geheime Guerilla-Aktion durchzuführen.

Sie musste einsehen, dass ihre Bemühungen, das Verfahren zu ihren Gunsten zu beeinflussen, nichts fruchten würden. Deshalb mobilisierte sie ihre literarischen Fähigkeiten, um hinter den Kulissen den verheerenden Eindruck zu verwischen, den ihre Ankläger hervorgerufen hatten. Immer wieder bombardierte sie Staatsanwälte und Richter mit langen Briefen, in denen sie um Erbarmen bat und eine Menge unglaubwürdiger Rechtfertigungen aufführte.

Sie posierte als Opfer eines Schreckgespenstes mit Namen »östlicher Bolschewismus«. Ungerechterweise hätten ihr die Kommunisten, die sie ins Lager geschickt hatten, alles genommen; sie hätte »keine Freude, keinen Himmel, Sonne, Blumen und Musik« mehr erlebt. Sie sei seelisch gebrochen. »Ich verzweifle!«

Wie könne die Gesellschaft so grausam gegenüber einer armen Frau und so hingebungsvollen Mutter sein? Ihr Kind sei ihr im Alter von vier Monaten entrissen worden, und noch immer sei sie untröstlich. »Das Kind ist mein Leben!«, rief sie.

Ihre Misere rühre aus den Eifersüchteleien, die im Lager Große Hamburger Straße wucherten, klagte Stella. »Das Lager war ein Vulkan, und wer nicht verrückt werden wollte, tanzte an seinem Rand«, schrieb sie. »Es war nicht meine Schuld, dass ich auffallend aussah, dass ich anders war als alle anderen. Ich war nicht eitel und habe nicht versucht, mich moralisch zu überheben. Ich war ein Opfer der Zeit.«

Das klang fast wie bei Hitler, wenn er die Juden für die Probleme Deutschlands verantwortlich machte. So gab Stella ihrem guten Aussehen die Schuld für ihre Schwierigkeiten. Ihre Schönheit sei »der Jüdischen Gemeinde ein Dorn im Auge« gewesen, teilte sie ihren Richtern mit. Die Juden verfolgten sie. »Sie wollen noch immer mein Blut sehen«, beharrte sie. »Ich sehe ihnen immer noch zu gut aus, trotz meiner TB.«

Könnte Stella wirklich selbst ein Opfer gewesen sein? Vielleicht ein Opfer ihrer Opfer? Der jüdischen Organisationen? Der Zeit? Des Bolschewismus? Ihrer Schönheit? Einer seelischen Krankheit?

Das Gericht bestellte einen hervorragenden und angesehenen Psychiater, Dr. Waldemar Weimann, zur Begutachtung von Stellas Persönlichkeit. Er war offensichtlich fasziniert, als er im Gerichtssaal ihren Charakter mit »einer römischen Villa im Sommer« verglich: fest verschlossen, mit verhängten Fenstern. Einen Blick hineinzuwerfen sei unmöglich. Innen möge Totenstille herrschen – oder ein rauschendes Fest stattfinden; niemand könne das wissen.

Der erfahrene Dr. Weimann hatte im Vernehmungszimmer einen positiven Eindruck von Stellas frühen Jahren zu Hause bekommen. Körperlich war sie zart und anämisch, aber »außerordentlich zäh«. Sie war ein »Spätentwickler« und neigte zur Theatralik. Ihre überdurchschnittliche Intelligenz, ihr zuverlässiges Äußeres und ihr gewandter Umgang mit Sprache ließen sie Einschränkungen schnell abschütteln. Der Arzt fand Stella »von großer Gemütsarmut und Gefühlskälte«, ihr Denken sei »stark egozentrisch«.

Alles in allem bezeichnete Dr. Weimann sie als »schizoide Psychopathin«, die zur Zeit ihrer Verbrechen wahrscheinlich noch kindliche Züge gehabt habe. Jedoch seien ihre Mängel zu keiner Zeit so ausgeprägt gewesen, dass diese »Krankheitswert« erreicht hätten. Sie sei jederzeit in der Lage gewesen zu erkennen, dass ihr Handeln Unrecht war. Ihr Erkenntnisvermögen sei nicht wesentlich vermindert. Sie war klinisch gesund.

Noch einmal startete Stella im Gerichtssaal einen Appell und versuchte, sich als Opfer darzustellen. In Anbetracht ihrer sichtlich eindrucksvollen Erscheinung war ihre Selbsteinschätzung rührselig und unglaubhaft.

»Ich bin heute Krüppel«, flehte sie. »Ich habe nur noch kurze Zeit zu leben. Ich habe ein Kind. Ich möchte für dieses Kind da sein. Nie habe ich leben können, wie ich wollte. Nach der Unmenschlichkeit, die ich im Gefängnis erfahren habe, bitte ich Sie, menschlich zu urteilen.«

Die Zuschauer murrten ungläubig.

In ihrem Urteil machten die Richter deutlich, dass sie Stella jeden vernünftigen Zweifel zugutehalten wollten. Sie erwähnten ihre Unreife in den Kriegsjahren; den verbrecherischen Druck, den die Gestapo auf sie ausgeübt hatte; Stellas ursprünglichen Wunsch, ihre Eltern vor der Deportation zu bewahren, und ihr anständiges Verhalten in den Arbeitslagern der Nachkriegszeit. Dennoch, das Ziel und die Intensität ihres verbrecherischen Verhaltens hatten bei den Richtern keinen Zweifel offengelassen.

»Sie wusste, dass sie Hitlers Verfolgung der Juden unterstützte, und das wollte sie auch«, schrieben sie. »Vor allem wusste sie, dass die Deportation der Juden nach Auschwitz deren Tod war. Die Angeklagte hat das selbst als Grund dafür angeführt, dass sie ihre Eltern vor der Deportation zu bewahren versuchte …«

Mit welcher Hingabe Stella ihrer Aufgabe nachging, erregte den Abscheu der Richter. Sie schrieben: »Ihr war es zuzumuten – ebenso wie anderen Leidensgenossen –, das Ansinnen der Gestapo abzulehnen, oder nur zum Schein – wie es ihr ihre Mutter riet – darauf einzugehen. Stattdessen hat die Angeklagte in großem Umfang, geradezu mit einem sportlichen Ehrgeiz in einer Vielzahl von Fällen ihre Greifertätigkeit durchgeführt.«

Die Staatsanwaltschaft hatte eine Gefängnisstrafe von fünfzehn Jahren für die Jägerin gefordert. Das Gericht verkündete eine zehnjährige Strafe. Weil Stella zehn Jahre bereits abgebüßt hatte, wurde die Strafe nach der Berufung ausgesetzt. Zum zweiten Mal frei, kehrte sie mit all ihrer Eleganz heim und stürzte sich wenig später in eine dritte Ehe. Über ihre Motive blieben viele Fragen offen.

23. Stellas Tochter

»Mein Kind wartet täglich vor der Tür, es schläft nicht und hat kein Interesse an der Schule. Das Kind ist mein ganzes Leben.«

So lautete Stellas Bitte um Mitgefühl in einem der Briefe, die sie den Richtern vor ihrem Prozess schrieb.

Die Richter bekamen noch eine zweite Beschreibung über den Zustand der Tochter, und darin verzehrte sich Yvonne nicht nach ihrer Mutter. Beauftragte des Amts für Sozialfürsorge im Bezirk Schöneberg berichteten: »Das Kind befindet sich in einer sehr schwierigen Situation, da es sich nur langsam an den Gedanken gewöhnen kann, dass es plötzlich eine Mutter hat.«

Diese Formulierung war auch nicht fehlerfrei. Es war Stella gelungen, die Sozialarbeiter über die heftige Auseinandersetzung bei Yvonnes erstem Treffen mit ihrer Mutter im Unklaren zu lassen. Das folgende Tauziehen zwischen Mutter und Tochter hielt das Sozialamt und die gerichtlichen Stellen noch für ein Jahrzehnt in Atem. Die polarisierte Verwandtschaft der beiden machte Feindseligkeiten unvermeidlich.

Für Stella bedeutete ihre Tochter tatsächlich alles. Während der zehn kummervollen Jahre in kommunistischen Arbeitslagern hatte die Mutter nicht einmal in Erfahrung bringen können, wo das Kind war, das man ihr in Liebenwalde entrissen hatte. Das Mädchen war der Magnet, der Stella nach Berlin mit seinen rachsüchtigen Überlebenden zurückzog. Wenn sie sich irgendwo anders niedergelassen hätte, wäre sie vielleicht der neuerlichen Strafverfolgung entgangen. Aber sie sah sich als rechtmäßige Mutter eines gekidnappten Kindes und trat an die Öffentlichkeit – der Star, wieder einmal –, weil sie die Möglichkeit sah, nicht nur einem Kind, sondern auch den Behörden ihren Willen aufzuzwingen, die nach den beispiellosen Ungerechtigkeiten auf allen Seiten im Krieg noch ein empfindliches Gewissen hatten.

Für ihre Tochter war Stellas dramatisches Auftauchen aus heiterem Himmel schlechthin die Hölle.

Yvonne war allein in der Wohnung ihrer Pflegeeltern, der Ellmanns, als es an der Tür klingelte. Sie fragte, wer da sei. Eine Frau antwortete: »Mach die Tür auf.«

Yvonne sagte, sie würde einer Fremden nicht öffnen. Tante Erika, ihre Pflegemutter, hatte ihr das längst beigebracht. Und kürzlich hatte sie ihre Warnung noch einmal wiederholt. Yvonne hatte noch mehr Anzeichen dafür wahrgenommen, dass sich etwas Unheimliches ereignete. Tante Erika, ohnehin immer nervös, sah noch besorgter aus als sonst. Yvonne las gern Zeitungen; jetzt fand sie keine Zeitung mehr im Haus. Sie wurde offensichtlich vor etwas abgeschirmt, aber sie war zu scheu, um zu fragen, was geschah.

Die Frau vor der Tür wurde eindringlicher. »Für mich kannst du die Tür öffnen«, sagte sie.

Yvonne sah durch den Spion in der Tür und war verblüfft. Die Frau, die davorstand, war elegant gekleidet und außerordentlich schön, schöner als alle Menschen, die Yvonne je gesehen hatte. Aber sie dachte an Tante Erikas Ermahnungen und weigerte sich weiterhin, die Tür zu öffnen.

Die Frau wurde ungeduldig. »Du darfst mir die Tür aufmachen«, sagte sie wieder. »Ich bin deine Mutter.«

Yvonne fuhr zurück. Nichts hätte das Kind schlimmer treffen können. Nie hatte sie von einer Mutter gehört. Jahre später erinnerte sie sich: »Mir war, als hätte mir jemand einen Dolch ins Herz gebohrt.« Zitternd stand sie hinter der Wohnungstür, aber es gelang ihr trotzdem, sich zu beherrschen.

»Sie sind sehr schön«, sagte sie leise, »aber ich habe keine Mutter.«

Die Frau machte keine Anstalten zu gehen und beharrte darauf, dass sie die Mutter des Kindes sei.

Yvonne war völlig durcheinander. »Sie sind verrückt!«, rief sie. »Und wenn Sie verrückt sind, gehen Sie doch woanders hin!«

Die Frau weigerte sich zu gehen. Immer wieder forderte sie Einlass, und das Kind weigerte sich weiterhin. Schließlich gab Yvonne nach, ihre Neugier war erwacht: Was konnte ihr schon passieren? Sie öffnete die Tür.

Stella marschierte sofort ins Wohnzimmer, setzte sich aufs Sofa und befahl Yvonne: »Gib mir einen Kuss. Ich habe sehr lange nach dir gesucht.«

Diese unangemessene Forderung nach augenblicklicher Vertraulichkeit erschreckte das Kind. Es hielt Abstand und sagte abermals: »Ich habe keine Mutter.«

Als Stella aufstand und auf Yvonne zuging, wich das Mädchen hastig zurück. »Fassen Sie mich nicht an!«, schrie sie. »Kommen Sie mir nicht zu nahe!«

Doch Stella kam näher; sie versuchte Yvonne einzufangen. Das

Kind wehrte sich. Es gab ein Handgemenge. Yvonne war kräftig, und ihre Wut machte sie noch kräftiger. Sie schaffte es, ihre Mutter aus der Wohnung zu drängen.

»Du wirst schon sehen, dass ich deine Mutter bin«, stieß Stella hervor, als sie zur Treppe ging.

Sie hatte ihre Haare schwarz gefärbt, vermutlich, um nicht als das »blonde Gift« erkannt zu werden.

Yvonne verriegelte verwirrt alle Türen und überprüfte die Schlösser. Zitternd rief sie dann Tante Erika an ihrer Arbeitsstelle an und sagte ihr, dass eine Frau dagewesen sei, die ihre Mutter zu sein behauptete. »Sie ist verrückt«, sagte Yvonne.

Erika Ellmann kam sofort nach Hause. Aber was und wie viel sollte sie dem Kind erzählen? Sie rief Siegfried Baruch an, Yvonnes Vormund. Doch er und seine jüdischen Freunde und Berater wussten auch nicht recht, wie sie sich in dieser Krise verhalten sollten.

Die ersten zehn Jahre ihres Lebens hatte Yvonne dank der Liebe und Güte von Fremden überlebt. Später glaubte sie, sie sei im Gefängnis zur Welt gekommen (das passte in ihre Vorstellung von sich selbst), nicht im Krankenhaus Liebenwalde. Und sie meinte, sie sei gefährlich klein für ihr Alter gewesen, als sie ins Jüdische Krankenhaus gebracht worden war, nicht gesund und munter, wie Schwester Alice Safirstein sie im Gedächtnis hatte, die sie in jenem schrecklichen Winter Anfang 1946 nach Berlin geholt hatte.

Yvonnes Erinnerungen an ihr nächstes Heim, das jüdische Waisenhaus in Niederschönhausen im Ostsektor, waren ebenfalls eher trist. »Sie glaubten, ich würde nicht überleben«, berichtete sie. »Aber es gab offenbar ein Mädchen da, fünfzehn oder sechzehn Jahre alt, die sagte, wenn sie alle meinten, dass ich sowieso sterben würde, dann wollte sie mich mit in ihr Bett nehmen und sich um mich kümmern. Wahrscheinlich hab ich dank ihrer Zuwendung und Pflege überlebt.«

Yvonne war das jüngste von gut dreißig entwurzelten Kindern in diesem Heim; sie war hübsch mit ihren großen Augen, sehnte sich nach Liebe und wurde von den anderen beschützt. Der Leiter, Siegfried Baruch, ein würdevoller, erfahrener Pädagoge von großem Ansehen, wurde ihr gesetzlicher Vormund und blieb immer eine Vaterfigur für sie. Keinen Menschen hat sie je mehr verehrt. Er verlangte äußerste Disziplin, war kinderlos und hatte Auschwitz überlebt, wo seine Frau umgekommen war. Nun schenkte er seine Liebe Stellas Tochter.

Helmut Binnewies, einer der älteren Jungen, beobachtete mit einer Spur Neid, dass Baruch Yvonne auf Spaziergänge mitnahm und sie manchmal bei Tisch auf seinem Schoß sitzen ließ. An Sonntagnachmittagen bekam sie gelegentlich eine Extraportion Nachtisch, und ihr Zimmer lag direkt neben der kleinen Privatwohnung des Direktors.

Als glühender Zionist hielt es Baruch für seine Pflicht, den ihm anvertrauten Kindern ein Gefühl von jüdischer Identität zu vermitteln. Die Küche war koscher. Am Freitagabend wurden Kerzen angezündet. Die Gottesdienste in dem kleinen Gebetsraum wurden auf Hebräisch gehalten, nicht auf Deutsch. Palästina wurde als das Gelobte Land für alle gepriesen.

1952 erschütterte die Angst vor neuen antisemitischen Verfolgungen, diesmal vonseiten der Kommunisten in der DDR, das Waisenhaus unter traumatischen Umständen. Mitten in der Nacht wurden die Kinder auf Lastwagen in den Westen gebracht, und die älteren ermahnten die jüngeren, leise zu sein. Yvonne erlebte das als eine weitere Zurückweisung; es war ein gefährlicher Ausbruch, wie die Flucht vor den Nazis, von denen sie gehört hatte.

Während ihres Aufenthalts in ihrem nächsten Heim, dem Jüdischen Gemeindezentrum in Westberlin, verschwanden die anderen Kinder nach und nach. Baruch zeigte sich auch seltener. Yvonne war einsam, und das Gefühl der Verlassenheit hat sie nie ganz losgelassen, auch Jahre später nicht, als sie niemand mehr irgendwo »unterbrachte« wie einen vergessenen Koffer.

Schließlich waren alle anderen Kinder fort, und Yvonne lebte eine Weile im schnell und gediegen wiederhergerichteten Jüdischen Krankenhaus. Natürlich wusste sie nicht, dass hier ihre Mutter als Verräterin agiert hatte. Yvonne fand diese Welt interessant und entwickelte eine lebenslange Vorliebe für Krankenhäuser, aber natürlich war das keine angemessene Umgebung für ein Kind. Deshalb gab die jüdische Wohlfahrtsabteilung sie an ein kinderloses Ehepaar, das aus Polen stammte und in einer Villa im Grunewald wohnte: Natan und Ursula Celnik.

Natan Celnik, damals Anfang vierzig, war ausgebildeter Jurist, und er war nicht nur wohlhabend, er war reich. Vor dem Krieg hatte er die Fabrik seines Vaters mit 600 Arbeitskräften geleitet, in der Mauersteine, Dachziegel und Keramik hergestellt wurden. Es war ihm gelungen, einen großen Teil seines Kapitals in die USA zu transferieren. Im Berlin der Nachkriegszeit importierte er Porzellan, handelte mit Antiquitäten, fertigte Akkordeons für den Export an und wurde noch reicher. Er und seine Frau liebten die kleine Yvonne und verzogen sie; sie gaben ihr alles, was ein Kind sich wünschen konnte, die schönsten Kleider, Spielsachen und ein Kindermädchen. Yvonne hat dies immer als die schönste Zeit ihres Lebens empfunden, aber nach einem Jahr war sie zu Ende, weil die Celniks nach Amerika auswanderten.

Yvonne wurde wieder an einem anderen Ort untergebracht, diesmal bei »Tante Erika«, einer liebevollen, aber zermürbten und mittellosen Mutter von drei Kindern aus der jüdischen Arbeiterklasse. Sie kochte im Jüdischen Gemeindezentrum. Ihr Leben sollte bald noch schwerer werden. Denn nachdem Yvonne den ersten Versuch ihrer Mutter, sie »in Besitz zu nehmen«, zurückgewiesen hatte, wurde Erika Ellmann die bevorzugte Zielscheibe für Stellas Nötigungsversuche im Kampf um ihre Tochter.

Es begann damit, dass Stella wieder im Wohnzimmer der Ellmanns in der Grüntaler Straße im Wedding erschien und die Herausgabe ihrer Tochter verlangte, als ob die Pflegeeltern das Kind gekidnappt hätten. Frau Ellmann und ihr Mann versuchten, vernünftig mit der Mutter zu reden, aber ohne Erfolg.

»Wie können Sie mir meine Tochter vorenthalten?«, schrie Stella.

»Raus!«, brüllte Herr Ellmann schließlich.

Yvonne war oben in ihrem Zimmer eingeschlossen; sie hörte alles und weinte.

Ihre Beschützer wollten Yvonne gern vor der Wahrheit über ihre Mutter bewahren; sie fanden, die Tatsachen seien zu grässlich für ein so junges und verletzliches Kind und würden nur ein Trauma verursachen. Sie erwirkten eine gerichtliche Verfügung, mit der Stella untersagt wurde, die Wohnung der Ellmanns zu betreten. Da sie Yvonne auch die schrecklichen Berichte über den Mordprozess gegen Stella vorenthalten hatten, hofften sie, dass das Kind weiterhin die Mutter nur für eine verrückte Einbrecherin halten würde.

Stellas Kampf um die Tochter machte das unmöglich. Sie erschien in Yvonnes Schule und wollte ihr Kind sehen. Die Schulleitung konnte sie abwehren. Aber als sie immer wieder kam, begann Yvonne hässliche Gerüchte über die Vergangenheit ihrer Mutter zu hören. Sie wurde immer niedergeschlagener und in sich gekehrter. Ihre Zensuren sanken dramatisch. Man musste ihr die Wahrheit sagen.

Diese Aufgabe fiel ihrem geliebten Vormund Baruch zu. Er bewältigte sie, indem er Yvonne immer noch einige der schlimmsten Details verschwieg. Aber sie verstand, dass die schöne Fremde tatsächlich ihre Mutter war und dass ihre Angst vor ihr nicht unberechtigt war. Ihre Mutter hatte die Verantwortung für den Tod vieler Juden zur Zeit der Verfolgung.

Yvonne war sehr niedergeschlagen. »Als ob ein Berg über mir zusammengebrochen wäre«, sagte sie später.[2] Baruchs Eröffnung war eine Katastrophe, von der sie sich nie ganz erholte. Zunächst war die Enthüllung der Beginn von unerbittlichen Feindseligkeiten gegen ihre Mutter – einem Krieg, dessen hitzigste Phase fast ein Jahrzehnt dauern sollte.

Raffiniert wie immer versuchte Stella, die Hilfe Westberliner Gerichte in Anspruch zu nehmen. Es war ein günstiger Zeitpunkt für derartige Maßnahmen; die Besatzungsmächte, Amerikaner und Engländer, hatten die deutschen Juristen gerade darüber aufgeklärt, dass die Bürgerrechte für alle galten, auch für verabscheuungswürdige Mörder.

Stellas erstes Manöver, eine Klage, mit der sie die Vormundschaft für ihr Kind erkämpfen wollte, scheiterte. Das Gericht wollte aber die Rechte leiblicher Mütter durchaus anerkennen und ordnete deshalb an, dass Yvonne Stella einmal die Woche besuchen müsse. Der Richter wollte prüfen, ob sich nicht doch eine dauerhafte Beziehung zwischen Mutter und Tochter entwickeln könnte.

Yvonne und ihre Beschützer waren entsetzt. Das Kind betrachtete die Mutter als eine Verbrecherin sondergleichen. Ihre Mentoren fürchteten Stellas gegenwärtige Absichten fast ebenso wie ihre vergangenen Verbrechen. Möglicherweise würde sie Yvonne kidnappen. In jedem Fall würde ihr Einfluss auf ein streng religiös erzogenes jüdisches Mädchen schrecklich sein.

Stella hatte sich nach ihrer Entlassung aus dem Gefängnis nicht nur offiziell in einer kirchlichen Zeremonie dem Christentum zugewandt, sie zeigte ihre antisemitische Haltung auch und machte gegenüber Bekannten auf der Straße beleidigende Bemerkungen über Juden. Sie hatte zum dritten Mal geheiratet, und Yvonne hörte, dass der neue Mann als Nazi bekannt sei.

Er hieß Friedheim Schellenberg, und die Ellmanns hassten auch ihn. »Aus dem hätte man drei SS-Männer machen können«, sagte Tante Erika. Möglicherweise hatte Schellenberg dies durch die Länge seines Ledermantels selbst heraufbeschworen. Andererseits war Stellas Abkehr von ihrer Herkunft und ihre Ablehnung alles Jüdischen, ihr Traum seit der Schulzeit in der Goldschmidt-Schule vor dem Krieg, eine Tatsache.

Yvonnes Vormund und ihre Pflegeeltern instruierten sie vor den Besuchen bei ihrer Mutter genauestens, wie einen Boxer, bevor er in den Ring steigt. Yvonne musste mit der S-Bahn nach Schöneberg fahren. Der »Nazi« holte sie dort vom Bahnhof ab. Der Besuch bei Stella durfte nicht länger als zwei Stunden dauern.

Wenn Yvonne nicht zur abgemachten Zeit zurück war, würden die Ellmanns die Polizei rufen.

Yvonnes Helfer hatten ihre Standhaftigkeit unterschätzt. Sie trat ihrer Mutter mit nicht nachlassendem Zorn gegenüber. Manchmal gab sie vor, krank zu sein, so dass der Besuch abgesagt werden konnte. Sie bummelte am Bahnhof und nahm einen späteren Zug, um die Besuche abzukürzen. Sie hätte sich gern ganz und gar geweigert, aber sie hatte das Gefühl, sie sei dazu verpflichtet. Wenn sie gestreikt hätte, hätten sich die Ellmanns, Herr Baruch und seine Berater von der Jüdischen Gemeinde noch mehr Sorgen gemacht. Yvonne fühlte sich ohnehin schon schuldig, weil sie all diesen guten Menschen so viel Ärger bereitete.

Also machte sie Woche um Woche die verhassten Besuche. Der »Nazi« holte sie vom Bahnhof ab. Sie sprach nicht mit ihm. Stella wartete in der Wohnung Kyffhäuserstraße 12; sie saß auf der Couch. Yvonne setzte sich so weit wie möglich weg und demonstrierte einen passiven Widerstand, den Mahatma Gandhi zu schätzen gewusst haben würde. Sie übte, dazusitzen mit dem Gefühl, dass sie nicht wirklich da wäre, und vor sich hin zu starren, ohne zu zeigen, dass sie überhaupt etwas in sich aufnähme.

Die Dialoge mit ihrer Mutter liefen immer nach dem gleichen Muster ab.

»Gib deiner Mutter einen Kuss«, forderte Stella.

»Du bist nicht meine Mutter, du bist eine Mörderin!«

Stella bestand auch darauf, dass Yvonne sie als »Mutter« anredete. Das Mädchen weigerte sich.

»Du bist Stella!«, schrie das Mädchen und stieß den Namen wie einen Fluch hervor.

Schließlich wurde Stellas Mann wütend und kam seiner Frau zu Hilfe. »Du gehst jetzt zu deiner Mutter, oder ich brech dir sämtliche Knochen im Leibe!«, brüllte er.

»Ich hab keine Angst!«, schrie Yvonne. »Du hast Juden getötet! Wie viele hast du umgebracht? Wenn ihr mir die Knochen brechen wollt, na los! Nur zu!«

So ging es weiter. Einmal versuchte Stella, ihre Tochter für Modezeichnungen zu interessieren, die sie gemacht hatte. Yvonne weigerte sich, sie auch nur anzusehen. Schließlich brachte Stellas Mann Yvonne wieder zum Bahnhof. Manchmal durfte sie auch allein gehen. Einmal sagte der »Nazi«, sie dürfe nicht gehen, ehe sie ihre Mutter nicht umarmt hätte. Yvonne wandte ihre Methode des passiven Widerstands an.

»Mir egal«, gab sie zurück, »dann bleib ich eben.« Sie wusste ja, dass die Ellmanns die Polizei rufen würden, wenn sie nicht rechtzeitig zurück war. Stella und ihr Mann müssen so etwas geahnt haben. Sie ließen Yvonne gehen, und diesmal rannte sie zur Bahn, so schnell sie konnte. Zu Hause erinnerte Tante Erika sie daran, dass sie nur laut zu schreien brauchte, wenn sie in der Wohnung ihrer Mutter in Bedrängnis geriete.

Yvonne, inzwischen zwölf, merkte, dass sie eine *Cause célèbre* wurde. Alle Berliner Juden hatten von ihren Problemen gehört, verfolgten die Entwicklung und quälten sich mit ihr. Sie war gerührt, dass sich so viele Menschen Gedanken machten, aber das Getue um ihr Wohlbefinden beeinträchtigte ihre Sehnsucht nach Ungestörtheit. Sie hasste es, ein Sonderfall, Stellas Tochter zu sein, hasste all die prüfenden Blicke und die Belastung durch den »Makel« der Vergangenheit ihrer Mutter. Sie wollte nicht »gebrandmarkt« sein.

Yvonne fühlte diesen »Makel«, diese »dunkle Seite« an sich so deutlich, dass sie, als Tante Erika sie wegen einer Kleinigkeit milde strafte, überlegte, ob sie leiden musste, weil sie Stellas schlechter Spross war. Erika hatte Verständnis. »Yvonne hatte nur einen Gedanken«, erinnerte sie sich, »das, was Stella den Juden angetan hatte, zu sühnen.«

Die gute Frau fühlte sich hilflos. Sie sprach über ihre Qualen mit Herrn Baruch, der einen Psychologen zuzog. Niemand wusste, was zu tun war.

Da tauchten plötzlich die freundlichen Celniks bei einer ihrer Geschäftsreisen wieder auf und boten an, Yvonne zu adoptieren. Alle, auch Yvonne, hielten das für das Beste. Nur Stella nicht. Weinend flehte sie – von Mutter zu Mutter – Ursula Celnik an, die Yvonne sehr liebte. Sie hätte Stella gern ignoriert, vor allem nachdem Baruch sie aufgesucht und ihr gesagt hatte: »Die Mutter ist eine schlechte Person!«

Aber Natan Celnik änderte jetzt seine Ansicht über die Adoption. Sein Moralgefühl war verletzt. »Wie kannst du überhaupt noch daran denken?«, fragte er seine Frau. Zu Yvonne sagte er: »Sie ist immer noch deine Mutter! Ich kann dich ihr nicht wegnehmen! Du weißt nicht, was sie erlebt hat, was sie veranlasst hat zu tun, was sie getan hat.«

Damit war der Plan einer Adoption vom Tisch, weil die besitzergreifende Stella ihre Zustimmung verweigert hatte.

Eines Abends nahm Yvonne ein Messer mit ins Bett. Sie wollte dort friedlich verbluten. Während ihres Aufenthalts im Jüdischen Krankenhaus hatte sie Fälle von Selbstmord miterlebt und glaubte zu wissen, wie sie sich die Handgelenke aufschneiden und die Qualen aller, einschließlich ihrer eigenen, beenden könnte. Doch sie schlief ein, und ihr Todeswunsch blieb unerfüllt.

Stella ließ sich von Yvonnes Widerstand gegen ihre herrische Art, Zuneigung zu zeigen, nicht abschrecken und übte weiterhin Druck auf die Gerichte aus. Sie forderte, dass Yvonne über Nacht bei ihr bliebe. Yvonne drohte mit Selbstmord. Das Gericht lehnte eine Erweiterung der Besuche ab.

Dann beantragte Stella, Yvonne sollte ihren Namen tragen und der gleichen Glaubensgemeinschaft angehören. Der Richter bestellte das Mädchen zu einem persönlichen Gespräch. Der Machtkampf tobte. Stella war fest entschlossen, dieses Kind an sich zu reißen, das einzige auf der Welt, das Gefühle in ihr hervorrief.

Für die meisten jungen Menschen wäre ein solcher Druck unerträglich gewesen und hätte vielleicht ihr Leben zerstört. Nicht für Yvonne, wie es schien. Sie nahm die Herausforderung an, stellte sie auf den Kopf und bewies ihre robuste Persönlichkeit. Es war eine Gabe ihres Innersten, der Überlebenden – eine Demonstration der Zähigkeit, die sie sich auch als Erwachsene bewahren sollte: Sie ertrug Härten und Mühsal und ging gestärkt aus solchen Kämpfen hervor, mit neuen Waffen gegen neues Unglück gerüstet. Die Schrecken im Leben dieses Kindes hatten es in einem Alter auf den Überlebenskampf vorbereitet, als andere kleine Mädchen noch mit Puppen spielten.

Man hatte Yvonne darüber informiert, dass ein Kind von zwölf Jahren nach westdeutscher Rechtsprechung eine Menge Möglichkeiten hat, selbst über sein Leben zu entscheiden. Für die Unterredung mit dem Richter wappnete sie sich mit der gewohnten Stärke. Sie beschloss, aufrichtig zu sein, aber nicht nachzugeben und sich von ihrer Vorstellung, wohin sie gehörte, nicht abbringen zu lassen. Sie zweifelte nicht an sich selbst.

Die Anhörung war nur kurz. Yvonne erinnerte den Richter daran, dass ihr Name und die Religionszugehörigkeit seit ihrer Geburt feststünden und dass ihre Familie in Auschwitz umgekommen sei. Sie sei Jüdin, sagte sie, und dabei bleibe es.

»Gott hat mich zur Jüdin gemacht, und Jüdin bleibe ich«, beharrte sie. Der Richter entschied zu ihren Gunsten.

Obwohl das Gericht keinen Grund sah, ihr einen anderen Familiennamen als Meissl zu geben, gelang es Stella dennoch, eine Änderung durchzusetzen. Sie plante eine Intrige.

Als Yvonne dreizehn war, beschloss die gekränkte Rebellin und Unruhestifterin Stella, eine Unterhaltsklage gegen Heino Meissl anzustrengen. Es war reichlich spät für den Versuch, Meissl Geld aus der Tasche zu ziehen. Er wohnte in München und war mit einer Ärztin verheiratet. Mit Stella hatte er seit mehr als zehn Jahren keinen Kontakt mehr gehabt, und von Yvonne hatte er nie etwas gehört. Entrüstet leugnete er, der Vater zu sein, und in Berlin wurde eine Vaterschaftsprüfung anberaumt.

Es war wie eine Szene aus einem Kafka-Roman. Yvonne wurde in einen großen tristen Büroraum geführt und dort mit ihrer Mutter und einem fremden Mann allein gelassen. Sein Name war, das hatte man ihr gesagt, Meissl – wie ihrer. Er war groß und gutaussehend, wandte sich aber gleich von ihr ab. Niemand sagte etwas. Yvonne hatte das Gefühl, sie würde geprüft, konnte sich aber nicht vorstellen, weshalb. Sie hatte nur gehört, dass ihre Mutter Geld aus diesem Mann herauszuschlagen versuchte, und das überraschte sie nicht. Stella wollte immer Geld von anderen Leuten.

Dann wurden die drei einander so nahestehenden Fremden in verschiedene Richtungen fortgeführt und lange Zeit einzeln untersucht. Es wurden Fingerabdrücke und Blutproben genommen. Schädel und andere Körperteile wurden peinlich genau vermessen, besonders aufmerksam wurden Finger und Zehen geprüft. Als sie diesen absonderlichen Schauplatz verließ, sah Yvonne, dass der Name Meissl auf ihrer Akte ausgestrichen worden war. Man teilte ihr mit, ihr Name sei Goldschlag.

Aber wer war ihr Vater? Später behauptete Yvonne immer, das sei völlig gleichgültig. Sie konnte mit der Realität umgehen. Sie wusste längst, dass Stella im Krieg mit vielen Männern geschlafen hatte. Ihr Vater konnte Rolf Isaaksohn sein oder Walter Dobberke, einer seiner Gestapo-Kollegen oder ein anderer dieser Männer, die das Chaos beim Kampf ums Überleben – und Stellas wirre Psyche – in das Bett dieser Mutter gelockt hatten.

Vielleicht war doch Meissl ihr Vater. Da Yvonne diese Vaterschaftsprüfung nicht genau verstanden hatte, konnte sie ihn als möglichen Kandidaten nicht ausschließen.

»Warum hat es niemand für nötig gehalten, mir die Sache mit meinem Vater zu erklären?«, grübelte sie Jahre danach. Sie zuckte die Achseln.

Lange Zeit nach dieser Begutachtung vor Gericht suchte sie sich aus dem Münchener Telefonbuch Meissls Adresse heraus und schrieb ihm einen Brief; höflich fragte sie darin an, ob sie seine Tochter sein könnte. Sie bekam nie eine Antwort.

Stellas hartnäckige Versuche, die Gerichte für ihre Zwecke einzuspannen, wollten noch nicht enden. Sie klagte auf volle Vormundschaft für ihr Kind und wurde wieder einmal bei einer faustdicken Lüge ertappt. In ihrer Klage behauptete sie, Yvonne sei nicht besonders intelligent; sie sollte deshalb Hilfskraft in einem Supermarkt in der Nähe ihrer eigenen Wohnung werden.

Yvonne entnahm dem, dass Stella ihren Verdienst einstecken wollte. Das Gericht beschloss, der Sache auf den Grund zu gehen und ordnete eine Untersuchung von Yvonnes Intelligenz an.

Yvonne, inzwischen vierzehn Jahre alt, kam sich langsam wie ein Versuchskaninchen vor. Die Prüfung dauerte wieder einen ganzen Tag. Sie erfuhr, dass sie einen hohen Intelligenzquotienten habe. Das Gericht, ihre Pflegeeltern und ihr Vormund rieten ihr daraufhin, selbst einen Beruf zu wählen und die Ausbildung fern von Berlin, fern von Stella zu machen.

Seit ihrer Zeit im Jüdischen Krankenhaus träumte Yvonne davon, Ärztin zu werden. Es blieb ein Traum, denn ein so langes und teures Studium würde niemand finanzieren. Es reichte jedoch für die nächstliegende Alternative, den Beruf der Krankenschwester. Sie besuchte eine der besten Krankenpflegeschulen, in Marl bei Recklinghausen in Nordrhein-Westfalen. Dort war sie die einzige Jüdin, also abermals isoliert, erst in der Schwesternvorschule und dann in der Ausbildung als Schwester im Krankenhaus.

Yvonne hatte es nicht leicht als jüdische Heranwachsende, als Angehörige der vielleicht kleinsten Minorität in Deutschland. »Ich traf überall auf Nazis«, erinnerte sie sich. »Ich musste an jüdischen Feiertagen arbeiten. Die jüdische Gemeinde setzte sich für mich ein, und es stellte sich heraus, dass der Leiter, der mich zur Arbeit an Feiertagen eingeteilt hatte, der SS angehört hatte.«

Sie erlebte weitere Nachwehen des Holocaust, die eine schwächere Persönlichkeit hätten zugrunde richten können. Nie würde sie die jüdische Patientin vergessen, die von dem Professor untersucht werden sollte, mit dem Yvonne zu der Zeit eng zusammenarbeitete. Der Arzt trat ein und stellte sich vor. Die Patientin sah ihn mit schreckgeweiteten Augen an.

»Sie haben doch im Lager gearbeitet ...«, sagte sie entsetzt. Ohne auf eine Antwort zu warten, nahm sie ihre Sachen und rannte aus dem Untersuchungszimmer.

Yvonne konnte nicht mehr für diesen Professor arbeiten, aber ihre Begeisterung für diese Ausbildung verlor sie nicht, und sie verdammte auch die Deutschen nicht kollektiv. Viele Deutsche standen ihr bei. Die Leiterin der Krankenpflegeschule zum Beispiel hatte sehr viel Verständnis für sie. Sie begriff, welche Schwierigkeiten Yvonne als Jüdin hatte, und gab hilfreiche Weisungen an ihre Mitarbeiter aus. Die Leiterin war auch über Yvonnes Krieg mit Stella informiert und behandelte die seltsame Mutter sehr geschickt, als Stella – wie zu erwarten war – im fernen Marl auftauchte. Sie versuchte immer noch, das Leben ihrer verlorenen Tochter zu bestimmen.

Yvonne musste ihre Mutter nicht mehr besuchen. Es kamen zwar immer noch Briefe von der abgelehnten Mutter an die Leiterin, aber schließlich wurde sogar Stella es leid, Yvonne zu verfolgen und dabei nur auf Granit zu beißen. Die einseitige Korrespondenz endete 1966. Yvonne hatte nie wieder Kontakt mit ihrer Mutter.

24. Für Eichmann arbeiten

Ich stand einer fröhlichen, sonnengebräunten, leicht fülligen Frau gegenüber, einem Energiebündel. Nur noch eine Andeutung von Akzent war bei ihr zu hören. Wir trafen uns in ihrem eleganten und modernen zweistöckigen Haus an einem der Hänge in Pazifiknähe bei San Francisco, dort, wo selbst die Einheimischen ständig im Urlaub zu sein scheinen.

Dr. Lore Shelley, geborene Weinberg, war eine in den USA ausgebildete Psychologin, geboren in Lübbecke in Westfalen, eine von mindestens 66 »Schreiberinnen des Todes«[3], wie sie selbst sich nannten. Eineinhalb Jahre lang hatten sie in der Verwaltung des Lagers Auschwitz Büroarbeiten erledigt, im Auftrag des Lagerkommandanten Rudolf Höß und seiner Vernichtungsmaschinerie, gewöhnlich sechzehn Stunden täglich. Meistens tippten sie, wie die literarische Figur Sophie in *Sophies Entscheidung*.

Ich hatte ihre erschütternde Beschreibung und die von dreißig ihrer Kolleginnen über ihre Zeit dort gelesen. Als ich jetzt an ihrem Tisch saß, war ich verwirrt. Ihre Verwandlung in diese lächelnde, strahlende Dr. Shelley war nicht zu fassen. Es war für mich wie ein *Déjà-vu*, wie bei Stella, die ich zugleich als den Schwarm meiner Jugend, als Gestapo-Bluthund und als gemiedene Verurteilte sah. Natürlich trennte diese beiden jüdischen Angestellten von Adolf Eichmann, Stella und Dr. Lore, ein Abgrund. Aber wo genau lag der Unterschied?

Lore Weinberg war neunzehn gewesen, als sie am 20. April 1943 – Hitlers Geburtstag, wie sie bemerkte – mit dem Zug in Auschwitz ankam. Sie überstand die Selektion an der Rampe, weil sie die körperliche und geistige Stärke einer nützlichen Sklavin ausstrahlte. Als Kind war sie ein richtiger Wildfang gewesen und hatte einmal sogar beschlossen, Zirkusreiterin zu werden. In Auschwitz musste sie anfangs Kleidungsstücke sortieren; sie gehörten den Juden, die vergast worden waren – »durch den Schornstein gegangen«, wie es im Auschwitzer Jargon hieß, bis zu 9000 an einem Tag. Lore baute säuberliche Stapel, Schuhe hier, Unterwäsche dort. Einige Kleidungsstücke waren winzig klein.

Ganz überraschend wurde ihr Leben erträglicher, als ein SS-Mann die Frauen ihrer Baracke antreten ließ und fragte, wer Schreibmaschine schreiben könne. Lore hatte Büroarbeit eigentlich immer gehasst, aber ein entfernter Verwandter, Ziegeleibesitzer in South Carolina, hatte sie gebeten, sich als Sekretärin ausbilden zu lassen, als er ihr ein Affidavit zur Einwanderung in die Vereinigten Staaten schickte. Lores Quotennummer war wie Stellas sehr hoch gewesen und wurde nicht rechtzeitig aufgerufen. Doch die Sekretärinnen-Ausbildung rettete ihr das Leben.

Beim Test in der Verwaltung musste sie unter anderem einen angefangenen Satz vollenden. Unterscharführer Klausen diktierte: »Zu Weihnachten wünsche ich mir ...« Die quirlige Lore tippte die Worte »... meine Freiheit« und wurde als Aushilfe für die »Politische Abteilung« ausgewählt. Sie musste die völlig überarbeitete Belegschaft unterstützen, die insgesamt, also einschließlich der Wachmannschaften, 7000 Personen umfasste. Ihre Verpflegung wurde etwas erträglicher. Und da die SS große Angst vor den im Lager wütenden Seuchen hatte, durften Lore und ihre jüdischen Kolleginnen sogar regelmäßig baden.

Sie boten nützliche Fertigkeiten. Fertigkeiten konnten Leben retten, wie ich von Überlebenden erfahren habe, die als Gärtner, Faktotum, Schreiner oder Anstreicher für die Nazis gearbeitet hatten – solide praktische Fähigkeiten, nicht esoterische Geistesarbeit wie die von Juristen oder Wissenschaftlern. Lore und ihre Kolleginnen waren den Nazis noch zusätzlich nützlich, weil sie als Verwalterinnen der Ordnung fungierten, als Bewahrer des Systems.

Sie hielten Ordnung in Akten, Totenscheinen und Verhörprotokollen. Ordnung war das Schmieröl in Eichmanns Apparat und vermittelte seinen Dienern ein Gefühl von Legitimität und Leistung. Im allgegenwärtigen Gestank und Rauch aus den Verbrennungsöfen in Auschwitz war Ordnung immer noch ein Muss.

Lore Weinberg übertrug die Personalbögen von Häftlingen mit »Sonderbehandlung« von der Kartei der Lebenden in die der Toten. Täglich tippte sie Listen der Verstorbenen. Sie schrieb Totenscheine von einzeln hingerichteten Gefangenen, Todesursache: »Strangulationsnarbe von bläulich-roter Farbe und Bruch der oberen Halswirbel.« Und sie machte bei Verhören durch Gestapo-Offiziere aus dem Lager oder von außerhalb Notizen und tippte die Protokolle.

Einige der verhörten Häftlinge gestanden gleich, was immer von ihnen gewünscht wurde, so dass eine Folter nicht nötig war. Lore begrüßte diese Fälle mit Erleichterung. Widerspenstige oder hilflose Opfer wurden auf die *Boger-Schaukel* gefesselt, »ein Holzgestell mit einer horizontal verlaufenden Eisenstange, an der das Opfer mit Händen und Füßen festgebunden wurde«. Das Gerät war von dem berüchtigten Oberscharführer Wilhelm Boger entwickelt worden, der auf seinen Spitznamen »Der Tiger« stolz war. Häftlinge wurden geschlagen, »bis die Haut in Fetzen vom Körper kam« und sie alles »gestanden«, um nur »von der Schaukel herunterzukommen«.

Lore Weinbergs Schreibbüro bot trotzdem keine Sicherheit, wie Untersturmführer Georg Wisnitza mitteilte. »Wenn ihr Glück habt, sterbt ihr hier an Altersschwäche. Und wenn ihr je herauskommt, wird euch niemand glauben.« Keine der Häftlings-Sekretärinnen wagte auf ein Überleben zu hoffen. Sie erfuhren niemals, warum sie davonkamen. Vermutlich war es ein Versehen, eine letzte Entgleisung der Ordnung.

Lore Weinberg lernte, die auf ihrem Arm eintätowierte Nummer auf Slowakisch zu sagen, denn die Gefangenen, die das Essen ausgaben, waren Slowaken. Lore schrieb auch Gedichte, auf Englisch:

»Where is that market
on which you can get
the most precious jewels
for a piece of rotten bread?«[4]

Sie diente dem System und hat das keinen Augenblick bereut. »Es war eine Möglichkeit zu überleben«, sagte sie mir in ihrem Haus am Hang ganz sachlich, ohne Verlegenheit und mit der Andeutung eines Achselzuckens.

Sie konnte überleben, weil sie für unmenschliche Verbrecher tippte, um deren Verlangen nach Ordnung zu befriedigen. Meinem Lexikon zufolge war sie eine Kollaborateurin, denn sie »arbeitete mit dem Feind zusammen«. Aber Lexika kennen keine Zwischentöne. Sie können die Qual in einem Gedicht von Lore Weinberg nicht hören. Was hätte sie tun sollen? Sich nicht freiwillig melden und sich der tödlichen Alternative überlassen, verhungern oder vergast werden?

Wie steht es mit den anderen, die ihren Frieden mit dem SS-System gemacht haben? Mit Schwester Elli vom Jüdischen Krankenhaus in Berlin? Hätte sie sich weigern sollen, mit Kommissar Dobberke zu schlafen, und ihm einen Korb geben, als er ihr das Radfahren beibringen wollte? Ihre Kolleginnen, die vielleicht prinzipientreuer waren oder denen es nur an einer solchen Gelegenheit mangelte, waren anderer Ansicht.

Was ist mit Rabbi Murmelstein, dem zentnerschweren Rohling, der den bahnbrechenden Ordnerdienst in Wien aufbaute und in Theresienstadt Mithäftlinge schlug? Warum haben die Gerichte in der Tschechoslowakei und in Italien ihn mit Zustimmung überlebender Juden freigelassen?

Und was ist mit Dr. Dr. Lustig vom Jüdischen Krankenhaus in Berlin, der damit drohte, seine Sekretärin »auf Transport« zu schicken, aber heimlich Sabotage trieb und die Gestapo-Leute hinhielt, vor denen er buckelte – aus Furcht oder Respekt oder Schlauheit: Durfte man ihn ohne Verhandlung töten?

Ich war verunsichert und beklommen, als ich mich mit diesen Fragen herumschlug. Mich bedrängten noch weitere Zweifel oder vielmehr Rätsel. Stella hatte in ihrer paranoiden Suche nach Sündenböcken ein wesentliches Argument vorgebracht, als sie »die Amerikaner« dafür verantwortlich machte, dass ihre Familie Berlin nicht hatte verlassen können; damit hatte Roosevelt ihr die verräterische Tätigkeit vorbestimmt. Wenn der Präsident und seine Berater barmherziger mit den Quoten für Visa umgegangen wären, hätte Stella vielleicht Cole Porter für Benny Goodman gesungen, statt für Dobberke Juden zu jagen.

Wer war schuld und in welchem Maße? Hätte der stellvertretende Außenminister Breckinridge Long gehängt werden müssen? Hätte der Chef der Visa-Abteilung, Avra Warren, erschossen werden müssen? Hätte Roosevelt der Beihilfe zum Mord angeklagt werden müssen?

Und wie stand es mit denen, die sich zur Erhaltung des Lebens verpflichtet hatten, den Ärzten?

Ich hatte natürlich längst von Dr. Mengele und anderen Nazi-Ärzten gehört, diesen Ungeheuern, die die Selektionen durchführten und unvorstellbare Experimente mit Gefangenen machten. Aber ich hatte nicht gewusst, dass gefangene jüdische Ärzte diese Männer in den Todeslagern unterstützten. Sie taten es, wahrhaftig. Ihr weiteres Schicksal war sehr unterschiedlich.

Einer dieser Ärzte im Zwiespalt war Elie A. Cohen, zunächst

niederländischer »Transportarzt« im jüdischen Durchgangslager Westerbork in Holland. Seinen eigenen Angaben zufolge half er bei der Abfertigung von neunzehn Zügen, die für das Lager Sobibor in Polen bestimmt waren. 34313 Juden wurden in diesen Zügen deportiert, 19 von ihnen überlebten, wie Dr. Cohen in einer gewissenhaften Untersuchung nach dem Krieg feststellte.

Er erfuhr nichts von Sobibor, nichts von Vergasungen während seiner acht Monate in Westerbork. Es hieß nur, die Züge gingen »nach Osten«. Anfangs war das Schicksal der Deportierten einfach ungewiss, und Dr. Cohen war großzügig beim Ausstellen falscher Atteste, mit denen Gefangene für »nicht transportfähig« erklärt wurden, auch wenn das die Deportation gewöhnlich nur um höchstens eine Woche aufschob. Er wurde ertappt, und der leitende Arzt, auch ein Jude, sagte: »Wenn Sie das noch einmal machen, gehen Sie und Ihre Familie auf Transport.«

Dr. Cohen erinnerte sich: »Von dem Augenblick an arbeitete ich ernsthaft, auch wenn ich hin und wieder ›Fehler‹ machte; mein Egoismus veranlasste mich zu dieser Entscheidung, denn ich wollte in den Niederlanden bleiben.«

Der Arzt machte sich keine Sorgen um die Juden, die er fortschickte. »Nach ihrer Abreise duschte ich, ging ins Bett, um mich auszuruhen, und besuchte abends eine Kabarett-Vorstellung und amüsierte mich. Ich war froh, dass ich nicht dran war, und vergaß den nächsten Deportationszug für ein paar Tage …«

Aber natürlich kam Dr. Cohen auch an die Reihe. Er wurde nach Auschwitz deportiert, wo seine Frau und sein vierjähriger Sohn vergast wurden.

»Ich reagierte nicht mit Trauer oder Verzweiflung oder dem Gedanken, dass ich nicht mehr hätte weiterleben wollen«, erinnerte er sich. »Nein, im Gegenteil, ich kämpfte um mein Leben. Ich wollte überleben und ging so weit, den deutschen Lagerarzt bei der Selektion zu unterstützen.«

Dr. Cohen erklärte, wie er in der Auschwitzer Krankenstation, wo er als Jude die Mithäftlinge versorgte, mit Dr. Klein zusammengearbeitet hatte.

»Er kam und wählte unter den jüdischen Patienten diejenigen aus, die er einer Behandlung für nicht mehr wert erachtete, und verurteilte sie zur Gaskammer. Ich musste die Krankenblätter halten. Dr. Klein fragte mich um meine Meinung über den Zustand der Patienten. Natürlich war jeder Versuch einer Täuschung zum Scheitern verurteilt, weil Klein selbst sah, in welchem Zustand ein Patient war, aber die Komödie musste gespielt werden. Jeder, von dem angenommen wurde, dass er mehr als zehn Tage zu seiner Wiederherstellung brauchen würde, bevor er wieder arbeitsfähig war, wurde ins Gas geschickt. Ich beteiligte mich, weil ich leben wollte …«

»Ich unterwarf mich. Ich kollaborierte. Es ist ein schreckliches Wort, aber ich kann mich ihm nicht entziehen, obwohl meine Lage unmöglich war; ebenso kann ich der Schuld nicht entrinnen, die ich fühle. Wir haben uns von den Deutschen einspannen lassen.«

Gegen Dr. Cohen wurde nach dem Krieg keine Anklage erhoben. Er wurde ein geachteter Psychotherapeut in Israel und bemühte sich besonders darum, Überlebenden des Holocaust zu helfen.

Wie hätte wohl das Urteil für Dr. Maximilian Samuel gelautet, wenn er Auschwitz ebenfalls überlebt hätte?

Mein Freund und gelegentlicher Berater, der Psychiater und Wissenschaftler Dr. Robert Jay Lifton, stieß 1980 auf die Spuren Dr. Samuels und berichtete in seinem aufwühlenden Buch *Ärzte im Dritten Reich* über ihn. Dr. Samuel war ein bekannter Professor der Gynäkologie in Köln gewesen und ein fanatischer Nationalist, dem im Ersten Weltkrieg das Eiserne Kreuz verliehen worden war.

In Auschwitz wurde Dr. Samuel dem berüchtigten Block 10 zugeteilt und beteiligte sich an einem Forschungsprojekt, bei dem Frauen der Gebärmutterhals operativ entfernt wurde. »Die meisten Häftlingsärzte waren von Samuels ›Eifer‹ zur engen Zusammenarbeit mit den Nazis beeindruckt«, schrieb Dr. Lifton. »Ferner denunzierte er eine Kollegin ...«

Einige Häftlinge meinten, Dr. Samuel sei bei den Operationen ein wenig rücksichtsvoller gewesen als die NS-Ärzte. Eine Frau, die sterilisiert wurde, erinnerte sich, er sei »gut zu uns« gewesen. Aber die meisten nannten ihn »arrogant oder pathetisch oder beides«.

Pathetisch? Dr. Samuels Frau war bei der Ankunft vergast worden, und Überlebende sagten aus, dass er verzweifelt versucht habe, seine neunzehnjährige Tochter zu retten, die als arbeitsfähig selektiert worden war, was sich jederzeit ändern konnte. Er schrieb sogar einen Brief an Himmler persönlich und bat darum, sie wegen seiner militärischen Vergangenheit zu schonen. Plötzlich, mitten in seinen Experimenten, wurde Samuel getötet, vielleicht wegen eines Ekzems, vor dem sich die SS-Männer ekelten, vielleicht, weil er als streitsüchtig angesehen wurde, vielleicht aus anderen unerfindlichen Gründen.

Was war Dr. Samuels Verbrechen gewesen?

»Samuel war Jude«, sagte einer seiner Bekannten, ein polnischer Häftlingsarzt, schlicht zu Dr. Lifton, »das heißt, zu 100 Prozent zum Tod im Lager verurteilt. Also hatte er das Recht, sein Leben zu verlängern – Woche für Woche, Monat für Monat.«

Und das Recht, vielleicht seine Tochter zu retten.

Was also war sein eigentliches Vergehen? Sein »Eifer«? Seine »Arroganz«? Sein ekliges Ekzem? Große Liebe zu seiner Tochter? Oder nur, wie der polnische Häftlingsarzt meinte, die lebensgefährliche Tatsache, dass er Jude war?

Beweise schändlicher Kollaboration fanden sich bei Kriegsende in ganz Europa, wie die Ruinen zerbombter Häuser. Die neuen Leiter der winzigen jüdischen Gemeinden wurden von einer Flut von Klagen über Abtrünnige in den eigenen Reihen überrollt und organisierten »Ehrengerichte«, um über einige derjenigen Überlebenden zu urteilen, die, um ihre Haut zu retten, Verrat begangen hatten. Die Arbeit dieser Tribunale ist nie untersucht worden.

Diese Ehrengerichte waren nicht offiziell anerkannt, trafen sich aber jahrelang in früheren Konzentrationslagern wie Bergen-Belsen (das inzwischen zu einem Lager für Vertriebene, Millionen von *Displaced Persons*, umgewandelt worden war) oder in Großstädten wie Berlin, München und Rom.

Diese selbsternannten Tribunale hatten nicht die Macht, über ihre Zuständigkeit für innere jüdische Angelegenheiten hinaus Strafen zu verhängen. Ihr härtester Spruch entsprach etwa einer Exkommunikation, was bedeutete, dass jemandem die bescheidenen Sonderzuwendungen für die Opfer des Holocaust vorenthalten wurden. Trotz ihrer begrenzten Autorität hätten diese Tribunale leicht im Stil und im Geist der sowjetischen Scheingerichte vorgehen können, vergleichbar dem, das innerhalb von Minuten mit dem Fall Stella fertiggeworden war. Stattdessen gaben sich diese jüdischen Ehrengerichte alle Mühe, ausgewogen zu urteilen, und ihre Behandlung der Angeklagten war erstaunlich nachsichtig.

In Berlin verhandelten diese Gerichte geduldig mehr als zehn Jahre lang in den Räumen der Jüdischen Gemeinde in der Joachimsthaler Straße 13. Ein überlebender Jurist war Vorsitzender, mindestens ein weiterer Jurist und zwei nicht-juristische Geschworene unterstützten ihn. Alle erreichbaren Zeugen – pro und kontra – wurden gehört. Auch schriftliche Aussagen – pro und kontra – wurden erbeten und berücksichtigt.

Sogar einem Kapo – im Allgemeinen als schlimmster Verräter angesehen – stand eine respektvolle Anhörung zu, und gelegentlich stellte sich heraus, dass das Scherbengericht unverdient war. Ein solches Opfer von Ungerechtigkeit war Harry Schwarzer, dessen Fall am 9. Januar 1947 verhandelt wurde.

Fünf Zeugen sagten aus. Sie waren mit Schwarzer zusammen in einem der kleineren Konzentrationslager gewesen, im polnischen Płaszów, wo der Angeklagte unerklärlicherweise von den Nazis zum Kapo gemacht worden war. Angeblich hatte er andere Juden geschlagen.

Nachdem seine Vergangenheit als Kollaborateur von dem Ehrengericht rekonstruiert worden war, stellte sich heraus: Schwarzer war achtzehn Jahre alt, in außerordentlich schlechter körperlicher Verfassung und halb verhungert gewesen und hatte Wasser in beiden Füßen gehabt. Als er einen Gefangenen geohrfeigt hatte, was er zugab, war es geschehen, um das Opfer vor der angedrohten Misshandlung durch eine Häftlingsbande zu bewahren.

Der Hauptvorwurf gegen Schwarzer lautete, dass er Nahrungsmittel gestohlen und selbst gegessen hätte. Es stellte sich heraus, dass Płaszów ein ungewöhnliches Lager gewesen war. Ein großer Teil der Arbeiter waren polnische nichtjüdische Gefangene gewesen, und die hatten mehr als ausreichend Lebensmittel gehabt, von denen die Juden nichts bekamen. Die Zeugen schworen, dass die Polen genug zu essen gehabt hatten und dass Schwarzer nur sie bestohlen habe und tatsächlich niemanden wirklich beraubt und misshandelt habe, Kapo oder nicht.

Das Ehrengericht urteilte: »Bei der gesamten Sachlage kann man nicht feststellen, dass Schwarzer die jüdischen Interessen verletzt hat.«

Für die Verhandlung gegen Max Reschke, drei stürmische Jahre lang »jüdischer Leiter« der Lager Große Hamburger Straße und Schulstraße, setzte das Gericht 1956 drei Juristen und drei Laien-Geschworene ein. Es hörte elf Zeugen und bekam schriftliche Aussagen von weiteren zehn, unter anderem von Leo Baeck, dem verehrten ehemaligen Oberrabbiner. Vorsitzender war Dr. Richard Preuss, einst Oberstaatsanwalt.

Reschke, Kommissar Dobberkes jüdischer Vertreter, der die Deportationslisten schrieb, nach denen die Opfer in den nächsten Transport kamen, hat es nach dem Krieg nicht leicht gehabt. Er hatte sich viele Feinde gemacht, und einer von ihnen denunzierte ihn. Am 18. Juli 1945 verhaftete ihn ein sowjetischer Feldwebel in seinem Versteck im Berliner Vorort Krampnitz. Er wurde ohne Verhandlung zwei Jahre in Buchenwald eingesperrt und dann als Gestapo-Kollaborateur zu fünfundzwanzig Jahren Gefängnis verurteilt. Am 31. Dezember 1955 wurde er ohne ein Wort der Erklärung entlassen.

Als sich das Ehrengericht mehr als zehn Jahre nach Kriegsende mit der Geschichte befasste, waren selbst die ernsthaftesten Vorwürfe gegen Reschke relativ verschwommen. Frau Beila Wollstein sagte aus, sie habe Reschke um die Erlaubnis gebeten, mit Dobberke zu sprechen, und der Angeklagte habe mit einem »unbeteiligten, harten Nein« abgelehnt. Jakob Gutfeld sagte, Reschke habe sich »etwas militärisch« benommen und »die Ordner nach langem Dienst beispielsweise unnötig antreten und lange warten lassen bis zur Ablösung«.

Das waren schon die schlimmsten Vorwürfe. Zu seinen Gunsten sagten Zeugen aus, Reschke habe einige Juden warnen lassen, wenn ihm bekannt wurde, dass sie abgeholt werden sollten; er habe einer Frau ermöglicht, Kontakt zu ihrem Mann aufzunehmen; er habe mit »Ruhe und vorbildlicher Ordnung« dafür gesorgt, dass »gute Zustände im Lager Hamburger Straße waren«.

Der große Leo Baeck selbst bestätigte schriftlich Reschkes guten Charakter.

Das Gericht entschied, Reschkes Verhalten habe »keinen Anlass zu Beanstandungen« gegeben.

Zeugen, die nicht gehört worden waren, vermittelten mir einen schlechteren Eindruck von Reschke. Das Urteil des Ehrengerichts erinnerte mich an meine Shakespeare-Studien in der *De Witt Clinton High School* an Portia in Shakespeares *Kaufmann von Venedig*, die über die Gnade sagt, sie sei »zwiefach gesegnet: Sie segnet den, der gibt, und den, der nimmt«. Wer war ich, dass ich Reschke verurteilen könnte? Ich war nicht dabei gewesen, wohl aber die Zeugen. Auch die Mitglieder des Gerichts waren Überlebende.

Und wer war ich, dass ich das Urteil des Ehrengerichts vom 8. Oktober 1946 gegen Inge Reitz, geborene Jacoby, hätte kritisieren dürfen? Inge hatte mit achtzehn Jahren schwere Zeiten im Lager Große Hamburger Straße durchlebt. Es wurde bezeugt, dass die Krankenschwester Lotte Paech, ebenfalls dort inhaftiert, sie beschuldigt und gesagt hatte: »Du müsstest dich was schämen«, und man müsste »vor ihr ausspeien«. Von ihren Mitgefangenen hatte sie gefordert: »Keiner darf die Inge mehr ansehen; auf sie ist zurückzuführen, dass heute ein Jude abgeholt worden ist.«

Inge Reitz hatte sich weinend auf ihren Strohsack geworfen und »Ich weiß, ich bin schlecht!« gerufen. Sie hatte den Gestapo-Mann Georg Schwöbel zur Wohnung eines Bekannten geführt, der versteckt lebte, weil sie angenommen hatte, dass er nicht zu Hause sein würde. Doch er war da gewesen. Der Blick, mit dem er sie empfangen hatte, sei »furchtbar« gewesen.

Es wäre Inge wohl schwergefallen, sich Schwöbel zu widersetzen. Besonders gern terrorisierte er junge Frauen. Es gehörte zu seinen Gewohnheiten, mit schmerzhafter Genauigkeit einen schweren Gegenstand auf ein Opfer zu werfen; die Frau musste den Gegenstand dann selbst aufheben, damit er ihn wieder werfen konnte.

Das Ehrengericht hielt Inge Reitz zugute, dass sie unter großem Druck gestanden habe und noch jung gewesen sei. Dennoch, lautete die Entscheidung, habe sie »Handlungen begangen«, die »den Interessen der jüdischen Gemeinschaft widersprachen«. Das Urteil war mild. Inge Reitz wurde für drei Monate die »soziale Betreuung innerhalb der Jüdischen Gemeinde« gesperrt.

In Österreich wurde eine »Disziplinar-Kommission« geschaffen und von einem Überlebenden des Lagers Mauthausen verwaltet, der noch berühmt werden sollte: Simon Wiesenthal. Der große »Nazi-Jäger« war auch beim Aufspüren von Kollaborateuren unnachsichtig. Besonders misstrauisch war er, wenn Juden behaupteten, sie hätten jemanden »gerettet«.

»Wenn ein Mensch die Macht hatte zu retten, hatte er auch die Macht zu verurteilen«, sagte er. Aber auch unter seiner Leitung sprach die Kommission nur dreißig österreichische Juden schuldig, mit den Nazis zusammengearbeitet zu haben.

Und Wiesenthal war nicht etwa entsetzt über ihre Verdorbenheit: »Wir haben unsere Heiligen und unsere Sünder«, meinte er philosophisch.

Westdeutsche Gerichte urteilten manchmal strenger als die jüdischen Ehrengerichte, aber nicht viel strenger. Der Greifer Bruno Goldstein bekam 1949 eine Strafe von sieben Jahren Gefängnis – er hatte Schlimmeres erwartet. »Wenn das einmal anders kommen sollte, werdet ihr mir wohl den Kopf abhauen«, hatte er zu einem Juden gesagt, den er 1943 in Berlin auf der Straße festnahm. Goldstein hatte Pfeife rauchend seinen Gestapo-Ausweis, ein Paar Handschellen sowie eine Pistole gezeigt und damit geprahlt, wie viele U-Boote er schon »abgeliefert« habe.

Als sich die Zeiten tatsächlich änderten, wurde dem ehemaligen Sozialarbeiter Goldstein also der Kopf nicht abgehauen, obwohl sein Fall vielleicht der aufsehenerregendste Fall von Kollaboration nach Stella und ihrem Partner Rolf war.

»Nach Dobberke war Goldstein der mächtigste Mann im Lager«, sagte eine Augenzeugin aus, Inge Lewkowitz, als Goldstein 1949 vor Gericht gestellt wurde.

Verbissenheit war Goldsteins Markenzeichen. Im Dezember 1942 war Moritz Dobrin, Besitzer des berühmten alten Café Dobrin, zur Deportation nach Theresienstadt bestimmt worden, das damals noch als eine Art Ruhestandszentrum für ältere Bürger galt. Goldstein aber machte Dobberke auf einen »Fehler« aufmerksam: Dobrin war unter fünfundsechzig, das bedeutete Deportation nach Auschwitz. Die Liste wurde entsprechend geändert.

Als Sozialarbeiter für die Jüdische Gemeinde war Goldstein unter den Berliner Juden außerordentlich bekannt; das machte ihn für die Gestapo natürlich wertvoll. Wenn er allerdings mit Rolf und Stella zusammen auf Jagd ging, kam Goldstein erst an dritter Stelle.

Am 21. April 1944 spürten die drei Ida Nöcke in ihrem Versteck auf einem Speicher im Vorort Woltersdorf auf. »Ich sagte ihnen, dass sie als Juden sich schämen sollten«, sagte Ida Nöcke bei Goldsteins Prozess aus.

»Ach, Sie sind ja Stella, die Ritterkreuzträgerin«, hatte sie ausgerufen, als sie kamen, um sie ins Lager Schulstraße abzutransportieren. Indem sie ihr diesen hohen Orden »zuerkannte«, hatte die furchtlose Dame Stella zu mehr als einer Greiferin, zu einer Söldnerin gemacht. Für Ida Nöcke war Stella eine ausgewachsene Nationalsozialistin. Stella blieb ungerührt, ganz der Star.

Wenigstens einer von Stellas Kollegen rehabilitierte sich sozusagen, indem er nach dem Krieg große Karriere machte.

Günther Abrahamson, der Stella in ihre Greifertätigkeit eingeführt hatte, indem er mit ihr zusammen nach dem verschwundenen Fälscher Rogoff suchte, war ein fröhlicher Provinzler aus der Uckermark nördlich von Berlin gewesen, als er 1943 von der Gestapo angeworben wurde. Sie hatte ihn von seinem ersten Job im jüdischen Waisenhaus weggeholt. Günther war gewandt und schlau für sein Alter, sah »arisch« aus – groß, schlank, blond – und war mit einem einnehmenden und dabei selbstbewussten Auftreten sowie einer sonoren Stimme gesegnet. Ein Macher.

1992 war Dr. phil. Abrahamson ein geachteter und erfolgreicher Mann mit einem florierenden eigenen Unternehmen in einer westdeutschen Großstadt. Was für eine Veränderung! Er redete munter und fast ununterbrochen auf mich ein – mit verblüffender Offenheit.[5]

Günther war einer der ersten jüdischen Angestellten von Dobberke; anfangs musste er lediglich Adressen von untergetauchten Juden überprüfen, im Juni 1943 begann er, als Späher zu arbeiten. Abrahamson war stolz auf die Art, wie er mit Dobberke umgehen konnte. Jeden Morgen meldete er sich bei ihm zum Befehlsempfang. Er schmierte seinen Chef mit größeren Mengen Alkohol, und da beide aus der Provinz waren, sozusagen Nachbarn (Dobberke war aus Pommern), gelang es ihm, sich ganz auf dessen Wellenlänge einzustellen.

Kichernd erzählte mir Günther von einem jüdischen Kollegen, der sich gerühmt hatte, er stünde *soi* mit Dobberke – das ist jiddisch für eng, nahestehend, kumpelhaft. Ich vermute, Abrahamson sprach in Wirklichkeit von sich selbst.

Zusammen mit seinem Juniorpartner Gottschalk hatte Abrahamson als erste wichtige Leistung Iwan Katz fangen können, einen ehemaligen kommunistischen Reichstagsabgeordneten und früheren Vertreter seiner Partei in Moskau. Mit diesem Erfolg konnte Günther sich profilieren, denn Katz war ein Meister in der Kunst, sich der Gestapo zu entziehen. Er war Ende 1933 erstmals aus dem Konzentrationslager geflüchtet und wurde bis 1941 nicht wieder festgenommen. Katz entkam noch im gleichen Jahr abermals und blieb versteckt, bis er durch Abrahamson und Gottschalk in Auschwitz landete. Er konnte überleben und trat 1947 in Westberlin als Hauptbelastungszeuge gegen Günther auf.

Katz sagte aus, dass Abrahamson als Dobberkes »Kalfaktor« seinen Wünschen mit einer Pistole Nachdruck verlieh und seine Arbeit liebte: »Sie machte ihm Spaß, und er fühlte sich großartig dabei. Ein einziger Blick zeigte das deutlich – er war nicht auf der gleichen Seite des Stacheldrahtzauns wie die für Auschwitz bestimmten Gefangenen; er war wohlgenährt, sauber gekleidet und wurde im Auto herumgefahren.«

Der Prozess zog sich bis 1952 hin, dann wurde Abrahamson zu nur fünf Monaten Gefängnis verurteilt und musste die Prozesskosten tragen. (Sein Kollege Gottschalk war nach Theresienstadt deportiert und dort von Mitgefangenen in einem Fass Reinigungsflüssigkeit ertränkt worden.)

Neuerdings vergleicht sich Stellas Kollege mit den ostdeutschen Grenzwächtern, die noch 1989 Flüchtlinge an der Mauer erschossen. Sie hätten nur Befehle ausgeführt, er hätte nur Befehle ausgeführt. Abrahamson erwähnte nicht, was ein Westberliner Richter gesagt hatte, als er einen der Soldaten zu dreieinhalb Jahren Gefängnis verurteilte: »Nicht alles, was legal ist, ist Recht.«

In seiner offiziellen Autobiographie sagt Abrahamson über seine Kriegsjahre nur: »Verfolgung und Gestapohaft.«

Musste man wirklich kollaborieren, um zu überleben? Vielleicht war es zuzeiten, unter bestimmten Umständen, tatsächlich unvermeidbar. Vielleicht. Die fiktive Sophie hatte keine Wahl. Jedenfalls war die Alternative, die man ihr bot – zu bestimmen, welches ihrer zwei Kinder vergast würde –, keine Wahl. Aber ich dachte auch an die Entscheidungsmöglichkeiten, die andere hatten, an den Weg, für den sich viele Gefangene entschieden, wenn sie von Dobberke und seinesgleichen gedrängt wurden, sich auf die Seite der Macht zu schlagen. Ismar Reich zum Beispiel sagte den Gestapo-Leuten, sie sollten zum Teufel gehen, und er kam trotzdem lebend zurück.

Im Kopf ging ich meine intensiven und intimen Gespräche mit Reich und sechsundsechzig anderen Berliner Juden noch einmal durch. Es waren Männer und Frauen, die die Tötungsmaschinerie überlistet hatten, weil sie (so wollte es mir jetzt scheinen) nicht der Typ waren, sich zur Kollaboration zu erniedrigen, mitzumachen und Überläufer zu werden – oder verkohlte Leichen.

Nicht der Typ. Ich ging die Liste meiner Informanten, meiner Helden – Rogoff, Ehrlich, Behar, Linczyk, Vetter Siegfried und andere – noch einmal durch, und mir wurde klar, dass es tatsächlich einen Typ gab, der sich nicht beugen würde, einen U-Boot-Typ! Als ich die Gesichter dieser Gruppe im Geist an mir vorüberziehen ließ, entdeckte ich sofort, dass es eine überraschende Zahl von Wesenszügen gab – neun insgesamt –, die nicht nur für mehrere, sondern für alle galten, für jede einzelne meiner Quellen, die mir aus eigener Erfahrung vom Untergrund berichtet hatten.

Die *Chuzpe* stand jedem von ihnen auf die Stirn geschrieben. Wie sonst hätten sie vor den Augen der Gestapo untertauchen und dann im Smoking in feinsten Hotels speisen können? Und sie waren scharfsinnig, sie hatten auf misstrauische Fragen, die ihnen irgendjemand irgendwo ohne Vorwarnung ins Gesicht schleudern konnte, jederzeit schlagfertige Antworten parat.

Ihr *Ego* war in allerbestem Zustand. Sie waren ausnahmslos positiv denkende Menschen, optimistisch, fröhlich, zuversichtlich, manchmal sogar überschäumend.

Sie waren extravertierte, *gesellige* Menschen, die sich wie ein Chamäleon schnell an neue Verbündete anpassen konnten, die ihnen beim Überleben nützlich werden konnten. Ständig änderten sich die Gruppen von Leuten, die sie unterstützten, deshalb durften sie nicht schüchtern oder zurückhaltend sein; gleichzeitig mussten sie Isolierung in Feindesland über lange Zeiträume durchstehen können.

Sie waren durch und durch Schauspieler, Märchenerzähler, Lügner, einfallsreiche Erfinder von Details, und sie vergaßen die Einzelheiten ihrer vielen falschen Identitäten nie. Sie waren bereit »Heil« zu rufen und in HJ-Uniform aufzutreten. (Es ist kein Zufall, dass der nach einer wahren Geschichte gedrehte Film *Europa, Europa* den deutschen Titel *Hitlerjunge Salomon* hat.)

Sie konnten wunderbar *improvisieren*, sie blieben nicht starr auf den eingefahrenen Gleisen eines veralteten Drehbuchs. Mit neuen Papieren wechselten sie die Identitäten. Und sie wussten, wie man in einer übervollen illegalen Wohnung leise ist.

Mit der Sensibilität eines Charlie Chaplin erkannten sie, dass *Lachen* eine wirksame Medizin gegen fast alle Probleme ist. Sie hatten mehr als Humor, sie besaßen die ausgelassene Unehrerbietigkeit der Abenteurer, der Spötter, die auch in schlechten Zeiten noch Spaß und Freude am Leben hatten.

Ihr Glück war fast unglaublich. Aber war es wirklich Glück? Mein Mitschüler Rudi Goldschmidt (heute Goldsmith), der mit Marktforschung in London und Chicago wohlhabend geworden ist, ist nicht dieser Ansicht. Er erinnerte sich, dass seine Mutter, die Gründerin unserer Goldschmidt-Schule, immer zu ihm gesagt hatte: »Glück gibt es nicht. Du brauchst eine gute Ausbildung, und eine Gelegenheit, sie zu nutzen.«

Und das genau taten die U-Boote. Eine enorme *Energie* war unerlässlich. Im Laufe der Jahre wurde das Überleben zu einem Hindernislauf, den man nur gewinnen konnte, wenn man rannte, auswich, ohne Schlaf und Nahrung auskam und abermals und immer wieder rannte.

»Arisches« Aussehen war hilfreich. Der blonde und blauäugige Gerd Ehrlich hatte recht: Der *Stürmer* rettete U-Boote, weil die Deutschen glaubten, dass Juden so aussähen wie auf seinen obszönen Karikaturen. Wobei man aber nicht unbedingt teutonisch wirken musste. Mein dunkelhäutiger Freund Isaak Behar gab sich eine Weile als spanischer Marineoffizier aus. Diese exotische Identität bewahrte ihn davor, zu viele riskante Lügen zu erzählen. Er sagte einfach: »Nix verstehen!«

Die Häufung dieser Ähnlichkeiten kann kein Zufall sein. Obwohl viel dazu gehörte, sich selbst unter den NS-Gewehren treu zu bleiben, konnte es gelingen. Wenn man der Typ dazu war. Die unsichere, unreife und unflexible Stella war nicht dieser Typ. Das hat sie mir selbst erzählt, und dass sie sich Dobberke unterwarf, war ein Beweis.

25.»Liebe Stella ...«

»Wenn nicht unsere Taten, macht Furcht uns zu Verrätern.« (Shakespeare, *Macbeth*)

Die Landschaft würde sich für das Plakat eines Reiseunternehmens eignen. Die Hänge mit ihren sonnenüberfluteten terrassierten Weingärten reichten bis fast an das Flüsschen hinunter, das gemächlich an Parkbänken vorbeifloss. Ich wurde immer verdutzter, als ich mich aus der Innenstadt in eine der feinen Wohngegenden der alten westdeutschen Stadt begab. Das hier war Beethovens, nicht Hitlers Land.

Ich bog in die friedliche schmale Straße mit den großen, alten, schattenspendenden Bäumen ein. Vor Stellas gepflegtem, beige getünchtem vierstöckigen Mietshaus mit den einladenden Balkonen hielt ich an. Es war das einzige moderne Gebäude in der Straße. Wie konnte sie sich so eine geschmackvolle und behagliche Umgebung leisten?

Sie hatte mir geschrieben, dass sie von einer Altersrente von 238 Mark im Monat lebte. Mir schien, als sei das nur ein Bruchteil dessen, was sie allein für die Miete für eine Wohnung hier aufbringen müsste, von anderen Ausgaben ganz zu schweigen. Sie hatte mir außerdem mitgeteilt, sie sei krank und habe Schmerzen in Rücken und Beinen sowie an der Lunge. Sie sei schwach, sehr schwach. Ihre Nerven machten nicht mehr mit, Aufregung könne sie nicht ertragen, überhaupt nicht. Sie wollte nicht, dass ich sie besuchte, sie wollte die Vergangenheit vergessen.

Ich hatte sie zuletzt vor dreiundfünfzig Jahren in der Goldschmidt-Schule gesehen, als sie vierzehn und ich dreizehn war und wir beide in Dr. Bandmanns Chor sangen.

Meine Erinnerung an Stella war trotzdem, gelinde gesagt, lebhaft. Stella war unvergesslich.

Es hatte mich viel Zeit und Mühe gekostet, Stella in einer fremden neuen Stadt ausfindig zu machen, in der sie unter neuen Namen (Vor- und Nachnamen) lebte. Ihre alten Nachbarn in Berlin hatten sich geweigert, mir ihren Aufenthaltsort zu verraten, denn Stella wollte mehr, als nur ihre Vergangenheit vergessen. Sie suchte Anonymität unter ihrer neuen Identität.

Der Wohnsitz von Stella Goldschlag-Kübler-Isaaksohn-Schellenberg-Pech[6] war seit ihrem letzten, verlorenen Prozess in Westberlin 1972 ein Geheimnis.[7] Wie jeder deutsche Staatsbürger musste sie sich beim Umzug ummelden. Aber im Büro der Berliner Jüdischen Gemeinde teilte man mir mit, dass Stella eine neue Identität angenommen habe. Sie wohne in dem nördlichen Vorort Frohnau, hieß es, aber Agenten aus Israel hatten sie nicht aufspüren können. Ebenso wenig hatte Ferdinand Kroh sie gefunden, der in seinem Taschenbuch über den jüdischen Widerstand gegen Hitler auch kurz über Stella geschrieben hat; er bezog sein Wissen aus den Gerichtsakten.

Ich begann meine Suche bei den gleichen Unterlagen, und es gelang mir, Stellas Spur bis zur Schönwalder Straße 98–100 in Spandau zu verfolgen. Dort sagte mir eine Nachbarin, Martha Schneider[8], Stella sei 1980 fortgezogen. Sie erschien reichlich verschwiegen. Wenn sie etwas über Stellas Vergangenheit wusste, so gab sie das jedenfalls nicht zu. Sie wisse nur, sagte sie, dass Stella im Krieg »viel erlitten« habe. Frau Schneider sah zu ihrer schönen und gutgekleideten Nachbarin als einer Heldin auf, einer Art heiliger Johanna. Andere Nachbarn machten einen Bogen um Frau Schneiders zurückgebliebenen Sohn, aber Stella war freundlich zu ihm gewesen. Als ihr Mietshaus von einer Siedlungsgenossenschaft übernommen werden sollte, war Stella die einzige Mieterin, die den Mut zu lautem Protest aufbrachte. Eine Freundin der Schwachen.

Als ich Frau Schneider fragte, ob ihr klar sei, dass ihre schöne Nachbarin im Krieg für die Gestapo gearbeitet hatte, reagierte sie sofort: »Das ist unmöglich!« Pause. Dann, in unverfälschtem Berlinerisch: »Na ja, wahrscheinlich ist nichts unmöglich.« Pause. Und leise: »Schwer zu glauben.« Sie fasste sich und ging dazu über, nachdenklich Erinnerungen an Stella wachzurufen, diese Eleganz und Klasse, wie »schick« sie gewesen war, wie »modern«, und dann diese Morgenröcke ... Alles nichts?

Einem meiner westdeutschen Bekannten, einem Beamten, gelang es schließlich, die Polizeiakten auf Stellas Namen und Adresse überprüfen zu lassen. Es dauerte vier Monate. Die Adresse wollte er mir nicht geben; er war nur bereit, einen Brief von mir an sie weiterzuleiten, den sie beantworten konnte, wenn sie Lust dazu hatte. Ich schrieb ihr ein Briefchen im Plauderton, erinnerte an unsere Fahrten zur Goldschmidt-Schule mit der Straßenbahn der Linie 176 vor mehr als fünfzig Jahren und berichtete von zwei gemeinsamen Schulkameradinnen, Lili in London und Edith in New York.

Die Antwort, eine Postkarte mit Adresse und Telefonnummer, war sechs Wochen unterwegs, weil sie nicht per Luftpost geschickt worden war. Der Ton war wehmütig und voller Selbstmitleid. Vor dem Krieg habe sie unbedingt in die Vereinigten Staaten auswandern wollen, aber ihr Vater sei zu weltfremd gewesen, die Emigration zu erreichen. Die Jahre, die sie »im Konzentrationslager« verbracht hatte, hätten sie schwach und kränklich gemacht. Rücken, Beine und Lunge machten ihr ständig Schwierigkeiten. Ihr Mann (sie erwähnte nur einen) sei gestorben, und jetzt »frisst mich die Einsamkeit auf«. Sie gab sich als Opfer aus, nannte einen ganzen Katalog von berechtigten Klagen. Nein, ich sollte sie nicht besuchen, sie sei »zu schwach für derartige Aufregungen«.

Es zeigte sich, dass sie tatsächlich sehr einsam war, aber vieles andere entsprach nicht der Wahrheit. Als ich das erste Mal in ihrem schmucken, modernen Mehrfamilienhaus auftauchte und dort niemanden antraf, vertraute mir eine Nachbarin an, ich könne mich darauf verlassen, dass Stella wie immer gegen elf Uhr zurückkomme. Sieben Tage in der Woche fahre sie mit der Straßenbahn in ein Fischrestaurant in der Stadt und komme dann gleich wieder. Abgesehen davon verlasse sie ihre Wohnung nicht. Sie koche nie zu Hause, teilte mir die Frau mit.

»Sie sind aus Berlin?«, fragte sie und sah mich prüfend an.

»Ich komme eben von da.«

»Da wird sie sich freuen.«

»Sie ist wohl viel allein?«, fragte ich. Die Frau zuckte die Achseln, machte ein Gesicht, das Abneigung ausdrückte, und zog sich schnell zurück. Was immer sie über die Vergangenheit ihrer Nachbarin wusste – sie wollte offenbar nicht darüber reden.

Ich war mir nicht sicher, ob Stella überhaupt antworten würde, und so hatte ich meinen ersten Brief ganz allgemein gehalten. Ich versuchte nur, mich als aufrichtiger, hoffentlich noch nicht aus ihrer Erinnerung verschwundener alter Kumpel einzuführen, der einer lange zurückliegenden unschuldigen Vergangenheit angehörte. Ein alter Kumpel und Klassenkamerad. Nicht, dass ich unter falscher Flagge zu segeln versucht hätte. Ich schrieb ihr, dass ich an einem Buch über Juden arbeitete, die den Krieg in Berlin überlebt hatten.

Meine wunderbare Frau Elaine, Leiterin einer Bibliothek und ein anständiger Mensch, war nicht recht zufrieden mit den Methoden, die Reporter und Autoren anwenden, wenn sie beispielsweise einem trauernden Menschen das Foto eines geliebten Verstorbenen abschwatzen müssen; sie versuchte nicht zu zeigen, wie verletzend sie meine nach ihrer Ansicht unangebrachte Kameraderie fand.

Mich beunruhigte das nicht, denn Stellas Schicksal hat mich seit langem fasziniert. Außerdem betrachtete ich mich als Vertreter der Geschichte. Die Geschichte hat ein Recht darauf, alles zu erfahren. Bei zwei ganz unschuldigen Worten in meinem Brief, die die Etikette erforderte, geriet ich allerdings ins Grübeln. Es war die Anrede: »Liebe Stella ...«

Wie bitte? Wie kam ich dazu, »liebe« Stella zu sagen?

Nein, das war schon richtig so. Wie sonst hätte ich sie anreden sollen? Killer? Abschaum? Nein, hier war Höflichkeit geboten. »Liebe Stella« war als Routineanrede in einem Brief ja noch kein Freispruch. Ich war scharf auf mein Exklusiv-Interview, den Traum aller Autoren. Niemand hatte bisher Wesentliches über meine alte Mitsängerin Stella geschrieben. Niemand hatte versucht, ihre Motive zu verstehen. Würde es mir gelingen, alles zu erklären? Ihr Geheimnis aufzudecken? Ich wusste nicht, was ich zu entdecken hoffte. Ich verhielt mich, wie es meinem Beruf entsprach; nur war diese Aufgabe interessanter als die meisten anderen.

Mein Brief hatte Erfolg. Ich bekam Postkarten von der Klassenkameradin, die ich auf dem Umschlag mit ihrem neuen Namen, im Brief aber »Stella« genannt hatte, natürlich mit Absicht. Sie äußerte sich nie dazu. Hatte sie es nicht bemerkt, oder akzeptierte sie, was mir wie zwei verschiedene Identitäten vorkam?

Ich schickte weitere Briefe. Eifrig begann ich, Einzelheiten über ihre Vergangenheit aus ihr herauszulocken, die mir bei meinem Buch helfen würden, ohne in Fragen abzuschweifen, die sie als bedrohlich oder zu neugierig empfinden würde. Ihre Antworten, immer auf Postkarten, enthielten nur das absolute Minimum. Wollte sie ihre Energie sparen? Oder Porto? Fürchtete sie einen Hinterhalt? Oder war sie einfach schreibfaul? Ich konnte es nicht sagen. Also fuhr ich fort, vorsichtig Informationen aus ihr herauszulocken, immer besorgt, dass sie sich bei einer falschen Bewegung in Schweigen hüllen würde.

Das durfte im Interesse eines exakten Berichts nicht geschehen. Deshalb wollte ich sie auch nicht mit tödlichen Einzelheiten konfrontieren, mit unbestreitbarem dokumentarischen Beweismaterial für ihre Verbrechen. Auch Missbilligung ihres Verhaltens wollte ich nicht zum Ausdruck bringen. Niemand hatte mich zum Richter berufen. Jedenfalls noch nicht.

Stella schien gelangweilt genug oder interessiert oder auch von der Aufmerksamkeit, die ich ihr widmete, geschmeichelt genug, dass sie siebenmal antwortete, immer gleich nachdem sie mein Schreiben erhalten hatte. Ebenso später, als ich zu telefonieren anfing und viele Fragen stellte. Es baute sich über zwei Jahre scheinbar ziellosen Dialogs eine Art Beziehung zwischen uns auf.

Anfangs enthielten ihre Karten fünf Prozent Information und 95 Prozent Klagen. Es war ihr wichtig, dass ich sie als Opfer anerkannte, das Mitleid verdiente, als Häftling in Lagern; zu welcher Zeit das gewesen war und in wessen Verantwortlichkeit diese Lager gestanden hatten, wurde nicht erwähnt. Sie machte Andeutungen, dass sie dem Tode nahe sein könnte, dass sie psychisch und physisch gefährdet, beinahe gelähmt sei. Es hätte so sein können, aber in Anbetracht ihrer Fähigkeiten als Schauspielerin, an die ich mich aus der Kindheit noch erinnerte, nahm ich das nicht gleich für bare Münze.

Vielleicht würde sie das Interesse an einem Kontakt mit Ridgefield in Connecticut verlieren? Zunächst tat sie gleichgültig: »Du bist dort, und ich bin hier ...« Mir wurde klar, dass eine Unterbrechung jederzeit möglich war. Postkarten zu schreiben und die Vergangenheit heraufzubeschwören – ich hatte inzwischen begonnen, sie über die »Kristallnacht« auszufragen, über unangenehme oder sogar belastende Erinnerungen –, war mühsam für sie, wahrscheinlich sogar ein Ärgernis. Irgendwann konnte ich versehentlich einen besonders empfindlichen Nerv treffen, und sie würde verstummen.

Noch etwas kam hinzu. Ich hatte es mit einer hochgradigen Egoistin zu tun, das hatten meine Recherchen bereits klar ergeben. Irgendwann musste sie fragen: »Was habe ich davon?«

Wahrscheinlich unterschätzte ich, wie gelangweilt und einsam sie war, wie sehr sie sich nach Aufmerksamkeit sehnte. Ich halte mich selbst für einen sensiblen Gesprächspartner, ich versuche, mich in andere Menschen hineinzuversetzen. Deshalb beschloss ich, Geld ins Spiel zu bringen. Geld stinkt nicht, heisst es.

Ich wollte nicht, dass mich jemand – Stella oder ein Außenstehender – beschuldigen könnte, sie bestochen zu haben. Ich konnte es mir nicht leisten, ihr viel Geld zu bieten, mir Scheckbuch-Journalismus vorwerfen zu lassen oder Anlass zu juristischen Kontroversen über Urheberrechte zu geben. Natürlich tat sie auch weiter nichts, als Interviews zu geben. Also klemmte ich einen bescheidenen 50-Dollar-Schein an einen meiner Briefe, und sie überschüttete mich mit Dankbarkeit, als wären es 5000 gewesen.

Das war und bleibt eigenartig. Später stellte sich heraus, dass sie mit ihrer Behauptung, sie lebte von 238 Mark Sozialrente monatlich, nur Mitleid heischen wollte. Sie bekam außerdem 1100 Mark monatlich aus einer Lebensversicherung, die Gatte Nr. 3 ihr hinterlassen hatte. Finanziell war sie ausreichend versorgt. Warum äußerte sie solche Begeisterung über drei 50-Dollar-Scheine, die ich ihr im Laufe mehrerer Monate zukommen ließ? Ich konnte nur vermuten, dass sie mich an der Nase herumführen und in dem Glauben halten wollte, dass sie mittellos sei. Warum? Um Mitleid zu erwecken? War das eine letzte Theatervorstellung? War ich ein willkommener Zeitvertreib, eine Abwechslung in ihrem eintönigen Leben? Oder sollte in meinem Buch ein letztes Alibi, eine Unschuldsbeteuerung verewigt werden? Ein dauerhaftes Zeugnis, das sie schließlich noch zu ihren Gunsten beeinflussen konnte?

Oder spürte sie, dass ich immer noch Zweifel an den Umständen ihrer Verbrechen hegte? Die ersten und vernichtendsten Berichte über ihre Missetaten waren nur in der streng zensierten sowjetischen Presse erschienen, sonst nirgends. Ihr erster Prozess war ein nicht öffentlicher Scheinprozess gewesen. Hysterie vonseiten der Juden und Abwehrreaktionen vonseiten der Deutschen könnten die beiden späteren Prozesse gefärbt haben. So ganz einfach und offensichtlich schien ihr Fall nicht zu sein.

Ich hatte nach dem Krieg mein Bestes getan, hinter die Kulissen der Geheimnistuerei zu blicken, die die Sowjetbehörden in Berlin aufgebaut hatten. Ich hätte ebenso gut ein R-Gespräch in den Kreml anmelden können. Ich bekam keine zuverlässigen Auskünfte über das, was Stella im Krieg tatsächlich getan hatte.

Als ich ein Namenverzeichnis von mehr als 100 Überlebenden meiner alten Goldschmidt-Schule sowie eine Reihe von Lebensbeschreibungen bekam, suchte ich darin nach einer Erwähnung von Stella. Ich fand keine und beschloss, sie aufzuspüren und Antworten auf meine Fragen über ihre Schuld oder Unschuld zu suchen, sowie über das Glück (Glück?) und das Unglück, das andere Überlebende aus meiner alten Gruppe während der Hitler-Zeit getroffen hatte.

Ich kannte schon eine Menge Schicksale aus dieser Zeit. Jetzt wollte ich wissen, wie sich Menschen verhalten, die vor der letzten Entscheidung stehen: zu sterben oder mit dem Teufel gemeinsame Sache zu machen.

Ich war nicht ganz glücklich über die Schuldsprüche all dieser deutschen Richter. Selbst wenn sie nicht selbst Nazis gewesen waren, so musste dennoch ihr Gewissen von der Schuld ihrer Vorgänger und der völkermörderischen Rechtsprechung belastet sein, die unter den Nazis geübt worden war. Also machte ich es mir zur Aufgabe, mehrere jüdische Überlebende aufzusuchen, die zur Zeit von Stellas angeblicher Tätigkeit für die Gestapo mit ihr zu tun gehabt hatten und nicht als Zeugen bei einem ihrer Prozesse aufgetreten waren.

Günther Rogoff, der mit Stella zusammen die Kunstschule besucht und später Papiere für sie gefälscht hatte, war eine der wesentlichen Personen aus Stellas Vergangenheit. Und er sprach sie schlicht von jeder Missetat frei. Mehr noch: Rogoff war überzeugt, dass sie nach dem Krieg zu Unrecht von Dummköpfen angeklagt worden sei, von Eseln an den Gerichten, denen jedes Verständnis für die Situation abging, in der Stella sich befand, als sie in den Händen der Gestapo war.

»Ich wäre gern ihr Verteidiger gewesen«, sagte Rogoff erregt, als ich ihn 1990 in seiner Schweizer Firma aufsuchte.

Nach dem Krieg hatte er Stella gesucht, aber keine Spur von ihr entdecken können. Von ihren drei Prozessen wusste er nichts. Über Stellas Leben bei der Gestapo musste ich ihn erst aufklären.

»Sie soll also eine Hexe gewesen sein«, sagte Rogoff voller Entrüstung über eine solche Vorstellung. »Sie kann nicht schuldig gewesen sein; psychologisch war sie eine Leiche.«[9]

Ungehalten fuhr er fort: »Ich erinnere mich an Franz Werfels Titel

›Nicht der Mörder, der Ermordete ist schuldig‹. Sie haben Stella zur Hexe erklärt, dabei war sie nur ein Mädchen. Die Leute haben heutzutage keine Ahnung, dass du, wenn du in den Klauen der Gestapo warst, darauf gefasst sein musstest, dass sie dir einen Zahn nach dem anderen abfeilten. Stella hatte wunderschöne Zähne ...«

Rogoffs Empörung ließ nicht nach. »Hunderttausend Kriegsverbrecher laufen frei herum«, fauchte er und stellte diese Unverfrorenheit Stellas schönen Zähnen gegenüber.

Ich gab ihm die Telefonnummer unserer Freundin, und die beiden sprachen miteinander. »Ach, der große Fälscher!«, rief Stella zur munteren Begrüßung. Rogoff erzählte ihr, er habe die Nummer gerade von mir bekommen. Warum, wollte sie wissen, hatte er bei ihren Prozessen nicht zu ihren Gunsten ausgesagt? Rogoff entschuldigte sich. Es tue ihm sehr leid, er habe nichts davon geahnt. Die Unterhaltung war nur kurz. Er sagte, er würde sie vielleicht einmal besuchen. Sie sagte, das wäre schön. Dabei blieb es. Das Band zwischen ihnen war längst zerrissen, auch wenn seine Sympathie für die Blondine mit den wunderschönen Zähnen erhalten geblieben war.

Ich überlegte, ob Rogoff Stella entschuldigte, weil er sie nie bei ihrer Arbeit für die Gestapo gesehen oder darunter zu leiden gehabt hatte. Aber nein, Augenzeugen aus der Zeit ihrer Vergehen waren ebenfalls bereit, Entschuldigungen für sie zu bieten.

Einer von ihnen, Hans Oskar De Witt Löwenstein, der bis zum Ende im Lager Schulstraße eingesperrt war, wo er rohe Kartoffelschalen und Rote Bete bekam, erinnerte sich an Stella, die gut ernährt ausgesehen hatte, und konnte sie doch auch nicht hassen.

»Sie ist eine tragische Figur«, sagte er. »Sie dürfen nicht vergessen, in welcher Lage sie sich befand. Sie lebte auf Messers Schneide! Sie und ich würden genau dasselbe getan haben.«

Ein anderer Augenzeuge, der im Untergrund überlebt hatte, Isaak Behar, der einzige Mitschüler von der Goldschmidt-Schule, der noch in Berlin lebt, hatte auch etwas zu Stellas Gunsten beizutragen. Während einer Razzia auf Juden am Ku'damm hatte sie ihn entdeckt. Er trug nicht, wie vorgeschrieben, den Davidstern, als er aus dem Café Dobrin trat und sie auf dem Bürgersteig auf sich zukommen sah. Er hatte schon gehört, dass sie wahrscheinlich für die Gestapo arbeitete, war sich aber nicht sicher, ob er das glauben sollte. Wie ich hatte er in der Schulzeit für sie geschwärmt.

»Na, Stella«, forderte er sie halb ernst, halb scherzend heraus, »muss ich jetzt mitkommen?«

Stella reagierte sofort. »Du doch nicht!«, rief sie. »Hau bloß ab!«

Also konnte Stella damals, zu Beginn ihrer Arbeit für die Gestapo, noch Mitleid empfinden. Sie hatte sich ihren Herren noch nicht vollständig ergeben. Ihre Kindheitsfreundin Jutta Feig aus Wilmersdorf erfuhr das ebenfalls.

Jutta lebte in der Illegalität und hatte ihren gelben Stern abgenommen, als sie Stella an der Ecke Konstanzer und Duisburger Straße traf. Die beiden Frauen erkannten sich augenblicklich, und als Stella auf Jutta zukam, wurde es ihrer alten Freundin übel vor Angst. Die Nachricht von Stellas Verrat hatte bei den Juden bereits die Runde gemacht, deshalb erwartete Jutta, sofort mitgenommen zu werden. Zu ihrer Verwunderung war die Gefahr nach Sekunden vorbei.

»Guten Tag, Jutta«, sagte Stella liebenswürdig. »Wie geht es dir?«

»Gut«, konnte Jutta nur stammeln.

»Sei vorsichtig«, sagte Stella. »Und grüß zu Hause.« Damit war sie fort.

Zu dieser Zeit zählte also alte Freundschaft noch und wurde bis zu einem gewissen Grad erwidert.

Isaak Behar sah die Schuld viel weniger bei der Überläuferin Stella, als bei ihren Auftraggebern: »Es ist widerlich, dass sie Menschen dazu gebracht haben, so etwas zu tun«, sagte er.

Als er nach der Begegnung mit ihr entkommen war, blieb Behar die restliche Kriegszeit auf der Flucht. Monatelang lebte er bei Betty, einer geschiedenen Frau, die etwa zehn Jahre älter war als er und ihn in ihrem kleinen Laden aufgelesen hatte. Zu anderen Zeiten lungerte er in Parks und öffentlichen Toiletten herum, ein ungewaschener, unrasierter Vagabund, ein stinkender Penner. Manchmal bestand seine Mahlzeit nur aus dünnen Kartoffelschalen. Mehr als drei Jahre lang konnte er der Festnahme entgehen, weil er ständig unterwegs war, wachsam wie ein Fuchs auf der Hut vor tödlichen Gefahren. Nie erzählte er einem seiner nichtjüdischen Helfer von den anderen.

»Es war eine Odyssee, jede einzelne Stunde«, sagte er von seinem Leben – das er Stella verdankte.

Würde sie mich 1990 in dieser malerischen, neuen Umgebung erkennen? Würde sie mit mir sprechen, nachdem sie mir vorweg gesagt hatte, dass sie nicht an die Vergangenheit erinnert werden wollte?

Ich hatte beschlossen, sie zu überraschen und mich nicht schriftlich oder telefonisch anzumelden. Als ich vor dem Haus stand, entschied ich mich dafür, noch einen Schritt weiterzugehen. Ich wollte ihr keine Gelegenheit geben, mich abzuweisen. Ich wollte direkt bei ihr »auf der Matte« stehen.

Das ist in deutschen Mietshäusern schwierig, weil man an der Haustür klingeln und sich durch die Sprechanlage vorstellen muss. Ein unerwünschter Besucher kann leicht abgewiesen werden.

Das wollte ich nicht riskieren. Ich wollte mich aber auch nicht verstellen. Also wartete ich, bis die unvermeidliche ältere Dame mit dem unvermeidlichen Hund aus dem Haus kam und schlüpfte hinein. Ich lächelte sie nur an, und sie lächelte zurück.

Oben klingelte ich an Stellas Wohnungstür. Keine Antwort. Ich wartete in dem makellos geputzten Treppenhaus. Es dauerte eine ganze Weile, bis ich jemanden die Treppe heraufeilen hörte, obwohl der Aufzug funktionierte. Wenn das Stella war, was war dann mit der Gebrechlichkeit, über die sie sich beklagt hatte? Was mit den Schmerzen in Rücken und Beinen? Wenn ihre Lungen so angegriffen waren, warum dann Atem auf den Treppen vergeuden?

Andererseits, wenn sie dramatisiert und mir ein paar Lügen aufgetischt hatte, machte sie das etwa zur Mörderin?

Es war tatsächlich Stella, eine verblühte Schönheit, aber immer noch gepflegt, in aufrechter Haltung, elegant gekleidet, perfekt frisiert – wie das Mädchen in Turnzeug in meiner Erinnerung. Sie sah gesund, munter und bemerkenswert jung aus.

»Ich werd' verrückt«, sagte sie. Sie hatte nur einen Moment gezögert; als sie heraufkam, lächelte sie und bot mir die linke Wange zum Kuss.

Ein Wangenküsschen? Wie denn das? Ich hatte erwartet, dass sie schockiert sein würde, hatte Angst, Schmerz, einen Hinauswurf, Zurückweichen, Zittern, Tränen, sogar einen Zusammenbruch erwartet – aber kein Küsschen! Was musste in dieser Beute vorgehen, an die ich mich so lange und schon fast mit Besessenheit herangepirscht hatte. Auf mein Erstaunen folgte natürlich Erleichterung. Ich fühlte mich fast wie Kapitän Ahab, ein echter Besessener, als er schließlich seinen großen weißen Wal harpunierte. Diese Konfrontation war blutig, tragisch, vernichtend gewesen. Ich bekam einen Kuss auf die Wange. Was war eigentlich los?

Im Gegensatz zu den Klagen über ihren Zustand sah Stella gut aus, kein bisschen bedrückt, als sie wie erwartet nach Hause kam. Ihre Haut war bleich, aber relativ faltenlos; sie war sorgfältig zurechtgemacht. Das Haar, immer sehr wichtig für Stella, wirkte wie mit Festiger behandelt – eine säuberliche, kunstvolle Mischung von Blond und Weiß mit einem Hauch Rot, eindeutig getönt; es stand über ihren Ohren ab wie auf dem Foto, das sie im Alter von sieben Jahren zeigt. Ihre Figur war immer noch tadellos. Die karierte Hose und die farbige Bluse sahen aus wie vom englischen Schneider. Eine verblasste Schönheit mit großer Bühnenpräsenz.

Bei der anschließenden vierstündigen Unterhaltung zeigte sich Stellas Begabung als Schauspielerin und Mimin häufig. Sie ahmte zwei unserer gemeinsamen Lehrer nach: der wild rudernde Arm stand für den musikalischen Dr. Bandmann, der drohende Finger für den unnachgiebigen Dr. Lewent, den gefürchteten Zuchtmeister.

Ich erinnerte mich, dass sie und ihr Freund und späterer Ehemann zusammen mit anderen jüdischen Jugendlichen eine Band gehabt hatten, die zu Beginn des Krieges noch auf Partys spielte. Aber ich hatte nicht gewusst, dass Stella die Sängerin gewesen war. Sie wollte, dass ich sie in dieser Rolle im Gedächtnis behielte. In der kleinen, düsteren Wohnung beugte sie sich plötzlich auf ihrem lederbezogenen schwarzen Schaukelstuhl vor, hielt den Kopf schief und begann, Hoagy Carmichaels *Stardust* zu singen. In fast akzentfreiem Englisch sang sie gefühlvoll den Text von ihrem Staunen darüber, dass sie die ganze Nacht von einem Lied geträumt habe. Es war eine quälende Interpretation, aber keine peinliche Amateurdarbietung. Stella wollte, dass ich in ihr die reizvolle, swingende junge Hoffnung sähe; sie wollte mir zeigen, wie sie im Showbusiness der dreißiger Jahre in Amerika angekommen wäre. Es war ein sehnsuchtsvoller Gedanke, aber es war der ihre; meine Phantasie hat nichts dazu beigetragen.

»Wenn wir es doch in die Staaten geschafft hätten ...«, sagte Stella.

Die Leere ihrer einsamen Nächte war keine Einbildung. Sie war fühlbar. Stella lebte völlig zurückgezogen; sie hatte so wenig Kontakt mit Menschen, wie das in einer Stadt möglich ist. Alte Freunde sah sie nicht mehr. Die Kluft zwischen ihrem Lebensstil und ihrer Umgebung war auffallend. Ihre Stadt ist kein Bockwurst-und-Bier-Dorf. Es gibt Museen und volle Theaterspielpläne. Die liebliche Landschaft voller Weingärten bietet viele reizvolle Stellen, und weitere Ausflugsziele liegen ganz in der Nähe.

Aber als ich Stella danach fragte, erzählte sie mir, dass sie nicht einmal Spaziergänge unternehme. Sie lebte völlig abgekapselt, wie ein Flüchtling, freiwillig, selbstverbannt auf ihre eigene Insel Elba. Die Routine ihres täglichen Ausgangs, die Eintönigkeit ihrer täglichen Mahlzeiten, die Regelmäßigkeit ihrer wenigen anderen Pflichten – alles außer ihrer Aufmachung verlief seit Jahren in der ewig gleichen Monotonie. Die einzige Aufmunterung bot eine kleine Ausstellung von Fotos von einem Urlaub in den Bergen, die sie lächelnd neben ihrem letzten Gefährten zeigten, dessen Name sieben Jahre nach seinem Tod immer noch neben ihrer Wohnungstür stand. Ein Schaffner.

Wieder einmal Züge. Ob Stella je über die traurige Rolle der Züge nachgedacht hatte, dieser ratternden Werkzeuge der Henker in den letzten Stunden ihrer Eltern, ihres ersten Mannes, ihrer Schwiegereltern, ihrer Opfer? Meine Überlegung war vermutlich töricht. Stella schien überhaupt nicht nachzudenken.

Normalerweise schlafe sie jeden Nachmittag einige Stunden, erzählte sie mir – ein typisches Symptom für Depressionen. Abends überlasse sie sich dem universellen Beruhigungsmittel Fernsehen. Sie sehe sich so ziemlich alles an, sagte sie, außer der endlosen Serie *Denver-Clan*.

Warum mochte sie die Serie nicht?

»Zu viele Intrigen«, sagte Stella.

Das Fernsehen war als Beruhigungsmittel noch nicht ausreichend. Sie brauchte ein oder zwei Schlaftabletten, um einigermaßen zu schlafen, meinte sie. Ich hätte sie nach ihren Träumen fragen sollen, aber ich hatte nicht den Mut dazu. Brauchte sie Tabletten, um Albträume zu vermeiden? Davon, wie ihre Eltern den Zug bestiegen, wie sie selbst von der Gestapo in der Burgstraße gefoltert wurde, wie ein betrunkener Dobberke sie mit Deportation bedrohte, wie ihre Opfer sie ansahen, wenn sie sie abführte?

Es wurde Nachmittag; es war die Zeit, zu der Stella zu schlafen pflegte. Einen Augenblick glaubte ich, sie würde einnicken. Die Jalousien schienen ständig geschlossen zu sein. Das Telefon blieb still; ich konnte mir denken, dass es manchmal tagelang oder noch länger nicht klingelt.

Das Wohnzimmer war so klein, dass man sich kaum bewegen konnte. Wir saßen keinen Meter voneinander entfernt. Wände und Möbel waren voll von Andenken und Kleinkram, sehr deutsch. Aber diese Dinge wurden mir kaum bewusst, denn ein Haufen von Stoffpuppen zog die Blicke auf sich. Mir war, als wäre ich in ein Puppenhaus geraten, vielleicht die Gefängniszelle eines Kindes, an einen Ort der Strafe, wo ein Urteil verbüßt wird.

Da ich befürchtet hatte, Stella würde nicht mit mir sprechen wollen, hatte ich ein Foto von ihrer fünfundvierzigjährigen Tochter mitgebracht, zu der seit mehr als zwanzig Jahren kein Kontakt mehr bestand. Neben Yvonne stand Stellas zehnjähriger Enkel, den sie nie gesehen hat. Ein Friedensangebot war nicht nötig, also legte ich ihr das Foto während einer Gesprächspause wortlos vor.

Sie starrte es an. Sie schwieg. Lange Zeit blieb sie stumm. Schließlich deutete sie auf den dunkelhaarigen Jungen und fragte: »Bist du das?« Ich verneinte und sagte nichts weiter.

Das unheimliche wortlose Spiel ging weiter. Ich hatte das nicht geplant und weiß heute noch nicht, weshalb ich es begonnen habe. Mit Sicherheit wollte ich Stella nicht quälen. Wahrscheinlich wusste ich keinen anderen Weg, herauszufinden, wie Stella zu ihrer Familie stand.

Endlich zeigte sie auf Yvonne und fragte zögernd: »Ist das meine Tochter?« Ich bejahte. Keine weitere Reaktion. Nur ein unbewegtes Gesicht.

»Würdest du sie gern wiedersehen?«, fragte ich.

»Nein«, sagte sie schnell, »das würde mir den Rest geben.«

Stella hatte ihre Familie zu den Akten gelegt; sie hatte ihr zu viel Schmerzen verursacht.

Ich hatte sie sanft durch die Vorkriegszeit und die ersten Kriegsjahre geführt, die Schulen, ihr Leben mit ihren Eltern, und meinen Fragen hatte sie offenbar entnommen, dass ich gut informiert war.

»Du weißt alles«, sagte sie im Bühnenflüsterton, dramatisch, aber ohne ein Zeichen von Angst.

»Ich weiß ziemlich viel«, sagte ich.

Soweit ich sehen konnte, schien sie das nicht zu beunruhigen. Sie geriet auch nicht in Verlegenheit, als sie korrekt folgerte, dass ihre alten Freundinnen Lili und Edith nichts mit ihr zu tun haben wollten.

»Wie denken sie über mich?«, wollte sie wissen.

»Das ist schwer zu sagen«, wich ich aus, denn ich wollte nicht, dass sie das Gespräch abbrach. Sie drang nicht weiter in mich, so wie sie ihre Fragen nach dem Aufenthaltsort unserer Freundinnen nicht weiterverfolgt hatte. Sie hatte sich vorher in unserer Korrespondenz nach ihren Adressen erkundigt, und ich hatte die Frage schlicht übergangen; Edith hatte verächtlich, Lili mit Entsetzen reagiert. Ich nahm an, dass Stella nach Anerkennung oder Verständnis für sich selbst suchte. Sie fragte nicht nach dem Wohlergehen oder den Familien ihrer alten Freundinnen. Sie wusste jetzt, dass sie eine Geächtete war.

Ohne weitere Aufforderung begann Stella nun ganz ungezwungen, mehr oder weniger chronologisch ihre Version der Kriegsjahre zu berichten; sie blieb bei den Lügen, die sie auch vor Gericht erzählt hatte. Während ihre Eltern als Geiseln festgehalten wurden, hatte die Gestapo sie aufgefordert, einen jungen Juden aus ihrer Bekanntschaft aufzuspüren. Nur einen, Rogoff, der in der Illegalität lebte und Papiere fälschte. Stella sagte, sie habe so getan, als ob sie ihn zu finden versuchte, aber das sei alles nur Theater gewesen. Ich hatte keine Skepsis geäußert, aber sie schien meine Ungläubigkeit zu spüren.

»Ich hätte ihn nie verraten, niemals!«, rief sie plötzlich gequält aus; sie berührte meinen Arm, eine leidenschaftliche Reaktion auf eine Beschuldigung, die ich nicht erhoben hatte.

Sonst habe sie nichts für die Gestapo getan, beteuerte sie eifrig, gar nichts. Sie habe nur vorgegeben, nach diesem Mann zu suchen.

»Die ganze Zeit?«, fragte ich ungläubig.

»Die ganze Zeit.«

Dann hätte die Gestapo zwanzig Monate geduldig warten müssen – das war natürlich absurd. Ich drang nicht weiter in sie, weil ich weitere Informationen zu bekommen hoffte. Die Offensichtlichkeit ihrer Lüge schien Stella nicht zu stören. Obwohl ihr ziemlich klar sein musste, dass ich wusste, mit welcher gigantischen Unwahrheit sie durchzukommen versuchte, zeigte sie sich nicht beunruhigt. Die Glaubwürdigkeitskrise verging so schnell und unauffällig, wie sie aufgetreten war.

Noch eine emotionale Reaktion gab es, als ich fragte, was denn Heino Meissl gedacht hätte, was sie tat, als sie sich im Herbst 1944 im Lager Schulstraße begegneten. Sie schluckte den Köder.

»Er *glaubte*, ich arbeitete für die Gestapo«, sagte sie.

Ich sagte nichts und sah sie nur fragend an. Wahrscheinlich hatte ich seit Stunden auf der Lauer gelegen, um irgendeine Art Bekenntnis zu hören, so wie ihre Ankläger und Vernehmungsbeamten nach dem Krieg und wie ihre Folterer in der Burgstraße gehofft hatten, dass sie reden würde. Wie naiv! Soviel ich weiß, hat Stella nur einmal und nur unter dem Druck des Krieges etwas gestanden: bei Hertha Eichelhardt, ihrer Ersatz-Mutter, in deren Küche. 1990 hatte sie sich längst selbst überzeugt, dass sie unschuldig sei.

Mein »Gewährsmann« Primo Levi schrieb in *Die Untergegangenen und die Geretteten* über die Selbsttäuschung, dass sich die Menschen »eine bequeme Wirklichkeit zurechtzimmern«. Er schilderte den Prozess aus seiner Erfahrung so:

»Das kann bei vollem Bewusstsein der realen Zusammenhänge einsetzen, mit einem erfundenen, verlogenen, wiederhergestellten Handlungsablauf, der aber weniger schmerzhaft ist als der wirkliche. Beschreibt man diesen Ablauf oft genug gegenüber anderen und sich selbst, verliert die Unterscheidung zwischen Wahrheit und Lüge allmählich ihre Konturen, und der Mensch glaubt schließlich mit voller Überzeugung an seine Geschichte, die er so oft erzählt hat und noch immer erzählt ...« Wie Stella.

»Warum sollte ich etwas gestehen, was ich nicht getan habe?«, verlangte sie wieder mit einiger Erregung zu wissen. »Ich hab nie dazugehört, nie!«

Sie hielt meinen Arm umklammert. Eine flehentliche Bitte an mich, ihr zu glauben, ihre Unschuld einzusehen, kam auf mich zu.

»Du weißt, dass ich ein Gewissen habe! Ich würde doch niemanden verraten! Du kennst mich, seit wir Kinder waren, ich musste immer brav sein, meine Eltern wollten, dass ich die Beste war!«

Es gelang mir, eine unergründliche Miene zu bewahren.

Stella sank in ihren Stuhl zurück, erschöpft, geschlagen. Auf der Suche nach einer Möglichkeit, ihren alten Klassenkameraden Peter, der plötzlich Richter geworden war, zu rühren, suchte sie ausgerechnet bei ihrer jüdischen Identität Zuflucht. Wenn ich ihr »Gewissen« nicht, wie gefordert, akzeptiert hatte, vielleicht erreichte sie es mit einem Appell an unsere gemeinsame jüdische Herkunft, die sie so lange verleugnet hatte. Das würde ihre Glaubwürdigkeit steigern, vielleicht Sympathie hervorrufen oder eine Absolution bewirken.

Der Versuch erfolgte in Form einer sonderbaren Unlogik.

»Mein Vater war sogar mit Mendelssohn-Bartholdy verwandt!«, schleuderte mir Stella ins Gesicht. Sie rief den längst dahingeschiedenen Gerhard Goldschlag, des Kaisers Veteranen und Komponisten deutscher Lieder, zum Zeugen plötzlich nützlichen Judentums an.

Ihre eigentliche Haltung war in früheren Bemerkungen über Juden bereits deutlich geworden. In unserem Briefwechsel hatte sie mir von sich aus mitgeteilt, dass sie vor langer Zeit zum Christentum übergetreten sei. Jetzt sagte sie mir ebenso freiwillig, weshalb die jüdischen Augenzeugen, die bei ihren Prozessen ausgesagt hätten, »unbarmherzig« gewesen seien und nur Lügen erzählt hätten.

»Sie hassten mich wie die Pest, weil ich blond und hübsch war«, sagte sie – dieses Lied hatte sie auch früher schon angestimmt, nicht nur vor Gericht.

Plötzlich ging sie zu einem hemmungslosen und scheinbar irrelevanten Angriff auf Joachim Prinz über, den außergewöhnlich gutaussehenden und redegewandten Rabbi im Berlin der dreißiger Jahre, der zu einem der jüdischen Führer in Amerika geworden war. »Er war das größte Schwein«, brach es aus Stella heraus, und sie ahmte Prinz nach. »Er trug diesen riesigen Ring und sagte allen Mädchen, sie sollten nach Palästina gehen. Ich war da im Friedenstempel und hab ihn gehört. Ein schöner Mann. Er predigte Zionismus, aber wohin ging er?«[10] Stella war erregt und wütend, als sie diese Szene wieder durchlebte. Hatte sie – in der Wirklichkeit oder in ihrer Phantasie – ein Auge auf Prinz geworfen? Und hatte sie sich vielleicht – in der Wirklichkeit oder in ihrer Phantasie – sitzengelassen gefühlt?

Oder verkörperte der »schöne« Prinz den Judaismus für sie? War er das Symbol für die Gemeinschaft, die ihr nur Elend gebracht hatte? Das kam mir am wahrscheinlichsten vor, denn plötzlich unternahm sie einen schrecklichen verbalen Angriff auf einen anderen charismatischen Führer, von dem wir bisher gar nicht gesprochen hatten: Heinz Galinski.

Mit Galinski hatte ich auch gesprochen. Der 1992 verstorbene Mann war damals fast achtzig Jahre alt; er hatte Auschwitz und zwei andere Konzentrationslager überlebt. Seine Mutter und seine Frau waren in Auschwitz vergast worden. Sein Vater war zu Stellas Zeit kurz vor seiner schon festgesetzten Deportation im Lager Schulstraße gestorben. 1949 wurde Galinski Vorsteher der Berliner Jüdischen Gemeinde, später leitete er den Zentralrat der Juden in Deutschland und war lange ihr kluger und umsichtiger Sprecher.

Stella hasste den Mann, weil er lebte. »Wie hat der es denn geschafft, zurückzukommen?«, fragte sie boshaft und unterstellte Günstlingswirtschaft, Verschwörung, vielleicht einen unglaublichen Verrat Galinskis, dieses aufrechten Mannes, dessen unbewegtes Gesicht manchmal wie eine Totenmaske wirkte.

Als ich Stella nach Walter Dobberke fragte, verantwortlich für den Tod von Tausenden von Menschen, einschließlich ihrer Eltern, grinste sie und wurde sanfter. Für sie war dieser Mann, der sie zur Greiferin gemacht hatte, ein unbeholfener Einfaltspinsel.

»Ach«, sagte sie, »der saß nur herum und trank. Außerdem konnte man den bestechen.« Das war alles!

Während wir uns unterhielten, wurde Stellas Berliner Dialekt immer deutlicher. Der anerzogene kultivierte Klang schwand. Flüche, Wörter wie »Scheiße« würzten ihre Rede. Und als sie mir ihre Männer beschrieb, deutete sich ein Abwärtstrend an, eine Vulgarisierung bis zu ihrem gegenwärtigen Leben – einem Vakuum, in dem nichts und niemand lebte.

Ihr erster Mann, Manfred Kübler, war ein Junge aus der jüdischen Mittelklasse gewesen. Ihr zweiter Mann und Partner beim Massenmord, der Gestapo-Greifer Rolf Isaaksohn, stammte aus ähnlich wohlhabender jüdischer Familie. Ihr dritter Mann, Friedheim Schellenberg, war ein nordischer Riese, ein Mechaniker, der als Stuka-Pilot ein Star der Luftwaffe gewesen war. Die beiden hatten sich Sylvester in einer Bar kennengelernt. Ihr vierter Mann, der gewitzte Gottfried Pech,[11] war Taxifahrer und zwanzig Jahre jünger als Stella. Ihr letzter Mann, 1984 gestorben, war zwölf Jahre jünger als sie und Schaffner in Berlin gewesen. Stella hatte ihn kennengelernt, als er ihren Fahrschein knipste. Was sein Aussehen und Benehmen betraf, war er ein ziemlicher Abstieg. Das fand sogar ihre freundliche Nachbarin, Frau Schneider.

Was steckte hinter diesem gesellschaftlichen Niedergang? Sinkendes Selbstwertgefühl? Ein wachsendes Bedürfnis nach Kasteiung? Nur die verzweifelte Suche nach menschlicher Nähe?

Als ich aufstand, um aufzubrechen, schien Stella mich nur widerstrebend gehen lassen zu wollen.

Ich ging zur Tür; sie sprach weiter und stand nicht auf. In ihrer Bemühung um eine Fortführung des menschlichen Kontakts starrte sie auf das Foto von Tochter und Enkel, das ich auf dem Tisch hatte liegenlassen. Sie hatte es nicht berührt. Sie fragte, ob ich es mitnehmen müsste. Ich schüttelte den Kopf. Sie sagte nichts, fasste es aber nicht an.

Warum hatte sie mit mir gesprochen? Ich wusste es immer noch nicht genau. Sie war einsam, hatte Langeweile und Heimweh nach Berlin und den alten Zeiten, und ich muss ihr wie eine leichte männliche Beute erschienen sein. Sie umarmte mich, als ich ging, und bot mir die Wange zum Kuss. Später am Telefon nannte sie mich Peterle; das gab mir zu denken.

Was war dran an Stellas unglaubwürdig klingender Behauptung, sie sei von ihrer Schönheit betrogen, ihr Glamour sei eine tragische Belastung gewesen, die Berliner Juden, das jüdische Establishment, hätten sich nicht so wütend gegen sie gewandt, wenn sie nicht so gut ausgesehen hätte?

Zufällig war ich ein bisschen vertraut mit dem Paradox, dass Schönheit ein Nachteil sein kann. Ich war auf ein Yeats-Zitat gestoßen – »Nur Gott, mein Liebes, könnte dich ausschließlich deinetwegen lieben und nicht wegen deines blonden Haars« – und hatte sofort an Ellen denken müssen, mit der ich zwischen zwei Ehen fünf Jahre lang zusammen gewesen war. Ellen war blond, blauäugig, groß, beweglich und hatte eine phantastische Figur. Wie Stella. Als Jugendliche war sie Mannequin für Modezeitschriften gewesen. Im Gegensatz zu Stella hatte sie ihr Interesse an Kleidern für eine Karriere in der Modeindustrie genutzt.

Ihre Beziehungen zu Männern waren jedoch gestört gewesen, schon als sie noch keine zwanzig gewesen war, wegen ihres Aussehens, wie sie mir sagte. Sie war unglaublich beliebt gewesen. Ein Junge nach dem anderen gestand ihr seine Liebe, aber ihr war klar gewesen, dass sie überwiegend nur mit ihr ins Bett gehen wollten. Es war eine zutiefst beunruhigende Entdeckung. Yeats würde gesagt haben: Welcher dieser potentiellen Liebhaber, wenn überhaupt einer, liebte Ellen wirklich ihretwegen und nicht nur wegen ihres Körpers?

Zum Thema Belastung durch exzessive Schönheit bat ich Professorin Ellen Berscheid um Rat. Sie ist Sozialpsychologin an der Universität von Minnesota und hat sich seit mehr als zwanzig Jahren mit weiblicher Schönheit beschäftigt und darüber geschrieben.

Ich erzählte ihr von Ellen und Stella, und sie war kein bisschen erstaunt über diese beiden Fälle. Zweifel am Selbstwert seien normal bei schönen Frauen, berichtete sie. Dieses Misstrauen könne die Selbstachtung untergraben und emotionale Probleme hervorrufen. »Versuche haben gezeigt, dass äußerlich attraktive Menschen tatsächlich auffallen«, sagte sie. »Manche Menschen haben damit Schwierigkeiten.«

Worüber ich noch nicht nachgedacht hatte: Schönheit kann von den Schönen manipuliert werden. »Stella hat früh gelernt, dass Attraktivität eine wertvolle Waffe beim Überleben ist«, sagte Professorin Berscheid. »Sie wusste sie zu nutzen.« Aber nichts zwang sie, diesen Weg einzuschlagen. Schönheit ist »heilbar«. Sie entschied sich dafür, nichts dagegen zu unternehmen. »Wenn sie nicht attraktiv hätte sein wollen – es wäre ganz leicht gewesen, es nicht zu sein«, erklärte die Professorin. »Es gibt keine natürliche Schönheit.«

Stella hatte das durchaus gewusst. Als sie von Liebenwalde nach Berlin wanderte, wo es von russischen Vergewaltigern nur so wimmelte, hatte sie es sehr gut verstanden, sich unattraktiv zu machen.

Trotzdem mochte Professorin Berscheid sie nicht schuldig sprechen, obwohl, wie ich ihr erklärte, Stella nicht mehr gezwungen war, als Greiferin zu arbeiten, nachdem ihre Eltern deportiert worden waren.

»Und wenn sie es gelassen hätte?«, fragte die Psychologin. »Darin wäre sie doch selbst ins Konzentrationslager deportiert worden! Wenn ich in ihrer Lage gewesen wäre, hätte ich es auch getan. Es hängt von der Situation ab, in der wir uns befinden.«

Auch Primo Levi, Überlebender von Auschwitz, räumte ein, dass bei der Beurteilung von extremen Erfahrungen während der NS-Zeit mildernde Umstände zugebilligt werden müssen. Ein »abgefeimtes System« wie der Nationalsozialismus übte eine schreckliche korrumpierende Macht aus, gegen die sich die Opfer nur schwer schützen könnten. »Es degradiert sie und verleibt sie sich ein ...«

Levi zitierte einen der »Raben des Krematoriums«: »Sie dürfen uns nicht für Monster halten: wir sind wie Sie, nur viel unglücklicher.«

Die Gemeinsamkeit der Unterdrückten mit den Unterdrückern – der Sklaven mit den Sklaventreibern – trieb wunderliche Blüten. In Auschwitz spielte eine Mannschaft der Krematoriumsraben Fußball gegen eine SS-Auswahl, und in Stellas Gestapo-Welt vertrank Kommissar Dobberke öde Nächte beim Kartenspiel mit seinen Ordnern. Bei gemeinsamer Arbeit näherte der Korpsgeist die gegnerischen Seiten an und hielt das System in Bewegung. Diese Bruderschaften töteten miteinander und spielten miteinander.

Der Boden dazu wurde geebnet durch das, was Sigmund Freuds Tochter Anna die »Identifikation mit dem Aggressor« genannt hat. Ein weiterer berühmter Psychologe, Bruno Bettelheim, schrieb über Adaptation, wie er sie als Gefangener in Dachau beobachtet hatte:[12]

»Alte Gefangene, die sich, wenn sie ihre Mitgefangenen beaufsichtigen mussten, schlimmer aufführten als die SS, waren keine Seltenheit. In manchen Fällen versuchten sie auf diese Weise die Sympathie der SS zu gewinnen, doch in den meisten Fällen hielten sie diese Verfahrensweise ganz einfach für die beste, um mit Gefangenen fertigzuwerden ...«

»Die alten Gefangenen, die sich mit der SS identifizierten, taten dies nicht nur in Bezug auf aggressives Verhalten. Sie versuchten Teile von alten SS-Uniformen zu erwerben. War das nicht möglich, nähten und flickten sie ihre eigenen Uniformen so zurecht, dass sie den Uniformen der Wachen ähnelten ... Fragte man die alten Gefangenen, warum sie das täten, so sagten sie, dass es ihnen gefiele, wie die Wachen auszusehen.«

Stellas abgrundtiefer Hass auf die Juden hatte mich zunächst verwirrt. War sie vollkommen verrückt? Ihre Tirade über Rabbi Prinz schien mir idiotisch. Und die Vorstellung, dass erst ihr Vater und dann sie selbst von Juden aus speziell »jüdischen« Gründen verfolgt worden seien, schien wirklich übertriebener Verfolgungswahn zu sein. Ich hätte es schon damals verstehen müssen, als ich das erste Mal hörte, dass Benjamin Disraeli und später mein Schulkamerad Peter Prager versucht hatten, ihre Nase hochzuschieben, um dem verhassten Judesein zu entkommen.

Aber ich habe es nicht verstanden. Das geschah erst, als ich nach einer Erklärung für Stellas bizarre Form von Antisemitismus suchte. Jeder Versuch, deutlich zu machen, wie sie zur Greiferin hatte werden können, musste diesen Punkt berücksichtigen; es brachte einen anmaßenden Hass auf andere Juden zum Ausdruck.

Das Rätsel war natürlich bereits gelöst. Es war ein blinder Fleck in meiner Bildung und leicht zu beheben. Es gibt umfangreiche Literatur zum jüdischen Selbsthass, interessanterweise eine deutsch-jüdische Spezialität. Theodor Lessing hatte 1930 in Berlin ein Buch über dieses unerfreuliche Thema herausgebracht, *Der jüdische Selbsthaß*, aber schon damals stellte Lessing nur gemeinverständlich dar, was andere deutsch-jüdische Wissenschaftler seit Jahrzehnten erarbeitet hatten.

Benjamin Disraelis Verleugnung seiner jüdischen Identität und sein Abscheu waren längst dokumentiert und diskutiert. Ebenso ähnliche Tendenzen bei Karl Marx, Heinrich Heine und unzähligen anderen Berühmtheiten, sowie in neuerer Zeit bei dem Kolumnisten Walter Lippmann und jenem Psychoanalytiker, dessen wahrer Name Homburger war. Er nannte sich jedoch Erik H. Erikson und wurde bezeichnenderweise eine Autorität auf dem Gebiet der Entwicklung einer eigenen Persönlichkeit.

Ein anderer jüdischer Psychologe, Kurt Lewin, Spezialist für Gruppenverhalten, gehörte zu den ersten, die in neuer Zeit das Phänomen des »Andersseins« interpretiert haben. Stella, Disraeli, Marx und ihre Leidensgenossen begehrten gegen ihre jüdische Identität auf, weil sie ausgeschlossen waren von der Gruppe der Privilegierten, der Mehrheit der Bürger, die nicht »anders« waren. Minderheiten waren per definitionem anders und wurden für diese Sünde herabgesetzt. Von der Mehrheit ausgesperrt, begannen einige verletzliche Opfer unter diesen Gruppen, sich selbst wegen ihrer Andersartigkeit zu hassen.

Selbst kleine jüdische Kinder waren dagegen nicht immun. 1990 veröffentlichte Dr. Flora Hogman, eine New Yorker Psychoanalytikerin, Interviews mit Überlebenden, die als Kinder von ihren Eltern bei katholischen Familien versteckt worden waren.

»Ich fing an zu denken, wenn die Juden so verhasst sind, gibt es vielleicht einen Grund«, sagte Dina. »Vielleicht sind sie ganz schreckliche Menschen. Ich hätte alles dafür gegeben, genauso zu sein wie die Christen ... Ich hörte so viel darüber in dem polnischen Haus, dass die Juden schmutzig seien und laut. Zuerst war ich niedergeschmettert, dann begann ich es zu glauben ...«

Die Analytikerin berichtete über ihre Fälle: »Renée fühlte sich jüdisch und schuldig; Charlotte hasste die Juden; Frida lehnte ihre jüdische Identität ab und bemühte sich um Heiligmäßigkeit, um nicht zu dem ›verfluchten‹ Volk zu gehören ...«

Leider klang das ganz plausibel, zumindest für eine Jugendliche wie Stella, die von der Oberschule verjagt worden war, weil sie Jüdin war, die gezwungen worden war, den Davidstern zu tragen, und die in der Burgstraße gefoltert worden war, um für eine Identität zu bezahlen, die sie immer abgelehnt hatte. Die Herrschaft der Mehrheit musste nicht zwangsläufig gut sein. Ich hatte schon oft gefunden, dass das Böse voller Überraschungen steckt.

Wenn ich auf eine Beichte dieses Mädchens Stella hinarbeitete, dann war ich nicht besonders erfolgreich. Ob stichhaltig, durchsichtig oder gar lächerlich, ihre Verteidigungsstrategie war seit langem verfestigt und unerschütterlich: Selbsthass, Antisemitismus, die Last der Schönheit, die Schuld des Überlebens, die Drohung mit Deportationszügen und so weiter. Nichts konnte bisher die Unmenschlichkeit ihres Tuns entschuldigen. Vielleicht hatte ich sie noch zu vorsichtig und vernünftig behandelt. Ein härterer, anklagenderer Ton wäre vielleicht ergiebiger gewesen, obwohl ich da meine Zweifel hatte. Ein listigerer Mann als ich war von ihr eingewickelt worden: Herr Pech, der weltkluge Taxifahrer, der geldliebende Ehemann Nummer vier.

Ich unterhielt mich mit ihm in dem engen, aber behaglichen zweistöckigen Häuschen seiner neuesten Freundin, einer liebenswürdigen Blondine in den Dreißigern. Das war in Falkensee, am Berliner Stadtrand in der ehemaligen DDR. Das spannendste an dem Gespräch war das, was Herr Pech nicht sagte. Stella hatte mir gegenüber gehässige Bemerkungen über ihn gemacht und über die schäbige Behandlung geklagt, die er ihr hatte angedeihen lassen. Und sie hatte sich über sein Interesse an dem Geld geärgert, das, wie sie meinte, ihr gehörte. Aber während der scheinbar ganz aufrichtigen anderthalbstündigen Unterhaltung hatte Pech seinerseits kein einziges böses Wort über seine unfreundliche Ex-Frau von vor zwanzig Jahren geäußert.

Das wirkte besonders merkwürdig, weil Herr Pech – bärtig, rotgesichtig, beweglich und muskulös, Typ Federgewichtler – sich als knurriger, frustrierter »Kämpfer« auf den unruhigen Straßen Berlins erwies. Er war arbeitslos, pleite und platzte vor Wut über seine Umgebung und sein Geschick.

Erklären ließ sich das durch die Liebe zum Geld und den Ablauf der Ereignisse: Die beiden begegneten sich 1971; Pech war ein Kumpel von Stellas todkrankem Ehemann Nummer drei, Friedheim Schellenberg. Sie heirateten im August 1972, und der Zeitpunkt war von Bedeutung. Stella hatte ihrem neuen Freund fast täglich etwas vorgejammert über ihr Schicksal als Opfer einer Verschwörung rachsüchtiger Juden aus der Zeit des Krieges. Sie war besessen und überzeugend. Pech war davon nicht etwa abgestoßen, er witterte eine Chance. Stellas dritter Prozess sollte am 21. September beginnen. Leidenschaften hatten sich abgekühlt, und viele ältere Zeugen waren verschwunden – so würde sie vielleicht diesmal einen Freispruch erreichen. Und dann, ja, dann würden großzügige Schadenersatzzahlungen von der schuldbewussten Regierung des reichen Westdeutschland hereinkommen, eine Entschädigung, die allen »Opfern des Faschismus« zustand.

Während Pech dem sechstägigen Verfahren beiwohnte, schienen ihm die Chancen für einen solchen Geldsegen gut. Aber die Verhandlung war »eine Farce«. Die Zeugen gegen seine neue Frau waren »blutrünstig« und »abscheulich«. Sie kannten einander und steckten alle unter einer Decke. Vielleicht hatte Stella tatsächlich ein paar Juden verraten, aber die Zeugen hatten etwas viel Schlimmeres getan, fand er. Und wenn Stella sie wirklich in den Tod geschickt hatte, wieso waren sie dann lebendig und sagten vor Gericht aus? Es war eine schreiende »Ungerechtigkeit«.

Das Ergebnis war natürlich eine juristische und finanzielle Enttäuschung. Das Paar trennte sich bald wieder und wurde 1974 geschieden. Trotzdem war das Vertrauen des Taxifahrers in die Echtheit von Stellas Martyrium nicht erschüttert, damals nicht und auch nicht, als ich mit ihm sprach. Stella war sehr überzeugend, selbst für Gottfried Pech, einen Weisen der Straße, obwohl sie ihm keinen Unterhalt geboten hatte.

Konnte Wyden siegen, wo Pech unterlag? Ich musste es versuchen.

26. Urteil

Ich war das Spielchen leid, das Stella und ich spielten. Sie war nicht die zu Unrecht verleumdete Überlebende eines Konzentrationslagers, die sie zu sein vorgab, ich war nicht der nette Klassenkamerad. Warum so tun als ob?

Ich war entschlossen, die Scharade zu beenden, als ich zum dritten und letzten Mal in ihrer Wohnung erschien. Es war ein heißer und dunstiger Dienstagvormittag, der 3. September 1991. Diesmal hatte ich mich telefonisch angemeldet und brachte eine schwere Tasche voller Gerichtsakten über Stellas langjährige juristische Auseinandersetzungen mit.

Ich wollte unsere Rollen ändern und das auch sichtbar machen. Ich war nicht mehr der mitfühlende Sammler von Erinnerungen. Ich war der Vernehmer, mit einer Menge unbestreitbarer Beweise für Mord. Sie war die Angeklagte.

Als erstes Beweisstück meiner sorgfältig vorbereiteten Konfrontation zog ich die Abschrift einer Vernehmung Stellas vom 23. März 1965 heraus, durchgeführt von einem Untersuchungsbeamten der Westberliner Staatsanwaltschaft. Stella war in diesem Fall nicht Angeklagte gewesen, sondern Zeugin in dem endlosen und letztlich gescheiterten Prozess gegen die Leiter der Berliner Gestapo.

Der Vernehmungsbeamte verfolgte die Spur von Sturmbannführer Erich Möller, dem Chef von Stellas Chef Dobberke. Ja, hatte Stella ausgesagt, sie habe den gefürchteten Möller im Sommer 1944 kennengelernt und erinnere sich gut an ihn: Er sei schon älter gewesen, mit einem Schmiss im Gesicht. Sie habe ihn in seinem Büro im Polizeipräsidium Alexanderplatz aufgesucht, sagte sie, um zu versuchen, ihre Eltern von Theresienstadt nach Bergen-Belsen verlegen zu lassen, wo, wie sie fälschlich angenommen habe die Bedingungen erträglicher seien.

Stellas Umgang mit ihrem Gesprächspartner 1965 war offensichtlich ungezwungen und freundlich gewesen – wie ihre Antworten auf meine Fragen 1991. Ich hatte den Bericht von der Befragung 1965 ausgewählt, um indirekt Stellas entspannten Umgang mit der Gestapo deutlich zu machen. Sie schien es nicht zu bemerken. Ihr Verhalten änderte sich auch nicht, als ich die Tasche zwischen uns stellte oder als ich aus der Kopie vorzulesen begann. Es war mehr nötig, um diese Schauspielerin in ihrer Rolle als Opfer, als unbeteiligte Zuschauerin und gehorsame Tochter aus dem Gleichgewicht zu bringen.

»Hattest du Dobberkes Einverständnis, damit du zu Möller vordringen konntest?«, fragte ich.

»O nein, ich ging auf eigene Faust!«

Ich setzte eine skeptische Miene auf. Dass ein jüdisches Mädchen einfach ins Polizeipräsidium marschierte und erreichte, bei einem hochrangigen Gestapo-Bonzen vorgelassen zu werden, war höchst unwahrscheinlich. Das war, als ob eine Pennerin vom Spitzenmann eines Geheimdienstes empfangen würde.

Stella ging mühelos über diese Ungereimtheit hinweg.

»Wie bist du dann zu Möller vorgedrungen?«, wollte ich wissen. »Hier in dem Protokoll steht, du hättest einen grünen Gestapo-Ausweis mit Lichtbild gehabt.«

»Aber nein«, sagte Stella lächelnd. »Ich hatte nur den Pass vom Lager.«

»Na gut, und was sagte Möller?«

»Ich war nicht lange bei ihm. Er sagte, er könnte nichts tun, aber wenn der Krieg erst mal gewonnen sei, wollte er dafür sorgen, dass ich Ehren-Arierin würde.«

Sie lächelte wieder und zuckte die Achseln, zufrieden, dass sie Möllers Anerkennung als liebende Tochter errungen und meine Bemühung zunichte gemacht hatte, sie als Agentin der Gestapo zu brandmarken.

Ich wollte mich nicht mit einem Streit über Details aufhalten und fragte deshalb nicht, was genau den allmächtigen Möller veranlasst hatte, ihr die Beförderung zur eingeschränkten »Arierin« zu versprechen. Es war Zeit, die Taktik meines vorbereiteten Plans zu verfolgen.

Stellas Gesicht ließ vermuten, dass sie sich mit einem weiteren Verhör abgefunden hatte. Sie hatte im Lauf der Jahrzehnte schon so viele Verhöre überstanden. Noch mehr als bei meinen früheren Besuchen kam mir das kleine, abgedunkelte Zimmer wie eine Zelle vor und die Jalousien wie Gitter. Hier wurde ein lebenslängliches Urteil abgebüßt. Die Stoffpuppen sahen diesmal wie Wärter aus.

Ich hatte meinen Besuch für 11.30 Uhr angekündigt, kurz nachdem die Straßenbahn Stella an ihrer Ecke abgesetzt hätte und sie nach ihrem einsamen täglichen Ausflug (der mir mehr und mehr wie ein Hofgang im Gefängnis vorkam) in ihre Zelle zurückgekehrt wäre.

Woran dachte sie in der Straßenbahn? War sie beunruhigt, weil sie mir abermals gegenübertreten und eine Überprüfung ihrer Vergangenheit über sich ergehen lassen sollte? Wünschte sie sich vielleicht die Stärke, mich abzuweisen? Oder trieb sie gar ein lange verdrängtes Schuldgefühl zu mir? Argwöhnte sie, dass Fahrgäste in der Straßenbahn sie vorwurfsvoll anstarrten, wie die Frau, von der der schwedische Psychiater berichtet hatte – die Frau, die ihr Kind hatte vergasen lassen und nun überall Ankläger sah?

Oder hatte ihr Gedächtnis ihre Sünden bearbeitet und Unangenehmes begraben? Das Gedächtnis ist, wie ich gelesen habe, ein kompliziertes physiologisches Phänomen, das die Fachleute noch längst nicht erforscht haben. Dass es selektiv arbeitet, steht jedoch fest. Dr. Elizabeth Loftus, eine Autorität auf dem Gebiet, die vor allem mit Prozesszeugen gearbeitet hat, schrieb: »Wir interpretieren die Vergangenheit, korrigieren uns selbst, fügen Einzelheiten hinzu, löschen unangenehme oder beunruhigende Erinnerungen, wir fegen, putzen, räumen auf.«

Wie Meryl Streep als Sophie in dem Film *Sophies Entscheidung* über die Lügen sagte, die sie nach dem Krieg erzählt hat: »Wahrheit, Wahrheit, ich weiß nicht, was Wahrheit ist.«

Was immer in Stella vor sich gehen mochte, Reue war nach so vielen Jahren nicht wahrscheinlich. Allerdings auch nicht unvorstellbar.

Ich blätterte ostentativ in meinen Gerichtsakten und holte tief Atem.

»Ich weiß, dass Menschen schreckliche Dinge tun mussten, um zu überleben«, sagte ich, »und du warst nicht die einzige. Ich weiß Bescheid über Inge Lustig und Bruno Goldstein und Heinz Behrend und Günther Abrahamson und Ruth Danziger …«

»Ja«, sagte Stella, nickte zustimmend und verteilte die Schuld, »die Danziger!«

»Ich verstehe, dass du in einer Zwangslage warst und deine Eltern retten wolltest«, sagte ich, »und ich frage mich immer wieder, was ich getan hätte, wenn ich unter einen so entsetzlichen Druck geraten wäre. Aber es ist schlicht nicht glaubhaft, dass die Gestapo mehr als eineinhalb Jahre ruhig zugesehen haben soll, während du nach Rogoff, einem einzigen Mann, zu suchen behauptetest!«

»Sie stießen immer wieder auf Papiere, die er gefälscht hatte«, meinte Stella.

»Es ist trotzdem nicht glaubhaft.«

»Isaaksohn hat mich die ganze Zeit gedeckt.«

Ich sah sie mit einem Blick an, mit dem ich Zweifel an Rolf Isaaksohns neuer Rolle als Altruist zum Ausdruck brachte. Stella zuckte die Achseln und lächelte.

»Ich habe mit Hertha Wolf gesprochen, weißt du«, fuhr ich fort. »Sie sagt, du hättest in ihrer Küche gesessen und gestanden, dass du für die Gestapo arbeitetest.«

»Ach, sie spinnt!«, rief Stella, eine Spur ungehalten darüber, dass ich ihre alte Vertraute ausgegraben hatte.

»Ich habe auch mit Robert Zeiler gesprochen«, sagte ich, »ihr kanntet euch aus der Kindheit aus Wilmersdorf.« Und ich las Stella aus der Aussage vor, wie er am Kurfürstendamm zugesehen hatte, als Stella und Isaaksohn Juden festgenommen und der Gestapo geholfen hatten, sie auf einen Lastwagen zu »verladen«, wie sie und Rolf dann als Wachen hinten auf der Ladefläche gesessen hätten und zum Sammellager Große Hamburger Straße gefahren seien und wie Zeiler ihnen auf dem Fahrrad vorsichtig gefolgt war.

Stella wischte dieses Bild mit einer gewissen Ungeduld fort. »Das ist nie geschehen«, sagte sie.

»Erinnerst du dich an die Familie Zajdmann?«, fragte ich. »Die habe ich auch gefunden. Weißt du noch, wie ihr sie in der Oper festgenommen habt, du und Rolf?«

Daran erinnerte sich Stella lebhaft, sie zeigte nicht die Spur von Überraschung, dass ich so eifrig Leichen aus ihrem Schrank zerrte. »Rolf und ich hörten *Rigoletto*«, erzählte sie, »und Rolf sagte: ›Guck mal, da unten sitzen die Zajdmanns. Die kriege ich.‹« Sie berichtete davon, als sei es am Tag zuvor geschehen.

»Und du hattest nichts damit zu tun?«

»Ich habe nur davon gehört«, sagte Stella.

Und die ganze Zeit habe Dobberke ihr immer wieder gedroht.

»Ich schick dich nach Auschwitz!«, brüllte er sie an, als sie kurz vor Kriegsende bei einem Bombenangriff mit Fleisch vom Schwarzmarkt im Bunker an der Schulstraße auftauchte. Das habe er wahrscheinlich ernstgemeint. Höchstwahrscheinlich.

Ich hatte wieder einmal eine eindrucksvolle schauspielerische Leistung zu sehen bekommen. Absolut gar nichts brachte meine ehemalige Klassenkameradin aus dem Konzept, und es war deutlich, dass sie mit dem Erfolg ihrer Darstellung zufrieden war. Lange Zeit hatte ihr niemand seine Aufmerksamkeit gewidmet, schon gar nicht ein Mann, und was ist eine Schauspielerin ohne Rolle und ohne Publikum? Sie hatte wieder gut gespielt.

Es war Zeit zu gehen. Stella hatte die Schuhe ausgezogen und sah klein und kindlich aus, als sie lächelnd in der Tür stand, den Kopf schiefgelegt, puppenhaft, noch immer Shirley Temple.

Eine vielsagende Verwandlung. Vielleicht hatte meine Befragung Stella härter getroffen, als ich gedacht hatte. Bruno Bettelheim hat beschrieben, wie ein Häftling in seinem Konzentrationslager wieder zum Kind wurde, wenn er herumgestoßen wurde: »Wenn der Gefangene ›wie ein Kind‹ beschimpft, geschlagen und herumgestoßen wurde und wenn er, ebenfalls wie ein Kind, unfähig war, sich zu verteidigen, dann wurden in ihm Verhaltensmuster und psychologische Mechanismen ausgelöst, die er als Kind entwickelt hatte.«

Stella verhielt sich genauso, wie es Bettelheim geschildert hatte.

»Schreib nichts Schlechtes«, ermahnte sie mich lächelnd und drohte mit dem Finger, neckisch wie ein kleines Mädchen auf dem Spielplatz.

In gewisser Weise machte sie mir auch eine lange Nase, weil es mir trotz aller Mühe nicht gelungen war, die Maske zu zerbrechen, die so hart war, dass nichts sie mehr auftauen konnte. Sie war festgefroren seit Stellas Geständnis 1944 gegenüber Hertha Eichelhardt.

Wenige der Mitschüler von der Goldschmidt-Schule fällten ein rasches Urteil. Fast niemand hatte von der bösen Wendung in Stellas Leben gehört, als ich auf der Suche nach Erinnerungen an sie einige von ihnen anrief oder ihnen schrieb. Sie nahmen die Nachricht ungläubig auf, als sei ein Verwandter als Serienmörder entlarvt worden. »Mein Gott, mein Gott!« war so ungefähr die einzige Reaktion, die ich von dem sonst durchaus redegewandten Gerry Waldston aus Montreal bekam. »Was für eine Kreatur!«, rief Alex Page aus, Dr. phil. und Professor. »Das verfolgt einen ja!«

Aus London, wo sie als Hausfrau lebt und Gedichte schreibt, schickte Stellas alte Freundin Lili Baumann, jetzt Lili Hart, einen zehnseitigen Brief, in dem sie sich an Einzelheiten aus ihrer Kindheit erinnerte, in der sie von der faszinierenden Stella gefesselt war. Auch die Schwächen ihrer Freundin waren ihr im Gedächtnis geblieben. Lili reagierte mit der Nüchternheit einer Überlebenden auf meinen Bericht über die Karriere ihrer Spielkameradin bei der Gestapo, als sie von Stellas früher Kaltblütigkeit sprach.

»Ich hatte keine Ahnung davon und bin natürlich geschockt«, schrieb sie. »Aber besonders überrascht bin ich eigentlich nicht ...«

Marion Dann-Weiner, bis vor kurzem Präsidentin ihrer B'nai-B'rith-Gruppe auf Long Island, explodierte dagegen, als sie mit Stellas Namen konfrontiert wurde. »Und wie ich mich an sie erinnere!«, schrieb sie. Stella hatte den Freund ihrer Schwester Eva der Gestapo ausgeliefert. Der junge Mann war von nichtjüdischen Freunden in einer Berliner Wohnung versteckt worden. »Der Freund meiner Schwester hat Auschwitz überlebt und uns hinterher die ganze Geschichte erzählt«, berichtete mir Mrs. Weiner.

Mehrere der Frauen reagierten ähnlich wie Marion Sauerbrunn-House im New Yorker Vorort Riverdale, die es zu ihrem Beruf gemacht hat, andere Flüchtlinge zu beraten, wie sie Forderungen nach Entschädigungen oder Schadenersatzansprüche an die westdeutsche Regierung richten müssten. Mrs. House hatte mit Stella und mir im Chor unseres geliebten Dr. Bandmann gesungen und ebenfalls unter der Diktatur des tyrannischen Dr. Lewent gezittert.

»Mein Gott!«, rief sie aus. »Das wirft mich um!« Ich konnte sie am Telefon schwer atmen hören. »Ich krieg' ja eine regelrechte Gänsehaut! Darauf wäre ich nie gekommen!«

Mrs. House hatte in der Schule nie versucht, mit Stella zu reden; sie erinnerte sich an sie als eine überwältigende Präsenz und ein Ideal. »Ich bewunderte sie nur von weitem, weil sie so hübsch war«, erinnerte sie sich. »So blond und lebhaft, alles, was ein Mädchen gern sein wollte. Gesellig, mit einer Menge Freunden, alles was ich so gern gewesen wäre ...«

Wir sprachen lange miteinander. Wie mehrere andere Schüler betrachtete Mrs. House Stellas Schuld mit persönlicher Beklommenheit, Selbstzweifeln, sogar so etwas wie Selbstbezichtigung.

»Ich bin froh, dass mir eine solche Prüfung erspart geblieben ist«, sagte sie. »Ich weiß nicht, was wir anderen getan hätten. Es ist so leicht, zu verurteilen ...«

Niemand sagte, Stella hätte erschossen werden müssen.

Es scheint eine höhere Ironie des Schicksals zu sein, dass die Ambivalenz der Goldschmidt-Schüler der Haltung entspricht, die heute viele nichtjüdische Deutsche gegenüber den völkermörderischen Verbrechen während des Nationalsozialismus einnehmen. Die Jagd nach den Schuldigen, das Ausfragen alter Zeugen, die über alle Kontinente verstreut sind, die Klemme, in der Justizbehörden, Verteidiger, sympathisierende Ärzte gebrechlicher Täter und Nachkriegs-Richter stecken und miteinander darum ringen, salomonische Weisheit hervorzubringen – alles geht weiter, massiv, zweifelhaft, bis heute ein unlösbares Problem. Gräuel werden heraufbeschworen, Prozesse dauern Monate oder Jahre, Gerechtigkeit wird gefordert, behindert, sabotiert und nur gelegentlich durchgesetzt – oft halbherzig, sinnlos –, und das alles wird nicht aufhören, bis der letzte Angeklagte gestorben ist.

Es ist ein undurchdringliches Dickicht und hat die westdeutschen Steuerzahler viel Mühe, Zeit und Geld gekostet. Statistiken drücken das nur unzureichend aus. Bis 1988 wurden 91481 Verdächtige überprüft; 6482 Angeklagte sind verurteilt worden, unter ihnen Stella. Bis zur Abschaffung der Todesstrafe wurden zwölf Angeklagte zum Tode verurteilt; 160 bekamen eine lebenslängliche Freiheitsstrafe. Mehr als 1100 Fälle waren noch anhängig, als 1987 weitere 17771 Untersuchungen fällig wurden, nachdem lange zurückgehaltene Akten der *United Nations War Crimes Commission* plötzlich freigegeben worden waren.

Man muss anerkennen, dass die Regierungen in Bonn sich geweigert haben, sich dieser übermäßigen Belastung zu entziehen, die Sisyphos zu würdigen gewusst hätte. Energische jüdische Jäger wie Simon Wiesenthal in Wien stachelten die Behörden auf, hielten ihr Interesse wach und versorgten sie mit Material. Aber ich habe auch unabhängig davon Entschlossenheit gefunden, die legale Verfolgung nicht einzustellen. Ich sprach mit Forschern und habe viel geduldige Unterstützung durch solche vorbildlichen Ankläger wie Willi Dreßen und Michael Löffler bei der »Zentralen Stelle der Landesjustizverwaltungen zur Verfolgung nationalsozialistischer Gewaltverbrechen« in Ludwigsburg erfahren. Ihre Geduld und ihr Eifer, ein halbes Jahrhundert nachdem das Blut getrocknet ist, sind eindrucksvoll.

Und dennoch ... Niemand leugnet, dass Tausende (oder Zehntausende oder noch mehr?) Schuldige, die erschossen, gepeitscht, selektiert und vergast haben, sich in neue Identitäten flüchteten und verschwanden. Nicht einmal der ausgezeichnete israelische Geheimdienst konnte alle Verbrecher kidnappen und vor Gericht bringen. Das war ihm nur bei Adolf Eichmann gelungen, den er in einem schäbigen Vorort von Buenos Aires aufspürte, wo Eichmann unter dem Namen Ricardo Klement in der Garibaldi-Straße wohnte. Viele entkamen wegen des komplizierten Verjährungsrechts, viele weitere entgingen der strafenden Gerechtigkeit mit Hilfe von juristischen Haarspaltereien oder indem sie – berechtigt oder nicht – mit irgendwelchen Beeinträchtigungen ihrer Gesundheit, meistens einem schwachen Herzen, Mitleid erregten. Einer Schwäche ausgerechnet an dem Organ, das ihnen in der Hitlerzeit gefehlt zu haben scheint.

Die juristischen Netze erwiesen sich letztlich als zuverlässig. Ich war am besten vertraut mit dem wenig beachteten Prozess 1969/70 gegen Otto Bovensiepen und einige seiner Kollegen. Bovensiepen, den größten Teil des Krieges hindurch Chef der Berliner Gestapo, war verantwortlich für den Tod von 35 000 oder vielleicht sogar 50 000 Juden, genau wusste das niemand. Er war Dobberkes und damit Stellas Boss, und Stella gehörte zu den 700 (700!) Zeugen, die für den Prozess vorab verhört worden waren. Die Anklageschrift, ein Muster an Untersuchungseifer, umfasste 496 Seiten. Ich habe sie alle gelesen. Ich kann nicht abschätzen, wie viele Beamte sich wie viele Stunden während der vierjährigen Prozessvorbereitung damit abgemüht haben.

Aber dann geschah nichts. Bovensiepens Arzt sagte aus, sein Patient könnte einen Herzanfall erleiden, wenn der Prozess weiterginge; das reichte, um den Angeklagten für viele Jahre zu seiner Arbeit bei einem Konservenhersteller zurückkehren zu lassen. Die Mitangeklagten wurden ebenfalls entlassen oder zu minimalen Strafen verurteilt.

Viele Täter konnten fliehen. Zu den auch 25 Jahre nach dem Krieg noch gejagten (und im Bovensiepen-Prozess genannten) Männern gehörte Sturmbannführer Erich Möller, inzwischen siebzig. Er war der »Söldner«, der Stella einst huldvoll empfangen und ihr den »Arierstatus« versprochen hatte, sobald Deutschland den Krieg gewonnen hätte. Er hatte seinerzeit Befehl gegeben, die Juden im Jüdischen Krankenhaus zu »liquidieren«. Und er war nach Ahrensfelde aufgebrochen, um mit einem letzten Widerstand im Kampf um Berlin die »Rote Flut« aufzuhalten.

Es gab diesen letzten Widerstand dann nicht, obwohl Möller die richtige Besetzung für diese Rolle gewesen wäre, wenn es zum Blutvergießen gekommen wäre. Schließlich war er der »Führer« von Ahrensfelde: Er war von seinem Gestapo-Amt in der Innenstadt gependelt und hatte sich nebenbei als Ortsgruppenleiter betätigt. Seit 1922 hatte er ab und zu in diesem 1200 Seelen zählenden Bauerndorf an der östlichen Grenze Berlins gelebt. Seine Frau, Hilde Albrecht, stammte aus einer der wohlhabenden Grundbesitzerfamilien. Allerdings war während des Krieges bekannt geworden, dass er außerdem eine Geliebte hatte, eine »Fremdarbeiterin« auf dem alten Gehöft Lindenberger Straße 1.

In den letzten Kriegswochen gab der fanatische Möller sein Bestes für Hitler. Er organisierte den Volkssturm, ließ Minen legen, Panzerfallen graben, die Friedhofskapelle in ein Feldlazarett umwandeln und die Bahnlinie sprengen. Fliehende Wehrmachtsoldaten verstopften das Dorf, und es sah so aus, als ob es einen Kampf geben würde. Möller befahl allen Zivilisten, den Ort zu verlassen. Aber im entscheidenden Augenblick, in der Nacht des 20. April 1945, flüchteten fast alle, die noch da waren, nach Westen. Auch Möller. Er machte kurz halt in der Moabiter Wohnung seiner Schwiegereltern, um sich von seiner siebenjährigen Tochter Hildetraut zu verabschieden.

»Es war ein ziemlich förmlicher Abschied«, erinnerte sie sich. Sie behauptete, sie habe nie wieder von ihrem Vater gehört. 1970 suchten die westdeutschen Behörden immerhin noch nach ihm.[13] Im April 1991 wurde Möller für tot erklärt.

Wer oder was war schuld am Versagen der Justiz? Die Schlauheit der Flüchtlinge? Die Jahre der Verzögerung, als die Jäger andere Beute verfolgten? Die Findigkeit opportunistischer Anwälte und wohlwollender Ärzte? Übertriebene Achtung gegenüber demokratischen Verfahrensweisen, der Beweispflicht und anderen Marksteinen der Freiheit, die die amerikanische Militärregierung den Deutschen in Berlin nach dem Krieg auferlegt hatte? Ich darf und will nicht darüber urteilen. Das Böse ist ein zu verwirrendes Phänomen. Es hat allzu viele Gesichter.

Vor einigen Jahren speiste ich in Barcelona sehr gut mit Jose Luis Vilallonga, dem bekannten Schauspieler und aristokratischen Herausgeber der spanischen Ausgabe des *Playboy*. Wir sprachen vom Spanischen Bürgerkrieg und Luis' erstem Auftrag: Mit sechzehn musste er jeden Morgen um sechs Uhr mit einem Exekutionskommando von General Francos faschistischer Armee auf einem Friedhof »Rote« erschießen, Männer und Frauen. Sein Feldwebel flößte ihm zuvor Kaffee mit reichlich Kognak ein.

Es ging alles ganz zivilisiert zu. Vilallongas Kameraden waren geachtete Kopfarbeiter, unter ihnen ein Apotheker und ein Anwalt. Die Opfer bewegten sich ruhig, »als geschähe das nicht ihnen«. Eine Frau mittleren Alters hatte eine schwere Erkältung, und ein Soldat reichte ihr sein Taschentuch; sie bedankte sich. Das Gewehr fühlte sich für Luis genauso an wie sein Jagdgewehr. Die Toten an der Mauer fielen zusammen »wie Kartoffelsäcke«. Das war alles.

»Sie und ich hätten das nicht über uns gebracht«, sagte ein anderer Mann schaudernd, dem ich später in Baden-Baden davon erzählte. Er war General der Luftwaffe a. D. und hatte als Leutnant in Spanien gekämpft. »Wir hätten uns krankgemeldet.«

Ja, vielleicht, möglich. Obwohl ich gelernt habe, dass Gewalt entwaffnend ist.

Vor fast dreißig Jahren sprach ich mit einem gewinnenden jungen Mann von einundzwanzig Jahren namens Luis Moya junior.

Die erste Überraschung war sein Lächeln: Es war so direkt, offen, arglos. Seine Stimme war leise und kultiviert. Er erzählte, dass er Hemingway und Cervantes gelesen habe.

Mein Eindruck von Moya entsprach dem, was ich von Leuten, die ihn gut kannten, über ihn gehört hatte. Sein Chef ließ ihn große Geldbeträge auf die Bank bringen. Seine Lehrerin erinnerte sich an ihn als ein »reizendes Kind«. Seine Freundin sagte: »Er tat und sagte immer das richtige in dem Moment, wo man eine Ermunterung nötig hatte.«

Dass Moya und ich in einem winzigen kahlen Besucherraum in den Todeszellen von St. Quentin saßen, schien ein Irrtum zu sein. Aber es war keiner. Luis Moya hatte zugegeben, eine schwangere Krankenschwester getötet zu haben, indem er immer und immer wieder mit dem Griff seiner Pistole auf sie eingeschlagen hatte. Er war nüchtern gewesen, hatte keine Drogen genommen und war von der Schwiegermutter der Krankenschwester für den Auftrag angeworben worden. Sie hatte Luis und einem Freund 6000 Dollar dafür geboten, zur Hälfte im voraus zahlbar. Beide Männer wurden hingerichtet.

Ich schrieb über diesen Fall sowie einige andere und veröffentlichte das unter dem Titel *The Hired Killers* (»Die angeheuerten Mörder«). Das Buch wurde von Fachleuten auf dem Gebiet der Geisteskrankheiten sehr gelobt, und ich konnte den Psychiater Dr. Karl Menninger überreden, ein Vorwort dazu zu schreiben. Mein letztes Kapitel hieß *Speaking of the Unspeakable* (»Vom Unaussprechlichen sprechen«).

Im Gegensatz zu Hannah Arendt habe ich das Böse nie als banal ansehen können, nicht das von Leuten wie Luis Moya oder Adolf Eichmann als Routine ausgeübte Böse. Ich stimme Dr. Robert Jay Lifton zu, der über die Ärzte in den NS-Konzentrationslagern geschrieben hat und von der Banalität sagte: »Die Männer waren tatsächlich banal, aber das Böse, das sie taten, war es nicht; und die Männer selbst blieben im Laufe der Zeit auch nicht banal.«

Dr. Lifton hatte von seiner psychologischen Untersuchung der Täter und Opfer der Hiroshima-Bombe sowie der Nazi-Ärzte und ihrer Opfer ausgehend überlegt, was ihr Tun möglich gemacht hatte. Er nannte das Ergebnis die »Genozid-Mentalität«.

Ein Freund, ein Überlebender von Auschwitz, fragte ihn einmal nach der Mentalität der Ärzte im Konzentrationslager:

»Waren sie *Tiere*, als sie das taten, was sie taten? Oder waren sie *Menschen*?«

Lifton antwortete, sie seien Menschen gewesen, und das eben sei das Problem.

»Aber es ist *dämonisch*, dass sie *nicht* dämonisch waren«, sagte der Freund.

Ich finde das eigentlich nicht. Der erste Mord geschah, als Kain seinen Bruder Abel tötete. Elie Wiesel überlegte: »Zwei Männer, und einer wurde zum Mörder!« Banale Männer, nichtbanale Taten. So war es von Anbeginn der Zeiten.

War Stella Goldschlag aus dem gleichen Material, eine Killerin aus Lust und gegen Bezahlung, wie der lächelnde Luis Moya junior? Wohl kaum. Moya hatte Freude am Töten und tat es für Geld – und stand dabei nicht unter Druck. Stella tötete unter dem Eindruck der rollenden Todeszüge.

»Ich vermute, dass sie ein bisschen berechnend und unausgeglichen war«, sagte Dr. Lifton, »und dass sie nur beschränkt fähig war zu Liebe und Intimität.« Er spürte eine mögliche Tendenz zu einem gestörten Charakter bei ihr, aber nichts psychiatrisch Auffälliges oder Ernstes. »Unter normalen Umständen würden wir sie als Hure bezeichnet haben«, sagte der Psychiater.

Diese Interpretation wäre begreiflicherweise Yvonne, die noch immer täglich unter der Last von Stellas Taten leidet, zu trivial erschienen. »Wenn sie mit dem leben kann, was sie getan hat«, sagte die Tochter, »ist sie entweder mit überragenden Fähigkeiten ausgestattet oder verrückt.«

Dr. Lifton dachte anders darüber.

»Ihr Potential zum Bösen war angezapft und wurde kultiviert«, meinte er. Dobberke und seine Leute hätten sie in die Falle gelockt, indem sie sie zu dem ersten Schritt verführten und ihr und ihren Eltern Sicherheit versprachen, und dann hätten sie die Falle zuschnappen lassen. »Und schon ist sie es, ist sie eine Greiferin! Es ist ein feingesponnenes Zusammentreffen von bösen Kräften.«

Außerdem verschaffte das Leben und Arbeiten im Gleichschritt mit Isaaksohn, Goldstein, Danziger und anderen Greifern Stella Trost und Rechtfertigung, weil sie wusste, dass sie nicht das einzige schwarze Schaf war. Und sie war vom Gesetz geschützt. Was sie tat, war ihr befohlen, und sie war dazu *autorisiert* – wie Jose Luis Vilallongas Exekutionskommando.

Der Harvard-Soziologe Herbert C. Kelman untersuchte die Psychologie von Kollaborateuren und Massenmördern vom Holocaust bis My Lai in einem Werk mit dem Titel *Violence Without Moral Constraint* (»Gewalttätigkeit ohne moralische Hemmungen«) und folgerte: »Die Tatsache, dass solches Handeln autorisiert ist, scheint es automatisch zu rechtfertigen. Die Autorisierung macht es unnötig, selbst zu urteilen oder Entscheidungen zu treffen. Dabei werden nicht nur normale moralische Prinzipien unwirksam, sondern es übernimmt – besonders, wenn die Aktionen ausdrücklich befohlen sind – eine andere Art von Moral die Macht, die mit der Pflicht, Befehle der Vorgesetzten auszuführen, in Verbindung steht ... Das Individuum betrachtet sich nicht als persönlich verantwortlich für die Folgen seines Tuns.«

Als nun Stella zur »Jägerin« (wie es das deutsche Gericht sah) und zur »Tigerin« wurde (wie Meissl es nannte), nachdem ihre Eltern deportiert waren – war das ein posttraumatisches Stresssyndrom?

Dr. Lifton meinte, die Antwort liege in ihrer Wut über die Ereignisse. »Wut ist ein Teil des Trauerns«, erklärte er. »Bei Beerdigungen sind solche Menschen oft ärgerlich. Es ist ein Mangel an Gefühl. Sie kommen an ihren eigenen Schmerz nicht heran.«

Eine Spaltung werde dabei wirksam, die von derselben Art sei wie die »Genozid-Mentalität« und das, was Dr. Lifton als »seelische Erstarrung« bezeichnete. Unter Druck und Schmerz werden Recht und Unrecht außer Kraft gesetzt.

»Es kann eine ganz radikale Trennung zwischen Wissen und Fühlen eintreten«, sagte Dr. Lifton 1990 in einem Vortrag, »es ist vielleicht die tückischste umfassende Tendenz unserer Zeit ...« Menschen werden zu Kategorien, Dingen, Ungeziefer. Ein befreundeter Psychologe hat das »Verdinglichung« (thinging) genannt.

Dr. Liftons Vortrag richtete sich an das passende Publikum, nämlich an Akademiker am Amerika-Institut der Universität München, wo ihm die Ehrendoktorwürde verliehen wurde. Er pries seine Zuhörer wegen des Engagements der heutigen Deutschen für das

»Eintreten gegen den NS-Völkermord zugunsten seiner Opfer, zum Wohl der Zukunft der Deutschen wie der Zukunft der Menschen«.

Seine Erklärung der seelischen Erstarrung und anderer Formen der Spaltung waren, so schien es mir, auf Stella anwendbar.

»Menschen, die unter dieser Art Spaltung leiden, sind in keiner Weise abnormal im klinisch-psychiatrischen Sinn«, sagte er in München. »Tatsächlich fügen Geisteskranke der Gesellschaft relativ wenig Schaden zu. Es sind die ›normalen‹ Menschen, die gefährlich sind ...«

Gefährlich und böse, und – im Falle von Stella und mir – ein dem Selbst vorgehaltener Spiegel.

»Sie begann, nach und nach alle Arten von Erfahrung für Sie zu umfassen, Ihre gesamte Kindheit«, sagte Dr. Lifton in New York zu mir. »Jeder Jude in Deutschland war ein potentielles Opfer. Jetzt denken Sie über Ihre Kindheit in Berlin nach und die Entscheidungen, die getroffen werden mussten, damit Sie hierherkamen. Und da gibt es nun diese Person aus Ihrer Schule und Ihren Verlust der Unschuld, den Traum und die Illusion von Liebe und Romantik und die dunkle Seite der Frau. Sie wird zum Vampir, sie saugt Ihnen die Kindheit, die Unschuld aus ...«

Ist sie böse?

»Ja, und das betrifft auch Sie«, sagte Dr. Lifton, »die Tatsache, dass sie fallen kann.«

»Und was hab' ich für sie übrig?«

»Einen Rest nostalgischer Zuneigung«, sagte der Doktor.

Wahrscheinlich stimmt das. Vielleicht kann ich deshalb Stella nicht dem Scheiterhaufen überantworten, auf dem sie sich selbst im Winter 1944/45 schon sah. Und vielleicht bin ich immer noch unschuldig, zumindest in einem wesentlichen Punkt. Meine Mitschülerin Marion House erinnerte mich daran: Ich musste diese Prüfung nie bestehen.

Stella zwang mich, daran zu denken, wie ich mich als elfjähriger Junge verhalten hatte, als ich mich entscheiden musste, ob ich in meiner staatlichen Schule weiterhin »Heil Hitler« rufen oder mich mit Steinen bewerfen lassen wollte, Steinen, die nur von Kindern geworfen wurden. Ich rief Heil! Ich weiß nicht, was ich getan hätte, wenn mir Männer in schwarzen Uniformen gesagt hätten, dass ich meine Eltern vor der Deportation bewahren könnte. Gott sei Dank weiß ich es nicht.

»Sei bloß froh, dass du rausgekommen bist«, sagte Lucia Weidenreich zu mir, die Frau meines Vetters Siegfried. »Sonst hätte sie dich vielleicht auch erwischt.«

Vielleicht. Jedenfalls hatte ich mich endlich von Stella befreit. Es war mir gelungen, meine Kindheits-Faszination in eine Biographie umzusetzen, einen Rechenschaftsbericht, den ich spannend, wenn auch grausig fand. Für Stellas illegitime Tochter war das nicht möglich, wie sehr sie sich auch bemühte. Für Yvonne galt die Blutsverwandtschaft weiter.

27. Schatten einer Mutter

Mitte der achtziger Jahre wurde Stellas Tochter unerwartet noch einmal an ihre Vergangenheit erinnert. Eine Zeitung in Tel Aviv berichtete über eine große Spende für die örtliche Universität von einem Amerikaner, Natan Celnik. Celnik, einer ihrer Berliner Pflegeväter, inzwischen Witwer, nach wie vor kinderlos, verschenkte große Teile seiner Millionen. Dem Museum für Musik und Ethnologie in Haifa vermachte er seine Antiquitäten-Sammlung. Die israelische Armee bekam Geld für vierzig Krankenwagen. Das *Long Beach Memorial Hospital* in Celniks Nachbarschaft auf Long Island bekam eine Million Dollar zum Bau eines Celnik-Flügels.

Yvonne schrieb Celnik einen freundlichen Brief, und 1986, als er kurz in Israel war, trafen sie sich. Ihr Sohn nannte ihn Onkel Natan. Yvonne hielt weiterhin telefonisch Kontakt, und auf sein wiederholtes Drängen hin besuchte sie ihren fast achtzigjährigen Gönner im folgenden Jahr einen Monat lang in seinem Haus am Strand, einer großen, einsamen Villa voll von kostbarem Porzellan wie ein Museum.

Der Aufenthalt wurde bald bedrückend. Celnik war höflich wie immer, aber Yvonne fühlte sich eingeengt und unausgesprochen unter Druck gesetzt. Ihr Gastgeber bot ihr kein Taschengeld an und ließ sie nicht aus den Augen. Sie verließen das Haus kaum. Sie war zu eingeschüchtert, zu verlegen, um etwas zu bitten. Und sie fiel aus allen Wolken, als einer von Celniks Freunden sie beiseitenahm und ihr einen Vorschlag machte: »Warum heiratest du ihn nicht und erbst sein ganzes Geld?«

Sie brauchte sich die Antwort nicht lange zu überlegen, das kam für sie nicht in Frage. Ihr Abschied von dem alten Herrn war gezwungen.

Als sie wieder in Israel war, schrieb Yvonne einen vierseitigen Brief an Celnik. Sie sprach mit Wärme davon, dass er und seine verstorbene Frau ihr immer viel bedeutet hätten, dass sie ihn wie einen Vater verehrte, aber ihn nicht heiraten könne.

Sie bekam keine Antwort, und Celnik rief auch nicht mehr an.

Stellas Tochter machte sich Vorwürfe, wie immer, wenn sie eine Niederlage erlebte, vor allem in Zusammenhang mit einem Mann. Dies war ein neuer Beweis ihrer Unwürdigkeit, eine weitere Enttäuschung, eine verpasste Gelegenheit, eine vertane Chance. Nicht wegen der Millionen – die wollte sie nicht –, sondern weil sie vielleicht ihrer Einzimmerwohnung entkommen und in eine Wohnung mit einem eigenen Zimmer für den Jungen ziehen und sich selbst eine neue Brille hätte besorgen können.

Ihr Weg ins Gelobte Land war nicht leicht gewesen.

Stellas Tochter war mit dem Judaismus verbunden und der Bundesrepublik Deutschland entfremdet, und sie hatte schon als Jugendliche beschlossen, Zionistin zu werden wie ihr Vormund und Vorbild Siegfried Baruch. Israel war der Ort, wo Juden leben sollten. »Sobald du da bist, wirst du auf eigenen Füßen stehen«, hatte Baruch oft zu ihr gesagt.

Sie hatte sich vorgenommen, mit 21 Jahren zu emigrieren, und das gelang ihr genau nach Plan. Yvonne fühlte sofort, dass sie unter ihresgleichen war, und lernte in einer Kibbuz-Schule innerhalb von sechs Monaten Hebräisch. Israel war ihre Heimat, sie hatte endlich ein Zuhause, und als der Sechs-Tage-Krieg begann, meldete sie sich freiwillig zur Armee, um Verwundete zu pflegen.

Sie wurde dem Tel-Hashomer-Krankenhaus zugeteilt, und das war eine Enttäuschung. Sie hatte darum gebeten, an die Front zu kommen, aber die Armee entschied gegen ihren Wunsch. In Israel, dem Land, das den Judaismus erhalten soll, durften die kostbaren letzten Überlebenden einer Familie nicht dem Risiko des Dienstes an der Front ausgesetzt werden. Yvonne hatte den Behörden gesagt, sie hätte keine Familie, was nach ihrer Auffassung stimmte. Ihre Familie waren Gerhard und Toni Goldschlag gewesen, Opfer von Auschwitz.

Stella war nicht Familie. Yvonne sprach nie von ihr als ihrer »Mutter«. Sie versuchte, sie gar nicht zu erwähnen. Wenn es sich nicht vermeiden ließ, sprach sie von »Stella«.

So wie sich ihr Leben als Israeli entwickelte, sollte Yvonne noch froh sein, dass sie ins Tel-Hashomer-Krankenhaus gekommen war. Wegen dieser Tätigkeit wurde sie nach dem Krieg als geeignet für das Projekt Sinai betrachtet, und die folgenden zwölf Jahre kümmerte sich Yvonne (immer bewaffnet) um Patienten in der Wüste Sinai und in der Gegend von El Arisch, meist Beduinen. Es war ein furchtbar primitives Leben. Abermals war sie allein und umgeben von Fremden, die den Juden feindlich gesinnt waren. Diesmal hatte sie jedoch die Befriedigung zu sehen, wie Schmerzen und Not gemildert, Leben gerettet und Hassgefühle besänftigt wurden.

Mit der Zeit wurde sie zur lokalen Legende. Beduinenbabys wurden Yvonne genannt. Die Regierung zeichnete sie aus. Menschen weinten, als sie fortging; sie war eine der letzten Israelis, als die Region an Ägypten zurückgegeben wurde. Der neue ägyptische Militärgouverneur hörte von ihr und wollte diese jüdische Frau kennenlernen, die seinem Volk so aufopfernd gedient hatte.

Nur ein ganz besonderer Mensch konnte so hervorragende Arbeit leisten, wie sie es mehr als zehn Jahre lang im Sinai getan hat. Sie musste mit Soldaten, Beduinen, Arabern und Splittergruppen fertigwerden, die alle in Schmutz und bitterster Armut und unter großem Druck lebten. Ihre zivilen Patienten waren nicht an weibliche Fachkräfte gewöhnt und schon gar nicht daran, dass ihnen eine Frau sagte, was sie zu tun hätten. Für einen großen Teil ihrer Arbeit wäre in anderen Teilen der Welt ein Arzt nötig gewesen. Und alles musste unter höchst gefährlichen Umständen getan werden.

»Ich führe Dinge konsequent bis zum Ende«, erklärt Stellas Tochter. »Ich habe keine Angst vor dem Tod. Ich hielt ohne Furcht durch. Ich arbeitete unter militärischem Schutz – entweder allein, bewaffnet oder von Soldaten beschützt.«

Manchmal half es nichts, dass Soldaten dabei waren. »Einmal in El Arisch war die Lage kritisch«, erzählt Yvonne. »Teile des Sinai waren geschlossen. Die israelische Armee hatte Befehl, auf alles zu schießen, was sich auf den Straßen bewegte, aber uns hatte man das nicht mitgeteilt. Wir wurden gerufen, und ich besorgte einen Krankenwagen mit Arzt und Ausrüstung. Wir fuhren in die Militärzone, und ich gab Anweisung, die roten Warnlichter anzustellen. Plötzlich hörten wir von beiden Seiten aus den Hügeln den Befehl zum Anhalten. Zum Glück hatte einer der Soldaten mich im Krankenwagen erkannt.«

Die kleine Gruppe wurde vor den örtlichen Befehlshaber gebracht und gerügt. Später hörte Yvonne, dass der Befehlshaber seinerseits von seinen Vorgesetzten getadelt worden war, weil er nicht wie befohlen auf den fahrenden Wagen hatte schießen lassen. Yvonne fand das in Ordnung und war nicht beunruhigt. »Es hielt mich nicht davon ab, weiterzufahren.«

Während des Jom-Kippur-Krieges war sie zu einem Zeitpunkt die einzige medizinisch ausgebildete Person in El Arisch. »Es war Nacht, eine Menge Unruhe, viele Unfälle bei der Armee, rundherum wurde mit Bazookas geschossen, und ich war allein mit Arabern, Juden, Verwundeten und meinen paar arabischen Mitarbeitern«, erinnerte sie sich achselzuckend. Die zweite Generation der Überlebenden des Holocaust ist Kummer gewöhnt. Juden wurden nicht mehr von Nazis vernichtet. Yvonnes Feinde hießen Krankheit und Tod.

»Ich machte die Runde in den Häusern von El Arisch mit meiner ›Uzi‹ und einem Soldaten. Meistens ließ ich den Soldaten draußen, wenn ich ein Haus betrat, um nicht den Widerstand der Familie zu erregen. Außerdem hatte der Soldat Angst. Ich nicht.«

Yvonne erzählt diese Geschichten nüchtern, so wie ein frommer Jude mitteilt, dass er zu Jom Kippur fastet. Sie tat ihre Pflicht, büßte und sühnte für Stella, versuchte sich zu befreien von dem »Makel« dessen, was ihr immer als ihre »dunkle Vergangenheit« erschienen war, ihr Erbe an Schuld, für eine Jüdin nicht zu vergeben.

In ihrer Beziehung zu Männern war Yvonne alles andere als erfolgreich. Es konnte wohl nicht anders sein.

Stella war oft übel ausgebeutet worden von Männern und hatte sie ihrerseits übel ausgebeutet. Sogar Yvonnes Geburt – darüber brütete sie seit früher Jugend – war das Ergebnis irgendeines Sexualaktes ohne Liebe, vielleicht einer einzigen Nacht, gewesen, auf jeden Fall eine kurzfristige Affäre mit irgendjemandem »von Stellas Art« – so hatte ein entfernter Verwandter in Israel es Yvonne gegenüber ausgedrückt.

Stellas Tochter hatte Glück gehabt, dass Siegfried Baruch ihr Vormund geworden war. Aber sie hatte Pech gehabt, weil sie sexuell missbraucht wurde: Männer, die sich entblößten, Männer, die Yvonnes Geschlechtsteile zu berühren versuchten, Männer, die ihre Erektionen im Wohnzimmer zur Schau stellten. Sie musste vor ihnen fliehen. Wie hätte sie ohne größte Vorbehalte lieben können?

Was schlimmer war – sie hielt sich für mitschuldig, weil sie diese unerlaubte Lust erregt hatte. Das hatte ihr Stella angetan, nicht nur durch ihre Promiskuität, sondern indem sie sie diesem Schicksal preisgegeben hatte, in dem sie einsam die Rolle von »Stellas Tochter« ausleben musste. Yvonne konnte ihren Status als Opfer leicht erklären: »Ich sagte mir, ich bin eben ein Mensch ohne Dach über dem Kopf, und jeder glaubt, er könne mit mir machen, was er will.«

Solange sie in Deutschland war, kamen Intimitäten mit Männern ohnehin nicht in Frage. Die Atmosphäre war nicht verlockend, und sie wollte ja auf jeden Fall auswandern. Als sie sich in Israel heftig in einen Amerikaner verliebte, war offensichtlich, dass sie sich einen Mann ausgesucht hatte, an den sie sich nicht lange binden konnte. Er war kein Jude und würde nach Hause zurückkehren. Sie wusste, dass sie weder einen Nicht-Juden heiraten noch ihr neues Heimatland verlassen würde.

Yvonne war bis Mitte dreißig nicht sicher, ob sie überhaupt heiraten wollte. Nicht nur, dass es schwer war, einen geeigneten Partner zu finden; eine Ehe schien bei ihrer Sicht der Welt grundsätzlich fragwürdig. Die Aussichten waren trübe, überhäuft von Leiden – und davon hatte sie bereits mehr als ihren Anteil gehabt. Selbst in Israel brachte die Bemühung Jüdin zu sein, wenig Freude. Es schien auch nicht sinnvoll zu heiraten, ohne Kinder zu haben. Und sollte Yvonne Kinder in ihre Welt setzen?

Ihre Zweifel begannen zu schwinden, als sie einen außerordentlich charmanten, extravertierten Mann kennenlernte, der aus einer großen jüdischen Familie aus dem Irak stammte. Er war ebenfalls in den Dreißigern, klug, ein wunderbarer Freund, gut informiert, ein eifriger Leser – und sehr in Yvonne verliebt. Seine Bildung war beschränkt, aber er hatte einen gut bezahlten Job, der technische Fähigkeiten erforderte: Er war verantwortlich für das computergesteuerte Lagerbestandsverzeichnis eines Industrieunternehmens.

Es störte Yvonne nicht, dass der Mann dunkelhäutig war und aus einer anderen Kultur stammte. »Wir sind hier alle Juden«, sagt sie, »und eine Mischung ist gesund.« Sie hegte große Hoffnungen: »Ich dachte, endlich werde ich ein eigenes Heim haben. Ich werde es aufbauen und der Welt zeigen.« Sie machte sich nicht klar, dass eine Ehe mit einem Partner aus einer anderen Kultur manchmal weniger auf Liebe beruht als auf dem Wunsch, die eigene Identität zu ändern.

Ein Jahr lang traf sich das Paar nur an Wochenenden: Er arbeitete in Tel Aviv, sie war noch als Krankenschwester in El Arisch tätig. Es war eine geschäftige, glückliche Zeit, scheinbar ohne jedes Anzeichen für einen aufkommenden Sturm. Der Charme des Mannes fegte alles, was für einen nichtverliebten Menschen als Warnung hätte sichtbar werden können, hinweg.

Bis sie verheiratet waren.

Die Veränderung in Yvonnes Mann zeigte sich bald und war drastisch. Er wurde launisch und sehr streitsüchtig. Er gab ihr kein Geld für den Haushalt. Aus Dr. Jekyll war Mr. Hyde geworden. Nach kurzer Zeit hörte er auf zu arbeiten, saß den ganzen Tag untätig im Haus herum und verlangte von Yvonne, dass sie die Mahlzeiten pünktlich auf den Tisch brächte.

Sie kam zu dem einzig möglichen Schluss: Ihr Mann war krank, manisch-depressiv, mit gewaltigen Stimmungsumschwüngen.

Monatelang sprach sie mit niemandem darüber. Es schien ihr nicht richtig, über jemanden zu reden, der krank war, und schon gar nicht, ihn zu verlassen. Sie hatte aber ein paar gute Freunde, und die merkten schließlich, in welcher Lage sie war. Sie hörten auf, ihr Ratschläge zu geben, und begannen, sie zu schelten. Sie müsse sich von ihm befreien.

Genauere Nachforschungen brachten schließlich zutage, dass der Mann früher Patient in einer Nervenheilanstalt gewesen war. Sein Zustand war chronisch. Ihre Schwägerinnen gaben zu, sie hätten Yvonne warnen wollen, da aber ihre Männer hofften, dass die Krankheit ihres Bruders unter Kontrolle wäre, hatten sie ihnen verboten, das Familiengeheimnis preiszugeben.

Yvonne war außer sich. Sie fühlte sich hintergangen – abermals ein Opfer. Sie konnte ihren Mann nicht aus der Wohnung treiben, und eine Scheidung, ihre einzige Hoffnung, war unwahrscheinlich. Nach jüdischem Gesetz muss eine Scheidung von dem Mann freiwillig gewährt werden. Ein nervenkranker Mensch ist aber dazu juristisch nicht in der Lage. Frauen sind in solchen Fällen oft hilflos in einer unerwünschten Ehe gefangen. Aber für Yvonne war eine Scheidung mehr als eine technische Förmlichkeit. Eine Laune des Schicksals machte sie unbedingt notwendig: Sie war schwanger. Wie konnte sie mit einem so kranken Vater ein Kind aufziehen?

Ihre Bemühungen um eine Scheidung brachten die Familie ihres Mannes gegen sie auf. Bis auf einen der Brüder. Er stand ihr bei und unterstützte sie bei den scheinbar endlosen Kämpfen mit der Bürokratie. Es dauerte ein Jahr, bis ihr Mann aus der Wohnung heraus war, und sechs weitere Jahre, bevor das eigentliche Urteil erging.

Yvonnes Schwangerschaft verlief unter den sie begleitenden Spannungen nicht problemlos. Die Geburt wurde im achten Monat eingeleitet, und als sie nach Hause kam, war sie zu schwach, um das Baby hochzunehmen. Ihr Mann, der untätig im Haus herumhing, konnte oder wollte nicht helfen. Ihre finanzielle Situation war katastrophal. Eine andere Wohnung zu bekommen war in Israel schwer. Sie wollte aus ihren vier Wänden heraus, egal wie, um nicht zusammenzubrechen. Nachdem sie wieder ein bisschen kräftiger geworden war, fand sie eine Lösung; sie unternahm lange Spaziergänge mit dem Kind und fütterte es dann in der Wohnung von Freunden. Es war eine entmutigende Prozedur; manchmal war Yvonne nahe daran, sich und das Kind zu töten.

Bei dem Impuls blieb es. Nach und nach bekam sie durch die Spaziergänge wieder einen klaren Kopf. Die frische Luft tat dem Baby offenbar gut. Seinetwegen hielt sie durch, überwand die Schwierigkeiten des Lebens noch für einen weiteren Tag. Und noch einen. Sie war zufällig auf ein Verfahren gestoßen, das es Überlebenden möglich macht, durchzuhalten. Noch einen Tag weiterzumachen. So hatte sie auch Krisen der Vergangenheit gemeistert.

Das Kind, 1982 geboren, war ein zarter, hübscher Junge, sehr intelligent, introvertiert, mit großen braunen Augen und schwarzen Haaren. Er war nicht dunkelhäutig, hatte keine nahöstlichen Gesichtszüge und erinnerte auch sonst nicht an seinen kranken Vater. In der Schule war er von Anfang an gut und auch beliebt. Seine Lehrer machten sich allerdings Sorgen wegen seiner Zerbrechlichkeit und seiner Neigung zu Allergien. Aber Yvonne, die Krankenschwester, fand das nicht so schlimm. Er würde sich darauf einstellen, so wie er sich auf das Leben nur mit seiner Mutter eingestellt hatte.

Es gab Möglichkeiten, die Isolierung auszugleichen. Wie Yvonne entwickelte Stellas Enkel früh eine Vorliebe für das Leben und die Arbeit in Krankenhäusern. »Mein Sohn geht gern mit mir ins Krankenhaus oder begleitet mich bei meinen Besuchen in den Häusern der Patienten«, sagt Yvonne stolz.

Für männliche Gesellschaft zu sorgen war schwieriger. Yvonne versuchte, ihren Sohn einmal die Woche zu einem Besuch bei seinem Vater mitzunehmen, aber das Experiment scheiterte. Der Vater fühlte sich unwohl in Gegenwart seines Sohnes, und der Junge mochte ihn nicht. Als der Zustand des Vaters sich verschlechterte, brachte Yvonne ihm seinen Sohn weiterhin, solange der freundliche Onkel dabei sein konnte – Yvonnes Schwager, der ihr geholfen hatte, die

Scheidung durchzusetzen. Schließlich bat er sie, die Besuche einzustellen. Dafür besuchten Yvonne und ihr Sohn gelegentlich ihn und seine Familie.

Von früh auf war sich der Junge bewusst, dass ein Schleier von Trauer über dem Leben seiner Mutter hing. Oft schmiegte er sich an sie, streichelte ihr Gesicht und bat: »Nicht traurig sein, lächeln!«

Das Lächeln fiel Yvonne dadurch nicht leichter. »Ich sagte ihm, manchmal wäre es ganz in Ordnung, wenn man traurig ist«, erzählt sie.

Yvonne wusste nicht, ob ihr Sohn spürte, dass es mehr war als die Krankheit seines Vaters und die Scheidung der Eltern, die diese Traurigkeit hervorrief. Sie sagte ihm nichts von Stella, und er stellte keine Fragen. Eine solche Lücke war nicht ungewöhnlich. Israel ist voll von Kindern, deren Großeltern im Holocaust umgekommen sind und nichts hinterlassen haben – nicht einmal Fotos, diese Symbole der Kontinuität einer Familie.

Yvonne hat kein Fotoalbum. Sie besitzt keine Fotos von Stella oder ihren Großeltern. Mehr noch, es wäre ihr lieb, wenn auch von ihr keine Fotos existierten. Sie meint, dass Erinnerungen an sie und ihre Traurigkeit es ihrem Sohn schwerer machen könnten, glücklich zu werden. Es ist der letzte Ausdruck ihrer Traurigkeit, dieser Wunsch zu verschwinden, keine Trauerspur zu hinterlassen.

»Ich möchte, dass mein Sohn frei ist«, sagt sie, »nicht von Erinnerungen belastet. So als wollte ich meinen Anteil zerstören, keine Erinnerungen in ihm hinterlassen« – nichts, was an Stella erinnern könnte.

»Weitermachen.« Darüber spricht Yvonne oft, obwohl das sichtbar Mühe kostet. Jahrzehntelang hat sie es vermieden, von der Vergangenheit zu sprechen. Neuerdings schien es, als versuchte sie, diese auszulöschen, indem sie sie herausließ. Und sich weiter mühte. Es ist typisch, dass sie sich selbst die Verantwortung dafür gibt, dass sie in die Falle geraten ist: »Es ist in einem gewissen Grad eine Art Selbstbestrafung im Gedenken an die, die wegen meiner Mutter tot sind.«

Da! In sieben Gesprächen war dies das einzige Mal, dass sie das unaussprechliche M-Wort aussprach, das sie für immer an Stella band.

Fast unmerklich begann die Tochter, Hitlers Taten zu bewältigen. So wie es Freunde von mir auch immer noch tun.

1 Meine Skepsis erwies sich als gerechtfertigt. Einige Zeit später wurde Jean Blomé als Johannes Blome (ohne Akzent), ein überzeugter Nazi, demaskiert. So etwas kam häufiger vor. Blome wurde entnazifiziert und arbeitete später als Schuhmacher in Weißensee.

2 Yvonne drückte das hebräisch mit einer Anspielung auf Gott auf dem Berg Sinai aus, wie er dem Volk das Gesetz auferlegte.

3 *Die Schreiberinnen des Todes*, hrsg. v. Lore Shelley. Aus dem Amerikanischen von Gerhard Arminski. Bielefeld 1992.

4 »Wo ist dieser Markt, auf dem man die wertvollsten Juwelen für ein Stück schimmliges Brot bekommen kann?«

5 Den Kontakt zu diesem ungewöhnlichen Augenzeugen verdanke ich Nathan Stoltzfus, einem Doktoranden der Geschichte in Harvard und einfallsreichen Forscher, der Abrahamson 1986 ausfindig gemacht und sein Vertrauen erworben hatte.

6 Pech ist ein Pseudonym.

7 Sie stand zum dritten Mal innerhalb eines Vierteljahrhunderts vor Gericht – eine ungewöhnlich hartnäckige Strafverfolgung, eindeutig ein Ausdruck der anhaltenden Wut ihrer überlebenden Opfer. Der Prozess von 1972 war fast eine Wiederholung des früheren Westberliner Verfahrens. Er wurde geführt, weil das Urteil von 1957 aufgrund eines Verfahrensfehlers 1958 aufgehoben worden war. Seitdem war Stella siebenmal untersucht und jedes Mal von den Ärzten als nicht verhandlungsfähig bezeichnet worden wegen der Nachwirkungen der Tuberkulose, die sie sich im Arbeitslager nach dem Krieg zugezogen hatte.

8 Ein Pseudonym.

9 Von der Auffassung von Stella als einer wandelnden Leiche war vorher die Rede gewesen. Während ihres Prozesses von 1957 hatte die *Allgemeine* den entlastenden Leitartikel einer Berliner Boulevardzeitung angegriffen. Er war überschrieben: »Tote Person vor Gericht«. Die jüdische Wochenzeitung hatte darauf kratzbürstig geantwortet: »Man kann sie nicht damit entschuldigen, dass man auf das System weist, das ›Menschen zu Tieren‹ machte. Was wir sind, sind wir innerhalb unserer selbst.«

10 Stella war nicht die Erste, die den scheinbaren Widerspruch zwischen dem leidenschaftlichen Zionismus des Rabbis und seinem Schicksal als Emigrant bemerkte. Forscher haben erklärt, dass die Liebe des Rabbis zu Palästina (später Israel) nie nachgelassen habe, dass aber seine hochgestellten Freunde in den internationalen Führungsgremien fanden, er könne die Welt besser auf die Nöte der Juden aufmerksam machen, wenn er von den Vereinigten Staaten aus spräche, nicht aus der relativen Isolation im Gelobten Land. Es war ein weiteres Beispiel für die Priorität der Aufmerksamkeit, die mehr oder weniger automatisch den Prominenten zuteilwurde.

11 Ein Pseudonym.

12 Der aus Wien stammende Dr. Bettelheim gehörte zu denen, die lautstark die unterwürfige »Ghetto-Mentalität« der deutschen Juden anprangerten. Nach seinem Selbstmord 1991 im Alter von 83 Jahren enthüllten Patienten und Fachkräfte seiner Chicagoer Schule für Autisten – tatsächlich Überlebende des Holocaust –, dass er einige der ihm Anvertrauten geschlagen hatte. Ich war in den sechziger Jahren zwei Jahre lang sein Redakteur gewesen, als er eine Kolumne für das *Ladies' Home Journal* geschrieben hatte. Ich kannte niemanden, der ein sanfteres Wesen und menschlichere Ansichten gehabt hätte. Die erschreckende Enthüllung seiner Aggressivität gegenüber Hilflosen rief mir die Szenen ins Gedächtnis, die er aus Dachau berichtet hatte. Hatten ihn seine Erfahrungen dort für immer korrumpiert?

13 Möllers Vorgesetzter Heinrich Müller, der berüchtigte »Gestapo-Müller«, gehörte 1992 auch noch zu den Flüchtigen. Der als unergründlich und einsilbig geltende Müller wäre zu dem Zeitpunkt 92 Jahre alt gewesen. Er wurde zuletzt am 29. April 1945 in Hitlers Berliner Bunker gesehen. Später gab es Gerüchte: er verstecke sich in Albanien, Brasilien, Argentinien oder sonstwo.

14 Die Eltern wurden vergast, aber Hans war Elektriker und damit für die Nazis unentbehrlich. Er wurde einer von sieben Überlebenden des 936. Osttransports. Heute lebt er in Chicago.

15 So der Titel der amerikanischen Originalausgabe dieses Buchs.

16 Stella Goldschlag nahm sich 1994 in Freiburg das Leben.

17 Zum ersten Mal schrieb ich an Stella am 26. Oktober 1989. Meine Interviews mit ihr fanden am 3. Mai und 24. August 1990 sowie am 3. September 1991 statt, das letzte von insgesamt fünf Telefongesprächen am 14. November 1991. Von den hier aufgelisteten Nachnamen ist nur der Name Pech ein Pseudonym.

18 Ein Pseudonym.

19 Ein Pseudonym.

Stella Goldschlag im Alter von vier Jahren mit einem Cousin.

Stella in der Schule: sieben Jahre alt und bereits das Gesprächsthema.

Der Autor Peter Wyden als elfjähriger Schüler in Berlin.

Ein Chanukka-Fest mit vielen Kindern bei Peters geliebtem Großvater.

Ein vergnügter Ausflug: Peter mit seinen besten Freunden, den Brüdern Nomburg, und seiner Mutter Leni.

Toni Goldschlag, Stellas Mutter, eine Sängerin, die ihre Familie dominierte.

Gerhard Goldschlag, Stellas Vater, ein gescheiterter Komponist.

Autor Peter Wyden mit Vater Erich und Mutter Helen (Leni).

Georg und Lotte Nomburg, Freunde von Peter Wydens Familie und vom Unglück verfolgt.

Peter und sein Vater in Urlaubsstimmung.

Peter Wydens Großeltern machen Urlaub mit Stil.

Julius Weidenreich, Peter Wydens Großonkel, der als Freiwilliger am Ersten Weltkrieg teilnahm und mehrfach ausgezeichnet wurde.

Die Goldschmidt-Schule: eine Oase für jüdische Jugendliche inmitten von Hitlers Wahnsinn.

Stella, die »Marilyn Monroe der Goldschmidt-Schule«.

Frau Dr. Leonore Goldschmidt, die dynamische und bewunderte Schulleiterin.

Rudi Goldschmidt, der Sohn der Schulleiterin, auf dem Weg zu einem sportlichen Sieg.

Dr. Bandmann, der geliebte Musiklehrer.

Manfred Kübler, Stellas erster Mann.

Das Gestapo-Hauptquartier in der Burgstraße: hier wurde Stella im Keller gefoltert.

Die Pathologie des Jüdischen Krankenhauses, Schulstraße 79.
Von hier aus ging Stella für die Gestapo auf Jagd.

Das Judenamt IV B 4 in der Kurfürstenstraße 115: die administrative Zentrale des Holocaust.

Die Zwischenstation vor der Deportation in die Konzentrationslager: das frühere Jüdische Altersheim in der Großen Hamburger Straße 26.

Gad Beck und seine Schwester Margot, jüdische Widerstandskämpfer, lernten Stella allzu gut kennen.

Hertha Eichelhardt Wolf, die Frau, der sich Stella anvertraute.

»Das schöne Paar«, Stella und Rolf Isaaksohn (links), die Greifer auf der Jagd.

Kommissar Walter Dobberke.

Alois Brunner.

Rabbi Leo Baeck im Lager Theresienstadt.

Major Pat Dolan, der Mann, der Leo Baeck rettete.

Chef-Propagandist Hans Habe (ganz links), neben ihm Autor Peter Wyden mit dem »Habe Zirkus« bei Radio Luxemburg.

Sergeant Peter Wyden mit seiner Mutter Helen.

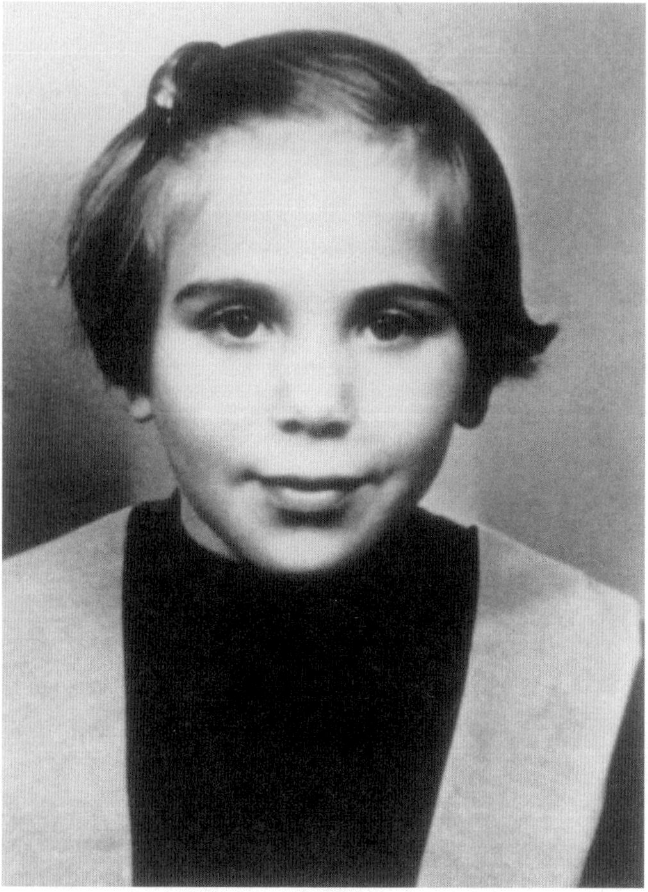

Yvonne, die Waise.

Heino Meissl, der mutmaßliche Vater.

Natan Celnik und seine Frau versuchten Yvonne zu adoptieren.

Yvonne, Stellas Tochter, eine Krankenschwester an vorderster Front.

Stella nach der Hochzeit mit ihrem vierten Ehemann Gottfried Pech: noch hoffte sie, als »Opfer des Faschismus« anerkannt zu werden – und auf finanzielle Entschädigung.

Stella nach dem Krieg: kahlgeschoren und als Kollaborateurin gebrandmarkt.

1957 steht Stella Goldschlag in Westberlin vor Gericht, rechts ihr Verteidiger.

Siegfried Weidenreich, ein Cousin von Peter Wyden, mit seiner Frau Lucia. Er überlebte den Krieg im Versteck.

Moritz und Esther Zajdmann bei einem Besuch in der Berliner Oper 1992, fast ein halbes Jahrhundert nachdem Stella sie dort festgenommen hatte.

Autor Peter Wyden vor einer Gedenktafel am Hohenzollerndamm in Berlin – mehr ist von der Schule, die er in der NS-Zeit mit Stella besuchte, nicht übriggeblieben.

BUCH FÜNF

Bewältigen

---

28. 1988: Ein Jahr der Endpunkte

Genau fünfzig Jahre nachdem mit der »Kristallnacht« alles angefangen hatte, unternahmen Harry und Fredi Nomburg ihre seit langem geplante Pilgerfahrt nach Łódź in Polen, das die Nationalsozialisten »Litzmannstadt« genannt hatten. Damals hatte es dort ein riesiges Ghetto gegeben. Heute ist Łódź noch immer fast »judenfrei«.

1988 war ein Jahr der Abschlüsse, der Endpunkte. Die Bücher wurden geschlossen.

Fredi war von Israel, Harry von New York nach Europa geflogen. Ich hatte sie seit Januar 1946 nicht zusammen gesehen. Damals waren wir alle dreiundzwanzig gewesen, und ich hatte für die amerikanische Militärverwaltung gearbeitet. In jenem Jahr hatte die Suche der Brüder nach einer letzten Sicherheit begonnen, die Jagd nach Beweisen – irgendwelchen Hinweisen, wie ihre Eltern Georg und Lotte umgekommen waren.

In Berlin trugen die Brüder britische Khakiuniformen und flotte Baskenmützen; ich zog meine beste Uniform an. Wir marschierten an den Trümmern des Ku'damms vorbei und ließen uns, mit der zerstörten Gedächtniskirche im Hintergrund, fotografieren, ein Triumvirat von Eroberern. Einer war ein Held: Harry war Fallschirmjäger gewesen und hatte sich lange vor dem *D-Day* mehrmals freiwillig zu höchst geheimen und außerordentlich gefährlichen Einsätzen im besetzten Frankreich gemeldet.

Wir gingen in einen Club für britische Sergeants, wo verschwitzte Tommys *Tipperary* und all die anderen Schlager röhrten, die sie nicht nur in Filmen brüllen. Meine Freunde erzählten mir von ihrer Reise in den Ostsektor der Stadt, zu den Büros der jüdischen Gemeinde, und von ihrer Suche in den Büchern dort. Die Bücher waren groß gewesen, groß wie Kontobücher, aber die Listen waren kurz. Es waren die Namen derjenigen Juden, die aus Lagern zurückgekommen waren. Wie Fredi und Harry es vermutet hatten, waren ihre Eltern darin nicht aufgeführt. Und von den Toten gab es keine Listen.

1988 fanden sie in Łódź auf weiteren Listen weitere Namen. Man schickte sie zum jüdischen Friedhof; sie brauchten lange, um in seine Stille einzudringen. Er schien keine Eindringlinge zu wünschen. Ein Tor gab es nicht, nur eine versteckte Pforte. Drinnen zeigte man ihnen rund tausend Karteikarten, auf denen aber auch nur ein Bruchteil der Toten registriert war. Keine Nomburgs. Waren sie vielleicht an einem anderen Ort gestorben?

»Ich hatte gehofft, wir würden vielleicht doch ein Grab finden und einen Stein darauflegen und die Grabpflege organisieren können«, erzählte Harry. Zu ihrer Enttäuschung fanden sie überhaupt keine sichtbaren Gräber auf diesem Friedhof – keine Gräber, keine Gedenksteine, nichts als schwarz abgebranntes Unkraut. Trotzdem fühlten sie, dass sie sich auf einer Begräbnisstätte befanden.

»Ich wusste, dass ich auf Gräbern stand«, berichtete Harry. »Ich dachte: Vielleicht stehe ich jetzt auf dem Grab meines Vaters.«

Ein alter Aufseher erzählte meinen Freunden von Chełmno, dem Vernichtungslager, in das so viele Berliner aus Łódź transportiert worden waren. Als sie nach Kalisch weiterreisten, dem nahegelegenen Dorf, aus dem ihr Großvater stammte, erfuhren sie von den Leuten dort mehr über Chełmno (das sie wie »Helmno« aussprachen) und über die relativ gut genährten und gekleideten deutschen Juden, die dorthin gebracht worden waren.

Die Brüder Nomburg waren sich ziemlich sicher, dass ihre Eltern in Chełmno gestorben waren. Ziemlich. Sie würden sich nie ganz sicher sein, so wenig wie über das Sterbedatum, das ihnen ein deutsches Gericht nach dem Krieg genannt hatte.

Ebenfalls 1988 gelang es mir endlich, meine Cousine Ursula Finke in einer Wohnung in Ostberlin ausfindig zu machen, meine stille Spielkameradin bei den Chanukka-Festen meines Großvaters. Sie war mehrmals mit knapper Not entkommen – unter so dramatischen Umständen, dass es die kreativen Fähigkeiten der Drehbuchschreiber in Hollywood anregen könnte.

Die Armut, sonst ein grimmiger Killer, war ihre erste Retterin gewesen. Ihre Eltern hatten sich ihren Lebensunterhalt mühsam mit Adressenschreiben für Versandunternehmen verdient und in den späten dreißiger Jahren darauf bestanden, dass Ursel ein Handwerk lernte. Sie wurde Näherin. Als im Laufe des Krieges Kleider immer länger getragen und verschlissen wurden, gab es immer größere Nachfrage nach ihren Fähigkeiten.

Ihre Eltern und ihr Bruder Hans wurden nach der Fabrik-Aktion vom Februar 1943 nach Auschwitz deportiert,[1] aber Ursel, gerade zwanzig, wurde wieder gerettet. Sie fand Zuflucht bei der Familie Daene, Nichtjuden, die insgeheim noch der Gewerkschaftsbewegung anhingen, und lebte als U-Boot weiter. Sie arbeitete aber nach wie vor als Näherin, bis 1944.

Im August war ihre Glückssträhne zu Ende. Auf dem Weg nach Hause, als sie sich zur Stoßzeit durch das Gewühl am S-Bahnhof Gesundbrunnen drängte, lief sie einem Mann namens Behrend fast in die Arme, einem von Stellas jüdischen Gestapo-Kollegen. Ursel kannte ihn und hatte durch den Mundfunk gehört, dass er ein Greifer geworden war. Sie rannte sofort weg, denn sie wollte sich nicht lebend fassen lassen. Als Behrend sie verfolgte, suchte sie ihre Zuflucht im Tod und sprang vor den einfahrenden Zug.

Wieder wurde sie gerettet. Als sie von den Schienen gehoben wurde, kam sie wieder zu sich. Schmerzen hatte sie nicht, sondern sie fühlte nur Verzweiflung darüber, dass sie noch am Leben war. Die Umstehenden, die nicht ahnten, dass sie Jüdin war, schalten sie. Wütend schrie sie zurück: »Was würdet ihr wohl tun, wenn ihr als Juden verfolgt würdet!«

Behrend schien einen Augenblick Gewissensbisse zu spüren. »Wir sind anständig, wir hätten dich doch laufenlassen«, sagte er.

»Na los«, forderte sie ihn heraus, »dann lasst mich laufen!«

Inzwischen hatte sich Behrend wieder gefasst, grinste, zeigte auf Ursels linken Fuß und spottete: »Du kannst nicht!«

Da erst bemerkte Ursel, dass ihr Fuß als ziemlich formlose blutige Masse herunterbaumelte. Sie stand noch unter Schock und hatte keine Schmerzen. Ihre einzige Sorge war jetzt ihre Handtasche, in der sie die Adresse ihrer mutigen Gastgeber, der Daenes, sowie gefälschte Lebensmittelmarken hatte.

Behrend rief einen Krankenwagen, mit dem sie ins Jüdische Krankenhaus gebracht wurde. Unterwegs saß er neben ihrer Tragbahre. Sie sah ihn durchdringend an, mit einem so vernichtenden Blick, dass er nicht zu protestieren wagte, als sie ihr Adressenbuch und persönliche Papiere aus ihrer Tasche nahm. Trotz der inzwischen quälenden Schmerzen gelang es ihr, vor den Augen des Greifers alles in winzige Stücke zu reißen.

Fast vier Monate lang litt Ursel immer wieder unter Fieberschüben, an denen sie fast gestorben wäre; aber wieder überlebte sie. Der berüchtigte medizinische Leiter des Krankenhauses, Dr. Dr. Lustig, kümmerte sich selbst um sie, und Ursel ist ihm noch heute dankbar. Normalerweise wäre er unter diesen Umständen berechtigt gewesen, den Fuß zu amputieren; sie wäre dann deportiert worden, sobald der Stumpf abgeheilt gewesen wäre. Aber diesmal beschloss der Arzt, der sich wohl fachlich herausgefordert fühlte, zu versuchen, den Fuß zu retten.

Dazu brauchte er die Zustimmung des Chefs von Kommissar Dobberke, des allmächtigen Sturmbannführers Erich Möller, der – ein Wunder! – eine Andeutung von Menschlichkeit erkennen ließ. Das Wiederansetzen von fast abgetrennten Gliedmaßen war noch eine neue Kunst, und der große Chef hatte einst vorgehabt, Medizin zu studieren. Er fachsimpelte gern mit Ärzten; so konnte ihn Lustig überreden, Ursel als Versuchskaninchen zu benutzen. Der Arzt badete ihren Fuß täglich selbst und entfernte die Knochensplitter, die sich noch lösten. Dann legte er den zweiteiligen Gipsverband, sorgfältig auf Zug gehalten, wieder an. Ob Retter oder Teufel, Lustig war immer noch Arzt.

Ursel, die vollkommen still liegen musste, bekam häufig Weinkrämpfe, wegen der Schmerzen und aus Angst, denn immer wieder wurden Patienten deportiert, auch auf Tragbahren. Mit einer Reitpeitsche an den Stiefel schlagend kam Anfang 1945 Dobberke ab und zu in ihren Raum und schüttelte voller Abscheu den Kopf, wenn sie sagte, es gehe ihr noch nicht gut genug für einen Transport.

Als die Sowjetarmee kam, wurde Ursel zum letzten Mal gerettet. Wie Heino Meissl, Gad Beck und die anderen Überlebenden im Krankenhaus – die starken, glücklichen, frechen – bekam sie einen von Dobberke unterschriebenen Entlassungsschein. Es ging ihr noch nicht so gut, dass sie Gebrauch davon machen konnte. Zwei Monate – bis zum Juni 1945 – sollte es noch dauern, bis sie an Krücken in die Freiheit humpeln konnte. Sie blieb gehbehindert.

Fast fünfzig Jahre des Schweigens waren auch vergangen, ehe ich es 1988 über mich brachte, meine Cousine Martha zu fragen, wie sie und ihre Familie überlebt hatten, nachdem die Ärzte am amerikanischen Konsulat Unzufriedenheit mit den Narben ihres Mannes gezeigt und ihnen die Visa verweigert hatten.

Ich hatte nicht vergessen, dass Marthas Mann meinem Vater die Schuld an ihrem Schicksal gegeben hatte, und dass die zwei nie wieder miteinander sprachen. Ich wusste, dass diese Lieblingscousine meiner Mutter mit Mann und Tochter Lottchen es bis Holland geschafft hatte, und dass sie alle drei fast zwei Jahre in Konzentrationslagern überlebt hatten, unter anderem in Bergen-Belsen. Aber nach den Einzelheiten zu fragen, hatte ich mich nie getraut. Das tat man nicht. Es hätte gegen die guten Sitten verstoßen. Man wartete, bis ein Überlebender freiwillig davon sprach. Aber in Marthas Familie sprach niemand freiwillig über diese Zeit. Der Krieg war tabu, etwas Unaussprechliches, das man verdrängte.

Natürlich wusste ich etwas von Bergen-Belsen, dieser Barackenstadt in der Lüneburger Heide zwischen Celle und Soltau. Von den 50 000 Häftlingen dort waren in den letzten Monaten fast 30 000 gestorben. Vergast und verbrannt wurde in Bergen-Belsen niemand; dafür fehlten die technischen Einrichtungen. Sie wurden nicht benötigt. Im März 1945 hatten die Gefangenen fünf Monate lang nicht gebadet. Morgens gab es ein Stück schimmeliges Brot, abends Wassersuppe mit Kohlgeschmack. Hunger, Typhus und andere Epidemien erledigten die Arbeit der Nazis. Überall lagen Stapel von Leichen.

»Die hygienischen Verhältnisse waren bei weitem schlimmer als in Auschwitz«, schrieb Auschwitz-Kommandant Höß nach dem Krieg. Er musste es wissen: Er war als Berater zugezogen worden in dem aussichtslosen Versuch seiner SS-Kollegen, das Lager »ordnungsgemäß« zu leiten.

In ihrer gemütlichen kleinen Wohnung in Amsterdam, unter dem aufmerksamen Blick ihres Mannes – der vor langer Zeit eines natürlichen Todes gestorben war, aber immer noch streng aus seinem Foto auf der Kredenz blickte –, sprach auch jetzt Cousine Martha, 77, nicht freiwillig von diesen Dingen. Ich beschloss etwas beklommen, mir den Hut des Autors und Historikers aufzusetzen, murmelte unangemessen klingende fromme Sprüche darüber, dass weder ihre noch meine Enkel ohne Information bleiben dürften, und begann Fragen zu stellen.

Marthas Gedächtnis funktionierte erstaunlich genau. In sachlichem Ton berichtete sie, dass es »sehr heiß« gewesen sei, als holländische Soldaten sie am 20. Juni 1943 aus ihrem Amsterdamer Versteck holten. Sie erinnerte sich an den Tag in Bergen-Belsen, als ihr Mann und ihre Tochter behaupteten, sie hätten keinen Hunger, und sie daraufhin ein Verbrechen begangen habe: »Ich aß das Brot meines Kindes!« Wenn der Hunger unerträglich wurde, versuchte ihn Martha dadurch zu bekämpfen, dass sie sich mit ihrem bemerkenswerten Gedächtnis an Kochrezepte erinnerte und sie aufschrieb. Halb verhungert notierte sie die Zutaten für Linsensuppe, ihren Lieblingskuchen oder was ihr sonst in den Sinn kam. Sie erinnerte sich an ihre Gelbsucht, ihre Thrombose, die Schmerzen in den offenen Beinen, ihr Gewicht (genau 33 Kilo). Und an den 26. April 1945, als russische Soldaten sie mit »Raus! Raus!« aus einem Zug gescheucht hatten.

Martha wusste, dass es schwierig sein würde, mir, der ich keine eigenen Erfahrungen mit dem Holocaust hatte, deutlich zu machen, was in jenen letzten Tagen geschehen war.

Es fiel ihr zum Beispiel schwer zu beschreiben, wie sie den Zug verlassen hatte, in dem sie sonderbarerweise, unglaublicherweise befreit worden war.

»Man stieg über die Toten hinweg«, sagte sie nüchtern und hielt dann inne, um nach einem verständlichen Bild zu suchen, »wie über Bälle auf dem Tennisplatz.«

Martha erinnerte sich ganz richtig, und nicht nur daran, dass sie in Tröbitz in der Niederlausitz befreit worden war, wie ich später in gedruckten Quellen las. Aus dem Gedächtnis schrieb sie mir – auf deutsch, in unserer gemeinsamen Sprache – auf, der Ort hieße »Tröbitz bei Torgau, Regierungsbezirk Frankfurt an der Oder, zwischen Cottbus und Leipzig«.

Torgau war der Ort, in dem sich sowjetische und amerikanische Soldaten getroffen und umarmt und das Ende des Schießens gefeiert hatten.

Die Zugreise zu beschreiben, war 1988 eine Herausforderung an Marthas Gedächtnis. Sie erinnerte sich, dass die Fahrt am 10. April begonnen hatte, und dass sie zwei Wochen lang immer wieder kurze Strecken gefahren waren, offenbar ohne Plan, manchmal im Kreis. Die meisten der 2500 Juden im Zug hatten Typhus. Fast alle hatten kahlgeschorene Köpfe. Martha hatte diese Demütigung abgelehnt, und ihr Mann kämmte ihr wegen der Läuse drei- bis viermal täglich die Haare.

Ein Ziel war nicht bekannt, allerdings gab es Gerüchte, sie sollten nach Osten gefahren und vergast werden. An Luftangriffe konnte sich Martha nicht erinnern. Verpflegung gab es nicht, auch kein Wasser. Lottchen hatte einmal bei einem Halt den Zug verlassen und war mit etwas Mehl wiedergekommen, aber ohne Wasser hatten sie es nicht essen können.

Und sie erinnerte sich, dass die Russen sie dann aufgefordert hatten, einen deutschen Bauernhof zu plündern. Lottchen hatte eine Schubkarre aufgetrieben und sich zusammen mit zwei anderen Überlebenden, einem Rabbi und seiner Frau, auf die Suche gemacht. Martha und ihr Mann waren zu schwach gewesen, sich zu bewegen. Die drei Plünderer kamen mit einer Ladung von Konserven zurück, und Lottchen hatte ihren Eltern ihren Anteil bringen wollen.

Aber davon hatte der Rabbi, wie sich Martha lebhaft erinnerte, nichts wissen wollen. »Das gehört alles uns«, hatte er gerufen und die Beute fortgeschoben.

Lottchen hatte ihren Eltern das berichtet. »Stell dir vor!«, rief Martha in ihrer Amsterdamer Wohnung aus, und endlich zeigte sie Entrüstung: »Ein Rabbi! Ein Kind! Ich hätte ihn umbringen können! Lottchen war außer sich!«

Ein Leidensgenosse, Abel J. Herzberg, ein Amsterdamer Rechtsanwalt aus dem Bekanntenkreis meiner Cousine, hatte unterwegs Tagebuch geschrieben. Er war kräftiger gewesen und erinnerte sich an mehr.

Als sie am 10. April den Zug besteigen mussten, hatte er ein Brot von 24 Zentimeter Länge bekommen, das für acht Tage reichen sollte. Mehrere Nächte später war der Zug aus der Luft bombardiert worden, aber am folgenden Morgen gab es ein »Fest«: Der Zug hielt an einem Bahnhof, und die Gefangenen durften sich Wasser holen.

Am 14. April wurde klar, dass der Zugführer Mitleid mit den Gefangenen hatte. Er ging nach Lüneburg, um etwas zu essen zu besorgen, aber vergebens. Und er gab zu, dass er keine Ahnung habe, wohin der Zug fahren sollte. An diesem Tag starben sechs Menschen an Typhus.

Am 16. April notierte Herzberg, dass viele Gefangene zu schwach seien, sich zu bewegen, etwas einzutauschen, zu plündern oder gar vor den SS-Bewachern davonzulaufen. Der Tag brachte 25 weitere Typhustote.

Am 19. April gab es dreißig Tote, und der Zug fuhr durch Berlin, Richtung Südosten.

Am 21. April war Kanonendonner von der Front zu hören. An vielen Wagen wurden weiße Tücher befestigt, aber immer noch griffen Sturzkampfbomber an. Herzberg ernährte sich von Kartoffeln, die er klaute, sobald der Zug hielt. »Viele Todesfälle«, berichtete er; das Zählen hatte er aufgegeben. »Totenzug.«

Am 26. April befahlen die Bewacher: »Alle marschfähigen Männer, Frauen und Kinder sofort mit Bagage antreten!« Fast niemand reagierte. Ob gekämpft werden würde? »Im Zug wurde überall gesungen«, berichtete Herzberg. »Jeder hatte das Gefühl, den Vorabend eines Festtages zu erleben. Er konnte den Tod bringen oder die Freiheit.«

In der Dämmerung kamen die Russen. Sie gaben den Gefangenen Zigaretten und gingen wieder, nachdem sie alle aufgefordert hatten, in deutschen Häusern zu plündern, wo sie konnten.

Manche Freundschaften überdauerten den Krieg oder sogar den Tod. So entwickelte sich nach dem Krieg eine Freundschaft mit Otto Frank, Anne Franks Vater. Mit Margot und Anne hatte sich Lottchen in Bergen-Belsen angefreundet. Als nach dem Krieg ihr Vater starb, wurde Otto Frank ihr Vormund.

Kurz nachdem meine Cousine Martha nach Amsterdam zurückgekehrt war, wurden sie ins Haus holländischer Nachbarn eingeladen, Nichtjuden, denen sie mehr als drei Jahre vorher ihr Silber und ihre Hauswäsche übergeben hatten. Dort im Esszimmer der Freunde standen all ihre Besitztümer, sauber und mit holländischer Gründlichkeit poliert, und warteten auf sie.

Martha lebt ruhig und behaglich, aber im Gegensatz zu anderen Mitteleuropäern reist sie nie. Sie behauptet, ihr Bein mache ihr Beschwerden, aber davon konnte ich nichts merken. Ich vermute, dass Martha einfach keine Verkehrsmittel benutzen kann. Transport bedeutet Tod.

Einmal bestand sie darauf, mich zur Straßenbahn zu begleiten, damit ich ohne Probleme ins Hotel zurückfände. Wir warteten an der Haltestelle, und als die zwei Wagen heranklapperten, packte Martha mich am Arm und zerrte daran. Es war nur eine Straßenbahn, aber ich wusste, dass die Wagen sie an einen Zug vor langer, langer Zeit erinnerten, auch ohne dass sie darüber sprach.

Bei Lottchen erreichte ich nicht, dass sie sich über die Vergangenheit äußerte.

Ende September 1988 hatten Harry und Fredi Nomburg, immer noch auf den Spuren ihrer Eltern, Coburg erreicht, die Stadt, in der sie geboren waren. Von da waren sie schon 1929 nach Berlin geflüchtet, denn die Stadt war früh den Nazis anheimgefallen – die SA hatte die Firma ihres Vaters in Brand gesteckt.

Eine Gruppe von 35 nach Amerika geflüchteten ehemaligen Coburger Bürgern mit ihren Familien war als Geste der Versöhnung von der Stadt eingeladen worden. Die städtische Großzügigkeit hielt sich allerdings in Grenzen. Die Reise bezahlten die Gäste selbst. Sie bekamen ein Taschengeld von je 25,- DM pro Tag und hatten Übernachtung und Frühstück im Hotel frei.

Der Empfang durch Bürgermeister Rolf Forkel – der zum Glück gerade nicht alt genug gewesen war, um den Braunhemden angehört zu haben – war freundlich. Aber als der Politiker bei einem frugalen Mahl von Bratwurst und Bier das Wort an die ehemaligen jüdischen Bürger richtete und sich beredt über den Glanz der alten hochadligen Familien und Coburger Prinzen auf europäischen Thronen äußerte, wurde Harry Nomburg zunehmend unruhiger und schließlich zornig. Was war mit der neueren Vergangenheit?

Als Herr Forkel fertig war, stand Harry auf. Er bemühte sich bei seiner Erwiderung um Höflichkeit, geriet aber doch in große Erregung, als er rief: »Lasst es uns nie vergessen, dass die Hände, die in den Vernichtungslagern die Gaskammern bedienten, deutsche Hände waren!«

Seine Frau Beatrice zupfte ihn an seiner Jacke, aber Harry schien es nicht zu bemerken. Ihn bewegte noch etwas: Er mahnte Forkel, den Gedenkstein für Coburgs Opfer des Holocaust vom alten jüdischen Friedhof am Rande der Stadt, wo fast nie jemand hinkam, in die Stadtmitte zu versetzen. Dort sollten ihn die Kinder täglich sehen und ihre Mütter fragen können, was es damit auf sich habe. Niemals dürften die Gräueltaten Nazi-Deutschlands vergessen werden.

Kurz darauf wurden Harry und Fredi informiert, dass die Gastfreundschaft ihrer »Heimatstadt« noch begrenzter war als erwartet. Meine Freunde hatten keinen Anspruch auf Coburgs kleinliche Spesen. Die Zahlungen standen nur den Juden zu, die direkt aus ihrer Heimatstadt emigriert waren, nicht denen, die das Land von einer anderen Zwischenstation wie Berlin aus verlassen hatten. Das habe der Finanzsenat eindeutig festgelegt.

Der Gedenkstein wurde nicht versetzt. Die offizielle Begründung lautete, junge Strolche hätten kurz zuvor das zentral gelegene Weltkriegs-Denkmal mit Graffiti beschmiert. Der jüdische Gedenkstein sollte nicht auch auf diese Weise verunziert werden.

Die beiden lokalen Zeitungen veröffentlichten verständnisvolle und detaillierte Artikel über das Ergebnis des ungeschickten Versuchs der Stadt, etwas wiedergutzumachen, was nicht gutzumachen ist, und zitierten des Längeren aus Harrys Rede.

Wie dachten die Einwohner darüber? Waren sie verlegen? Das fanden die Nomburgs nicht heraus, weil sie die Stadt sofort verließen.

»Wenn ich an Coburg denke, dreht sich mir der Magen herum«,

bemerkte Harry mir gegenüber noch in dem Jahr, in dem die Bücher über die Überlebenden des Holocaust geschlossen wurden, wenn auch nicht die über ihre Nachkommen.

Im gleichen Jahr startete mein Schulkamerad Isaak Behar aus der Goldschmidt-Schule eine neue Karriere. Er lebte in gesicherten Verhältnissen, hatte eine Frau und zwei Söhne, aber die lange, zermürbende Zeit im Versteck hatte ihre Spuren hinterlassen. Er war übermäßig angespannt und argwöhnisch und hatte fahrige Bewegungen: Er war eine wandelnde elektrische Ladung. Seine Erinnerungen ließen ihm keine Ruhe. Er beschloss, diese Energie konstruktiv zu nutzen – indem er regelmäßig in Berliner Schulen Vorträge hielt und den heutigen Jugendlichen erzählte, was ihnen ihre Eltern nicht hatten mitteilen können oder wollen. Bald war er auf ein Jahr im Voraus ausgebucht.

Mein alter Kollege war noch immer ein geschickter Showstar (wie seinerzeit als U-Boot) und verwandelte den Holocaust in eine einzigartige moderne Einmann-Show – ja, kaum zu glauben, eine Show. Er brachte Andenken aus seiner U-Boot-Zeit mit. Er schrieb die Namen der Mitglieder seiner Familie an die Tafel und strich sie dann aus, einen nach dem anderen, so wie sie vor vielen Jahren verschwunden waren. Langsam und ohne falschen Zungenschlag, ohne Vorwürfe und ohne zu predigen machte er deutlich, was für ein Wunder es war, dass es Isaak Behar noch gab.

Die Lektion war mitreißend. Einige der Jugendlichen nahmen sie gefasst auf, anderen traten die Tränen in die Augen. Einige erzählten Fernsehreportern, dass nur ein lebender Behar überzeugend von den Toten sprechen könne, von den anonymen Unberührbaren, über die zu berichten die neuen Schulbücher sich scheuten. Manche Leute schrieben auch wüste Briefe voller Hass, meistens Erwachsene, Neo-Nazis, die Hoffnungslosen, die die Toten für Gespenster erklären wollten. Aber sehr viele solche Briefe gab es nicht.

29. »Siehst du, Hitler, du hast doch nicht gesiegt«

Da ihre Mutter bei den völkermörderischen Verbrechen sowohl Opfer als auch Täterin war, kann man Yvonne Meissl kaum als typische Vertreterin der Söhne und Töchter von Überlebenden des Holocaust ansehen, Menschen mittleren Alters überall in der Welt, die das Vermächtnis geerbt haben und es als »Überlebende der zweiten Generation« verwalten. Es sind Zehntausende, vielleicht mehr, das weiß niemand.

Obwohl also Yvonne doppelt belastet war, war sie doch in einer überraschenden Hinsicht ein Musterbeispiel dieser Nachkriegsgeneration. Sie hatte durch die psychologischen Auswirkungen viele Narben davongetragen, dennoch war sie höchst leistungsfähig. Sie widmete sich hingebungsvoll ihrer Arbeit als Gemeindeschwester und lebte wie die große Mehrheit von ihresgleichen ein konstruktiveres Leben als die meisten Kinder aus nicht betroffenen Familien.

Auch viele andere Überlebende der zweiten Generation widmeten sich helfenden Berufen. Sie wurden Ärzte, Schwestern, Psychologen, Sozialarbeiter, Lehrer und Idealisten der einen oder anderen Art, und zwar in erstaunlicher Zahl, als folgten sie einem Ruf nach Ausrottung des ideologischen Virus, der ihren Eltern und Großeltern solches Leid gebracht hatte.

Der emotionale Fallout des Holocaust hatte eine Ernte von erstaunlich starken, humanen Nachkommen hervorgebracht, ein wenig beachtetes und paradoxes Ergebnis.

Auch die einschlägigen Fachleute wurden sich dieses unerwarteten Generationsumschwungs erst langsam bewusst. In den fünfziger und sechziger Jahren diagnostizierten Psychiater in den USA und Kanada unter ehemaligen Konzentrationslagerhäftlingen mehr oder weniger ernste Schädigungen. Sie nannten es *Survivor syndrome* (»Überlebenden-Syndrom«). Eins der Symptome war *Survivor guilt* (»Schuldgefühle der Überlebenden«), der überwältigende Schmerz darüber, dass man selbst lebte, während geliebte Menschen umgekommen waren. Das Entsetzen darüber, dass man selbst nicht gestorben war, und dazu die Erinnerung an Erlebnisse, die zu erschütternd waren, als dass man sie hätte bewältigen können, hatten viele Menschen in psychiatrische Behandlung und manchmal in Kliniken gebracht.

Das Material an Fallstudien war überzeugend. »Die Mutter einer Patientin hatte jedes ihrer drei Kinder im Alter von neunzehn Jahren aus dem Haus getrieben, in dem Alter, als sie selbst von ihrer Mutter getrennt und interniert worden war«, begann ein Bericht aus dem Jewish-Hillside Medical Center auf Long Island. »Unsere Patientin wurde erstmals kurz nach ihrer Vertreibung eingeliefert. Ihre Mutter organisierte heimliche nächtliche Treffen am Zaun der Klinik und warf Papiertüten mit Brot und Unterwäsche hinüber.« Zaun, Brot, Verschwörung im Dunkeln – die schrecklichen Symbole waren noch lebendig.

Aufgerüttelt durch solche unzweideutigen Fälle hielten wohlmeinende Forscher Ausschau nach weiteren Leidenden, denen sie helfen könnten, und 1973 sagte Dr. Norman Solkoff von der New York State University in Buffalo bei einem Symposion: »Die Kliniker nahmen, ausgehend von ihrer Psychoanalytiker-Perspektive, an, dass die Kinder eine psychische Schädigung erlitten haben müssten, und suchten dann nach Beweisen, um diese Vorstellung zu untermauern.«

Bis zu den 1980er Jahren hatten weitere, systematischere Untersuchungen präzisere Einsichten geliefert. Die Kliniker hatten sich getäuscht. Die Überlebenden, die eine Behandlung benötigten, bildeten eine kleine Minderheit. »Ernste psychopathologische Erscheinungen bei Überlebenden sind eher die Ausnahme als die Norm«, hieß es in einer bahnbrechenden Studie der jungen New Yorker Psychologin und Forscherin Dr. Eva Fogelman, einer anerkannten Autorität und selbst Tochter von Überlebenden.

Die Auskunft über die geistige Gesundheit der zweiten Generation von Überlebenden war sogar noch deutlich positiver. »Die bei nicht-klinischen Kindern von Überlebenden durchgeführten Untersuchungen haben eine psychische Schädigung der Persönlichkeit nicht bestätigt«, schloss Dr. Fogelman. Die Fakten zeigten die entgegengesetzte Tendenz: »Vorbildlicher und außerordentlicher Mut und die Fähigkeit zur Bewältigung ist bei Kindern von Überlebenden eher die Regel als die Ausnahme.«

»Es gibt schon Auswirkungen«, gab Fogelman zu. Die Eltern, oft deprimiert, schlaflos, ängstlich, eventuell paranoid, sprachen entweder zu wenig oder zu viel von den vergangenen Schrecken. Polizisten erinnerten sie an SS-Männer. Wenn sie in eine fremde Stadt kamen, mussten sie zunächst das Telefonbuch auf verlorene Verwandte oder Freunde oder sonst vielversprechende Namen hin durchsehen. Einige der Kinder hatten Schwierigkeiten mit ihren gequälten Eltern oder mit Nichtjuden oder mit Gott oder auch mit einer U-Bahn, die erschreckende Geräusche machte – die Liste war lang. Auswirkungen gab es also durchaus.

Und Schuldgefühle, das jüdische Leiden, waren allgegenwärtig. Mein äußerlich so unbekümmerter Schulfreund Gerd Ehrlich von der Goldschmidt-Schule konnte den Nazis eine lange Nase machen, wenn er durch das zerbombte Berlin eilte oder als er sich über die Schweizer Grenze verdrückte, aber mit der Nacht, in der er seine Mutter und seine Schwester in der S-Bahn zum Lager Große Hamburger Straße begleitete und dort verließ, wird er nicht fertig. Seine Angst vor Zügen – Fallen! – hat nicht nachgelassen. In Restaurants setzt er sich immer so, dass er wachsam die Tür im Blick behalten kann.

»Die Gefahr kam durch die Tür«, sagte eines der anderen U-Boote zu mir. Durch die Tür – wie Stella.

Gerds Tochter Marion, eine Überlebende der zweiten Generation, durchsucht immer noch die Telefonbücher und fragt Zeugen nach Spuren ihrer verschollenen Tante Marion, Gerds jüngerer Schwester, nach der sie benannt wurde.

»Es kann doch sein, dass irgendwo ein Fehler gemacht wurde«, sagt sie. Dabei ist sie wahrhaftig nicht weltfremd: Sie ist Staatsanwältin in Baltimore.

Wie Yvonne bei ihrer Pflegetätigkeit in Israel hat sich Gerd Ehrlich immer für Versöhnung und Ausgleich eingesetzt. Als Professor für Internationales Recht predigte er seinen Studenten in Towson, Maryland, Gerechtigkeit. Als Rentner lehrte er das Gleiche jedes Jahr ein Semester lang an der Marburger Universität.

So platt es auch klingen mag: Yvonne und Marion sind Repräsentanten jener Nachkommen des Holocaust, die sich für eine bessere Welt einsetzen.

Die Psychologin Eva Fogelman, 1949 im Alter von vier Monaten mit ihren Eltern aus einem Lager für *Displaced persons* in die USA eingewandert, ist aus demselben Holz geschnitzt. »Meine Eltern waren beide Kämpfer«, erklärte sie mir. Ihr Vater, ein Bäcker, hatte sich, als die Deutschen sein Dorf in Polen erreichten, auf einem Speicher versteckt; danach kämpfte er drei Jahre lang mit den Partisanen in den russischen Wäldern. Ihre Mutter war ebenfalls entkommen; sie arbeitete später auf den Baumwollfeldern und übernahm die Verantwortung dafür, die siebenköpfige Familie mit Nahrungsmitteln zu versorgen.

1975 arbeitete Eva als Familientherapeutin im Bostoner City Hospital, als sie und ihre Freundin Bella Savran, eine Sozialarbeiterin und ebenfalls Überlebende der zweiten Generation, auf einen Artikel in der jüdischen Zeitschrift *Response* stießen, der sie interessierte. Fünf Überlebende der zweiten Generation aus ihrem Bekanntenkreis hatten sich spontan zusammengetan, um über Gemeinsamkeiten zu sprechen und einander Unterstützung zu bieten.

Eva und ihre Freundin verspürten ein ähnliches Bedürfnis und setzten Anzeigen in die Zeitungen, mit dem Ziel, weitere Gruppen zu initiieren. Elie Wiesel lobte diese Bemühungen in seinen Vorlesungen über den Holocaust an der Bostoner Universität. 1979 arbeiteten schon mehr als fünfzig solcher Gruppen. 1987 waren es Hunderte in den gesamten Vereinigten Staaten.

Während Spuren von Schuld, Wut, Angst und gelegentlich Isolation diese Nachkommen einer Katastrophe beunruhigten, sprachen etliche im Ton einer Errungenschaft, ja, eines Triumphes von ihrem Erbe. Das Thema kam bei den Sitzungen immer wieder auf, und in einer der Gruppen von Eva Fogelman sagte ein junger Mann, nachdem er sein Schicksal und das der anderen in dem Raum zusammengefasst hatte, voller Schadenfreude:

»Siehst du, Hitler, du hast doch nicht gesiegt!«

Es war eine Sternstunde, die niemand vergessen würde.

Es gab noch mehr solche Augenblicke.

1983 sprach Sam Gejdenson, 34, Kongressabgeordneter aus Connecticut und Molkereibesitzer, auf den Stufen hinter dem Capitol in Washington zu 10000 Überlebenden des Holocaust und ihren Familien – auf Jiddisch. Als er sah, dass der damalige Vizepräsident George Bush zuhörte, ging der drahtige kleine Gejdenson zum Englischen über und sprach lebhaft und stolz über seine Verpflichtungen als erster Sohn von Holocaust-Überlebenden, der in den Kongress gewählt worden war.

»Ich wurde in einem amerikanischen Flüchtlingslager in Eschwege in Deutschland geboren«, begann er, und dann gab er einen Abriss mit den vollen Namen seiner Familie, einschließlich des Mädchennamens seiner Mutter, und den genauen Angaben über die Orte in Litauen und Polen, in denen sie geboren waren.

Ich kenne diesen fröhlichen Kämpfer (der sich *Congressman* Sam nennt, weil sein Nachname schwer auszusprechen ist) zufällig schon lange, weil er ein enger Freund meines Sohnes Ron ist, des ersten jüdischen Vertreters von Oregon, gleich alt und im gleichen Jahr wie Sam – 1980 – gewählt. Beide sind Demokraten.

Als ich Sam fragte, warum er in der Öffentlichkeit so genau über seine Familie Auskunft gegeben hätte, war er überrascht. »Aber das tue ich immer«, sagte er. Man könne ja nie wissen, ob man nicht mal auf einen Landsmann stoßen würde und etwas von einem verschollenen Vetter zweiten Grades erfahren oder einem anderen mitteilen könnte.

Die Suche durfte nie aufhören. Noch ein Thema, das von einer Generation an die nächste weitergegeben wird.

Ich kannte auch Sams Eltern, Schlome, fast achtzig, und Julia, einige Jahre jünger, denn ich hatte sie auf ihrer kleinen Farm außerhalb von Bozrah (2297 Einwohner) besucht. Der Ort liegt in den Wäldern seines sehr ländlichen Wahlbezirks im westlichen Connecticut. Mit einer Anzahlung von 2000 Dollar und drei Hypotheken hatten die Gejdensons das Land erworben, als sie 1949 aus Deutschland kamen. Untereinander sprechen sie immer noch Jiddisch. Vater Gejdenson und Sams jüngerer Bruder Ike betreiben nach wie vor Milchwirtschaft, und Fakten und Ängste aus dem Überlebenskampf der Eltern sind noch nicht vergessen.

Die Mutter hatte sich damals in den Wäldern versteckt, der Vater war dem Morden in seinem Heimatort Parafiamowo nur entkommen, weil Serafina ihm half. Es war am 30. Mai 1941, als Männer eines Einsatzkommandos und örtliche Polizei das Ghetto des Dorfes umstellten – wie Hunderte anderer Ghettos in jenen Jahren.

»Alles raus!«, hieß es, und rund 500 Juden wurden zu einer Schlucht außerhalb des Dorfes getrieben und erschossen. Der Schlachter kam kaum mit, er musste auf einem Bein hüpfen. Sein Holzbein hatten sie ihm weggenommen, weil er ja Wertsachen darin versteckt haben konnte.

Der junge Schlome Gejdenson, Sohn des Holzhändlers, wollte sich nicht zur Schlachtbank führen lassen. Er blieb zurück und tauchte im richtigen Moment in einen Holzhaufen neben der Straße. Nur Serafina sah ihn, eine nichtjüdische Mutter von acht Kindern, die in der Synagoge putzte. Schnell häufte sie noch mehr Holz auf ihn. Später versteckte sie ihn in ihrem Haus und half ihm dann bei Nacht, in die Wälder zu fliehen.

Diese Szene ging seinem Sohn Sam nicht aus dem Kopf. »Mir war schon in früher Kindheit klar, dass Regierungen sich direkt auf das Leben der Menschen auswirken«, sagte dieser sonst meist recht ehrfurchtslose, und äußerlich absolut amerikanisierte Abgeordnete voller Überzeugung. So war es ganz natürlich, dass er sich der Politik zuwandte.

Er ist ein geselliger, immer zu witzigen Einfällen geneigter Mensch, dauernd unter Dampf wie eine Kleinbahnlok. Die Wähler in seinem Bezirk, in dem nicht viele Juden leben und die Bauern immer weniger werden, haben sich an ihn gewöhnt. Es ist eine politisch unbeständige Region, und es hat Zeiten gegeben, in denen alle zwei Jahre die Partei wechselte.

Sam war anders, und die Zivilcourage dieses Überlebenden sprach die Yankees aus Connecticut an. Obwohl größere Verteidigungsbasen und Fabriken in seinem Bezirk liegen, stimmte er gegen entscheidende Teile der Aufrüstungspläne Präsident Reagans. Und in seiner ersten Wahlperiode wagte er, der Milchproduzent, gegen eine Erhöhung der Subventionen für Milchprodukte zu stimmen. Die Republikaner konnten kaum mit einem Gegner fertigwerden, der so für individuelle Freiheiten eintrat und sich für Liberalität einsetzte.

Seine Wähler beugen sich seiner Geschichtsauffassung, der Perspektive einer *DP*, die seine Politik beeinflusst und die Verbindung zwischen einem Schiff voller Flüchtlinge zur Hitler-Zeit und den *Boat people* aus Drittweltländern heute herstellt.

Mit ihren schlimmsten Erinnerungen haben seine Eltern Sam nie belasten wollen. Wenn sie in seiner Kindheit mit anderen Überlebenden über den einbeinigen Schlachter sprachen, wechselten sie ins Russische. Trotzdem erfuhr Sam früh, weshalb so viele Verwandte nicht mehr da waren, und als er auf den Stufen des Capitols zu den 10000 Überlebenden sprach, traf er nicht nur zufällig den gleichen Ton wie Eva Fogelmans Gruppen zur gegenseitigen Hilfe:

»Wir erinnern uns nicht nur an ihren Tod, sondern an ihr Leben«, rief Sam. »Damit verweigern wir Hitler und seinen Kohorten, den vergangenen wie den gegenwärtigen, jeglichen weiteren Sieg.«

Überlebenden aus dem Land meiner Geburt, Deutschland, ist es im Allgemeinen auch gut ergangen, und etliche haben sich sogar ausgezeichnet.

Henry (Heinz) Kissinger aus Fürth, der 26 Verwandte in Auschwitz verlor und seine Bewegung nicht zu verbergen versucht, wenn vom Holocaust die Rede ist, wurde US-Außenminister und Präsidentenberater.

Michael Blumenthal aus Berlin-Oranienburg war völlig mittellos nach Shanghai geflohen; er wurde später Botschafter der Vereinigten Staaten und Finanzminister.

Max Frankel, der sich an seinen Geburtsort Weißenfels so erinnert, wie er ihn im Alter von acht Jahren vom Heck eines Gestapo-Lasters aus entschwinden sah, wurde Chefredakteur der *New York Times*.

Ted Koppel, dessen Eltern nach der »Kristallnacht« nach England geflohen waren, wurde ein Fernsehstar.

Heinz Grünhaus aus Frankfurt wurde zum Bundesrichter Harold Greene in Washington, der den Mediengiganten AT&T entflocht.

Und dem Oberrabbiner Leo Baeck war ein würdiges Alter in Freiheit vergönnt. Ich habe mich immer darüber gefreut, dass es mein alter Freund Patrick Dolan war, der den verehrten alten Mann befreite, und noch dazu in der sensationellen Art und Weise, die Pats Markenzeichen war. Hollywood hat etwas verpasst, als es übersah, dass Pat ein potentieller Held für einen Thriller war. Er und Baeck gaben ein seltsames Paar ab.

Dolan, Amerikaner irischer Abstammung, hatte zu Zeiten von Ben Hechts Schlagzeilenjournalismus als Reporter in Chicago gearbeitet. Er war ein muskulöser Mann mit frischer Gesichtsfarbe und sprach mit der Geschwindigkeit eines Maschinengewehrs. Seine üppigen schwarzen Haare wurden nie grau. Ich sehe ihn als kettenrauchenden Major vor mir, der genauso explosiv in Wut wie in Gelächter ausbrechen konnte. Er war von dem Vorläufer der CIA, dem *Office of Strategie Services* (OSS), meiner Propaganda-Einheit angegliedert worden und zuständig für *Morale operations* – zu Deutsch gemeine Tricks.

Während ich über Radio Luxemburg ehrbar offene Propaganda machte, arbeiteten Pat und seine Piraten nach Mitternacht auf einer anderen Wellenlänge unter dem Namen »Radio Annie«, einem Schwarzsender, und brachten die Deutschen mit Salven von Pats Spezialität in Verwirrung: phantasievollen Lügen, die angeblich von braven deutschen »Widerstandskämpfern« stammten. Ich blieb gern auf und freute mich an ihren sorgfältig aufbereiteten exzentrischen »Reportagen«.

Pat genoss die Gunst von Generalmajor William J. (*Wild Bill*) Donovan, dem Chef des OSS, der seinen Spitznamen verdiente. Er schickte Pat im April 1945 auf eine 300-km-Spritztour hinter die deutschen Linien, um Baeck aus Theresienstadt herauszuholen. Pat hatte einen deutschen Generalsmantel über seine Uniform gezogen und fuhr einen Stabswagen. In Theresienstadt hatte inzwischen das Internationale Rote Kreuz übernommen. Dolans Begegnung mit dem berühmten Rabbiner lief ab wie bei Stanley und Livingstone.

»Dr. Baeck?«, fragte Dolan.

»Das bin ich.«

»Der Präsident der Vereinigten Staaten hat mich geschickt, Sie zu befreien.«

Dolan brachte Baeck später mit einem amerikanischen Nachtjäger (einer *Black Widow*) aus Prag heraus. Er kam zu seiner Tochter in London, wo er Präsident der »Gesellschaft zum Studium des Judentums« wurde. Baeck starb 1956 im Alter von 83 Jahren.

»Ich verehre nicht viele Helden«, sagte Pat Dolan zu Wild Bills Biographen, »aber Dr. Baeck ist einer. Er war ein außerordentlich mutiger, anständiger, menschlicher Mann inmitten dessen, was man nur als Hölle auf Erden bezeichnen kann.«

Auch für mich war der Rabbi ein Held. Er hatte 1920 meine Eltern getraut. Den Trauschein bewahre ich als Andenken auf.

Was hätte aus Stella werden können, die in Dr. Bandmanns Chor an der Goldschmidt-Schule Sopran sang? So wie ich sie noch als verführerische Athletin in Turnzeug vor mir sehe, kann ich sie mir auch als Sängerin einer amerikanischen Band im Fernsehen vorstellen – wenn nur ihr Vater sich eher bei den Verwandten in St. Louis um ein Affidavit bemüht hätte. Yvonne wäre dann wohl Krankenschwester in New York, und man bräuchte Stella nicht vor ihrem Enkel zu verstecken.

Unsere nächste Generation gedeiht.

Meine Frau und ich kannten Sharon Nomburg, Harrys dreizehnjährige Tochter, noch nicht, als wir sie als Gastgeberin bei ihrer Bar-Mizwa erlebten. Sie war zierlich, dunkelblond mit Pferdeschwanz, graziös wie eine Balletttänzerin und trug ein weißes Kleid mit vielen Rüschen. Ihr Kindergesicht glühte.

Wir befanden uns im Foyer des *Hebrew Tabernacle* an der Fort Washington Avenue in der New Yorker Upper West Side. Es waren nicht nur deutsche Flüchtlinge anwesend; unter Sharons Freundinnen waren etliche schwarze und lateinamerikanische Mädchen, die sich offensichtlich unter den vielen jüdischen Eltern und Großeltern nicht unwohl fühlten.

»Auf dass wir unsere sechs Millionen nicht vergessen«, stand auf einer Bronzetafel neben dem Eingang. Als die Orgel zu spielen begann, fühlte ich mich kurz in meine Kindheit versetzt, denn sie spielte »Wie schön sind deine Zelte, Jakob«. Ich hatte die Melodie fast sechzig Jahre nicht gehört; in den amerikanischen Gottesdiensten wird sie nicht gesungen. Sicher hatte Harry sie zum Gedenken erbeten.

Sharon bewältigte ihren Eintritt ins Erwachsenenleben glänzend. Sie blieb bei den verschiedenen langen hebräischen Gebeten nicht stecken (wie es mir bei meiner Bar-Mizwa passiert war). Sie sprach mit fester Stimme über den Spruch, den sie sich erwählt hatte: »Aufrecht stehen, aufrecht gehen.« Sie behandelte das Thema mit viel Wärme und warf Harry an ihrer Seite liebevolle Blicke zu.

In seinem Gebet für die Toten erwähnte der Rabbi auch Harrys Eltern Georg und Lotte Nomburg, die Freunde meiner Eltern. Als wir langsam hinausgingen, hier und dort Hände schüttelnd, nahm die Orgel wieder die Melodie des Lobgesangs auf die Zelte Jakobs auf.

Wir hatten das Lied auch in der Goldschmidt-Schule oft gesungen, Stella und ich nebeneinander. Aber Stella war Vergangenheit. Die Zukunft hieß Sharon, und ihre Aussichten schienen gut zu sein.

Nein, Hitler, du hast nicht gesiegt.

1 Die Eltern wurden vergast, aber Hans war Elektriker und damit für die Nazis unentbehrlich. Er wurde einer von sieben Überlebenden des 936. Osttransports. Heute lebt er in Chicago.

NACHBEMERKUNG

Unauslöschliche Erinnerungen

Ich wusste, wie verzweifelt dieser Unbekannte, der mich Ende 1992 aus Florida anrief, um sein Leben hatte kämpfen müssen. Er und ein gemeinsamer Freund waren 1943 von einem Zug nach Auschwitz abgesprungen, nachdem sie unter den Augen der SS die Bretterwand des Viehwagens durchbrochen hatten.

Mein Gesprächspartner war sehr aufgeregt. Er habe STELLA[1] gelesen, sagte er, und das habe ihn an seine Zeit als »U-Boot« in Berlin erinnert. Er sei sehr wütend geworden, als er in meinem Buch gelesen habe, dass Stella noch lebe und es ihr finanziell gutgehe, wenn sie auch depressiv und einsam sei. Er wurde immer aufgeregter, wechselte in die deutsche Sprache, und mir wurde klar, dass er wütend auf mich war. Er war der Überzeugung, dass auch ich eines Vergehens gegen die Menschlichkeit schuldig sei.

»Was für ein Jude sind Sie eigentlich?«, brüllte er, immer noch auf deutsch. »Sie waren bei dieser Frau und haben sie nicht erwürgt!«

Ich war wie gelähmt und konnte nur noch stottern. Der Anrufer schimpfte weiter über meine Feigheit. Endlich fuhr ich ihn an: »Ich bringe keine Menschen um!«, und legte auf. Ich dachte, ich hätte es mit einem Übergeschnappten zu tun gehabt, es sei ein Einzelfall.

Nicht ganz. Bei einer Lesung ein paar Tage später meldete sich ein älterer Mann zu Wort, der sich als Überlebender des Holocaust zu erkennen gab. Er sagte, es sei nicht genug, dass ich Stella als Massenmörderin gebrandmarkt hätte, die überlebte, weil sie einen Pakt mit dem Teufel schloss. Meine Darstellung der verschiedenen Beweggründe, die Stella zu diesen Taten bewogen hatten, sah er als Entschuldigung für ihre Verbrechen. Ich hätte dafür sorgen sollen, dass sie hingerichtet würde, meinte er, und andere pflichteten ihm bei.

Verzweifelt rief ich schließlich aus: »Aber ich bin kein Mörder. Hitler hat Menschen ermordet!«

In Los Angeles klagte mich ein anderer Fragesteller an, ich sei zu sanft mit Stella umgegangen. Er sagte, er nehme an, dass ich Stellas derzeitige Adresse nicht verraten würde, wenn man mich danach fragte. Ich antwortete ihm, dass er mit seiner Vermutung recht habe. Nach geltendem deutschen Recht dürften die Persönlichkeitsrechte eines Verbrechers, der seine Schuld gebüßt habe, nicht verletzt werden. Dabei spiele die Schwere seiner Verbrechen keine Rolle.

Die amerikanische Militärregierung habe die Deutschen Demokratie gelehrt und jetzt lebten sie nach diesem Vorbild. Selbstjustiz könne in meinen Augen nicht rechtens sein.

Ungefähr die Hälfte der Zuhörer quittierten meine Bemerkungen mit Applaus. Die andere Hälfte schwieg.

Wenig später war ich zu der Fernsehshow »Larry King Live« der amerikanischen Sendeanstalt CNN eingeladen, um über STELLA zu sprechen. Mein Freund Ismar Reich, der in Berlin geboren wurde und in New York lebt, begleitete mich. Ismar war eines der ersten »U-Boote«, um dessen Dienste als »Greifer« die Gestapo sich bemüht hatte. Doch Ismar hatte dies rundweg abgelehnt. Wir waren sehr gute Freunde geworden, und ich hatte ihn immer für eine friedfertige Seele gehalten. Daher war ich sehr überrascht, als der Dialog den folgenden Verlauf nahm:

KING: Peter, ist es richtig, dass einige militante Menschen meinten, Sie hätten Stella umbringen sollen?

WYDEN: Ja, ganz richtig.

KING (zu Reich): Sind Sie auch dieser Ansicht?

REICH: Ja.

KING (erstaunt): Hätten Sie sie umgebracht?

REICH: Ja.

KING (immer noch ungläubig): Sie hätten sie umgebracht?

REICH: Ja ...

KING: Wenn Sie jemanden umbringen, tun Sie dann nicht genau das Gleiche, was sie getan hat?

REICH: Nein, das würde ich nicht so sehen, denn sie hat es vielfach gemacht, und ich würde es für all die anderen tun ...

Als King Telefonanrufe mit Fragen der Zuschauer entgegennahm, betonten mehrere ihre Übereinstimmung mit den Ansichten meines Freundes Ismar. Ein Anrufer, der den Holocaust in der Ukraine überlebt hatte, sagte, er würde sogar noch einen Schritt weiter gehen:

KING: Sie sind also auch der Meinung – wenn Sie Stella erwischen würden, würden Sie sie umbringen?

ANRUFER: Keine Frage – zusammen mit dem Mann, der dieses Buch geschrieben hat.

Wie kann so etwas nur geschehen? Werden wir denn nie dazulernen? Sollten uns die Neonazis unserer Zeit nicht lehren, dass, ein halbes Jahrhundert nach Stella, das Virus der Gewalt nur noch mehr Gewalt hervorbringt? Dass jede Art von Selbstjustiz abscheulich ist und weder alte noch neue Rechnungen begleichen kann? Vielleicht war Stellas Bestrafung zu milde für ihre unbeschreiblichen Verbrechen, aber es war das Ergebnis, zu dem ein Gericht in einem demokratischen Land kam. Wie könnte ich mich da über diese Rechtsstaatlichkeit hinwegsetzen und zu Nazi-Recht oder Anarchie auffordern? Hatte ich drei Jahre in Uniform im Ausland gedient, um das zu schützen? Waren dies die Werte, die mein Sohn Ron in sieben Wahlperioden als Kongressabgeordneter verteidigt hat?[2]

Einmal muss Schluss sein. Stellas schreckliche Verbrechen sollten uns das Böse in jedem von uns zeigen, damit die Gewalt endlich aufhört.

Aber so einfach ist die Sache nicht. Immer noch dachte ich, dies seien Ausnahmen. Nicht ganz.

»Das passiert mir andauernd«, erzählte mir Dr. Florabel Kinsler, Psychologin bei einer Zweigstelle des Jewish Family Service in Los Angeles, die sich seit vielen Jahren auf die Durchführung von Hilfsprogrammen für ehemalige KZ-Häftlinge spezialisiert hat.

Andauernd? Nach fünfzig Jahren?

Ja. Man nennt es »posttraumatisches Stresssyndrom«, und es hört nie auf.

1 So der Titel der amerikanischen Originalausgabe dieses Buchs.

2 Seit 1996 vertritt Ron Wyden als Politiker der Demokratischen Partei den Bundesstaat Oregon im Senat der Vereinigten Staaten. (Anm. des Verlags)

DANKSAGUNG

Dieses Buch war sechsundvierzig Jahre in Arbeit. Es begann als sechsseitiger Aufsatz, den ich schrieb, als ich 1946 nach fast drei Jahren Militärdienst aus dem Zweiten Weltkrieg nach New York heimkehrte. Ich nannte ihn *My Girl Stella*, und niemand wollte ihn veröffentlichen.

Als ich das Manuskript mit seiner verrosteten Büroklammer jetzt noch einmal überflog, waren mir die Schwächen deutlich. Es war nicht mehr als ein Fragezeichen, die Herzensergießungen eines jungen Mannes. Es mangelte an Fakten. Ich besaß nur die Zeitungsausschnitte aus den suspekten Ostberliner Zeitungen mit ihren absurd klingenden Anschuldigungen gegen meine verführerische ehemalige Klassenkameradin.

Um die Geschichte so zu erzählen, wie sie jetzt vorliegt, brauchte ich eine Menge Helfer.

Zwei Assistentinnen hielten die ganzen drei Jahre durch: Hannelore Brenner-Wonschick in Berlin (später unterstützt von ihrem Ehemann Helmut) und die so geduldige Ruth Winter in Tel Aviv. Sie machten schon für tot oder unauffindbar gehaltene Augenzeugen ausfindig, nahmen Kontakt zu ihnen auf, brachten sie zum Sprechen und erreichten, dass sie sich hinterher besser fühlten. Nicht viele Menschen sind zu dieser Art von Arbeit fähig.

Unter den Archivaren danke ich ganz besonders Willi Dreßen und Michael Löffler von der »Zentralen Stelle der Landesjustizverwaltungen zur Verfolgung nationalsozialistischer Gewaltverbrechen« in Ludwigsburg, einem Amt, das ich hoch preisen muss für seine Hingabe an eine nationale Sühne. Außerdem David Marwell vom *Berlin Document Center,* sowie Frank Mecklenburg vom Leo Baeck Institute in New York, das Erinnerungen deutscher Juden sammelt, und Steve Heims, dem Historiker der Goldschmidt-Schule.

Unter Verwandten und Freunden bin ich meinem Vetter Siegfried Weidenreich in Ostberlin, der sich nie unterkriegen ließ, und seiner klugen Frau Lucia sehr dankbar und meinen Verwandten in Amsterdam, die sich nicht zu Opfern machen ließen; dazu Harry und Fredi Nomburg, meinen ältesten Freunden aus der Volksschule 21 in Berlin vor sechzig (60!) Jahren, und meinen Mitschülern von der Goldschmidt-Schule, großartigen Menschen: Lili Baumann-Hart, Edith Latte-Wendt und dem nicht kleinzukriegenden Rudi Goldschmidt. Und natürlich meiner Frau Elaine Seaton-Wyden und ihren Kollegen von der Bryant Library in Roslyn, New York, die zu jedem Thema die richtigen Bücher aufgespürt haben – und das immer schon vorgestern.

Wesentliche Augenzeugen, die mich zunächst nur widerstrebend unterstützten und dann ihre Vorbehalte doch überwanden, verdienen besondere Dankbarkeit: Yvonne Meissl, Hertha Wolf und Heino Meissl.

Von den Wissenschaftlern waren mir Raul Hilberg und Dr. Robert Jay Lifton absolut unentbehrlich.

Die Bibliographie enthält viele Werke, die nicht nur Bücher sind, sondern so aufwühlende Erfahrungen vermitteln, dass man kaum mit ihnen fertig wird, schon gar nicht trockenen Auges. Dazu kommen drei Bücher, die mir außerordentlich hilfreich waren: *Die Juden in Deutschland 1933–1945*, herausgegeben von Wolfgang Benz; *Wer war wer im Dritten Reich?* von Robert Wistrich, und David Wymans bahnbrechendes *Das unerwünschte Volk. Amerika und die Vernichtung der Juden*.

Die Unterstützung vonseiten meines Verlages Simon & Schuster war wie immer hervorragend. Die Leute dort beherrschen die heute selten gewordene Kunst des Büchermachens noch. Cheflektor Michael Korda, der bereits mein fünftes Buch betreut hat, setzte sich schon für *Stella* ein, bevor ich überhaupt wusste, ob sie noch am Leben war, und schon gar nicht, ob sie mit mir sprechen würde. Er zeigte damit verlegerischen Mut, wie man ihn nicht oft trifft. Nach meinem ersten Entwurf haben er und sein hervorragender Kollege Chuck Adams Zeile für Zeile wichtige Vorschläge beigetragen. Ihre beiden Bearbeitungen sind mehr wert als das, was heute in der verlegerischen Ausbildung gelehrt wird. *Prosit*, meine Herren.

Und was sage ich über Stella, deren Unterstützung mir so viele Fragen der Moral und der Sitte aufbürdete? Wenn sie nicht bereit gewesen wäre, mitzuarbeiten – aus welchen Gründen auch immer –, in voller Kenntnis dessen, worum es ging, wäre dies ein bei weitem weniger kenntnisreiches Buch geworden. Wie dankt man einer chronischen Lügnerin, die, in mörderische Verschwörung verwickelt, für zahllose Tode verantwortlich ist und sich doch in bemerkenswertem Maße geöffnet hat? Ich glaube, ich muss mich wappnen und diese Worte schreiben: »Danke, Stella. Es kann für dich nicht leicht gewesen sein.«

Was geht jetzt in ihrem hübschen Kopf vor? Ein befreundeter Psychologe fragte mich nach ihren Träumen. Ich sagte ihm, dass ich nicht den Mut aufgebracht habe, sie danach zu fragen. Aber ich will hier eine Vermutung riskieren. Ich erinnere mich an das Entsetzen, das sich bei ihr zeigte, als Stella mir erzählte, wie sie ihre Eltern zum Zug gebracht hatte, dem Zug nach Osten, einem der zahllosen Todeszüge, die sie so fürchtete, auch für sich selbst. Ich bin sicher: Stella träumt von Zügen.[1]

1 Stella Goldschlag nahm sich 1994 in Freiburg das Leben.

DIE BEFRAGTEN

Stella, ihre Verwandten, Freunde, Schulkameraden und Opfer
Abrahamson, Günther (Deutschland)
Beevers, Inge (Los Angeles)
Behar, Isaak (Berlin)
Binnewies, Helmut (Berlin)
Celnik, Natan (Long Beach, New York)
Cohn, Kurt (Berlin)
Ehrlich, Gerd (Towson, Maryland)
Eisner, Henry (Baltimore)
Ellmann, Erika (Berlin)
Goldschlag, Klaus (Toronto)
Goldschlag, Stella (Kübler, Isaaksohn, Schellenberg, Pech[1] (Deutschland)
Goldsmith, Rudolph (London)
Gutermann, Regina (Berlin)
Hart, Lili Baumann (London)
House, Marion Sauerbrunn (New York)
Isaaksohn, Dorothy (Philadelphia)
Linczyk, Margot (London)
Meissl, Heino (München)
Meissl, Yvonne (Tel Aviv)
Page, Alex (Amherst, Massachusetts)
Pech, Gottfried[2] (Falkensee)
Schneider, Martha[3] (Berlin)
Reizes, Sonia (Lexington, Massachusetts)
Rogoff, Günther (Schweiz)
Roos, Gerd (Berlin)
Salinger, Fred (Baltimore)
Schuster, Eva (Massapequa, New York)
Schwerin, Ursula Tamowski (Westport, Connecticut)
Stannett, Suzanne (Raleigh, North Carolina)
Waldston, Gerry (Willowdale, Ontario)
Wendt, Edith Latte (Forest Hills, New York)
Wolf, Hertha Eichelhardt (Berlin)
Woolley, Philip (Deutschland)
Zajdmann (Seidman), Esther (New York)
Zajdmann (Seidman), Moritz (New York)
Zeiler, Robert W. (Berlin)

Historiker, Forscher und Archivare
Alter, Henry (Dobbs Ferry, New York)
Bachmann, Claus-Henning (Berlin)
Berscheid, Dr. Ellen (Minneapolis)

Brenner, Hannelore (Berlin)
Caplan, Sophie (Sydney, Australien)
Dallin, Alexander (Palo Alto, California)
Dreßen, Willi (Ludwigsburg)
Felstiner, Mary (Palo Alto, California)
Fleming, Gerald (London)
Fogelman, Eva (New York)
Frei, Alfred (Singen)
Geisel, Eike (Berlin)
Gellately, Robert (Bonn)
Gross, Leonard (Los Angeles)
Gross, Dr. Ruth (Berlin)
Hartung, Dagmar von Doetinchem (Berlin)
Heims, Steve (Cambridge, Massachusetts)
Hermann, Klaus (Montreal)
Hilberg, Raul (Burlington, Vermont)
Hirschmüller, Christina (Ahrensfelde)
Insdorf, Annette (New York)
Karas, Joza (Hartford, Connecticut)
Kempner, Robert M.W. (Frankfurt/M.)
Kroh, Ferdinand (Berlin)
Kuby, Alfred H. (Edenkoben)
Kwiet, Konrad (Sydney, Australien)
Laqueur, Walter (Washington, D.C.)
Lifton, Dr. Robert Jay (New York)
Löffler, Michael (Ludwigsburg)
Luckmann, Gert (Liebenwalde)
Marwell, David (Berlin)
Mecklenburg, Frank (New York)
Milton, Sybil (Washington, D.C.)
Oldenhage, Klaus (Potsdam)
Pailthorp, Bellamy (Berlin)
Papadatos, Caroline (Toronto)
Peterson, Agnes (Palo Alto, California)
Richarz, Monika (Köln)
Richter, John Henry (Ann Arbor)
Rudolf, Joanne (New Haven, Connecticut)
Scheffler, Wolfgang (Berlin)
Schieb, Barbara (Berlin)
Schmidt, Franz (Edenkoben)
Simon, Hermann (Berlin)
Stoltzfus, Nathan (Cambridge, Massachusetts)
Strauss, Herbert A. (New York und Berlin)
Welles, Elliott (New York)
Wichmann, Christa (London)

Winter, Ruth (Tel Aviv)
Wyman, David (Amherst, Massachusetts)

Augenzeugen
Abelson, Ulrike (New York)
Arndt, Ellen (Rochester, New York)
Aron, Anne Ellenburg (West Orange, Newjersey)
Barzel, Monika (Ramat Hashoron, Israel)
Beck, Gad (New York)
Beigel, Bert (Sarasota, Florida)
Collin, Ilse (New York)
Cramer, Ernst (Berlin)
Deutschkron, Inge (Berlin)
Ehrlich, Ernst Ludwig (Basel)
Eisenberg, Fanny (Albuquerque, New Mexico)
Erdberg, Sophie (Amherst, Virginia)
Faust, Hans (Berlin)
Fischer, Eva (Lexington, Massachusetts)
Fontheim, Ernest (Ann Arbor, Michigan)
Friedländer, Martin (Berlin)
Friedmann, Edith (Lugano, Schweiz)
Galinski, Heinz (Berlin)
Gay, Peter (New Haven, Connecticut)
Hallermann, Ernst (Köln)
Heilbrunn, Gunther (Berlin)
Herman-Friede, Eugen (Deutschland)
Hilton, Werner (Berlin)
Hollaky, Peter von (Berlin)
Hottelet, Richard C. (Wilton, Connecticut)
Hyman, Marjorie Ellenburg (St. Louis)
Isserman, Fred (Thompson, Connecticut)
Jacobs, Helene (Berlin)
Joseph, Rolf (Berlin)
Karski, Jan (Washington, D.C.)
Kaufmann, Ilse (New York)
Kern, Fred (Atlanta)
Klappenmacher, Else (Liebenwalde)
Levy, Margot (Rockville Center, New York)
Lewkowitz, Inge (New York)
Lingenfelder, Norbert (Edenkoben)
Loewenstein, Hans Oskar DeWitt (Berlin)
Löwenthal, Gerhard (Wiesbaden)
Maltzan, Maria Gräfin von (Berlin)
Mamlock, Helga (New York)
Mayer, Heinz (Edenkoben)

Metzger, Rabbi Kurt (Monroe, New York)
Meyer, Howard (Little Neck, New York)
Neumann, John von (Monaco)
Nussbaum, Ruth (Sherman Oaks, California)
Perl, William (Beltsville, Maryland)
Peters, C. Brooks (New York)
Reich, Ismar (New York)
Riegner, Gerhart (Genf)
Rischowsky, Günther (Northport, New York)
Ruschin, Günther (Berlin)
Safirstein, Alice (Ridgefield, New Jersey)
Safirstein, Leah (Queens, New York)
Safirstein, Markus (Queens, New York)
Safirstein, Paul (Ridgefield, New Jersey)
Scheurenberg, Klaus (Berlin)
Schott, Bulli (Sydney, Australien)
Schwerin, Ernst (Westport, Connecticut)
Schwersenz, Jitzchak (Berlin)
Shelley, Lore (San Francisco)
Sherfield, Lord (Roger Makins) (London)
Steinitz, Regina (Tel Aviv)
Storozum, Walter (Amherst, Virginia)
Wolff, Edith (Haifa, Israel)
Wolfsohn, Eva (New York)
Wollheim, Norbert (New York)

Peter Wyden: Familie und Freunde
Brahn, Ursula (Bern)
Fink, John (Chicago)
Finke, Ursula (Berlin)
Gejdenson, Sam (Washington, D.C.)
Lottchen (Cousine) (Amsterdam)
Martha (Cousine) (Amsterdam)
Nomburg, Fredi (Yair Noam) (Giyatayim, Israel)
Nomburg, Harry (New York)
Weidenreich, Lucia (Berlin)
Weidenreich, Siegfried (Berlin)

1 Zum ersten Mal schrieb ich an Stella am 26. Oktober 1989. Meine Interviews mit ihr fanden am 3. Mai und 24. August 1990 sowie am 3. September 1991 statt, das letzte von insgesamt fünf Telefongesprächen am 14. November 1991. Von den hier aufgelisteten Nachnamen ist nur der Name Pech ein Pseudonym.

2 Ein Pseudonym.

3 Ein Pseudonym.

BEMERKUNGEN ZU DEN QUELLEN

1. Die Erinnerung

Lieselotte Streszak erzählte ihre Geschichte in der Berliner *Nacht Depesche* vom 31. März und 4. April 1956. Sie wanderte im gleichen Jahr nach Amerika aus; ich habe sie leider nicht aufspüren können. Der Artikel über das Ehemaligentreffen der Goldschmidt-Schüler erschien in *The New York Times* vom 11. November 1985. Eine reichhaltige und bewegende Sammlung von Biographien der Goldschmidt-Schüler wurde von Steven J. Heims 1987 herausgegeben: *Passages from Berlin*. Die Fallbeschreibung von Snorre Wohlfahrt findet sich in *Leben nach dem Überleben* von Erwin Leiser (S.68).
Interviews: Steven J. Heims, Rudi Goldsmith, Ernst Schwerin.

2. Stella

Eine brillante Beschreibung von Berlin in den zwanziger Jahren findet sich in *Weltstadt Berlin* von meinem Freund Otto Friedrich. Ein umfassendes und leicht zugängliches Buch über die Juden ist *Die Juden in Deutschland 1933–1945*, herausgegeben von Wolfgang Benz. Es befasst sich, wie der Titel schon sagt, nicht mit den Massenmorden im Osten. Sehr lesenswert ist Peter Gays Gedenkvorlesung *The Berlin-Jewish Spirit – A Dogma in Search of Some Doubts*. Material über Wochenschauen gibt es nicht sehr viel; die Ansichten der Nationalsozialisten findet man in Hans-Joachim Giese, *Die Film-Wochenschau im Dienste der Politik*. Zum Thema Gaumont habe ich Raymond Fieldings *The American Newsreel 1911–1967* benutzt. Die Schriften von Eike Geisel sind die gründlichsten über den Jüdischen Kulturbund. In den letzten Jahren haben die Kultur- und Kunstämter in den Berliner Bezirksrathäusern bemerkenswerte Veröffentlichungen über die ehemaligen jüdischen Bürger gefördert, zum Teil kombiniert mit Forschungen über lokalen Widerstand gegen den Nationalsozialismus. Das ausgezeichnete Buch *Juden in Kreuzberg*, herausgegeben von der Berliner Geschichtswerkstatt, ist 436 Seiten stark. Stella Goldschlags Stadtteil Wilmersdorf wird in dem Büchlein *Wilmersdorf: Alltag und Widerstand im Faschismus* von Peter Dimitrijevic u.a. lebendig, sowie in *Berlin Wilmersdorf – Die Juden: Leben und Leiden*, herausgegeben von Udo Christoffel (Berlin, Kunstamt Wilmersdorf, 1987). Gerhard Goldschlag ist so etwas wie eine Unperson geblieben, in Dokumenten wie im Leben. Ein fragmentarischer Bericht über seine Finanzen (vom Oberfinanzpräsidenten Berlin-Brandenburg) findet sich im Landesarchiv Berlin.
Interviews: Harry und Fredi Nomburg, Peter Gay, Ursula Brahn.

3. Ein Berliner Junge

Die Juden in Edenkoben, von meinem Freund, dem Bürgermeister Franz Schmidt, ist ein vorbildliches Beispiel für das heutige Interesse der Nichtjuden an der lokalen jüdischen Geschichte in deutschen Gemeinden. Biographisches Material über meinen Großonkel Franz findet sich in Schmidts Buch und in vielfältiger Form in der grundlegenden Literatur zur Anthropologie und in Enzyklopädien. Franz Weidenreichs berühmtestes Buch war *The Skull of Sinanthropus pekinensis* (1943).

Interviews: Jutta Feig, Klaus Goldschlag, U. Tarnowsky, Stella Goldschlag, Lili Hart, Walter Laqueur.

4. Eine Schule für Flüchtlinge

Eine Geschichte der Goldschmidt-Schule findet sich in *Steven J. Heims: Passages from Berlin.* Zur Geschichte von fünf jüdischen Schulen in Wilmersdorf vergleiche »Hier ist kein Bleiben länger«, Museum Wilmersdorf.

Interviews: Rudi Goldsmith, Stella Goldschlag, Lili Hart, Isaak Behar, Gerd Ehrlich.

5. Ausreise

Einzelheiten zur Auswanderung aus Berlin und dem übrigen Deutschland finden sich in Wolfgang Benz, *Die Juden in Deutschland 1933–1945*, Walter Laqueur, *Heimkehr*, Bella Fromm, *Blood and Banquets*, Anthony Heilbut, *Exiled in Paradise*, in den entsprechenden Jahrgängen der New Yorker Wochenzeitung *Aufbau* sowie den *Oral histories* und anderen Berichten des Leo Baeck Institute (New York und London) und in der *Wiener Library* (New York und Tel Aviv). Zur Passivität der deutschen Juden nimmt Bruno Bettelheim Stellung in *Erziehung zum Überleben.*

6. 1938: Das Jahr, das den Anfang vom Ende brachte

Über Adolf Eichmann gibt es Berge von Literatur; ich habe mich besonders gestützt auf *Das Eichmann-Protokoll* von Jochen von Lang und Gideon Hausners *Justice in Jerusalem.* Zur Festnahme und den ersten Befragungen ist *Eichmann in My Hands* sehr aufschlussreich. Alois Brunners wesentliche und so wenig behandelte Idee, jüdische Kollaborateure zu zwingen, die schreckliche Arbeit der Judenvernichtung zu tun, ist in Simon Wiesenthals *Recht, nicht Rache* dokumentiert (S. 293–295) und in Bruno Bettelheims *Erziehung zum Überleben.* Die beste Biographie Brunners hat Mary Felstiner 1986 veröffentlicht in *Alois Brunner: Eichmann's Best Tool.* William Shirer beschrieb in seinem *Berliner Tagebuch* auch seine und Ed Murrows Tage in Wien. Zu Eichmann und Rabbi Murmelstein in Wien siehe Herbert Rosenkranz: *Verfolgung und Selbstbehauptung: Die Juden in*

Österreich 1938–1945. Die vernachlässigte Konferenz von Evian hat Shirer in seinem *Berliner Tagebuch* behandelt, Vincent Sheehan in *Not Peace, but the Sword*, S. Adler-Rudel in »The Evian Conference and the Refugee Question« (Year Book 13) und Hans Habe in *Erfahrungen*. Der Abschnitt über Freud stammt aus Peter Gays lesenswertem *Freud*. Interviews: John von Neumann, Mary Felstiner, Elliot Welles, Henry Alter, Eric und Susanne Winters.

7. Das dritte Feuer

Die Literatur zur »Kristallnacht« ist umfangreich, aber selbst mitfühlende deutsche Autoren werden den quälenden persönlichen Wirkungen und den vielfältigen politischen Dimensionen nicht gerecht. Die vielleicht lesbarste Behandlung in englischer Sprache ist *Kristallnacht: the Tragedy of the Nazi Night of Terror* von Anthony Reed und David Fisher. Zahlreiche Augenzeugenberichte finden sich im *Fortunoff-Videotape-Archive* der Yale University. Die Berichte über die Goldschmidt-Schule stammen aus Heims' *Passages from Berlin*. Der Abschnitt über die Familie Nußbaum beruht auf Ruth Nußbaums unveröffentlichter Autobiographie. Die Rolle von Wilhelm Krützfeld hat Heinz Knobloch beschrieben in *Der beherzte Reviervorsteher*. Karola Siegel Westheimer schrieb über sich in *All in a Lifetime: An Autobiography*. *Die Welt* hat Ernst Cramers Erinnerungen veröffentlicht. Dass Louis R. Lochner Juden versteckte, ist in *What About Germany?* nachzulesen; was sich in Edenkoben abgespielt hat, in Franz Schmidts *Juden in Edenkoben*. In *Western Society After the Holocaust*, herausgegeben von Lymant I. Legters, äußern sich mehrere Autoren über den Bumerangeffekt der »Kristallnacht« für die Nationalsozialisten. Ian Kershaw und Detlev Peukert haben in mehreren Arbeiten die öffentliche Meinung unter der NS-Herrschaft untersucht.

Interviews: Stella Goldschlag, Gerd Ehrlich, Heinz Mayer, Richard Hottelet, C. Brooks Peters, Anne Ellenburg Aron, Franz Schmidt, Peter Gay.

8. 1939: Fluchtversuch

Herr Hitman und andere Jazzfans erscheinen in *La Tristesse de St. Louis: Jazz Under the Nazis* von Mike Zwerin. Statistiken über die abnehmende Zahl von Juden in Berlin finden sich bei Benz (a.a.O.). Zur Geschichte der illegalen Palästina-Transporte siehe William R. Perl: *The Four-Front War*. Rabbi Nußbaums Visa-Erfahrungen finden sich in Leonard Baker: *Hirt der Verfolgten. Leo Baeck im Dritten Reich*. Angaben des State Department über Visa finden sich in David S. Wymans *Paper Walls* und *The Abandonment of the Jews*; in Henry L. Feingolds *The Politics of Rescue* und in Varian Frys *Our Consuls at Work*. Professor Wyman lieh mir freundlicherweise ein Exemplar des Memorandums über Avra Warren von Margaret E. Jones (*American*

Friends Service Committee). Weiteres Material über Avra Warren gibt es in *Current Biography*, 1955. Zu den Berliner Deportationen vergleiche Matthias Schmidt: *Albert Speer*. Das Schicksal der *St. Louis* ist beschrieben in *Voyage of the Damned* von Gordon Thomas und in Hans Herlins *Die Reise der Verdammten;* Letzteres befasst sich auch mit den Visa-Problemen. Dass die Familie Kubier betroffen war, hat John Henry Richter, ein Verwandter, festgestellt. Rabbi Nußbaums Abschied steht in *Gegenwart im Rückblick*, Bella Fromms Erinnerungen in ihrem *Blood and Banquets*.
Interviews: Stella Goldschlag, Harry Nomburg. Günther Rogoff, Regina Gutermann, William R. Perl, Ruth Nußbaum, Gerhard Rieger.

9. Die letzte Zwischenstation auf dem Weg zur Freiheit
Zur Geschichte von *Casablanca* siehe *You Must Remember This: The Filming of Casablanca* (New York 1980). Bei Lissabon habe ich mich auf *Die Nacht von Lissabon* von Erich Maria Remarque gestützt, aber was die Psychologie der Flüchtlinge angeht, so vermittelt jedes der Bücher dieses Autors Einblicke. Hans Habe erzählt über Lissabon in *Ich stelle mich*, Shirer in seinem *Berliner Tagebuch*. Varian Fry berichtet über seine Rettungsbemühungen in *Surrender on Demand*.
Interviews: Stella Goldschlag, Ruth Nußbaum.

10. Am Rand des Abgrunds
Klaus Scheurenberg beschrieb seine Erfahrungen lebendig in *Ich will leben*; Inge Deutschkron zeichnete das Los der Berliner Juden in *Ich trug den gelben Stern*. Zur Chronik der Synagoge Levetzowstraße und anderer Synagogen vergleiche Nikolai, *Wegweiser durch das jüdische Berlin*. Über die Wohnungsräumungen siehe Schmidt, *Albert Speer*. Über die Widerstandsgruppe von Herbert Baum und die »Rüstungsjuden« vgl. Wolfgang Benz und Eric Brothers, *On the Anti-fascist Resistance of German Jews* und Spezialliteratur. Das Erlebnis von Hilde Miekley steht in *Wir haben es gesehen*, herausgegeben von Gerhard Schoenberner. Die Erinnerungen von Herta Pineas stammen aus ihrer *Oral history* im New Yorker *Leo Baeck Institute* (Mai 1954). Sie enthält auch Daten über Selbstmorde. Ebenso die Aussage von Martha Mosse in Gideon Hausners *Justice in Jerusalem*, Konrad Kwiet, *Suicide in the Jewish Community*, in den Materialien des *Leo Baeck Institute* und in *Zerstörte Forschritte*, der Geschichte des Jüdischen Krankenhauses in Berlin sowie bei Benz (a.a.O.).
Interviews: Stella Goldschlag, Klaus Scheurenberg, Inge Deutschkron, Margot Levy, Ernst Fontheim, Heino Meissl.

11. »Alles ist von SS umstellt!«
Alois Brunners Aufenthalt wirkte sich für die Berliner Juden verheerend aus, war aber so kurz (Oktober 1942 bis Januar 1943), dass es

kaum Literatur dazu gibt. Der beste Bericht steht in *Synagogen in Berlin*, Teil 2 (S. 105), herausgegeben von Rolf Bothe. Zur »Gemeindeaktion« vergleiche Baker, *Hirt der Verfolgten*. Bevölkerungs- und Transportstatistiken gibt es bei Benz und in *Sonderzüge nach Auschwitz* von Raul Hilberg. Die Berichte über die »Fabrikaktion« sind fragmentarisch und nicht sehr befriedigend. Benz enthält ein paar starke Glanzlichter (S. 592–595); der Beitrag bei Bothe ist lebendig, aber schwer fassbar, ebenso die Berichte von Eva Wagner (Yad Vashem *Oral history*, 1947) und einer jüdischen Krankenschwester bei Schoenberner (S. 313–317). Der Brief, in dem sich Rudolf aus den Ruthen über seine Beobachtungen beklagt, ist abgedruckt in *Gegenwart im Rückblick* (S. 199–202).
Interview: Stella Goldschlag.

12. »Zum Bad«
Dobroszyckis *Chronicle of the Lodz Ghetto 1941–1945* ist umfassend und niederschmetternd. Über Chełmno und die Gaswagen ist berichtet in Rückerls *Nationalsozialistische Vernichtungslager im Spiegel deutscher Strafprozesse;* dazu Mathias Beer: *Die Entwicklung der Gaswagen* und *Schöne Zeiten* von Ernst Klee und Willi Dreßen. Jan Karski, Felix Frankfurter und die Taubheit der amerikanischen Massenmedien behandelt Walter Laqueur in *Was niemand wissen wollte*. Die McCloy-Episode steht bei Martin Gilbert: *Auschwitz and the Allies*. Berichte über die höchst geheime Wannseekonferenz sind oberflächlich, zum Teil deshalb, weil ihr Ziel – der Völkermord – jahrelang nicht erkannt wurde. Heydrichs Euphemismen beherrschen und tarnen viele Äußerungen: Nach dem relativ neutralen formellen Teil löste Alkohol die Zungen zu Gesprächen über Massenmorde. Eine neue Zusammenstellung von Dokumenten und Notizen von Kurt Pätzold und Erika Schwarz – *Tagesordnung: Judenmord* – zeichnet sich nur durch die sorgfältigen Biographien der Teilnehmer aus. In John Tolands *Adolf Hitler* steht, dass auf dem Tisch getanzt wurde, aber was die Konferenz eigentlich bedeutete, erfährt man eher aus den Aussagen Adolf Eichmanns vor und während seines Prozesses 1960 und 1961. Gerald Flemings bahnbrechende Entdeckung des Hitler-Befehls zum Massenmord von Rowno steht in seinem brillanten *Hitler und die Endlösung*. Hitlers Vision von seinem tausendjährigen Reich ist zitiert in Robert Harris: *Selling Hitler*.
Interviews: Harry und Fredi Nomburg, Jan Karski, Stella Goldschlag.

13. Das Leben als U-Boot
Dieses Kapitel beruht auf Gesprächen mit Günther Rogoff, Stella Goldschlag und meinem Vetter Siegfried Weidenreich. Rogoff hat bereits seinen Weg in die Literatur gefunden durch den Bericht über

eine seiner außerordentlichen Beschützerinnen, Helene Jacobs, in *Frauen leisten Widerstand*: 1933–1945, herausgegeben von Gerda Szepansky.

14. Der Pakt mit dem Teufel
Die Berliner Gestapo-Leitstelle in der Burgstraße ist noch ein schwarzes Loch in der Holocaust-Forschung. Oft wird diese Außenstelle nicht einmal erwähnt. Stella Goldschlags Bericht über ihre Folter und über ihren Aufenthalt in den Baracken der Bessemerstraße steht in *David kämpft* von Ferdinand Kroh. Gerhard Löwenthal beschreibt seine Erfahrungen in *Ich bin geblieben*. Den Bericht über den gefolterten Adelberg habe ich von meinem Freund Nathan Stoltzfus (Harvard University); er ist ein Nebenprodukt seiner Erforschung des Frauenprotests am Gefängnis Rosenstraße. Rolf Josephs Erlebnisse sind teilweise erschienen in *Wir haben es gesehen*, herausgegeben von Gerhard Schoenberner. Den Luftkrieg gegen Berlin hat *The New York Times* am 25. August 1943 und in folgenden Nummern beschrieben; Werner Girbig in *... im Anflug auf die Reichshauptstadt;* Hans-Georg von Studnitz in *Als Berlin brannte* und Jean-Claude Favez in *War der Holocaust aufzuhalten?* Gerd Ehrlichs Erinnerungen stammen aus seinem Kriegstagebuch. Edward Murrows Erlebnis findet sich in Alexander Kendricks *Prime Time* und in A. M. Sperbers *Murrow: His Life and Times*.
Interviews: Stella Goldschlag, Dorothea Isaaksohn, Rolf Joseph, Esther Zajdmann (Seidman), Günther Abrahamson, Edith Wolff, Ernst Hallermann, Gerhard Löwenthal.

15. Blut geleckt
Gerd Ehrlich beschrieb sein Leben im Untergrund in seinem Kriegstagebuch. Luise Meiers *Oral history* befindet sich in der *Wiener Library*. Dr. Edith Kramer-Freund äußerte sich für Anton Gill in *The Journey Back from Hell* und in ihrer *Oral history* in der *Wiener Library*.
Interviews: Sophie Erdberg, Günther Abrahamson, Herta Goldstein, Margot Levy, Heinz Meyer, Margot Linczyk, Ismar Reich, Regina Gutermann, Isaak Behar, Kurt Cohn, Rolf Joseph.

16. Der Chef und seine Greiferin
Johanna Heym, seine Assistentin, kannte Walter Dobberke wahrscheinlich am besten; sie legte ausführlich Zeugnis vor dem Kammergericht Berlin ab. Unter Dobberkes Opfern, die über ihn schrieben, war der scharfsichtigste der unermüdliche Tagebuchschreiber, Bruno Blau (in seiner *Oral history*); dazu kamen Gerhard Löwenthal und Klaus Scheurenberg. Einige von Dobberkes Opfern konnte ich interviewen, vor allem den gewitzten Gad Beck. Zu

Theresienstadt existiert eine umfangreiche Literatur; einen Überblick gibt der Artikel von Israel Gutmann in der *Enzyklopädie des Holocaust*, herausgegeben von Eberhard Jäckel et al.; H. G. Adler schrieb das grundlegende Werk *Theresienstadt 1941–1945*. Über die Musik in Theresienstadt siehe *Music in Terezín* von Joza Karas. Die Musik wird in den meisten Büchern über Konzentrationslager erwähnt. (Der Freund-Eichmann-Dialog steht bei Gill, a.a.O.), Eugen Herman-Friede berichtet über seine Begegnungen mit Dobberke in seinem *Für Freudensprünge keine Zeit* und in Dagmar Hartung von Doetinchems Geschichte des Jüdischen Krankenhauses *Zerstörte Fortschritte*. Das Material über Manfred Guttmann stammt aus seinen Aussagen von 1957 und 1968.
Interviews: Stella Goldschlag, Schwester Elli, Klaus Scheurenberg, Hans Faust, Eugen Herman-Friede, Rolf Joseph, Norbert Wollheim, Heino Meissl, Gad Beck.

17. Die Greiferin und ihr Liebhaber
Zur Literatur über das Leben der U-Boote in Berlin siehe Leonard Gross: *The Last Jews in Berlin*; Jizchak Schwersenz: *Die versteckte Gruppe;* Ferdinand Kroh: *David kämpft;* Ruth Andreas-Friedrich: *Der Schattenmann;* Gerhard Löwenthal, a.a.O; Klaus Scheurenberg, a.a.O.; Eugen Herman-Friede, a.a.O.; Robert Darnton: *Berlin Journal 1989–1990* (Isaak Behar); Joel König: *David*; Edith Ehrlich in ihrem eindrucksvollen »Bericht einer, die im Berlin des Dritten Reiches untertauchte und überlebte« in Nelki, *Geschichten aus dem Umbruch der deutschen Geschichte*, und natürlich Inge Deutschkron, a.a.O. Einzelheiten über Stella Goldschlags und Rolf Isaaksohns Greifertätigkeit stammen aus Stellas Prozeßakten von 1957 (Landgericht Berlin).
Interviews: Moritz und Esther Zajdmann (Seidman), Heino Meissl, Dorothea Isaaksohn, Gad Beck.

18. Das Hertha-Dreieck
Die Geschichte von Hertha und Stella stützt sich auf drei Gespräche, die meine Berliner Forschungskollegin Hannelore Brenner-Wonschick mit Hertha geführt hat, und ein längeres Telefongespräch, das ich mit Hertha führte. Das Herman-Friede-Material stammt aus Dagmar Hartung von Doetinchems Geschichte des Jüdischen Krankenhauses.
Interviews: Hans Faust, Heino Meissl.

19. Das Heino-Dreieck
Die Krankenhaus-Szenen stammen zum großen Teil aus Hartung von Doetinchem, *Zerstörte Fortschritte*, Bruno Blaus *Oral history*, Eugen Herman-Friede, a.a.O., und den Aussagen von Heino Meissl, Erika Miethling und Fritz Wöhrn bei der Polizei und vor Gericht.

Interviews: Gad Beck, Günther Rischowsky, Heino Meissl, Hertha Eichelhardt-Wolf, Inge Lewkowitz, Edith Friedmann, Klaus J. Herrmann.

20. Die letzten Tage

Die letzten Kriegstage in Berlin hat Cornelius Ryan umfassend behandelt in *The Last Battle*, auch was die Welle von Vergewaltigungen angeht. Siehe außerdem John Toland: *The Last 100 Days;* James P. Donnell: *The Bunker*, Peter Padfield: *Himmler* und zahlreiche einzelne deutsche Berichte. Einige Szenen aus dem Jüdischen Krankenhaus finden sich bei Hartung von Doetinchem und Blau. Die Geschichte von Erich Möller stammt aus seinem Personalbericht im *Berlin Document Center* und aus Nachforschungen, die Bellamy Pailthorp 1992 in Ahrensfelde und Berlin für mich durchgeführt hat. Sophie Caplan aus Sydney, Australien, war meine wichtigste Quelle zur Festnahme von Dobberke; außerdem habe ich mit Bulli Schott telefoniert. Dobberkes Tod ist von Manfred Guttmann in seiner Aussage vor dem Landgericht 1968 bezeugt. Die Szene mit Gerhard Löwenthal stammt aus seinem *Ich bin geblieben*. Das Ende von Carinhall beschreibt Leonard Mosley in *The Reich Marshal*. Die Geschichte von Liebenwalde stützt sich auf zwei intensive Nachforschungen vor Ort, die Hannelore Brenner-Wonschick und ihr Mann Helmut 1991 für mich unternommen haben. Henry Orenstein schrieb seinen Schreckensbericht in *I Shall Live*. Wolfgang Szepanskys Erlebnisse stehen in *Niemand und nichts vergessen*. Rudolf Höß' Memoiren sind unter dem Titel *Kommandant von Auschwitz* von Martin Broszat herausgegeben.
Interviews: Stella Goldschlag, Walter Storozum, Günther Ruschin, Markus Safirstein, Heino Meissl, Gad Beck (von Hannelore Brenner-Wonschick befragt), Sophie Caplan, Bulli Schott, Alice Safirstein, Eva Fischer, Christina Hirschmüller, Gert Luckmann, Bert Beigel, Peter von Hollaky, Else Kappenmacher.

21. Stella

Die *Tägliche Rundschau* veröffentlichte ihren Artikel über Stella am 17. März 1946; im gleichen Jahr interviewte ich dann Jean Blomé.

22. Der Prozess

Prozessakten siehe Generalstaatsanwalt bei dem Landgericht Berlin 1957. Zeitungsberichte sind aus *Der Abend*, *Berliner Morgenpost*, *Berliner Zeitung*, *Aufbau* und *Nacht Depesche*. Ferdinand Kroh berichtet weitere Einzelheiten.
Interviews: Stella Goldschlag, Kurt Cohn, Robert Zeiler, Moritz Zajdmann (Seidman), Heino Meissl, Hertha Eichelhardt-Wolf.

23. Stellas Tochter

Diese Informationen beruhen ausschließlich auf Interviews. Ruth Winter, eine sehr engagierte Sozialarbeiterin, hat für mich sieben lange Gespräche mit der geduldigen und seit langem leidenden Yvonne Meissl in Tel Aviv geführt. Frau Winter hat auch Stellas Enkel kennengelernt. Ich habe mit Erika Ellmann in Berlin gesprochen und mit Natan Celnik in Long Beach, NY. Helmut Binnewies, ein Waisenkind im gleichen Heim wie Yvonne, wurde mir ein Freund.

24. Für Eichmann arbeiten

Dr. Lore Shelleys Buch *Sekretärinnen des Todes* bietet genaue und niederschmetternde Zeugnisse. Dr. Elie A. Cohens Selbstbezichtigungen finden sich in Anton Gills *The Journey Back from Hell* und in Dr. Robert Jay Liftons *Ärzte im Dritten Reich* sowie in Cohens eigenem *Human Behaviour in the Concentration Camp* (in den USA *The Abyss*). Über Dr. Samuel berichtet Lifton. Die Aussagen von Harry Schwarzer, Max Reschke und Inge Reitz befinden sich in der *Zentralen Stelle* in Ludwigsburg, die von Bruno Goldstein und Günther Abrahamson in Berlin.

Interviews: Lore Weinberg-Shelley, Heinz Galinski, Günther Abrahamson.

25. »Liebe Stella ...«

Dieses Kapitel beruht fast ausschließlich auf Interviews mit Stella Goldschlag, Günther Rogoff, Hans Oskar DeWitt Loewenstein, Isaak Behar, Jutta Feig, Martha Schneider (von Hannelore Brenner-Wonschick und von mir befragt) und Ellen Berscheid. Zu Stellas Prozess von 1972 siehe die Protokolle beim Schwurgericht des Landgerichts Berlin und *Die Welt*. Mit dem Selbsthass befasste sich Theodor Lessing: *Der jüdische Selbsthaß*; Sander L. Gilman in *Jewish Self-Hatred* (darin auch umfangreiche bibliographische Hinweise) und Kurt Lewin in *Resolving Social Conflicts*. Flora Hogmans Arbeit »The Experience of Catholicism for Jewish Children During World War II« erschien in *The Psychoanalytic Review* Nr. 4/1988.

26. Urteil

Dieses Kapitel stützt sich auf Interviews mit Stella Goldschlag, Lili Baumann-Hart, Marion Dann-Weiner, Marion Sauerbrunn-House, Alex Page, Jerry Waldston, Willi Dreßen, Michael Löffler, Hildetraut Möller und Robert Jay Lifton. Die neuesten Informationen stammen von der *Zentralen Stelle der Landesjustizverwaltungen zur Verfolgung nationalsozialistischer Verbrechen* in Ludwigsburg. Die Anklageschrift für den gescheiterten Prozess gegen Otto Bovensiepen befindet sich im *Leo Baeck Institute* in New York. Simon Wiesenthal und Robert

Kempner gehören zu den »Nazi-Jägern«, die immer schon über die Verschleppungstaktik bei Kriegsverbrecherprozessen geklagt haben. Mein Gespräch mit Jose Luis de Vilallonga findet sich in meinem Buch *The Passionate War*, das mit Luis Moya jr. in *The Hired Killers*.

27. Schatten einer Mutter
Dieses Kapitel beruht auf Ruth Winters umfassenden Gesprächen mit Yvonne Meissl in Tel Aviv.

28. 1988: Ein Jahr der Endpunkte
Das Kapitel stützt sich auf Interviews mit Harry und Fredi Nomburg, mit meinen Verwandten in Amsterdam, mit meiner Cousine Ursel Finke in Ostberlin. Die Aufzeichnungen von Abel Herzberg finden sich in Eberhard Kolbs herzzerreißendem Buch *Bergen-Belsen*. Ursel Finkes Selbstmordversuch und Behandlung sind bei Wolfgang Benz erwähnt.

29. »Siehst du, Hitler, du hast doch nicht gesiegt!«
Aus der umfangreichen Literatur zu den Überlebenden der zweiten Generation scheint mir die vielleicht tiefgehendste allgemeine Behandlung die in der Zeitschrift *Response*: »Five Children of Survivors, a Conversation.« Eva Fogelmans Veröffentlichungen behandeln das Thema solide und vernünftig, ebenso die Sondernummer von *The Psychoanalytic Review*. Das Fallbeispiel aus dem jüdischen Krankenhaus auf Long Island stammt von Sylvia Axelrod und anderen in *Bulletin of the Menninger Clinic*. Wolf Blitzers Aufsatz »In Congress, the Memory Lives« (*Hadassah* 1984) berichtet über Sam Gejdenson und andere Überlebende der zweiten Generation im Kongress. Rabbi Baecks Befreiung durch Pat Dolan findet sich in Anthony Cave Brown: *The Last Hero – Wild Bill Donovan*. Pat Dolans Leben ist umrissen in *The Independent* von unserem gemeinsamen Kameraden H. Peter Hart. Das Standardwerk über die Überlebenden der zweiten Generation ist *Die Kinder des Holocaust* von Helen Epstein.
Interviews: Yvonne Meissl, Gerd Ehrlich, Marion Ehrlich, Eva Fogelman, Sam, Schlome, Julia und Ike Gejdenson, Harry Nomburg.

Abbildungsnachweis
S. 4, 343: © Gerhard Steidl
S. 303–315, 317–326, 328–339, 341–342: © Archiv Peter Wyden
S. 316, 327, Umschlagvorderseite und -rückseite: © Landesarchiv Berlin
S. 340: © imago/ZUMA/Keystone

Der Verlag hat sich bemüht, alle Rechteinhaber der historischen Abbildungen zu ermitteln. Sollte dem Verlag gegenüber der Nachweis der Rechtsinhaberschaft geführt werden, wird er sich um nachträgliche Abdruckgenehmigung zu den branchenüblichen Konditionen (VG Bild-Kunst) bemühen.

Titel der englischen Originalausgabe:
STELLA, erschienen bei Simon & Schuster, New York 1992

Die Übersetzung erschien 1993 im Steidl Verlag unter dem Titel STELLA.
Für diese durchgesehene und mit einem Nachwort ergänzte Neuauflage wurde der Text auf neue Rechtschreibung umgestellt.

Sechste, veränderte Auflage 2019
Erstausgabe: März 1993

Buchgestaltung: Holger Feroudj / Steidl Design
Umschlaggestaltung: Gerhard Steidl unter Verwendung von Abbildungen aus dem Landesarchiv Berlin
Scans: Steidl image department
Gesamtherstellung und Druck: Steidl, Göttingen

Steidl
Düstere Str. 4 / 37073 Göttingen
Tel. +49 551 49 60 60 / Fax +49 551 49 60 649
mail@steidl.de
steidl.de

ISBN 978-3-95829-608-4
Printed in Germany by Steidl